中國古代物質文化史

绘画 石窟寺壁画（龟兹）

任平山 编著

开明出版社

出版说明

在人类历史长河中，我们的民族创造出光辉灿烂的中华文明，虽历经坎坷而连绵不绝，成为我们这个星球上唯一从远古走来，中途不曾断裂的最完整的一脉文化体系，留下了博大丰厚的文化遗产，对人类文明进步作出了独特而巨大的贡献。完整而丰富的地上、地下物质文化遗存就是中华文明传承与发展的最好佐证。然而遗憾的是，到目前为止，尽管我们的物质遗存如此丰赡，却没有一部全面系统基于实体的物质资料而构建和叙写的中国古代文化史。我们这个出版项目的主旨，就是尝试弥补这个巨大缺憾和学术空白。

以往我们看到的中国历史著作，大都是基于传统文献资料，来进行政治、经济、军事、文化等各个领域的书写和诠释。当我们开始有意识地利用考古资料、地上文物遗存资料，并借助人类学、民族学、社会学等研究方法和手段来观察历史时，我们的研究空间和视域顿时更加广阔，某些隐藏至深的信息得以深入发掘，原有的历史认识进一步丰富而立体。这是因为历史本身的复杂性，决定了我们发掘历史信息的方法和途径也应该是多方面的。而随着近几十年考古发掘工作的不断推进，地下考古发现越来越丰富，地上文物遗存越来越受关注，同时学界的相关研究也越来越多，这些地下、地上文物遗存所展示给我们的信息就越来越系统，这些信息所构成的历史文化空间就越来越恢宏。最终使得我们不仅有必要而且也有可能不再拘泥于传统的历史记述与研究的路数，另辟蹊径，书写一部基于物质的中国古代文化史，即首先立足于地下、地上文物遗存，同时充分参考文献资料来诠释这些文物遗存的文化内涵与外延而构建的中国古代物质文化史。

这样的一部中国古代物质文化史，必然是一部能够让我们从物质实体出发来认识博大精深的中国古代文化的历史，一部广阔而深邃、客观而生动、系统而完整的历史，既能反映政治、经济、军事、文化、法制、科技、社会各方面情况，又能反映人们的生产、生活、信仰以及思想观念、审美理念、价值取向、生活情趣等。从中我们可以感受到历史发展的脉搏，探索历史最生动的层面，还原历史本来面貌。

从某种意义上来说，编纂这样一部系统科学的物质文化史不但势在必行，而且极具创新价值、学术价值和开拓意义。这样的工作，对于彰显中华民族的伟大创造力、诠释中华民族优秀的历史文化、使我们更好地认识源远流长的中华文明有着极为重要的意义。同时这种注重物质的客观性和系统关联性的学术视角，也必然会在学术领域产生积极的影响，对于推动历史学、人类学、考古学等学科的深入研究具有积极意义。此外，我们也希望这部书能够进一步唤起我们珍视历史、热爱文物、保护文物的意识。一个爱护文物、爱护历史文化遗产、尊重历史的民族，才是一个有未来的民族。

我们的中国古代物质文化史项目从策划到最终立项经过了数年时间的酝酿，从立项到陆续开始出版又经历了数年。我们计划全套书共出70卷，除索引卷外，分为通史和专题两个系列，以纵、横的脉络建立历史时空坐标。纵的是通史系列，分为史前、商周、秦汉、魏晋南北朝、隋唐五代、宋元明清六个阶段，按中国历史的时间顺序，遵循物质文化变化节奏和规律，在历史大背景下宏观阐述中国古代物质文化史的发展进程，使读者对文化遗存在中国历史洪流中有个整体、全局性的把握。横的是专题系列，按照材质、用途和功能、艺术表现形式等的不同分为石器、陶器、瓷器、玉器、青铜、金银器、漆器、兵器、乐器、家具、纺织、货币、天文历法、水利、建筑、墓葬、雕塑、绘画、书法篆刻等类。内容丰富的类别再做进一步的细致分类，并分册出版，如绘画类包括壁画（寺观壁画、墓室壁画、石窟寺壁画）、卷轴画等；雕塑类包括石窟寺雕塑、墓葬雕塑和其他雕塑等。各专题或以时间为轴或以类别为序，展现各个物质形态继承与发展、沿袭与嬗变的过程，通过点线面结合，揭示物质遗存所特有的发展曲线和深层次的历史内涵。每卷随文附图200幅左右，以体现内容和版面的活泼生动，强调实证效果，增强视觉感知及可读性。对于某些卷册，如龟兹、敦煌等，由于涉及大量译名，还会附加名词索引。

经过编委、各位作者和编辑人员的共同努力，如今这套书终于要依次与读者见面。个中滋味，甘苦各半。回顾起来，我们不得不说，这样大规模高难度的项目，在当今要集合如此众多的专家学者，进行如此大量的资料、图片的收集与整理工作，其难度远超我们的预期；尤其是若没有足够的资金支持，仅凭一家出版社的力量，几乎是不可能开展也不可能完成的。对此，国家出版基金会给我们提供了最大限度的支持，不仅是资金方面，还有精神方面，使得我们有决心、有信心也有力量把这个项目逐步完成。也正因为这样，这套书才能有幸与读者见面。在此，我们对国家出版基金会表示由衷的感谢。此外，参与主编策划和书稿撰写的各位专家、学者也付出了异常艰辛的努力，他们每个人本身的工作都很忙，可为了这套书的构思策划，为了每一卷书稿的高质量完成，还是付出了大量的时间和精力，做了最严谨而细致的工作，在此也对他们表示诚挚的谢意。

项目编辑组

总序：中国历史和文化的物质表征

《中国古代物质文化史》经过参与该书策划、撰写和编辑的诸多学者的共同努力，现在终于问世了。这个总序本来应该由项目的主编、前国家文物局局长、北京大学兼职教授张文彬先生来写，以阐述项目成果即本套书的编写宗旨、设计体例、内容特点，并介绍每分卷的写作情况等。由于张文彬先生在主持项目过程中遇身体不适，我这个后来被指定的执行主编只有勉为其难，代张文彬先生撰写这个《中国古代物质文化史》的总序了。鉴于这套书的编写宗旨、内容特点及框架体例等在出版说明中已有介绍，每分卷的写作情况在每本书的后记中也多有述及，无须我在这里重复。下面，我拟从中国物质文化史的概念定义、发展历程、专项分类三个方面，谈谈自己对中国古代物质文化史以及编写这套书的粗浅认识。

一、中国物质文化史的含义

人们通常这样认为，"物质文化，是指为了满足人类生存和发展需要所创造的物质产品及其所表现的文化"。物质文化既然是文化的一种呈现形态，那么，与"物质文化"相对应的另一种文化呈现形态就应是"非物质文化"，它们之间的关系是怎样的呢？要弄清这个问题，还需要从"文化"这个最基本的概念说起。

关于文化的定义很多，二十世纪五十年代有人作过统计，据说那时就有164种之多。文化人类学的鼻祖英国学者爱德华·伯内特·泰勒（Edward Burnett Tylor, 1832—1917）是第一个从学术的角度对文化进行定义的学者。他认为，文化是复杂的整体，它包括知识、信仰、艺术、道德、法律、风俗，以及其他作为社会成员所习得的任何才能与习惯的综合体，是人类为使自己适应其环境和改善其生活方式的努力的总成绩[1]。泰勒关于"文化"的定义，尽管还存在不全面等问题（如泰勒没有提及需要后天习得的文化要素"语言"），却已给后人奠定了很好的解释基础，以后的学者又不断有补充和发展。英国功能主义人类学家A. R. 拉德克利夫-布朗（Alfred Radcliffe-Brown, 1881—1955）认为，文化是一定的社会群体或社会阶级与他人的接触交往中习得的思想、感觉和活动的方式，是人们在相互交往中获得知识、技能、体验、观念、信仰和情

1 ［英］爱德华·泰勒著，连树声译：《原始文化》，上海：上海文艺出版社，1992年。

操的过程，文化只有在社会结构发挥功能时才能显现出来，如果离开社会结构体系就观察不到文化。美国学者阿尔弗雷德·克鲁伯（A.L Kroeber）和克莱德·克拉克洪（Clyde Kluekhohn）在1951年出版的著述中，对西方164种文化的定义进行了评析后，提出了他们新的定义，即“文化存在于各种内隐的和外显的模式之中，借助符号的运用得以学习与传播，并构成人类群体的特殊成就，这些成就包括他们制造物品的各种具体式样，文化的基本要素是传统（通过历史衍生和由选择得到的）思想观念和价值，其中尤以价值观最为重要”[1]。以后，还有一些学者对文化下过定义，如美国学者罗伯特·F.墨菲（Robert F. Murphy）这样定义文化：“文化是意义、价值和行为标准的整合系统，社会的人们据此生活并通过社会化将其在代际传递。”文化具有这样一些特点：“文化定义关键部分就是，它意指行为的规则和确定方式，而不是指行为的本身”“文化是我们在这个世界上的行为导引和对这个世界经验的符号表达”“文化也是所有知识、信念和生存技能的百科全书”“行为的不同习惯方式，以及某些特定的物质制品或艺术风格，可以使文化具有典型特征”[2]。根据以上学者对文化这一概念的解释，我们可以将文化理解为：

文化是人类社会在长期发展过程中凝固下来并在代际传承的价值观念、社会机制和行为规则，社会的人们据此思维、交流和行为，并且产生和创造具有特征的物质制品或艺术风格。

上述对文化的解释，包括了三个层面：其核心层面是人们的社会性，其中间层面是人们基于这种社会性的思维和行为，其外表层面则是人们思维和行为的产物。文化从表至里的三个不同的层面，其他两个层面都蕴含在表层的物质层面之下，故文化的三个层面又可以归结为两个不同的范畴（或两种不同的存在状态）——无固定形态的非物质的范畴就是所谓“非物质文化”（无形文化），有固定形态的物质范畴就是通常所说的“物质文化”（有形文化），这两种文化范畴构成了完整的文化形态。作为前人的完成了代际传承，经历了时间的筛选的两种文化的存在形态，已经成为我们需要加以关注、保护和传承的遗产。按照通行的解释，“非物质文化遗产”是人类创造这些物质文化的过程以及人类各社群为了满足自己精神生活需要的具有社会性、凝固性和典型性的行为，它是被各地区和社群视为其文化传统的表现形式、知识和技能，包括了口头传说、表演艺术、社会风俗、礼仪节庆、传统工艺等；而“物质文化遗产”，则是人类这些思维和行为的创造物，是有固定形态的可以被视觉感知的人类创造、制作和使用的人工遗留物。

说到文化的物质层面，就不得不提到考古学的一个核心概念“考古学文化”。我的专业是考古学，我们考古学家天天都在与考古学的文化打交道，不少考古学家还强调我们的考古学文化与别的学科的文化如何的不一样。翻开《中国大百科全书·考古卷》，该书对考古学文化的解释代表了目前中国考古界的主流认识：“文化一词有着不同的含义，一般是指人类社会在科学、技术、艺术、教育、精神生活以及其他方面所达到的总成就，如中国文化、文化遗产等。考古学中所讲的文化，有其特定的含义，专门指考古发现中可供人们观察到的属于同一时代、分布于共同地区、并且具有

1 A.L.Kroeber & Clyde Kluckhohn, Culture: A Critical Review of Concepts and Definition, Random House, New York, 1952.

2 [美]罗伯特·F.墨菲著，王卓君译：《文化与社会人类学引论》，北京：商务印书馆，2009年。

共同的特征的一群遗存。”[1] 从这个定义中也可以看出，所谓具有独特性的考古学文化，与其他学科的文化概念并没有什么不同。文化的物质表层要素——即可以观察到的一定时期、一定区域的一群经常共存的具有共同特征的遗迹和遗物——就是考古学的文化；获取并研究这些文化的物质表征，透过现象去发现本质，揭示隐藏在物质表层之下的创造和使用这些遗存的人们的行为及其社会关系，即这些物质遗存所蕴含的非物质的东西，就构成了考古学这一学科的基本内涵。

考古学在包括中国在内的不少国家和地区的学科分类中，是历史学的分支，是以物质材料为主要研究对象去探究人类历史的一门学问。这里，我们有必要再谈谈物质文化史与考古学的联系与区别。考古学是通过调查和发掘地下古代物质遗存、并通过这些遗存提供的信息来理解和复原古代社会历史的学科，物质文化研究也是通过古人的物质文化遗存来重构古代社会历史，从研究目的上来看，二者并没有什么不同。正是由于这样的原因，苏联的全国性考古研究机构曾经被命名为“物质文化史科学院”或“物质文化研究所”[2]，以后才改为“考古学研究所”。仅从研究机构名称上来说，物质文化研究与考古学之间无疑具有密切的关系。不过，物质文化研究与考古学尽管内涵大致相同，其外延（主要是研究对象、研究内容等）也还存在差异。考古学研究的主要是埋藏在地下的古代物质遗存，物质文化研究的对象则包括了地下、地上和传世的古代文化遗存，后者比前者的研究范围要宽；考古学不仅研究古人遗留下来的物质遗存所包含的历史文化信息，还要研究获取这些物质遗存并提取其包含信息的技术和方法，后一方面的研究已经不是物质文化史研究所关注的问题。就中国的考古学科而言，其构成包括了考古学理论与方法、中国考古学、外国考古学、专门考古学等，如何开展田野考古和如何更多地提取遗存的历史信息，已经包含在考古学方法和专门考古学的分支中。可以这样说，中国考古学是基于考古获取的物质资料和考古学的研究方法所构建的中国物质文化史；而中国物质文化史，则是通过考古发现和现存于世的实物资料所构架的能够反映历史发展主线的中国古代史。

英国学者鲁惟一（Michael Loewe）和美国学者夏含夷（Edward Louis Shaughnessy）在《剑桥中国古代史》的序言中，将研究中国古代史的材料分为“文献资料”和“物质资料”两类，前者包括了出土文献和传世文献，后者也就是通过考古调查和发掘获取的实物资料。他们指出：“一个不注意考古证据的历史学家会感到他无法去顺应当代的学术潮流；同样，一位不熟悉传统文献的考古学家会难以把握相当一部分的中国文化之精髓。”正是基于这种考虑，这两位学者在主编《剑桥中国古代史》时，组织了历史学家和考古学家两个领域学者，各自基于不同类型资料来分别撰写同一个时期同一个区域的历史[3]。《剑桥中国古代史》的先秦卷面对的是文献资料并不丰富的“原史时代”，所以他们采取了历史学家和考古学家各自表述而不加整合的编写方式。即使在文献资料逐渐丰富的汉唐时代，甚至文献资料已经非常丰富的宋元明清时代，主要基于通过物质的资料来编写一套中国古代的历史，与主要采

1 中国大百科全书总编辑委员会《考古学》编辑委员会：《中国大百科全书·考古学》，北京/上海：中国大百科全书出版社，1986年。

2 王伯洪、王仲殊：《苏联考古工作访问记（一）》，《考古》1959年第2期，第101—104页。

3 The Cambridge History of Ancient China: From the Origins of Civilization to 221B.C, Edited by Michael Loewe & Edward L.Shaughnessy. Cambridge University Press, 1999.

用文献资料编写的中国古代历史并行于世，这对于全面认识和理解中国的古代文化和古代社会，仍然会有很大的帮助。

二、中国古代物质文化发展的历程

我们这套“中国古代物质文化史”是由纵、横两部分组成。最前面的是“中国物质文化史综述”，这是按中国历史的纵向时间顺序来概述中国古代物质文化史的发展进程。中国古代漫长的物质文化发展进程从来不是匀速前进，波澜不惊的，发展中会有大小不同的转折，高低不同的峰谷。根据物质文化面貌变化节奏的不同和撰写史书详略的不同，一套多卷本的中国古代物质文化史也有不同的分卷方式。如果编写比较简明的中国古代物质文化史，我个人倾向于以魏晋之际将其划分为两个阶段，也就是一套两卷本的书系。如果编写稍微详细的中国古代物质文化史，我希望划分为四卷，四卷本除了以魏晋之际作为一个分界外，另两个分界可定在龙山时代与二里头文化时代之间、五代十国与北宋之间。如果要编写更为详细的中国古代物质文化史，也就是类似本书系的规模，我们可将其细分为史前中国、商周、秦汉、魏晋南北朝、隋唐五代、宋元明清六个阶段即六卷，这样分卷主要基于这样一些理由。

我们知道，最能导致物质文化发生大变化的因素，是重大技术发明带来的产业革命。这些发明或本土自身产生，或域外传播而来。正是基于这些重大发明，才导致了中国古代社会的巨大变化，才引起中国物质文化的多次明显转折。在这些创造性的发明中，首先应该提到的是谷物栽培和动物驯化。谷物中的人工粟等人工栽培作物大约在距今一万年前后出现在中国北方的黄河流域，以后向周边传布，甚至远布至青藏高原地区，形成了范围广大的北方旱地粟作农业区。而稻等人工栽培作物，更远在一万多年前就出现在中国南方长江中游地区，以后更传播至东北至朝鲜半岛，东南至东南亚等广阔的温暖湿润的区域，形成了广大的南方水田稻作农业区。农业的发生和推广，使得人类的生活资源趋于稳定，从而脱离了栖居山洞和追猎迁徙的不稳定生活，开始走出山洞步入旷野，在平川形成了定居的聚落，产生了钻孔、磨制和制陶等新的工艺，促使社会逐渐复杂化和多样化，奠定了中国万年农业文明的基础。大约在距今4000年前后，大麦、小麦和青稞等作物传入中国，这种适应性强的谷物丰富了旱地农业的种类，除了在低海拔地区普遍种植外，青稞这类作物还经过了高原严酷的自然选择，成为青藏高原的单一谷物。至于工业的技术革命，从先前的手工业发展成为近代化的大工业，在中国开始较晚，直到清代晚期的鸦片战争后才逐渐引入西方工业革命的成果，从而从某种程度上推动了社会的变革。因此，以农业革命的发生和工业革命的引入为标志，将中国的物质文化史划分为三个大的时代，也就是猎取时代、农业时代和工业时代（相当于以生产工具为标准划分社会发展史的旧石器时代，新石器、青铜、铁器的时代，以及机器的时代），应该是比较恰当的。只是中国的工业时代已经属于近代，古代的物质文化史不宜包括工业革命时代；而旧石器时代的人类物质文化遗存较少，如果把它作为书系中的一本就显得单薄，故将其与新石器时代合并称为“中国史前物质文化史”，只是在这个“史前时代”中，也明确划分出这两个时代而已。换句话说，这套中国古代物质文化史去掉了工业时代，弱化了猎取的时代，强调的是建立在农业革命基础上的石器、铜器、铁器三个时代。物质文化材料的年代越早，保存至今的也就越少，因而石器时代和青铜时代只能各自作为一卷，而物质文化材料丰富的铁器时代却被划分为四卷，可能会给人以前轻后重之感，尽管历史时代考古学的重要性已不如更早的时代。

说到史前时代，这就不可避免地会涉及介于史前与历史时代之间的“原史时代”。学术界一般认为，原史时代是一个过渡性质的时期，这一时期无论是属于本社群文字还是他社群文字的文献记录都相当有限，仅据这些零星和片段的文字和文献资料无法复原该社群历史的主要梗概，要认识一时期该社群的历史需要综合考古学、人类学、文字学、历史学及自然科学的知识体系和研究手段[1]。原史时代可有广狭二义：严格的原史时代不包括传说时代，而是以成熟文字体系的出现为开始，以这种文字体系撰写的史书出现为结束。具体到中国古代史来说，也就是商代晚期至西周时期，其开端以殷墟甲骨文的出现为标志，结束以中国最早的编年体史书《春秋》开始的年代为标志，二者间的年代跨度很小[2]。宽泛的原史时代以中国古史传说时代为开始，以文字产生后出现史书为结束，具体到中国古代史来说，其开端可以上推到传说中的夏代甚至龙山时代，而其下限则与狭义的原史时代相同。不过，就物质文化这个层面来看，无论是技术上还是艺术上，大约相当于夏代后期的二里头文化与先前的龙山时代诸文化都发生了许多变化，而这种变化在战国中期又一次出现。这之间的时间幅度约略相当于中国考古学界的夏商周时代或史学界的先秦时代，也约略相当于西方汉学界所说的“从文明起源到秦统一”的阶段[3]。在这个时代里，青铜既是一种制作工具、武器和礼仪用器的最重要材料，制造青铜器又是当时技术含量最高的工艺，青铜器具这类作品还是当时艺术的集中体现，如果史前时代是以石器制作为标志的石器时代，这个时代就是以青铜为标志的青铜时代。尽管关于中国青铜时代开始和结束的时间，学术界还有一些不同的说法。

按照我个人的见解，中国的原史时代应当定位在二里头文化中期至战国前期，这是基于这样几个考虑。首先，从二里头文化兴盛开始，具有中国金属铸造的特色的泥范铸造技术开始出现，并完成了从红铜时代（或称铜石并用时代）向青铜时代的转变；而人工铁器尽管早在两周之际就已引入中国，却也是在战国前期偏晚才与青铜冶铸技术相结合，使得大量冶炼铁和普遍使用铁器成为可能，才真正进入了铁器时代。其次，也是从二里头文化兴盛期起，青铜鼎等礼器、青铜戈等兵器，以及兽面纹等动物纹样才出现并流行，独特的中国艺术传统才开始形成；而到了战国前期以后，先前流行的礼器种类和装饰纹样已经趋于消失，来自北方草原地区的艺术风格已经占据主导地位。其三，从中国的史学传统来看，中国古人向来有将秦以前的历史划分为五帝时代和三王时代的传统，现代的史学家也还将先秦史单独出来，并将夏以前的传说时代与夏商周三代区分开来。因此，我们将夏、商、周三代作为中国物质文化发展历程中的第二个时期，也就是这套书通史系列的第二卷。

1 Glyn Daniel, A Short History of Archaeology, London: Thames and Hudson, 1981.

2 李学勤先生就这样说，这样一个原史时代与中国古代历史时代的对应关系，学者们认识也不尽相同，李学勤先生认为，商与西周时期属于原史时代，而不同于商和西周的东周已脱离了原史时代而跨入真正意义的历史时代了。参看李学勤《东周与秦代文明》，北京：文物出版社，1984 年。

3 鲁惟一、夏含夷主编的《剑桥中国古代史》，其副标题就是“从文明起源到秦统一”，由此可见一斑。

中国中心地区在战国后期就已出现了统一的趋势，东齐西秦是当时最有可能推进统一事业进行的大国，在齐国当时就有一批学者聚集在一起，开始构拟大一统后的政治构架，勾画新王朝的理想图景。秦国结束了战国时期诸侯割据的局面，建立了中央集权的大一统王朝，开创了中国历史的一个全新的时代。从此广泛推行的郡县制代替了传统的封建制，由中央政府控制的官营手工业作坊遍及全国各地，各地间的商业往来也较过去更为频繁。在这种背景下，秦汉王朝直接统治范围内物质文化产品，无论是工艺、种类，还是形制、纹饰，都逐渐呈现高度一致的状况，中国大部分地区的延续了千百年的区域文化差异从此逐渐减弱甚至消失。尽管从战国后期到西汉前期，这一时期物质文化的总体面貌还处在从商周旧制向秦汉新制的转变过程中；尽管在三国至两晋时期，中国的物质文化的发展进程发生了从“早期中国”到“晚期中国”的大转变；但如果模糊这个具体的分界，将秦汉时期这个中国古代文化发展的高峰期作为中国物质文化史的一个时期，单独设置秦汉卷作为这套书通史系列的第三卷，这应该是恰当的。

从三国鼎立局面形成一直到隋代，除了西晋短暂的统一外，中国出现了长达三百余年的分裂局面。北方古族在这期间纷纷进入中原，出现了空前的民族大融合。在这种历史背景下，各地区在文化面貌上的差异也进一步缩小，但由于从西晋以后长期的南北对峙，以及僻处一隅的某些由少数民族建立的国家保留了比较多的自身文化传统，这一时期文化除了存在着比较明显的南北差别外，在北方还存在一些更小的地区之间的差异。隋王朝结束了自西晋以后长期的分裂混乱局面和南北对峙的政治文化格局，中国遭受长期战乱破坏的社会经济得以恢复和发展。唐王朝继承了隋王朝的统一基业，实行了一系列重要的政治、经济和军事的改革措施，将中国古代社会推向了秦汉王朝以来又一个空前鼎盛的发展阶段。盛唐气象强大而持久，流风余韵，一直延续至五代十国间。基于这种考虑，虽然两晋南北朝和隋唐都是宗教热情极度高涨的时期，但两晋南北朝与隋唐五代的物质文化仍然存在比较大的差异。因此，我们将两晋南北朝与隋唐五代各自作为中国物质文化史的一个时期，各自单独作为一卷。

至于宋元明清时期，这个时期文献资料已经非常丰富，考古学家讲历史时期考古一般都只讲到元，北京大学过去的中国考古学教材最后一卷就是《宋元考古》，就反映了这个问题。我们认为，尽管在中国历史的重要性中，明清时期的物质遗存的确不如早先时期，但作为中国物质文化史应该是一个完整的过程。因此，我们这套中国古代物质文化史通史系列的最后一卷，从宋代一直写到清代，希望这些年代较晚的物质文化资料有助于丰富对这段时期历史的认识。

三、中国古代物质文化的种类

如同历史著述有通史和专门史一样，按照中国物质文化发展阶段编写的历史，只是基于物质文化遗存透露的历史文化信息，按照时间发展顺序和物质文化表征的变化程度连缀而成的中国物质文化的“通史”，“通史”中不同时段的物质文化史则相当于“断代史”。就整个中国物质文化史来说，有了这个“通史”系列，虽然可以从纵向认识整个中国古代物质文化发展的概貌，却难以从横向全面展示中国古代物质文化的方方面面。因此，还需要根据中国古代物质文化遗存的分类，按“类”来叙述某类物质文化遗存的分述系列，这个系列就是中国物质文化的“专门史”。

物质文化具有可视性，不同的物质文化具有不同的面貌特征，因而可以根据这些特征展开分类。物质文化是一个笼统的概念，我们所面对的古代物质文化是过去人们行为创造的物质遗留，也就是人们通常所称的“物质文化遗产”或“文物”。物质文化遗产的体量有大有小，大的文化遗产如建筑、壁画、纪念碑等，当初选址、设计、创造时就考虑了永固性等因素，没有考虑其位置变换，今天我们采取保护措施时也不便于将其移至他处，只能在原地保存（从保留关联信息的角度，也只能在原地保存）；小的文化遗产如家具、陈设、用具等，当初设计制作时就考虑了方便移动的使用功能，今天我们对其进行保护时，可以将其搬移到博物馆等具有更好保存环境的空间去保存。因此，物质文化遗产即文物首先可以划分为不可移动文物和可移动文物两大类，这两大类文物各自可以作为中国古代物质文化史“专门史”中的一个系列。

不可移动文物包括了大到历史城镇、传统村落、古代遗址等综合性的文物，也包括了宫殿衙署、寺观祠庙、陵园坟墓、石刻造像等专门性的文物，这些文物有三类不同的保存状态：第一类文物在历史上就已经废弃，成为历史的陈迹，呈现在人们面前的只是残缺不全的局部，有的还全部或大多掩埋在地下。历史上城镇村落的废墟、曾经一度兴旺的工矿作坊场所、废弃并垮塌殆尽的寺观祠庙、地面建筑甚至封树都已经不存的帝陵坟墓，乃至于一座房屋或一座塔幢的废址等，都属于这类文物。第二类文物虽然失去了它在历史上的作用，却仍然屹立在地表，被作为其他用途或作为历史名胜而存在。已经没有皇室官员使用的宫殿衙署、中断了宗教活动的寺观祠庙、原有功能已经退化或消失的石窟碑刻、已经弃置或被改做他用的城堡等，都属于这类文物。 第三类恐怕已不能简单地称之为文物，而是具有“物”和“非物”的综合体。至今还基本保持着原来的功能和文化传统，并随着时代的推移，继续在发生着变化，古今重叠且文化延续的城镇和村落，至今还有人居住的古村落民居，仍在使用传统工艺进行生产的作坊、农庄、牧场等，都可归属此类。

可移动文物，包括历史上各时代的重要工具、武器、礼仪用器、生活用器、艺术品、文书、档案、图书等，这些文物的材料和材质大致有两大类：第一类采用曾经具有生命的物质制作而成，也就是被称为“有机质文物”的一类，如竹木漆器、骨牙角器、纤维制品等。这类文物的存在周期相对较短，对保存条件要求也较高。第二类采用没有生命的物质制作而成，也就是被称为“无机质文物”一类，包括地球自然演化形成的天然材料和人工合成的金属材料，如玉石制品、金属制品等。这类文物的存在周期相对较长，对保存条件的要求也相对较低。

上述对于物质文化遗产即文物的分类方式，是以文物的保存状态和保存条件作为分类标准，这对于文物的保护研究来说，无疑是最恰当的分类方式。不过，这种分类没有考虑这些文物的用途和功能，而文物这方面的属性恰好是从文物这一文化的表层物质现象通向创造和使用这些文物的人、人的行为及其社会关系的桥梁，是将物质资料变为物质文化史的重要途径。因此，我们这部中国古代物质文化史的“专门史”不采取上述分类方式来分卷，而是按照材质和功能对不可移动文物进行分类。

中国文物管理部门对于不可移动文物的分类，以全国重点文物保护单位的分类最具代表性。该文物分类体系将不可移动文物分划为古遗址、古墓葬、古建筑、石窟寺及石刻、近现代重要史迹及代表性建筑等类。这些类型的不可移动文物，除了古遗址是以文物的保存状态为分类标准，近现代重要史迹及代表性建筑是以时代为分类标准，其类型与以功能作为分类标准的类型有所不同外，其他诸类都可以作为中国物质文化专门史的不可移动分系列。由于遗址大多都在中国物质文化通史系列中曾经引述，且通史系列的物质材料主要就是遗址加上遗址和墓葬等出土的各类可移动文物，专门史系列可以不必再列出遗址作为一卷；由于中国物质文化史只是有关古代中国，不涉及近代中国，故本丛书也没有近现代重要史迹及代表性建筑的内容。

中国文物管理部门对于可移动文物的分类，以全国首次可移动文物普查的分类标准最为详细。该分类标准"根据文物的异同，即构成每件文物基本物质的自然属性和社会属性之差异性、同一性"，将可移动文物划分为金/银器、铜器、铁器、陶/泥器、瓷器、砖瓦、宝/玉石器、石器石刻、漆/竹器、绘画、书法、拓片、珐琅器、玻璃器、骨/牙/角器、纺织/绣品、皮革、玺印、文具/乐器/法器、货币、雕塑/造像、古人类遗体遗骸、文献图书、徽章/证件、邮品、票据、音响制品、交通/运输工具、度量衡器、武器装备/航天装备、古脊椎动物化石和古人类化石、其他共32类[1]。正如该分类系统的分类标准有文物的自然属性和社会属性两个一样，可移动文物实际上可以划分为两个小系列：一个系列是按照文物的自然属性即材料和材质划分的系列，如玉石器、金银器、铜器、铁器、陶器、瓷器、玻璃器、骨牙角器等；一个系列是按照文物的社会属性即功能用途等划分的系列，如纺织品、货币、雕塑、武器、度量衡器等。我们编写的这套中国物质文化史的可移动文物部分基本就按照这个体系进行划分，只是一些偏小的文物类型和产生年代较晚的文物类型难以单独成册，我们这套古代物质文化史只能暂且舍弃了。

在艺术史学界，尤其是西方关于中国艺术史的研究，往往综合考虑其时代、功能和形式等方面的因素，将能够基于视觉观察的物质文化领域的中国艺术品划分为四大类。第一大类是主要兴盛于商周时期的青铜艺术；第二大类是主要存在于两汉时期的汉画艺术；第三大类是风行于晋唐时期的佛教艺术；第四大类则是从宋代以后大盛的以卷轴画为主体的绘画艺术。青铜艺术比较单纯，其物质材料就是青铜器。绘画艺术也不复杂，主要是卷轴画，此外就是壁画。汉画艺术的涉及面较广，包括了汉代画像砖、画像石、独立雕塑和建筑雕刻等诸多类型的文物。佛教艺术就更为广泛，与佛教相关的石窟、雕像、壁画、供器等，乃至于佛教寺庙建筑等都可归属于佛教艺术。以上四大类，只是中国艺术门类的主流，其他如产生于中国本土且长期与佛教艺术并存的道教艺术，在东亚地区具有广泛影响的建筑艺术（尤其是园林建筑），具有中国特色的玉器、漆器、瓷器等艺术类型，也从不同的方面丰富和补充着中国艺术史和中国物质文化史。

正是基于以上诸方面的考虑，我们主编的这套中国物质文化史的专门史划分为了不可移动文物和可移动文物两大系列，前者又包括了古建筑、石窟寺、古陵墓、古水利、古天文等不同的功能类型，后者更包括了玉器、铜器、铁器、瓷器、金银、玻璃等不同的材料材质类型，雕塑、绘画等不同艺术表现形式的类型，以及兵器、货币、纺织品等不同社会功能的类型。每个类型作为一卷，有的类型因文物丰富再细分为

1 国家文物局编：《第一次全国可移动文物普查工作手册》，北京：文物出版社，2013年。

若干册。这种最终分卷的分类标准的不一致，我想读者应该是能够理解的。

四、另类的中国物质文化史

编写一套系统的中国古代物质文化史，是主编张文彬教授提出的构想。张文彬教授早年就读于北京大学历史系考古专业，以后曾在郑州大学历史系任教，对中国古代物质文化史自然非常熟悉；他又曾担任国家文物局局长和中国博物馆学会会长，熟悉全国的文物状况和博物馆藏品情况，是主编中国古代物质文化史的最好人选。在已经拟定了基于文物分类的物质文化史编写纲要，这套书各卷刚启动编写不久，张文彬教授就因病卧床，不能继续主持编写工作。还在张文彬教授患病之前，我就受他之命协助联络作者；张文彬教授患病后，我受参与编写工作的朋友的推举，担任这套书的“执行主编”。我基于自己对中国古代物质文化史的理解，增强了这套书的纵向通史系列，其他基本上按照张文彬教授原先拟定的编写体例来组织。现在大部分分卷已经定稿，回过头来看当时全书的设计框架，总觉得还有一些不尽如人意之处。这些主要表现在以下两个方面：

首先，一套完整的古代物质文化史通史不仅要有以时间为纲的通史主干，还应该有相应的纵向旁支。就如同北宋司马光主持编写《资治通鉴》（下简称《通鉴》），他首先按照年代编出汇集史料的“长编”，以此为基础才编写《通鉴》这部翔实的编年体通史。与此同时，为了说明自己对史料异同的取舍，还编写了《资治通鉴考异》作为附属，以驳斥相反意见并客观保存异说。由于皇帝日理万机，没有那么多时间来翻阅294卷的《通鉴》，他们还编写了简写本30卷的《通鉴目录》，以满足特定读者的需要。除此之外，为了弥补《通鉴》覆盖时间跨度上的不足，司马光等还编写了20卷的《稽古录》这样的简录，时间上溯至传说中的伏羲，下延至宋英宗末年。可见司马光等人编写《通鉴》，原本有一整套完整周密的构想，即便都是编年体的史书，也有主有从，有繁有简，有纲有目，所以《通鉴》才显得与众不同，为史家所重。作为一套体例完整的中国物质文化史，在通史部分也需要像《通鉴》那样，除了需补充强化史前的旧石器时代卷和新增近现代卷，编写与中国古代物质文化史相关的资料和研究汇集外，还需要考虑简化本的中国古代物质文化史。

简化本的中国古代物质文化史以上下两卷最为恰当，这是因为基于可视的物质文化形态和面貌，在公元三至四世纪间，也就是三国至两晋间，以佛教传入并流行中国为标志，中国的主流物质文化发生了重大变化——在佛教传布开来之前，中国的城市和乡村的标志性建筑和景观是统治者的宫殿、衙署、宗庙、神祠，人们崇奉的是祖先以及社稷、山川、天地诸神祇，并且这些神祇都不采用造像的形式来表现；而在佛教流行中国后，中国城市的标志性建筑和人文景观除了宫殿和衙署外，佛教寺庙（包括仿效佛寺而建的道教宫观）成为城乡最引人瞩目的标志性建筑和人文景观，大量佛教造像和少许道教造像占据了人们精神世界，成为最广泛的崇奉对象。因此，西方汉学界往往都是以佛教传入并流行中国作为中国历史和艺术的最重要的转折标志，这以前的中国为“早期中国”，这以后的中国是“中晚期的中国”。早期中国的文化主流是传统的自然发展过程，尽管不断会有来自周边，尤其是来自北方草原地区文化的影响，但这种影响的程度是有限的，没有造成传统的变异、转移或中断。晚期的中国，由于外来佛教的强力介入，使原先中国的主流文化发生了变异，佛教深深地浸入到社会生活的各个方面。原先不事偶像崇拜的中国社会，开始将大量财富用于制作顶礼膜拜的佛教像设和象征物，用于营建覆盖这些像设和象征物的殿堂楼塔，从而导致国家财政来源的分流，带来相应的经济和社会问题。宗教的驱动力量往往巨大且持久，以佛教传入中国且在中国流传为标志，将中国物质文化史划分为早晚两个大的时期，我想应该比较恰当。佛教传入中国的年代，尽管可以追溯到两汉之际前后[1]，但在整个东汉时期，佛教都是混杂在中国传统的神仙方士中流传，还没有得到人们的广泛认知。佛教成为一种专门的宗教为人们所接受，不会早于三国两晋时期。三国两晋时期正是中国制度、思想和文化的大变革时期，文学上有所谓"魏晋风骨"，反映在物质文化上，这时期的城市、陵墓、器用、书画等也都出现了一系列新的气象。据此，以三国两晋之际作为首要转折点，将中国古代物质文化史的通史部分划分为两个大的时期，编写一套两卷本的中国古代物质文化史简本，这一定是很有意义的。

其次，我们这套中国古代物质文化史虽配有大量的图片，但基本体例还是以文字为主，图片配合文字出现。而物质文化的视觉感知非常重要，故以文物的图像为基础而加以文字解说和诠释，对于形象地认知和理解中国古代物质文化非常必要。中国国家博物馆（原中国历史博物馆）研究员孙机先生，曾编写了一本《汉代物质文化资料图说》。这是孙机先生基于多年对汉代文物研究的心得，在数十篇论文的基础上完成的图文并茂的著作[2]。这种以图说的方式叙述一个朝代的物质文化史，既是中国"左图右史"史学传统的延续，又是博物馆陈列必要的基础研究和公众获取知识的良好途径，应当大力推广。只是这种以图说史的著述，另有一套独特的编写体系，需做大量资料整理的工作，还需有系统的研究积累，编写难度很大，故迄今未见以图说的形式撰写的其他时代的中国物质文化史的著作。续写一套中国古代物质文化史图说，应当很有必要。

作为一套全方位的"中国古代物质文化史"，理所当然应有一个"中国古代物质文化史图说"系列。这套图说不宜按照中国的历史时代来述说，而应该以物质文化本身发展演变的阶段性来编写。如果按照我们前面所说的中国物质文化发展的进程，需要有史前、三代、秦汉三国、两晋南北朝、隋唐五代、两宋·辽金西夏·南诏大理、蒙元、明清诸时代。每个发展阶段则应该有都城市镇、宫殿衙署、坛壝社稷、神祠寺观、祭祀礼器、街坊住宅、园囿苑林、陵园坟墓、矿场作坊、生产工具、钱币量具、路河邮驿、衣冠服饰、家具陈设、生活用器等名目，每个名目下再细分为若干种类来展开图文的叙述。这样一部图说的中国古代物质文化史，可以弥补目前这套书的不足，能够从更具体和更微观的层面展现中国古代物质文化的面貌。

我希望，今后如果能够有比较充裕的时间，组织相关专家编写一套这样的中国古代物质文化图说，对于更加深入地理解古代中国，普及传统文化知识，推进博物

1 关于佛教传入中国的时间，有两种说法：一种是西汉末期汉哀帝元寿年间，大月氏使者伊存向博士弟子景庐口授《浮屠经》之说，见《三国志》卷三〇裴松之注引曹魏鱼豢《魏略·西戎传》；一种是东汉明帝永明年间，蔡愔出使大月氏，与僧人摄摩腾和竺法兰一起用白马驮回佛经和佛像至洛阳之说。二说的年代相差不多，且都与大月氏有关。

2 孙机：《汉代物质文化资料图说（增订本）》，北京：文物出版社，2008 年。

馆教育，将是一件很有意义的事情。

编写中国古代物质文化史是一项长期的工作，要有相当长时间的资料积累和研究积累。北京大学的考古学科，自1952年以来先后编写过多个版本的《中国考古学》征求意见稿，如1960年、1972年版的《中国考古学》铅印本等，并有“多卷本中国考古学”这样的重大科研项目来推动，但迄今为止，这套多卷本《中国考古学》仍然没有问世。这其中既有新的考古资料不断涌现所带来的认识的更新，也有老一辈学者与新一辈学者认识上的差异，当然也还有这样和那样的原因。不过，仅从这一事例就可以看出，要编写一套优秀的学术著作是多么的不容易。《中国考古学》从某种意义上来说，与《中国古代物质文化史》有许多共通之处，要编写这样一套书需要投入较长的时间和相当的人力和精力。这部《中国古代物质文化史》作为一项国家出版项目，有出版的时间限定，我这个慌忙上阵的执行主编，只能尽可能召集一些长期从事中国考古学教学和科研，手头有比较现成的研究成果或讲稿，经过补充、整理、强化就可以成书的研究者，来承担中国古代物质文化史的通史系列各卷的撰写任务[1]。由于撰写时间的限制使得一些作者在完成初稿后，可能没有更多的时间来广泛征求意见和做细致的加工完善。可安慰的是，这套《中国古代物质文化史》本来就有为今后编写《中国考古学》和修订补充各专门物质文化史征求意见的意图。如果读者发现这套《中国古代物质文化史》存在着这样或那样的不足，就尽管提出批评和建议，我们一定虚心听取，以便在今后编写《中国考古学》系列时能够做得更好些。

孙 华

1 考虑到我所在的北京大学考古文博学院，也在考虑重启多卷本《中国考古学》的编写，为了使二者不发生重合，保持《中国古代物质文化史》通史系列自身的特色，我主要邀请了北京大学以外的高校考古专业的专家和教师来承担各卷的编写任务。

目录

前 言

龟兹绿洲位于塔克拉玛干沙漠北道，今新疆库车一带。作为丝绸之路的交通枢纽，西汉时，此地已发展出重要的城市文明。城市属于定居者。城市由定居者建设并反映他们的需要。因此，尽管龟兹人也被中原汉族政权视为胡人，他们有时也向草原游牧民族俯首称臣，龟兹人和以游牧为业的匈奴、柔然、突厥等民族有所不同。灌溉农业，结合畜牧，奠定了龟兹人民的生存基础，农产品加工、手工业、矿业，提高了当地人民的生活水准，中转贸易和文化产业则为之积累了巨大财富。

龟兹古国的存在不仅促进了东西方物质交流，也在文化传播方面作出了巨大贡献。汉地先秦文化被新文化取代，龟兹作用不容小觑。龟兹舞乐改变了中国音乐的发展道路，龟兹佛教是佛教东渐的始作俑者。季羡林提出：佛教最早由丝路北道经龟兹，而非于阗，传入中国[1]。

石窟壁画是龟兹文化的主要遗存，绘制年代相当于中原政权的南北朝至唐朝。自二十世纪初年西方探险家发现龟兹石窟群以来，相关研究已经展开了约一百年。西方各国最初考察石窟，带有掠夺性。大批文物运到海外以后，西方学者在研究领域取得了不少成就。这使得龟兹学，如同敦煌学那样，成为一门国际显学。它是欧洲东方学视野下的一个分支。

然而，相对于敦煌壁画较为深入和全面的研究，龟兹壁画的研究显得不够充分。龟兹壁画包含了数量众多的佛教本生、因缘和佛传故事，被誉为“佛教故事的宝库”。大量壁画主题迄今无法识别。困难主要在两个方面：其一，回鹘人占据龟兹以后，龟兹语逐渐消失。龟兹地区出土了不少龟兹文书，现存龟兹壁画中也有一些榜题，但文献总量不多，只能依赖屈指可数的语言学家半猜半读。其二，龟兹文明极具个性。汉地史学资源可应用于龟兹研究的交集甚少。

尽管如此，经过中外几代学者的努力，大致弄清了龟兹壁画的总体概念。2000年出版的《克孜尔石窟内容总录》核对整理了克孜尔壁画中的57个本生、54个菱格因缘、40个佛传。新的研究仍然一点一滴，缓慢而持续地刷新着这些数字。

多幅图像安置在一个建筑空间，会形成一种结构——不同图像因其位置相互关联，并产生含义。较早开凿的克孜尔石窟，壁画反映出小乘说一切有部的思想特征，它至少持续到公元7世纪。唐代兴盛的库木吐喇石窟，则因为西域都护府的建立而引入了汉地大乘显宗。部分晚期石窟表明，一种以陀罗尼为特征的密教也在龟兹流行。其兼容显宗偶像的思想或亦来自河西

1 季羡林《佛教传入龟兹和焉耆的道路及时间》，《社会科学战线》2001年第2期；后收入《龟兹文化研究（二）》，乌鲁木齐：新疆人民出版社，2006年，第86页。

汉地。

小乘和大乘，教义严重冲突。但得益于佛教豁达的处事理念，以及西域都护府和龟兹政权相互依存的关系，龟兹人信奉的小乘有部和汉地移民信奉的大乘佛教在龟兹和平共处了很长时间。随着回鹘人入主龟兹，以及更晚的伊斯兰教传播，这种大小乘共同繁荣的盛况逐渐消失。如此，龟兹壁画不仅直接反映佛教叙事，也间接再现了龟兹社会的文化生活、历史变迁。

第一章
龟兹石窟的发现与概况

第一节　龟兹石窟的发现

十八世纪中叶，随着局势变化，乾隆皇帝治理“新疆”需要情报。他命人考察新疆各地，编修《西域图志》。此书于1762年由军机处方略馆完成[1]。作为清代新疆第一部官修通志，《西域图志》成为地方官员重要的参考材料。然而一位在库车办事的满族官员，久居其地，感觉书中失误颇多。他决定依靠自己的考究，编纂一本同类著作，以免前者“以误听闻”。这位官员号椿园，姓尼玛查，名七十一。这个听来有些古怪的名字，因其1777年自撰完成的《异域琐谈》四卷而流芳于世。

《异域琐谈》有《西域闻见录》、《西域纪略》等多种名称和版本[2]。该书“库车列传”谈到了库车附近的石窟壁画（图1-1-1）。“城北十里有小佛山，石皆凿穴而绘佛像。城西六十里苏巴什复有大佛洞。其山前后上下凿洞四五百处，皆五彩金粉，绘西蕃佛教庄严。最高一洞三楹壁凿白衣大士之像，汉楷轮回经一转。余皆西蕃字迹，不知何人为之。”这则记录应来自尼玛查七十一的亲历。他是龟兹佛教荒芜之后，较早造访并记录这些石窟的学者。

龟兹石窟遗址再一次引起学者重视大约是在嘉庆年间。1812—1819年，湖南学政徐松因罪流放至伊犁惠远城戍边。伊犁将军松筠让他辅佐修编《西陲总统事略》。徐松“于南北两路壮游殆遍，每所之适，携开方小册，置指南针，记其山川曲折，下马录之”，由此完成著作《西域水道记》。此书以河道为线索，对新疆地区诸流域的人文地理进行了较为系统的描述和地图刊印（图1-1-2），并特别提到渭干河流域的石窟古迹[3]：

赫色勒河又南流三十余里，经千佛洞西。缘山法像，尚存金碧。壁有题字，曰“惠勤”，盖僧名也。河流经岩下，雅尔干河来汇，是为渭干河。其（西）岸有古废城，周二里许。两河汇处，极四十一度二十五分，西三十五度十分。渭干河东流，折而南，凡四十余里，经丁谷山西。山势斗绝，上有石室五所，高丈余，深二丈许，就壁凿佛相数十铺，璎珞香花，丹青斑驳。洞门西南向，中有三石楹，方径尺，隶书梵字，镂刻回环，积久剥蚀，惟辨“建中二年”字。又有一区，是沙门题名。首行曰：“沙门日”；二行曰：“惠亲、惠”；三行存一字，若磨改者；四行曰：“法”。两岸有故城……

另据道光二十七年（1847年）刊刻的俞浩《西域考古录》所引《戎幕随笔》，亦有其他清人造访

1　公元1777年此书复受命增纂，并于1782年由乾隆亲自审定完成，即今《钦定皇舆西域图志》。

2　高健《〈西域闻见录〉异名及版本考述》，《中国边疆史地研究》2007年第1期，第118—122页。

3　〔清〕徐松著，朱玉麒整理《西域水道记（外二种）》，北京：中华书局，2005年，第96、343页。

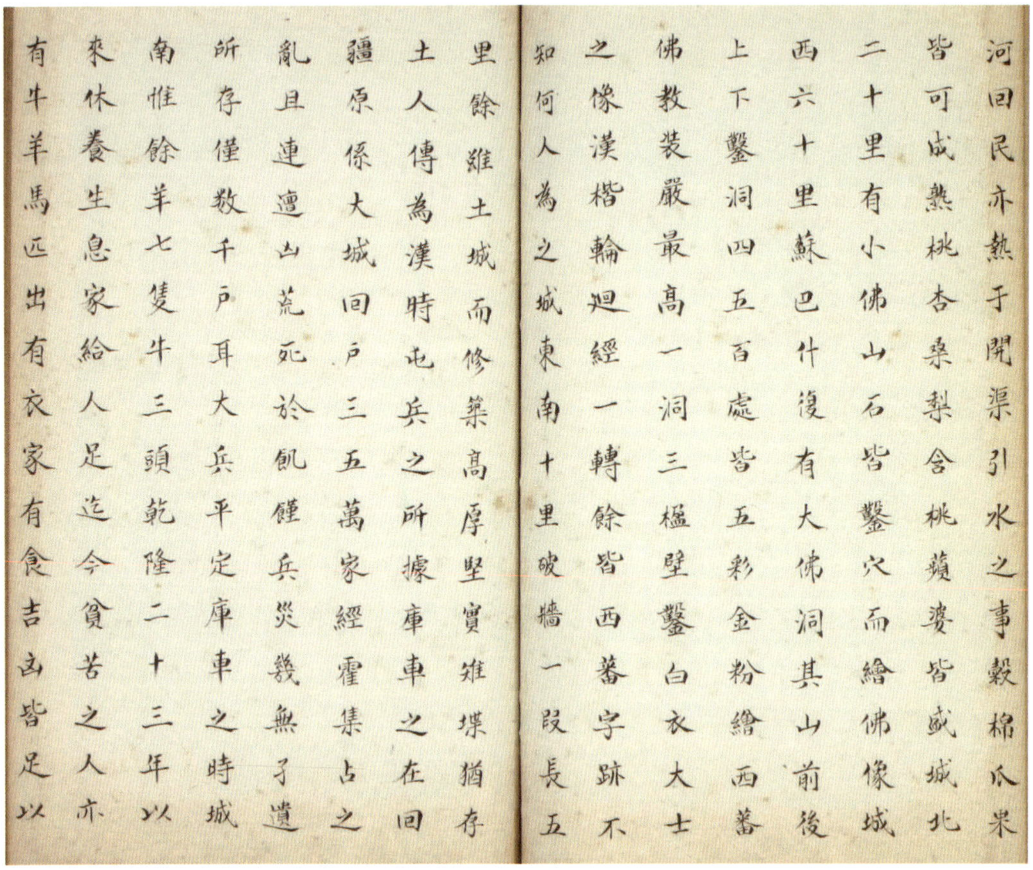
河回民亦熟于開渠引水之事穀棉瓜果
皆可成熟桃杏桑梨含桃蘋婆皆或城北
二十里有小佛山石皆鑿穴而繪佛像城
西六十里蘇巴什復有大佛洞其山前後
上下鑿洞四五百處皆五彩金粉繪西番
佛教裝嚴最高一洞三楹壁鑿白衣大士
之像漢楷輪廻經一轉餘皆西番字跡不
知何人為之城東南十里破墻一段長五
里餘雖土城而修築高厚堅實雉堞猶存
土人傳為漢時屯兵之所據庫車之在回
疆原係大城回戶三五萬家經霍集占之
亂且連遭山荒死於飢饉兵災幾無孑遺
所存僅數千戶耳大兵平定庫車之時城
南惟餘羊七隻牛三頭乾隆二十三年以
來休養生息家給人足迄今貧苦之人亦
有牛羊馬匹出有衣家有食吉凶皆足以

图 1-1-1 《异域琐谈》中关于库车附近石窟壁画的记载

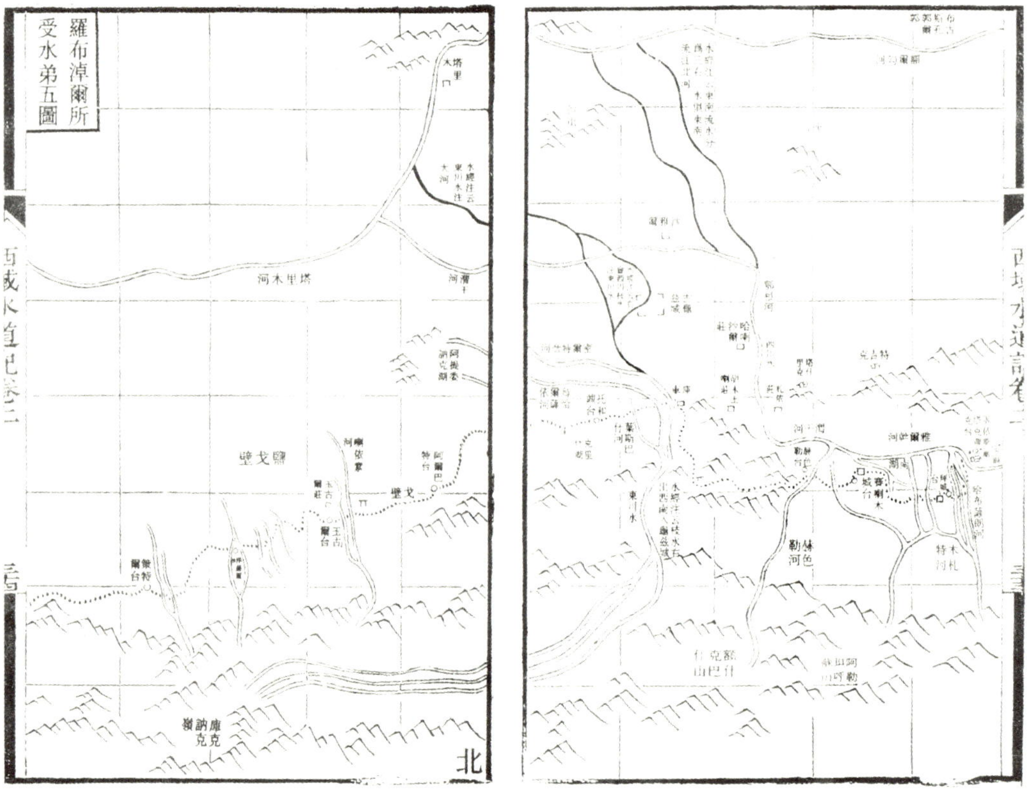

图 1-1-2 《西域水道记》清代地图

库木吐喇和克孜尔石窟群者。笔记如下[1]：

丁谷山千佛洞白衣洞，即唐书所谓阿羯田山。山势自西北迤逦趋东南，天山所分一大干也。白衣洞有奇篆十馀，剥落不可识。洞高广如夏屋，屋隅有泉流出。洞中石壁上镌白衣大士像，相好端正，衣带当风，如吴道子笔。洞左复有一洞，如曲室，深窈不可穷，前临断崖，见西南诸峰无名而秀异者甚众，西日照之，雪光耀晃，不能久视。上下山谷，佛洞以百数，皆元人所凿。佛像亦刺麻所为，丑怪百出，不堪寓目。壁镌楷书轮回经一部，字甚拙，亦元时物，或指唐人刻者，谬也……自石浮屠至千佛洞可五、六十里，东南斩崖一带，横亘如城。城上复叠两重城，渐隘至顶，下层望上层，呼之可应，然陡绝不可登，须绕出山脊，盘道迂回几十里乃得到。有潭水亩许，不涸不盈。唐时有关隘以防御突骑施。塔下旧有两截碑，文字可辨三之一，唐开元三年安西都护吕休璟为监察御史张孝嵩平阿了达干纪功碑也。孝嵩以奉使至，愤吐蕃之跋扈，念拔汗那之式微，以便宜征兵戎落，出安西数千里，身当矢石，俘斩凶夷。故碑中多以常惠、陈汤比之。今仆以大将军之命，奉使至此，其有愧于古人多矣。拔汗那者，汉乌孙之裔也。详见《唐书·张孝嵩传》中。

俞浩本人并未到过新疆。《西域考古录》是他遍览群书，编纂而成。在引用了上述文字之后，他附以按言，介绍《戎幕随笔》的作者："谢公以雍正丙午戍乌里雅苏台时，连岁有事于准夷。谢以乾隆元年召起，谪籍十载西域，人比刘安世，称为铁汉，乃踪迹所至，不废啸咏，尤必穷高极深，尽其奇胜。其胸襟为何，真奇人也。"文中所云谢公，即清人谢济世（1689—1755年）。雍正四年（1726年），谢济世被革职，流放阿尔泰军前效力，直至乾隆元年（1735年）召还京师。流放期间，他将自己在阿尔泰地区见闻录为《西北域记》一卷，收录在其晚年编著的《梅庄杂著》中。

若如俞浩所言，《戎幕随笔》为谢济世著，则此人考察龟兹石窟的时间当早于七十一和徐松。然而，周轩（2014年）分析了谢济世在新疆期间的人事、活动区域，及学术风格，认为他造访龟兹石窟的可能极小[2]。故而随笔作者身份不明，成书时间亦有待推敲。

《异域琐谈》十九世纪上半叶就在俄国学术界产生了影响，二十世纪亦为保罗·伯希和（Paul Pelliot, 1878—1945年）所注意。《西域水道记》亦在刊印后成为西域探险家良好的学术指南[3]。但无论是《戎幕随笔》的写作者、七十一、徐松，还是俞浩，中国学者对石窟的认知局限于古文献和金石学。尽管在田野调查的方法与经世致用的目标上进步了许多，他们尚不具备现代考古学和艺术史的视野。

西方人测绘新疆的历史可以上溯到十八世纪中叶，两位西洋人作为左都御史何国宗的助手，进入新疆绘制地图。其工作实是受命于乾隆编修《西域图志》。伴随着同样的政治野心，西方诸国也对新疆文化地理产生了浓厚的兴趣，时间上比七十一、徐松等人略晚。

十九世纪中期，中亚与欧洲之间存在巨大的文化差异。个别欧洲人命丧于此，加深了这一地区给所谓"文明世界"留下的险恶印象。在西域探险的开始阶段，龟兹壁画没

1 宿白《中国石窟寺研究》，北京：文物出版社，1996年，第21页。〔清〕俞浩撰《西域考古录十八卷》（清道光二十七年刻海月堂杂著本），《四库未收书辑刊》史部第9辑第7册，北京：北京出版社，2000年，第692—693页。

2 周轩《谢济世考察龟兹石窟说辩误》，《西域研究》2014年第1期，第85页。

3 朱玉麒《清代西域流人与早期敦煌研究——以徐松与〈西域水道记〉为中心》，《敦煌研究》2010年第5期，第92—98页。

有引起欧洲探险家的“学术兴趣”[1]，但克孜尔石窟仍然留下了欧洲人造访的痕迹。一位名叫缪恩汉克的人于1879年1月15日用铅笔在克孜尔第213窟墙壁上留下了自己的俄文名字[2]。此后又过了十年，带有一丝偶然，库车引起了西方古物学界的重视。1888年，英国人安德鲁·达格列什在前往新疆途中被杀。1889年英国少尉鲍尔追缉凶手来到库车。他未抓住案犯，却在当地意外地买到一本古代手稿。手稿文字无法识别，但它奇特的装帧——木板夹持着桦树皮纸多达51页，令鲍尔感觉意义非凡。他于次年回到印度，将手稿交给了英国学者霍恩勒。霍恩勒宣布手稿大约书写于公元五世纪，涉及巫术和医药，是世界现存最古老的书籍原本之一。这本被后人称为《鲍尔写本》的古书面世，意义重大，拉开了龟兹考古的序幕。

斯坦因于1915年怀着对《鲍尔写本》浓厚的兴趣，考察了库车城西南角阔特鲁克乌尔都（Kotluk-ordu）的土墩遗址[3]，并饶有兴趣地记录了几位发掘者的访谈：“据米尔·谢里夫和其他几位本地知情人说，著名的鲍尔写本以及其他几件重要的梵文和龟兹文文书就是在这里发现的……整个遗址似为一座大型寺庙的遗存，由于人们长期在此挖掘泥土为田地施肥，加之寻宝者大肆活动，遗迹已被破坏得几乎面目全非……米尔·谢里夫说，大约28年前，他和几个伙伴就是在这里挖掘到一大批古代写本的。他们把所获文物瓜分出卖，一部分卖给了阿富汗商人，然后这部分写本又转到鲍尔大尉的麦卡特尼先生手里。”[4]

斯坦因的采访反映了一条重要信息，那就是在西方探险家开始对库车地区进行考古发掘以前，当地已经存在一个以中亚商人为中介的古物流通市场。为此，另外一位必须提及的俄国人是彼得罗夫斯基。十九世纪八十年代，他担任沙俄驻喀什总领事，开始收集新疆古物。文物来自新疆各地，其中不乏来自库车之物，许多藏品后来送到俄罗斯亚洲博物馆供学界研究。库车、库尔勒和阿克苏等地的居民此时常常出售一些古代写本。大约在十九世纪九十年代初，彼得罗夫斯基将来自这些地方的百余件文书残片寄给了俄国科学院院士奥登堡。

在此后行行色色的中亚探险者中，从喀什到北京的英国生物学家利特代尔（Clement St. George Royds Littledale, 1851—1931年），大约在1893年途经库车。也正是在这一年，那位于1879年在克孜尔留下签名的缪恩汉克，再一次用铅笔在克孜尔第38窟墙壁上留下了到访的证据。

“中亚地理发现”埋下的火种很快燃成熊熊火炬。十九世纪末二十世纪初，在欧洲

1 陆续出发的早期探险家行列中，最为人津津乐道的成功者是俄国人普尔热瓦尔斯基（Никола й Миха йлович Пржева льский, 1839—1888年）。他在十九世纪七十年代穿越新疆时，先后途经库尔勒和阿克苏。这位以发现罗布泊而著名的探险家主要关注地理、动植物和风土人情，考古资源丰富的库车没有引起他的兴趣。另一位受聘于俄国的德国人雷格尔（Loann-Albert Regel）也是一位植物学家，他怀着对古代文物的巨大热情，于1878年探索并报告了吐鲁番地区的佛教遗址。他的考察唤起了西方列强陆续展开的新疆考古。紧随俄国，因中亚地理发现一举成名的是瑞典伟大的探险家斯文·赫定（Sven Anders Hedin, 1865—1952年）。他于1894—1900年间在新疆开展了更广泛的考古，发现了楼兰古城、小河墓地，以及于阗的丹丹乌里克等多处遗址。斯文·赫定主要继承了前人对于西藏和罗布泊的兴趣，且将大量精力倾注在沙漠穿越上面，库车仍然在被忽略的名单之列。

2 赵莉《克孜尔石窟考察与研究世纪回眸》，《龟兹文化研究（三）》，乌鲁木齐：新疆人民出版社，2006年，第118页。

3 《鲍尔写本》起初据说出自库木吐喇石窟附近的一座佛塔中，今谷口区第9窟附近。王冀青《霍恩勒与中亚考古学》，《敦煌学辑刊》2011年第3期，第137页。

4 〔英〕奥雷尔·斯坦因著，巫新华等译《亚洲腹地考古图记》第二卷，桂林：广西师范大学出版社，2004年，第1115页。

东方学界的主导下，新疆考古取得了突破性进展。来自俄国、英国、德国、法国、日本的探险家们纷纷参与进来。俄罗斯的克莱门茨和英国的斯坦因最先出场。

1898年，俄国科学院派克莱门茨（D. A. Klementz, 1848—1914年）带领一支考察队赴吐鲁番详细考察了当地古城和石窟遗址。1899年12月，国际东方学家代表大会在罗马召开。克莱门茨提交了考察报告——《1898年圣彼得堡俄国科学院吐鲁番考察报告》。整个欧洲东方学界为之震动。事实上他的工作直接影响了德国东方学家格伦威德尔等人的最初事业。事隔多年，勒柯克在其《关于吐鲁番探险队的历史》一文中回顾了新疆探险的早期历史，他满怀钦佩地写道："在所有的旅行中，我们认为最有意义的是俄国科学家克莱门茨于1898年对新疆地区的考察。"

鉴于早期探险家取得的经验，1900—1901年，匈牙利籍英国人斯坦因（Marc Aurel Stein, 1862—1943年）的第一次新疆考古锁定在和田一带，成果辉煌。1902年，其丰富的收获在汉堡"国际东方学会议"上得以展示。德国学者格伦威德尔（Albert Grünwedel, 1856—1935年）建议将协会命名为"中亚远东历史学、考古学、语言学、民族学国际协会"。就在当年，他率领德国探险队启程，对吐鲁番进行考察（1902—1903年）。与此同时，另一支探险队也由伦敦出发，其队员却并非来自英国，而是由旅居伦敦的大谷光瑞召集的日本人。他们经俄罗斯到达新疆塔什库尔干后，兵分两路。大谷光瑞带领部分队员考察吉尔吉特，最后抵达印度。另外两人——渡边哲信和堀贤雄，则经和田穿越沙漠到达阿克苏。后来他们经拜城、赛里木到达库车。

渡边哲信和堀贤雄是最早把工作重点放在库车的学者。当他们1903年4月到达库车时，外国人尚未在那里进行充分调查，故而地图很不详细。在俄罗斯出版的地图上没有标注出拜城与库车之间的"奇尔套"山脉[1]。两人在库车进行了四个多月的考察和发掘，直至同年8月才离开。他们没有找到期待中的唐朝征服龟兹记功碑，却获得了一些佛像、佛画、古代文书、钱币和古代器物。

1903年4月10日8点，他们从赛里木出发，路上与阿克苏道台进行了短暂的会晤。11点40分到达克孜尔村，考察附近古迹。当天下午考察了克孜尔石窟。从克孜尔村到克孜尔石窟骑马疾驰需要40分钟。

渡边哲信记录了初次看见克孜尔石窟的情况："在河流向南拐弯之处，北岸、东岸的山腰上有像蜂窝一样的洞穴。那就是克孜尔。远望后，我们下坡，留下马，见到了丹青灿烂的洞窟。佛像已经被搬走，壁画上的罗汉等的脸部全部都已损坏。又看了另一个洞。里面很暗，只见白骨累累，据说是刑场。这一天探访的目的是大概看一两个洞。听说这里有十几家农户，收了大麦之后就回到克孜尔村去了。房子空了，只有夏季才有人住。"[2]

4月11日，他们在克孜尔村遇见了三个刚刚到来的外国人——格伦威德尔教授、乔治·胡特（Georg Huth）博士、狄奥德尔·巴图斯（Theodor Bartus）。他们从吐鲁番回程时经过此地。几天后又听村民介绍，1902年曾有一个西洋人来过，看了千佛洞就回去了，迄今还没有人留在这里研究过。

两位日本人在克孜尔石窟进行了记录和壁画剥取工作，也雇佣民工进行了发掘。当时千佛洞山顶似有古堡遗址。渡边哲信写道："顺着断崖，登上了有佛洞的山顶。看到有墙，是用像瓦一样平的赤石和泥筑起来的。开始我以为这是一个大僧院的遗迹，是

1 〔日〕渡边哲信《在中亚古道上》，〔日〕大谷光瑞等著，傅瑩译《丝路探险记》，乌鲁木齐：新疆人民出版社，1998年，第48页。

2 〔日〕渡边哲信《克孜尔踏查记》，〔日〕大谷光瑞等著，傅瑩译《丝路探险记》，乌鲁木齐：新疆人民出版社，1998年，第89页。

主宰各个洞的，但仔细调查之后，又像是一个城堡。如果是那样的话，古代该有路从库车通到这个山顶，这个遗迹相当于佛院的防守设施吧。由于这个遗迹破坏得甚为厉害，也没有发现古钱及其他遗物，所以放弃发掘。”[1]

图 1-1-3　中间围桌而坐四人为德国第三次新疆考察队队员，从左到右为巴图斯、勒柯克、格伦威德尔、波尔特

德国考察队与渡边哲信和堀贤雄分别后，迅速赶到库木吐喇，进行了为期一周的考察。贾应逸核对，确认他们首次切割的库木吐喇壁画为谷口区第23窟穹窿顶上的两身天神、婆罗门像和三块边饰图案，还有大沟区第38窟中心柱后壁的大型涅槃图等[2]。首批龟兹壁画随吐鲁番文物一起运回欧洲，引起轰动。

渡边哲信和堀贤雄于4月23日离开克孜尔回到库车，5月9日进入库木吐喇石窟群，5月19日离开。渡边哲信谈到了库木吐喇的状况：“进入这个千佛洞内一看，到处都有佛像，满眼都是雕金塑银，色彩斑斓，总之都是些非常出色的东西……在其他的千佛洞中，随着发掘的进展，不断出土一些佛像及其他各种东西……这些洞的大小各不相同，大的内部高12.6米，洞深也约12.6米，上下都是非常美丽的绘画。但因这一带后来改信伊斯兰教，而伊斯兰教是禁止绘画的，尤其是动物画，所以洞中的动物画和佛像头部都被破坏了，只留下花草之类的图案。”[3]日本人在库木吐喇进行了简单发掘和拓片制作，发现了一些阿弥陀经残片，此外还有一些菩萨的脸和手。他们推测：在伊斯兰教徒进入这些洞窟、破坏佛像之前，这个洞窟的两面墙已经面对面地倒塌了，然后其上面又堆上了沙土，所以能得到完整的菩萨像脸面[4]。

很快，德国又于1904—1905年派出了勒柯克（Albert von Le Coq，1860—1930年）和巴图斯对吐鲁番进行第二次发掘。此后，格伦威德尔与勒柯克在喀什会合，一起开始德国探险队第三阶段的新疆考古（图1-1-3）。这一次，他们首先在库车展开工作。1906年1月23日，抵达库车（中途于1月22日短暂参观了克孜尔石窟）。1月27日—2月25日考察库木吐喇千佛洞，2月26日—5月14日考察克孜尔千佛洞，5月15日—5月20日考察了森木塞姆石窟群（基利什）。此后一路向西，沿途考察焉耆、吐鲁番。

由于目标明确，准备充足，德国探险队这一次对龟兹石窟的考察颇为细致。勒柯克安排旅行、管理财物、寻找新的考察地点，并负责同中国政府和当地居民协调关系。当决定考察发掘某一遗址时，巴图斯和勒柯克先对遗址进行清理，发掘文献及各种古物。

1　〔日〕渡边哲信《克孜尔踏查记》，〔日〕大谷光瑞等著，傅莹译《丝路探险记》，乌鲁木齐：新疆人民出版社，1998年，第95页。

2　贾应逸《“德国吐鲁番探险队”窃取库木吐喇石窟壁画的位置核对》，新疆龟兹学会编《龟兹学研究》第二辑，乌鲁木齐：新疆大学出版社，2007年，第218页。

3　〔日〕渡边哲信《在中亚古道上》，〔日〕大谷光瑞等著，傅莹译《丝路探险记》，乌鲁木齐：新疆人民出版社，1998年，第48—50页。

4　〔日〕渡边哲信《克孜尔踏查记》，〔日〕大谷光瑞等著，傅莹译《丝路探险记》，乌鲁木齐：新疆人民出版社，1998年，第105页。

波尔特有时协助他们工作，其他时间则负责拍摄照片和测量遗址。石窟发掘清理后，格伦威德尔就开始临摹壁画，进行一些科学测量。他对许多有价值的图像进行了水彩画、网格画法缩小复制或透绘图的复制，后者系用透明的纸蒙在原作上临摹。除了清理石窟、测绘、记档、摄影和临摹，德国考察队切割剥取了一些损害严重、保护堪忧的壁画。

壁画切取工作主要由巴图斯负责。勒柯克描述了壁画剥取和包装的过程：

壁画是在窟壁上一层特殊材料上绘制的，这是粘土混合上驼粪、碎麦秆等植物纤维，和成稀泥，把它们光滑地涂在窟壁上，再在上面涂上薄薄的一层白垩土，将其拉毛。

首先，壁画要用一把非常锋利的刀子切成弧形。这要切得非常小心，要刚好切透窟壁上面原来涂上的稀泥层，壁画切的大小要依所要包装它的箱子而定。如果用马车拉，箱子可以很大，如要用骆驼运，就要小一些。马运的箱子最小。这时，必要时就要把壁画的切边切成弧形或直角，使切线避开画中的重要部位。

再下来，就要用鹤嘴锄在壁画的边上凿一个洞，给狐尾锯所留开的这一空间，常常是用锤子和凿子在石壁上凿出的，幸运的是这些石壁一般都不是很坚硬。如果窟壁表面这一涂层的状况不太好，我们就必须用一块板子垫上毛毡把正在锯切的壁画表面紧紧压起来。

就这样，这块壁画被锯了下来，这个过程完成后，取下板子，这一块壁画就可以从墙上小心取下来。锯切壁画时，先锯上面的边线，然后慢慢向下，一直锯下来，逐渐狐尾锯同所切壁画的下边线平行，最后同已经切开的下边线会合。这一过程不仅对人的体力是一个考验，同时还要求操作者要有一双灵巧而熟练的手。

壁画锯切下来以后的包装，也不是一项简单的工作。首先必须准备好一些比锯下来的壁画要大一点的木板，四边木板比壁画都要长出3—4英寸。然后，再在四周和板子之间铺上两层松软的干草，然后再蒙上毡，最外面再包上棉花，经过这些程序以后，才算把第一块壁画包好，然后把有壁画的一面朝下放好。再铺上一层棉花，才放上第二块壁画，有壁画的一面朝上，如此类推。通常我们都将6块壁画这样包装在一起，如果再多，就会对壁画有损害。

对于在这里获得的这批壁画，我们也是用同样的办法进行包装，在四角及板子之间垫上棉花、毡、两层干草，在壁画与板子之间的缝隙处都填满碎草，再盖上一块同样大小的板子后，用绳子将木板捆紧。

此后就是装箱，箱子必须足够大，能给装进去的壁画四周都留有3—4英寸的空隙，在箱子底部，当然也要垫上同样厚度的亚麻与麦秆（其他材料都极容易被磨掉），再将刚才捆好的那些壁画装到木箱中，壁画与木箱四壁的空隙都用亚麻与麦秆塞紧，最后在上面再铺上一层亚麻与麦秆后，将木箱钉紧。用这种方式包装的壁画，没有一件破损。[1]

格伦威德尔和勒柯克就部分壁画是否应当剥取产生了分歧。他作为德国第三次新疆考察队的队长较为节制，陈述自己的原则如下：

关于哪些壁画应当带走的问题，我的看法是：或者全带，或者一幅也不带。属于全带走者，应具有足够悠久的历史，或者有学术价值，或者有艺术价值。属于下述情况者一件也不带：无法搞清残存遗物的内容，因而看来带回欧洲之后无法复原的。当然，重要的艺术品是个例外……另一个例外是，已经完全毁掉了的石窟寺里的值得重视的人物或装饰物的个别残部，因为这些残部可以证明已毁的这个寺庙属于何种艺术风格，

1 〔德〕勒柯克著，陈海涛译《新疆的地下文化宝藏》，乌鲁木齐：新疆人民出版社，1999年，第125页。

所以要带走。凡是草率地剥取壁画，而未做仔细记录，未确定或未认出壁画各部分之间的联系，未绘草图或未拍照者，我认为都应受谴责。同样，不照顾到绘画而剥取题记也是不对的。[1]

在考察克孜尔石窟的过程中，除了大量精美壁画，红穹窿顶窟（第67窟）旁边的藏经室显得格外重要[2]。勒柯克写道："我在此继续工作，竟能于古庙之中，破获一旧藏书处，于是我们即称为红圆顶屋，因为其屋脊为红色。我们又在此发现印度墨迹甚多，或为棕叶，或为赤杨树皮与纸，及缮写时的木桌。所有书页篇幅，尽系印度剪切式样。内有一书，极其完整，约60页，原为《散司苛特》与《图加利读本》，而译成印度文字。"[3]

德国第三次新疆考察队晚于日本库车考察队，但其对石窟的调查、整理和研究都非常细致。其考察报告也很快于1912年在柏林出版，即格伦威德尔撰写的*Altbuddhistische kultstätten in Chinesisch-Turkistan*（汉译《新疆古代佛寺》）。格伦威德尔在佛学和艺术史领域均有深厚造诣，报告一经面世，影响极大，成为研究龟兹壁画第一部，也是当时最重要的一部著作。日本人的考察报告不够系统和深入，加上出版较晚，学术影响逊于前者。

比德国人第二次考察库车略早，另外一支库车考古队也于1905年由彼得堡"俄国委员会"派出。这支由别列佐夫斯基（M.Berezowsky）兄弟组成的考古队在库车多处遗址拍摄照片，临摹壁画，同时也进行了发掘。他们带回了一些来自库木吐喇、克孜尔、森木赛姆和苏巴什的物品，其中包括在克孜尔揭取的壁画。经核对，一幅重要的壁画取自第198窟旁侧条形窟内[4]。事实上，早在1903年沙俄就已经准备资助对库车的考察，如果不是日俄战争使得这一计划搁浅，俄国人在库车取得成果当早于德国。

俄国和德国考察队同时在库车一带大肆劫掠古代文物，因为各自利益划分，闹得很不愉快。德俄两国在新疆考古方面都属于东方学的小圈子，交往与合作很多。"俄国委员会"对于"中亚远东历史学、考古学、语言学、民族学国际学会"的建立起到了关键作用。格伦威德尔亦与俄国学界交往甚密。故而两国考察队在分工上原有约定：德国考察队只准在吐鲁番县的较新古墟工作，俄国只准在库车县未经发掘的较古古墟工作。别列佐夫斯基看见德国人在属于库车地区的森木塞姆揭取壁画，大动肝火，指责对方侵占了己方的考古领地。他们坚称俄国人先到该地，则俄国人对于古物可享有极大的权利。勒柯克却强调协议的实质是德国人在吐鲁番考古，俄国人不得干涉；俄国人在库车考古，德国人也不得干涉。他因此指责两个俄国人的不良行为与所订契约有违[5]。这件事情一度闹得不可开交，俄方拔枪威胁。德国考察队已经完成大部分工作，收获丰富，便从容退出。他们离开库车，继续往东，于1906年6月调查了焉耆的七个星遗址（硕尔楚克）。

大约与此同时，另一支由汉学家保罗·伯希和领导的法国考察队1906年6月15日离开

1 〔德〕A.格伦威德尔著，赵崇民、巫新华译《新疆古佛寺（1905—1907年考古成果）》，北京：中国人民大学出版社，2007年，第4页。

2 〔德〕A.格伦威德尔著，赵崇民、巫新华译《新疆古佛寺（1905—1907年考古成果）》，北京：中国人民大学出版社，2007年，第149页。

3 〔德〕勒柯克著，郑宝善译《新疆文化之宝库》，魏长洪、何汉民编《外国探险家西域游记》，乌鲁木齐：新疆美术摄影出版社，1994年，第241—243页。

4 赵莉《克孜尔石窟考察与研究世纪回眸》，《龟兹文化研究（三）》，乌鲁木齐：新疆人民出版社，2006年，第118页。

5 〔德〕勒柯克著，郑宝善译《新疆文化之宝库》，魏长洪、何汉民编《外国探险家西域游记》，乌鲁木齐：新疆美术摄影出版社，1994年，第241—243页。

巴黎，开始东方之旅。对喀什和图木舒克进行考古调查之后，1907年1月2日到达库车。伯希和龟兹考古的焦点是对库木吐喇、都勒都尔-阿乎尔（库木吐喇南面遗址）和苏巴什的发掘。其助手努埃特则在较晚的时候去克孜尔石窟拍摄了许多图片。工作一直持续到是年9月，获得大量雕像、写经残卷和各类物件。后来他们经乌鲁木齐，到达敦煌。继斯坦因之后，伯希和又一次大量选取藏经洞文书。

伯希和在库车的发掘以都勒都尔-阿乎尔较为突出。1907年4月24日他们发现了都勒都尔-阿乎尔的一处“藏经室”。里面许多经卷逃脱火灾，却因潮湿而完全腐烂。其中天宝二年（743年）的一卷汉文文书和大历年间（766—779年）的钱币有助于断代。此外，他们还在藏经室中发现了不可多得的地表建筑壁画残片，其中有两幅相当精美的头像[1]。

在另外一处重要的地表建筑遗址——苏巴什，也有壁画发现。6月6日，伯希和去苏巴什，观看别列佐夫斯基的考古进展。他们发掘出了一间未被烧毁的房间，壁画精美。伯希和向他们指出一个未被注意的洞子，写满游人题记，其中一则汉文题记写于唐开元十三年（725年）三月十二日。法国人很好地处理了和俄国考察队的关系，随后也在苏巴什展开工作。伯希和收获了13个骨灰盒，上面画有栩栩如生的飞禽和弹琴者。

1906年斯坦因第二次来到新疆，依旧从喀什、和田开始，后来沿着丝路南道考察，探索楼兰之后，在敦煌从王道士手上购买了藏经洞大批宝藏。1907年，他带着12箱文物从丝路北道返回，沿途考察了吐鲁番、焉耆、库尔勒。1908年1月斯坦因来到库车。他饶有兴趣地参观了附近的古遗址，但他十分清楚，“在过去的5年里，这儿接连被日本、德国和俄国的考古队光顾过，最近是由伯希和教授领导下的法国探险队对此遗址进行了全面、系统和认真的清理”[2]。因此在库车，他仅花费一周时间快速考察，随后在1908年1月25日开始穿越库车到和田的沙漠。

1908年，野村荣三郎和橘瑞超组成大谷光瑞第二次探险队从北京出发。他们穿越外蒙进入新疆，经乌鲁木齐、吐鲁番、库尔勒，之后兵分两路，橘瑞超考察丝路南道，野村荣三郎考察丝路北道。1909年2月至5月，野村荣三郎发掘了库车一带的石窟寺和古遗址，获得不少汉文残片，其中“大历十六年三月廿日杨三娘举钱契”得自库木吐喇石窟。但他在克孜尔连续发掘十三个洞窟，皆无所获，两三天便失去耐心。

1909年俄国委员会派出协会重要的组织者——奥登堡（Ольденбург С.Ф.）赴新疆考察。工作重心是焉耆和吐鲁番，返程途中，奥登堡于1909年12月19日到达库车，对诸石窟和其他古遗址进行了发掘、绘图、摄影和记录。1910年3月，奥登堡带着发掘物回到彼得堡，他很快完成了这次调查报告，并于1914年出版。

橘瑞超与英国人霍·布斯1910年8月从伦敦出发，开始了他本人的第二次新疆之旅，同时也代表了大谷考察队的第三次探险。后来大谷光瑞又派出了吉川小一郎前往中国与橘瑞超会合。橘瑞超与霍·布斯到达吐鲁番后，让霍·布斯带着大部行李在库车等他，自己南下探险。他历经磨难，从南向北走了22天，穿越塔克拉玛干沙漠，终于在1911年3月到达库车。然而听到的却是霍·布斯病逝的消息，其遗体已运到喀什英国总领事馆。橘瑞超无暇在库车停留，立刻奔赴喀什[3]。此后，橘瑞超南下往东折回，在敦煌会合了等候他的吉川小一郎，又一同返回乌鲁木齐。二人在那里分手，橘瑞超返回日本，吉川小一郎

1 〔法〕伯希和《库车地区考古笔记》，伯希和等著，耿昇译《伯希和西域探险记》，昆明：云南人民出版社，2001年，第232—233页。

2 〔英〕奥里尔·斯坦因著，巫新华、伏霄汉译《斯坦因中国探险手记》卷四，沈阳：春风文艺出版社，2004年，第921页。

3 〔日〕橘瑞超著，柳洪亮译《中亚探险》，乌鲁木齐：新疆人民出版社，1993年，第33—35页。

留在新疆继续考察。1912年5月—6月，吉川小一郎来到克孜尔，发掘依旧无甚收获。他临摹和拍摄，并带走了一些壁画[1]。随后去了喀什、和田、伊宁，至1914年1月才结束考察。

德国第四次考察队由勒柯克和巴图斯组成，1913年1月出发，1914年3月返回。他们经安集延、喀什，于1913年6月21日到达拜城，次日就去了克孜尔。上次在此地考察还是1906年的事情。此后这些年，人们在克孜尔进进出出，令故地重游的勒柯克十分紧张。他担心壁画再不会像原先那么好了，一到克孜尔就去检查那些最重要的石窟。巴图斯立刻在克孜尔驻扎下来并投入工作，勒柯克赶赴库车与当地官员周旋，之后又急忙检查了库木吐喇和克孜尔尕哈石窟。他写道："掘宝人和闲散的盗壁画者在那里横行霸道并对消失的壁画造成了严重的损失。明显的是，很多这类画几乎都是俄国涂鸦，出自'伊万'和'彼得'之手。"[2]或许此时，勒柯克还对上次与俄国人交恶记忆犹新。

勒柯克很快回到他们在克孜尔的工作现场。这一次没有格伦威德尔说三道四，两个德国人肆无忌惮地锯切壁画。他们的行为对克孜尔石窟，也对后来的石窟研究者造成了难以弥补的伤害。勒柯克对龟兹学贡献极大，他像格伦威德尔一样学识渊博，著作等身。他在新疆热心帮助过遇到困难的中国人，并对格伦威德尔颇有微词："格伦威德尔似有怪癖，最嫉恶汉人与维吾尔人，并不喜欢与之往来，因他不识汉语及维吾尔语。"他也试图解释新疆汉族人遭遇穆斯林的蔑视，其实是后者对食猪肉者的文化偏见。尽管如此，勒柯克始终未能获得中国舆论更多的好感。

勒柯克第一次到达克孜尔时就想尽量多地剥取壁画。在当时，除了受发掘者自己的学术良知和道德约束，切割废墟中的壁画并不冒犯当地文化。地方官员知情而不干涉，民众作为向导和雇工参与其中。几年过后情况依旧如此，其他方面则发生了变化：壁画遭到破坏，并且将来可能被继续破坏。与其让这些没有得到保护的文化瑰宝遭遇粗暴揭取和随机损毁，还不如有条理地将其搬运至德国，妥善管理和研究。勒柯克除了贪婪的占有欲和事业心，也对自己以及德国的保护能力有所判断。在他看来，格伦威德尔所谓的原则过于理想主义，脱离现实。

1913年8月，勒柯克万分激动地来到苏巴什古城。继伯希和之后，他在充满雕塑残片的建筑上肆意切割。此后他们又去了森木塞姆、库木吐喇等几处库车附近的石窟寺。在森木塞姆，勒柯克痛心而又不禁得意地了解到，俄国人把他们赶走后，没有顺利地占有那些精美的壁画。"这些先生们对于壁画的切割技术一无所知。经过工人们的描述以后，他们试用哥萨克古老的弯刀插入灰浆和岩石之间将壁画分离下来！可以理解的是，用这种粗笨的做法破坏了许多壁画。我们当时让步了，并发现装饰花纹保存完好无损。俄国人并没有动它们，但是放羊倌却在那里住了七个冬天，他们的烟火使装饰花纹蒙上了一层烟灰。"如何保护这些壁画？勒柯克选择了把最值得保留的部分进行切割，原本完整的壁画就这样被开了天窗。他们将库车地区的收集物，装了一百多个箱子，分批运走。然后转往巴楚、图木舒克考察，最后经喀什西返。

德国宣称从克孜尔石窟切取壁画252块，面积328.07平方米。但龟兹石窟研究所核对统计，除去其他国家的剥取，壁画丢失面积与之差距较大。被德国人切割下的壁画，并非就此一帆风顺。壁画运至德国，在第二次世界大战炮火中遭遇了巨大损失。这是勒柯克始料未及的。但一些壁画在切割时就发生了破损，且匆忙的运输和古老的交通也不具备完好的运送条件，对这一部分损失德国考察队难辞其咎。另外也有传闻，德国馆藏单位曾因经济拮据，出售过部分壁画。一些美国收藏机构可能拥有其中的某些部分。

1 赵莉《克孜尔石窟考察与研究世纪回眸》，《龟兹文化研究（三）》，乌鲁木齐：新疆人民出版社，2006年，第118页。

2 〔德〕勒柯克著，齐树仁译《中国新疆的土地和人民》，北京：中华书局，2008年，第38页。

还有很关键的一点，如赵莉所指出：德国考察队在考古发掘过程中，缺乏严格的考古纪录，存在许多错记和漏记的现象，导致许多壁画所出洞窟不明[1]。与艺术品息息相关的宝贵信息就此丢失，格伦威德尔最不愿意看到的事情还是发生了。这足以构成对勒柯克“强盗式”挖宝行为的指控。

斯坦因于1913—1916年期间进行了第三次中亚探险。先是重返楼兰、敦煌，1915年考察吐鲁番后，经库尔勒、轮台，于4月14日到达库车。他对库车进行了为期三周的考察，勘测水文，仔细观察了库车绿洲的自然地理条件，解释了龟兹成为丝路北道富裕古国的原因。在调查库车古城和寺院遗址的过程中，斯坦因进行了测绘和简单发掘，获得文书、印章、戒指，及陶片、青铜构件等其他琐碎文物[2]。5月6日从库车启程，前往喀什。

1917年6月6日，作为民国政府特派员前往新疆考察财政的谢彬（又名谢晓钟）在几个朋友的陪同下一起来到了丁谷山千佛洞（库木吐喇石窟），对墙壁上的梵文做了拓片。他似是读过清人笔记，在石窟中四处寻找白衣大士像及汉楷《轮回经》，终未能见。尽管考察带有观光性质，但作为较早访问当地的民国学者，他的笔记仍然具有价值。其中提及对外国人剥取壁画的遗憾，也谈到渭干河谷连接库木吐喇和克孜尔石窟的交通情况，“由此向西北行，逾山约三四十里，拜城辖境，亦有佛地多处与汉字碑刻，视此间为完好。冬令河水冻结，可踏而赴。方今冻解，不能飞渡，须绕大道至拜城和色尔，折南前走”[3]。

1926年冬，瑞士著名探险家斯文·赫定第四次来到中国。他计划率领一支欧洲考察队考察西域，并与北洋政府协定：中国派两名科学家陪同考察，一年后返回；考察所获物品先运回瑞典，待中国条件成熟再予运回。然而，时值政局动荡，北伐之声高涨。此前欧洲列强的西域探险，不仅引起了中国学术界对西域史地的兴趣，也激发了中国民众的爱国热情。经历五四运动之后的中国，不再麻木不仁，知识界亦以积极引进新的科学文化为己任。北京大学于1922年在国学门成立的考古学研究室，马衡为主任，外聘罗振玉、伯希和等人，逐渐具备了西域考察的学术条件。故而斯文·赫定与北洋政府协议一传出，就饱受批评。1927年3月，北京大学联合十余个学术机构和团体提出外国人在中国考察应以不侵犯主权，不损失国体为原则，并发表“反对外人随意采取古物之宣言”。最终，“中国学术团体”以北京大学刘半农为代表，与斯文·赫定达成协定，中瑞两国组成“西北科学考查团”共同考察，考察团有中外团长各一人，所获物品归属中国。协议重新签订，在学界和政治领域都颇具影响。背负了半个世纪不平等条约的中国人为之振奋，视之为开启中国外交新时代的“平等条约”。

考察团1927年5月9日离开北京去包头，开始第一阶段考察。1928年他们由内蒙古进入新疆，除了地理、气象及其他科学分析外，也进行了考古发掘。28人组成的考察团中，中国队员10人。团长是北京大学教务长徐炳昶。此外还有袁复礼（后任代理团长）、黄文弼、丁道衡、詹蕃勋、龚元忠、崔鹤峰、马叶谦、李宪之、刘衍淮。大部分中国考察团成员从事自然科学，丁道衡从事古生物学，徐炳昶虽对史学颇有造诣但对田野考古不熟，又要承担很多团队管理和对外交往工作。只有黄文弼，身为北京大学考古学会成员，承担了主要的考古调查工作。他对塔里木盆地的丝路南道和北道进行了大范围的考察，三年时间共采集物品80多箱。1930年秋，黄文弼从俄罗斯返回北平，成为从事西域田野考

1 赵莉《克孜尔石窟考察与研究世纪回眸》，《龟兹文化研究（三）》，乌鲁木齐：新疆人民出版社，2006年，第122页。

2 〔英〕奥雷尔·斯坦因著，巫新华等译《亚洲腹地考古图记》第二卷，桂林：广西师范大学出版社，2004年，第1099—1130页。

3 谢晓钟《新疆游记》，兰州：甘肃人民出版社，2003年，第171页。

古事业，同时也是龟兹考古的第一位中国人。斯文·赫定本人则因种种原因，始终没有到过库车。

1928年，黄文弼经吐鲁番、焉耆，于8月26日抵达库车。9月4日开始对库木吐喇石窟进行发掘、拓字、记录。发掘出若干文书及彩绘佛像。10月28日考察发掘克内什司密司玛里（森木塞姆），获"建中通宝"一枚。11月1日开始考察苏巴什古城及佛塔。他还考察了库车周边许多遗址，工作七十多天，获得铜铁器物、泥塑像、陶模、壁画等共十余箱。11月30日至克孜尔千佛洞（旧称"和色尔"）进行了为期两周的考察。克孜尔石窟群的分布大致有上下两层，下层石窟因西方人考古，剥掘尽净，他推测上层可能未经探查，便系绳攀入，果然收获了不少西域文书木板经纸，还有"贞元七年（791年）西行牛二十一头"、"节度押牙特进太常卿"、"碛西行军押军"、"碛行军押官杨思礼请取……阗镇军库讫被问依……"等汉书残片[1]。12月16日他从克孜尔出发，去拜城、阿克苏考察[2]。

1946年6月5日，画家韩乐然只身来到新疆考察克孜尔石窟，留居十四天进行油画临摹。1947年4月19日—6月19日，复携赵宝麟、陈天、樊国强、孙必栋，来到克孜尔石窟进行考古调查（新发掘特1号窟，即现编第69窟）、壁画摄影、临摹和艺术创作，并在今克孜尔第10窟留下长篇铭文[3]。他于1947年在乌鲁木齐举办画展，7月30日从乌鲁木齐返回兰州，中途飞机失事，不幸去世，所携资料全部遗失。1953年，韩乐然在克孜尔的部分临摹和创作（17幅油画临摹、4幅水彩临摹、3幅石窟外眺之水彩风景），由其夫人无偿捐赠，成为中国美术馆馆藏。此外，还有1幅水彩临摹飞天、1幅水彩风景为其亲属私人收藏[4]。

1953年，武伯伦、常书鸿率领新疆文物调查组来到库车、拜城考察石窟，并对克孜尔235个洞窟进行了更加系统的编号，沿用至今。是年，拜城县人民政府设置了克孜尔千佛洞文物管理所。1957年11月，黄文弼等人因参加中国科学院考古研究所进行的新疆考古调查，再次来到库车。他这一次主要对苏巴什、龟兹古城及城内哈拉墩等城市遗址进行发掘，1958年4月底离开[5]。

1961年，中国佛教协会和敦煌文物研究所联合组织了新疆石窟调查组，北京大学阎文儒随队来到克孜尔，对石窟进行了较为详细的调查记录和研究。该年，克孜尔石窟成为第一批全国重点文物保护单位。

1972年，文博系统恢复工作。姚士宏调任克孜尔千佛洞文管所。1973年，他们在克孜尔第69窟的旁边发掘了新1窟[6]。1977年，中央美术学院恢复美术史系，金维诺任系主任。是年秋，他带领美术史系学生在克孜尔石窟进行了两个多月的考察和临摹。1978年，复来库车，考察了库木吐喇及克孜尔石窟。他们在美术界为克孜尔壁画开拓了空间。1979年，北京大学宿白、马世长、丁明夷、晁华山和许宛音，在克孜尔石窟进行了两个月的调查。他们的到来不仅有力地推动了石窟寺考古进程，也提升了当地文保单位的

1 黄文弼《略述内蒙古、新疆第一次考古之经过及发现》，黄文弼《西北史地论丛》，上海：上海人民出版社，1981年，第26页。

2 黄文弼《黄文弼蒙新考察日记（1927—1930年）》，北京：文物出版社，1990年，第255—363页；黄文弼《库车考古调查简记》，黄文弼《西北史地论丛》，上海：上海人民出版社，1981年，第273—262页。

3 史晓明《韩乐然与克孜尔石窟》，《克孜尔石窟艺术论集》，乌鲁木齐：新疆美术摄影出版社，2008年，第169页。

4 裴建国《韩乐然与克孜尔石窟壁画》，新疆龟兹学会编《龟兹学研究》第三辑，乌鲁木齐：新疆大学出版社，2008年，第309页。

5 黄文弼《1957—1958新疆考古调查简记》，黄文弼《西北史地论丛》，上海：上海人民出版社，1981年，第8—15页。

6 姚士宏《克孜尔新1窟发现的前前后后》，《新疆日报（汉）》2010年11月30日第011版。

学术研究。

二十世纪八十年代以后，随着各类考察活动和学术著作的增多，龟兹学日益活跃。一方面，中国学术界逐渐形成以北京、新疆相关机构为主的研究力量。另一方面，由于许多壁画精品流散海外，西方人的研究始终没有中断。如此，作为古代中外文化交流的重要环节，龟兹壁画也成为当今中外学术交流、文化沟通之纽带。

第二节　龟兹石窟的分布

龟兹位于天山南麓，地形上是一个由北而南的扇形冲刷面。天山脚下一条条小溪汇聚形成流量颇丰的河流，遂使龟兹成为塔克拉玛干沙漠北道的一大绿洲。流入龟兹的河流主要有两条，一条是库车河，直接流经库车县城。另一条是渭干河。渭干河上游是三条河流的汇聚，分别是由西向东流淌的木扎提河，由北向南流淌的喀拉苏河和克孜尔河。在这些河流周边，大大小小地分布着五百多个石窟。新疆迄今发现的大部分石窟都集中于此。

龟兹石窟中，最为著名的是克孜尔和库木吐喇两大石窟群。它们的北方和两侧，还分布着许多中小型石窟。其中，森木塞姆、克孜尔尕哈、托乎拉克艾肯等石窟群亦有丰富而精美的壁画。1993年，张平《拜城等地发现的新石窟》一文，对各地分布的中小型石窟做了初步汇报。1995年，新疆龟兹石窟研究生石窟考古专修班成员及北京大学马世长、李崇峰一行，对龟兹地区的中小型石窟进行了一次较为全面的考察。李丽女士参与了这次调查，并整理出《新疆龟兹地区中小型石窟调查》（2000年）一文（图1-2-1）[1]。

图 1-2-1　龟兹地区石窟分布图（引自李丽《新疆龟兹地区中小型石窟调查》，2000 年）

---

1 李丽《新疆龟兹地区中小型石窟调查》，《汉唐之间的宗教艺术与考古》，北京：文物出版社，2000年，第163—178页。

图 1-2-2　森木塞姆石窟

最西端的石窟群是温巴什石窟，位于木扎提河南面，拜城西南方向约20公里的雀尔塔格山北麓峡谷中。现存石窟25个，现编号第1窟，第9窟和第11窟，有少量坐佛、菱格因缘等壁画遗存。

次西端的三个石窟群——萨喀特克石窟、都尔干石窟、喀拉苏石窟，在喀拉苏河西面，呈三角形分布于拜城东北方向的亚吐尔乡。萨喀特克石窟位于拜城县城正北方的萨喀特克艾肯尼沟，保存有一个纵券顶方形窟和一个僧房窟。都尔干石窟位于拜城东北方向的都尔干村南部。石窟位于沟谷中央的高地上，高地两侧分布着一些寺院遗址，编号石窟有7个。喀拉苏石窟位于都尔干石窟的北方，塔格克吐鲁山的东部。它是亚吐尔乡三个石窟点中石窟数量最多的一个，共有22个。除了石窟，还有一座寺院废墟屹立在开凿石窟的山丘顶部[1]。托乎拉克艾肯石窟（又名吐乎拉克艾肯石窟）在木扎提河南方，雀尔塔格山的南麓。现存石窟20个，散落在新和县大尤都斯乡西北一座寺院遗址的周围。

最北边的两个石窟点是玉开都维石窟和阿克塔什石窟。这两个石窟都在克孜尔河上游的黑英山乡。玉开都维石窟在乡政府西北约10公里的山丘上，有1个前后两面开龛的中心柱窟和1个小型的纵券顶方形窟。阿克塔什石窟在乡政府的东南方向约6公里的丘崖上，共有6个僧房窟。

最东边的两个石窟点是位于库车河东侧牙哈乡的森木塞姆石窟和玛扎巴哈石窟。森木塞姆石窟在克日西村（库车县东北45公里）北边雀尔塔格山口附近的山谷中。山谷中间的高地上有一处寺院遗址，周围分布着大小约54个石窟（图1-2-2）。森木塞姆石窟有大量壁画遗存，是龟兹地区最具文物价值的石窟点之一。玛扎巴哈石窟位于克日西村南方，以其地处玛扎巴哈村而得名。石窟开凿在多个戈壁土丘上，距离村子大约半公里。现存32个洞窟，毁损严重。

1　李丽注意到喀拉苏石窟第6窟、第7窟、第8窟与其他散布的石窟不同，它们位于山顶寺院的下方，三窟毗邻，高度一致，是一种两个中心柱窟中间夹着一个方形窟的组合形式。她推测这组洞窟可能是整个石窟群的中心礼拜场所。

在森木塞姆石窟和玛扎巴哈石窟的东面，库车河纵切雀尔塔格山，自北而南流入龟兹绿洲。就在库车河流出山谷不远，河流东西两岸有许多建筑遗址，一般称之为苏巴什故城（苏巴什是维语，意为“水头”）。古建筑群中心有高大宏伟的佛塔，学界据此将遗址考定为古代龟兹著名的昭怙厘大寺。玄奘《大唐西域记》有载：“荒城北四十余里，接山阿，隔一河水，有二伽蓝，同名昭怙厘，而东西相称。佛像庄饰，殆越人工。僧徒清肃，诚为勤励。东昭怙厘佛堂中有玉石，面广二尺余，色带黄白，状如海蛤。其上有佛足履之迹，长尺有八寸，广余六寸矣。或有斋日，照烛光明。”[1] 苏巴什石窟共7个洞窟，其中2个在故城东寺，皆为长条形洞窟并有壁画留存，绘制了僧人及动植物等题材。另外5个位于故城西寺北边河畔的山壁上，窟形复杂而别致。

从苏巴什故城沿河谷北上，逆流穿越雀尔塔格山，进入天山南麓边缘。1999年，一位牧人在河谷边的峡谷中新发现了一个石窟——阿艾石窟。石窟距离库车县城大约70公里，是龟兹地区较北端的石窟点。石窟为方形，中间有像坛。窟内壁画汉风明显，主要是唐朝流行的佛教偶像——西方净土、卢舍那佛、药师佛、文殊菩萨等，并有汉字榜题。

从苏巴什故城往西偏南方向走十几公里，可以到达以盐水沟为主的一些峡谷在雀尔塔格山南麓密集的出山口。盐水沟沟口处有一座汉代的烽燧，称为“克孜尔尕哈烽燧”。克孜尔尕哈石窟就坐落在距此烽燧东北方向约1公里远的小山谷中。2009年出版的《克孜尔尕哈石窟内容总录》共记录了编号洞窟52个（实际洞窟总数为64个）。其中约11个洞窟有壁画遗存，亦为龟兹地区保存壁画较多者。克孜尔尕哈第25窟主室和甬道侧壁上保留有大量龟兹文题记，是判断石窟年代的关键性证据。皮诺将克孜尔尕哈第25窟主室侧壁保留的一则龟兹文题记进行了解读，大意为两位游人于国王苏伐叠（624—646年在位）在位的第十九年（虎年）第六月的八日，来此圣地谒佛祈愿[2]。

克孜尔尕哈石窟是距离龟兹王城最近的石窟点（在库车以北直线距离约9公里处）。从克孜尔尕哈石窟出发往西南方向，沿着雀尔塔格山行走20公里左右，就到达了龟兹绿洲另一条主要水源——渭干河的出山口（库车以西25公里处）。在河道沿途的山

图 1-2-3　库木吐喇石窟及渭干河

1 〔唐〕玄奘、辩机著，季羡林等校注《大唐西域记校注》上卷，北京：中华书局，2000年，第60页。
2 赵莉《克孜尔尕哈石窟综述》，新疆龟兹石窟研究所编《克孜尔尕哈石窟内容总录》，北京：文物出版社，2009年，第16页。

图 1-2-4 克孜尔石窟眺望渭干河谷

崖和山谷，分布着许多石窟，统称为库木吐喇（图1-2-3）。库木吐喇石窟群共114个石窟，除了谷口第33窟在西岸，其余散乱地分布在渭干河东岸。其中南端的"谷口区"编号洞窟从1号至32号。北端编号洞窟80个，称为"窟群区"。包括正壁塑造大像的像柱式石窟在内，库木吐喇谷口区和窟群区共有40多个中心柱窟，其余就是各类形态有别的方形窟、僧房窟等，其壁画遗存在龟兹地区仅次于克孜尔石窟。

从库木吐喇沿渭干河逆流而上，可以到达克孜尔石窟之所在——河流在雀尔塔格山北麓的入口。渭干河在这一段从西向东流淌。被河流分开的山谷中间出现了一个相对开阔的微型盆地（图1-2-4）。克孜尔大大小小的石窟就开凿在河流北岸的崖壁和峡谷中，目前发现洞窟总数为334个[1]。作为龟兹石窟之冠，克孜尔石窟数量接近龟兹其余石窟数量的总和。

克孜尔石窟地处克孜尔乡。克孜尔河从克孜尔乡流过，是木扎提河变成渭干河以前，最后一条汇入木扎提河的支流。在克孜尔石窟以北大约20公里的地方，18个石窟散落在克孜尔河北岸一片丘陵之上。此外，在山丘顶部还有一座古堡遗址。因为此地靠近克孜尔乡台台尔村，故名台台尔石窟。保存较好的石窟有4个是中心柱窟，5个僧房窟，还有2个方形窟。石窟中有一些壁画遗存，主题涉及天相图及菱格塔中坐佛、飞天、立佛、本生、涅槃等等。

渭干河经过克孜尔石窟流到库木吐喇石窟，中间有一处转弯，由西东流向转向北南流向。转弯附近的北岸峡谷还有一个小的石窟点，叫作亦狭克沟石窟。遗存有两个僧房窟、两个纵券顶方形窟以及两个龛窟。僧房窟墙壁上有一些婆罗迷文（龟兹文）、察合台文题记，但没有壁画遗存[2]。

上述石窟以中心柱窟、方形窟和僧房窟为主，此为龟兹石窟的共同特征。但各石窟的数量、比例、洞窟组合，均不统一。温巴什石窟14个保存较完整的洞窟中，有3个僧房窟，6个方形窟，4个中心柱窟。都尔干石窟7个洞窟中有4个方形窟（长门道，穹窿顶），

1 新疆龟兹石窟研究所编《克孜尔石窟内容总录》，乌鲁木齐：新疆美术摄影出版社，2000年，第1页。

2 龟兹石窟研究院《新疆拜城亦狭克沟石窟调查简报》，《文物》2013年第12期，第56—66页。

1个僧房窟，其余2个完全坍塌。喀拉苏石窟22个洞窟，除因石窟坍塌的部分以外，目前保留较好的还有14个方形窟，2个中心柱窟。托乎拉克艾肯石窟20个洞窟中有5个是僧房窟，7个是方形窟，7个是中心柱窟。玛扎巴哈石窟32个洞窟中，可以辨认出2个中心柱窟、4个方形窟、8个僧房窟、6个条形窟。台台尔石窟保存较好的石窟，有4个是中心柱窟，5个僧房窟，2个方形窟。森木塞姆石窟54个洞窟中有21个中心柱窟，2个大像窟和26个方形窟。克孜尔尕哈石窟编号洞窟52个（实际洞窟总数为64个），其中可以识别出包括3个大像窟在内的中心柱窟15个，僧房窟17个，方形窟12个。阿克塔什石窟6个洞窟都是僧房窟，无一例外。此现象应当引起重视。克孜尔石窟存在不同石窟类型的组合，阿克塔什石窟为此提供了反例。显然在多种洞窟组合之外，也存在单一类型的僧房窟窟群。

以上各石窟，窟型比例无甚规律，可见洞窟开凿随机性较强，日积月累，聚成规模。石窟群总体上没有统一的全局规划。一些石窟群中出现较为特殊的石窟。例如托乎拉克艾肯石窟群除典型石窟外，还有一座上下四层（由上至下，分别为4龛、6龛、10龛、10龛），排列成塔状的龛群。

龟兹地区的中心柱多在正面开龛（面对纵券顶的主室），其余三面绘制壁画。温巴什石窟部分中心柱正壁除了开凿主龛，还在主龛上以品字形排列三个小龛。克孜尔尕哈石窟个别中心柱窟主室一改传统的纵券顶，而采取穹窿顶、横券顶或平顶。托乎拉克艾肯石窟第10窟在中心柱4面开龛。森木塞姆第26窟不仅中心柱四面开龛，平面近方形的石窟还在左右侧壁四角各开一龛，前壁入口左右两侧各开一龛。此窟窟内共计开龛10处，此外在后甬道中间还开有窗户（后室开窗的中心柱窟还有森木塞姆第24窟）[1]。

森木塞姆方形窟中有10个穹窿顶石窟，比例较高。此外还有一种形状别致的“莲花套头顶”，顶部中心是小的半球体穹窿（内部起棱为条幅状），穹窿旁边以花瓣围成的弧边八角形层层相错，形成类似倒垂莲花的造型[2]。

龟兹窟群中最为特别的是苏巴什西寺几个石窟。以苏巴什第5窟为例，石窟主体结构以十字架形横向和纵向展开。同时在横向和纵向的长廊边并排开凿出数目不等的小室。纵向长廊两侧各有5个小室相对排列，石窟平面看上去像一把左右对称开齿的钥匙，插入山体。其前室部分尚留有木构建筑的痕迹。这种复杂的石窟结构在龟兹很罕见。学界推测其功能和禅修活动有关。在禅修中，每一个禅定的僧人分配一个长廊边的小室。然而，同一地点禅定窟的形制应该具备符合禅定活动的一致性，苏巴什此类石窟的小室却尺寸不一。第5窟顶部有禅定比丘画像，侧室面积1.5米×1米。第3窟也有禅定僧人画像，其小室却只有0.8米宽。第1窟小室只有0.6米宽，显然不是坐禅使用的，一些小室后壁有小孔，应该是佛像支柱的插孔。山部能宜因此指出，此类石窟的真正作用有待考察[3]。

除了石窟形制，一些石窟壁画也有自己的特点。例如玛扎巴哈石窟第4窟穹窿顶角隅留有“鹿野苑说法图”，托乎拉克艾肯石窟第11窟穹窿顶绘八道“连珠对鸭纹”条幅装饰的华盖，克孜尔尕哈第14窟、托乎拉克艾肯石窟第15窟后甬道顶部肩扛旃檀木的比丘飞驰而下（图1-2-5），克孜尔尕哈第13、14窟绘制地神托举供养人双足（图1-2-6）[4]，等等。

1 新疆龟兹石窟研究所编《森木塞姆石窟内容总录》，北京：文物出版社，2008年，第52、55页。

2 新疆龟兹石窟研究所编《森木塞姆石窟内容总录》，北京：文物出版社，2008年，第15页。

3 〔日〕山部能宜《再探石窟用途》，新疆吐鲁番学研究院编《吐鲁番学研究：第三届吐鲁番学暨欧亚游牧民族的起源与迁徙国际学术研讨会论文集》，上海：上海古籍出版社，2010年，第801页。

4 彭杰《库车克孜尔尕哈石窟壁画中的地神》，《西域研究》2007年第3期，第64页。

图 1-2-5　扛木比丘，托乎拉克艾肯石窟第 15 窟

图 1-2-6　扛木比丘，克孜尔尕哈第 14 窟

一些中小型石窟似乎是克孜尔石窟中的某种非主流风格的代表。李丽谈到托乎拉克艾肯石窟第15窟壁画含有四种晚期龟兹艺术的特征：壁画以红色调为主，佛像在菱格因缘中占据空间偏大，佛装衣式上多有双领下垂式样，甬道口绘制团花纹样楣沿。赵莉提及，克孜尔尕哈的中心柱窟不仅规模远远小于克孜尔石窟，且和克孜尔中心柱窟一般将本生因缘绘制在主室券顶不同，克孜尔尕哈石窟的四十多种本生故事（已经识别出的主题达29个）许多是绘制在主室券顶和侧壁的下部，以及甬道券顶和甬道侧壁的下部。此外，除第30窟，克孜尔尕哈中心柱窟的后甬道或后室已经不再出现涅槃台了。后甬道或后室的壁画主题仍然以涅槃相关题材为主，但“荼毗”比“涅槃”更加受到重视，

多处“荼毗”采用了绘塑结合的方式[1]。

上述龟兹石窟之中，温巴什乡的温巴什石窟，亚吐尔乡的喀拉苏石窟、都尔干石窟、萨喀特石窟，黑英山乡的玉开都维石窟、阿克塔什石窟，克孜尔乡的台台尔石窟和克孜尔石窟都位于今天的拜城县境内。拜城盆地多数石窟（克孜尔除外）都位于雀尔塔格山以北，天山南麓地势较缓的丘陵和峡谷边缘。拜城盆地东缘的阿艾石窟也是如此。其余龟兹石窟基本分布在雀尔塔格山南麓。这一部分，除了新和县大尤都斯乡的托乎拉克艾肯石窟之外，基本位于库车县境内，包括库木吐喇石窟、克孜尔尕哈石窟、苏巴什石窟、森木塞姆石窟和玛扎巴哈石窟。

从石窟分布的情况来看，龟兹石窟以克孜尔和库木吐喇为中心，其余中小型石窟分布在其北方和两侧。克孜尔石窟和库木吐喇石窟也的确是所有石窟群中最为重要的两处，它们是龟兹石窟总数和壁画遗存的主体。但森木塞姆和克孜尔尕哈石窟的规模也不小，壁画遗存也颇丰富。这两个石窟点都在克孜尔以东。换一个角度观察，不难发现除了克孜尔石窟，石窟数量和壁画遗存最为丰富的三个石窟多位于雀尔塔格山的南麓，基本上是以今天的库车市为中心展开布局的。学界一般认为库车市内的皮朗古城是龟兹国都城所在。这样看来，库木吐喇、克孜尔尕哈和森木塞姆，皆以龟兹国都为中心，其中两个在雀尔塔格山南麓的出水口。苏巴什石窟寺也是如此。这些水道，可能是龟兹人穿越雀尔塔格山到达拜城盆地的通道。克孜尔尕哈石窟左近的盐水沟，至今仍然是库车公路北向通行之所。沿公路在峡谷中穿行，会路过一处唐代关隘遗址。1907年，伯希和在此遗址发掘出一些写有婆罗密文字的长方形木简。其中有一片木简是出入此“盐关”的通行证，列维（1913年）解读作：“ywarttas书于……在盐关，汝自适用此简，现自……来，偕行者共十人，马共五匹，牛一头。放行勿诘。汝亦不得有所留存。Ksum二十年七月十四日，Yo。（署名）。”列维推测Ksum为中国式之年号，并怀疑此种文书为公元七世纪之物。Ywarttas可能是人名或某种职位。另一片木简通行证中保留了另一位通行证发放者的全称“Swarnate大王”。列维考定其为《新唐书·西域传·龟兹》中提到的太宗时代的龟兹王苏伐叠[2]。

克孜尔石窟所在地在过去也非闭塞之所。拜城在汉代为姑墨国，历史上长期被龟兹控制，为龟兹文化所覆盖。克孜尔石窟今属拜城管辖，但就窟内铭文及出土文献分析，供养人是龟兹人。因此，开凿克孜尔石窟的雀尔塔格山北麓峡谷，古代可能是龟兹毗邻姑墨的疆陲。雀尔塔格山为拜城盆地和龟兹绿洲提供了天然的分界线。克孜尔石窟位于这条分界线的咽喉，应是姑墨交通龟兹的重要关口。吴焯（2000年）《克孜尔石窟兴废与渭干河谷道交通》一文，详细讨论了克孜尔石窟和库木吐喇石窟之间，渭干河谷道作为古代龟兹交通要道的重要性[3]。论文从《新唐书·地理志》的记载入手，分析“安西入西域道”穿越雀尔塔格山所经河谷，将柘厥关比定为渭干河下游在雀尔塔格山出山口的“夏克吐尔古城”，将白马渡关比定为渭干河上游在雀尔塔格山的入口“阔

1 赵莉《克孜尔尕哈石窟综述》，新疆龟兹石窟研究所编《克孜尔尕哈石窟内容总录》，北京：文物出版社，2009年，第9—13页。

2 〔法〕列维《所谓乙种吐火罗语即龟兹语考》，《亚洲报》1913年9、10月刊；后收入冯承钧译《中国西部考古记、吐火罗语考》，北京：中华书局，2004年，第54—57页。

3 吴焯《克孜尔石窟兴废与渭干河谷道交通》，巫鸿主编《汉唐之间的宗教艺术与考古》，北京：文物出版社，2000年，第108—204页。

纳协海尔古城”[1]。

《新唐书·地理志》载：

> 安西西出柘厥关，渡白马河百八十里，西入俱毗罗碛。经苦井百二十里，至俱毗罗城。又六十里至阿悉言城，又六十里至拨换城，一曰威戎城，曰姑墨州，南临思浑河。乃西北渡拨换河、中河，距思浑河百二十里，至小石城。又二十里至于祝境之胡芦河。又六十里至大石城，一曰于祝，曰温肃州。又西北三十里至粟楼峰。又四十里度拔达岭。又五十里至顿多城，乌孙所治赤山城也。又三十里渡真珠河，又西北渡乏驿岭，五十里渡雪海，又三十里至碎卜戍，傍碎卜水，五十里至热海。又四十里至冻城，又百一十里至贺猎城，又三十里至叶支城，出谷至碎叶川口，八十里至裴罗将军城。又西二十里至碎叶城。

上述文字记载了唐朝从龟兹安西都护府出发到达中亚碎叶城的路线。从安西往西走，要出柘厥关，渡白马河，然后到达俱毗罗碛。这是离开龟兹最开始的一段路。又，《新疆图志》转引宋代《舆地广记》的一段文字（现存《舆地广记》未存此文），云：

> 柘厥关在昆河上，有铁骑五千戍之。其西五十里为白马渡关城。两山壁立，中峡深数百丈，水流其中，日夜有声。人行北山巅，俯视魄悸。过大龙湫千佛洞，逾岭至突骑施沙雁州，西至拨换城。由北山口二百里，关距安西百里。

吴焯认为，大龙湫千佛洞应比定为克孜尔千佛洞。突骑施沙雁州，应比定为穿越拜城盆地北缘的凌山隘口进入突骑施部落游牧的伊犁河谷、特克斯河谷和裕勒都斯河谷。这是东西彼此相邻的三个山间谷地，其中的裕勒都斯河谷在隋唐时称为鹰娑州，即上文提到的“沙雁州”。文中提到在柘厥关以西五十里的白马渡关城，可对应《新唐书》中“渡白马河”之所。据此可知渡白马河处距离柘厥关还有一段距离，且安西都护府在白马河渡口设有关隘。此位置，与今克孜尔河与木扎提河交汇处西岸的“阔纳协海尔古城”遗址最为相符[2]。此城城西，过去有一条路通往赛里木。由此城北上，沿途复有乌堂城堡、台台尔城堡、里太克尔城（意为“汉人城”）等数座防卫守望的土墩，直通拜城博者克拉格山口东汉刘平国碑刻处。由此继续往北进入天山，便是汉代乌孙、唐代突厥的领地了。

渭干河因克孜尔河南下汇入木扎提河而成。今天这条连接克孜尔和库木吐喇石窟的河谷完全被水阻隔，无法通行。但渭干河水位因新建水坝被抬升了。水位抬升导致库木吐喇沿岸一些石窟被水淹没。古代龟兹人开凿这些石窟时，水位应该在石窟下方。谷道在水位较低或冰冻时应可通行。1975年，克孜尔石窟保管所曾组队考察这条谷道，完成了从克孜尔石窟步行至库木吐喇石窟的行程。当时的考察队因沿途考察，总共用了5天时间。如果单纯赶路，1天即可走完。2012年，龟兹石窟研究院郭峰趁水位降低，用了9个小时走完全程。因此，古代的渭干河河谷曾经或为通途。关于这一点，前文提到的“亦狭克沟石窟”，位于渭干河在克孜尔石窟和库木吐喇石窟的中间段，是最好的证

---

1 伯希和过去认为柘厥关所在即盐水沟。周连宽、王炳华则认为应当在库木吐喇石窟南部的扼控渭干河两岸的玉其土尔和夏克吐尔遗址。这一结论逐渐得到学界广泛认同。或有观点认为白马河即渭干河，柘厥关为渭干河东岸的夏克吐尔古城遗址，俱毗罗碛为渭干河西岸的玉其土尔古城遗址。吴焯认为渭干河在雀尔塔格山南麓出水口两岸的玉其土尔和夏克吐尔古城遗址，隔河相望，应该视为一个整体。

2 〔清〕徐松《西域水道记》提到此处“有废城，周二里许”。黄文弼对此废城也有所描述：“由千佛洞出发西行，至克孜尔土拉村庄。克孜尔河经行克孜尔巴杂南流，经克孜尔土拉至麻札和卓，入木札特河。居民均居于克孜尔河滩中。河宽里许，两岸岩壁甚高，中悉辟为田地，细水流灌其中。渡河而北，即为克孜尔土拉旧城。城滨河西岸，东墙已倾圮于河中，仅有西、南、北三面墙基，周约二百五十八米，盖亦龟兹小城也。”详见黄文弼《塔里木盆地考古记》，北京：科学出版社，1958年，第38页。

明。这一区域，除了石窟，还有大量人类烧碳的堆积遗存。吴焯结论指出，穿越雀尔塔格山脉的渭干河谷道是连接克孜尔石窟、库木吐喇石窟到龟兹王城的最便捷的通道。这条通道造就了克孜尔石窟寺群的繁荣。公元七世纪以来，因为唐朝对吐蕃和突骑施的用兵，克孜尔石窟逐渐衰败、废弃[1]。

第三节　龟兹壁画的风格与分期

克孜尔是龟兹地区壁画遗存最丰富的石窟，也是龟兹学的核心。但因缺乏明确的文字纪年，壁画时代争议极大。自德国学者在1912年提出初步意见以来，新的观点层出不穷。赵莉（2002年）[2]和廖旸对学术史进行了整理。前后计算下来，对克孜尔分期发表过见解的中外学者有三十多人。德国学者有二十世纪初期的格伦威德尔、勒柯克、瓦尔德施密特，最近的雅尔迪兹（Maranne Yaldiz）；法国学者有韩百诗（Louis Hambis）、亚历山大. C. 索伯（Alexander Coburn Soper）、莫尼克·玛雅尔（Monique Maillard）、热拉–贝扎尔（Robert Jera–Bezard）；奥地利学者有克林堡（Maximilian Klimburg）；美国学者有本杰明·罗兰德（Benjamin Rowland）、安吉拉·霍华德（Angela Howard）；日本学者有熊谷宣夫、中野照男、宫治昭等人。中国学者中，早期的黄文弼、韩乐然，新中国成立初期的常书鸿、阎文儒都先后对克孜尔分期有过思考。1962年，阎文儒在《文物》杂志发表了《新疆天山以南的石窟》，对龟兹地区的克孜尔、森木塞姆、玛扎伯哈、克子喀拉罕（即克孜尔尕哈）、库木吐喇等石窟的分布、分类和分期做了初步考察[3]。二十世纪八九十年代则有宿白、晁华山、朱英荣、霍旭初、王建林、贾应逸等学者发表了自己的看法。此外，金维诺、马世长、吴焯、史晓明、李丽、朱英荣、韩翔等许多学者都参与了讨论。进入二十一世纪，则有李崇峰、廖旸、李瑞哲、李海波、王征和魏正中（Vignato Giuseppe）等学者不断推陈出新[4]。近年还出版了三本以龟兹壁画断代为主题的专著——王征《龟兹佛教石窟美术风格与年代研究》（2009年）、廖旸《克孜尔石窟壁画年代学研究》（2012年）和魏正中《区段与组合——龟兹石窟寺院遗址的考古学探索》（2013年）。

新观点总是不同程度地采纳前人成果，同时，新观点之间也会存在分歧。因此，在最终结论出现以前，各种观点在学术史上的位置尚难确定。下文仅选择摘录影响较大的观点和青年学者的最新研究，希望读者在理解其不同学术立场、观察角度和研究方法的同时，也对克孜尔壁画的风格有所了解。

1　吴焯指出了早期学界观点的不合理性。无论是否将柘厥关比定为渭干河出口，早期观点均不认为穿越雀尔塔格山脉的古道经过克孜尔石窟。一些观点，如《新疆图志》，甚至认为龟兹往西北方向穿越雀尔塔格山的道路即盐水沟（今日公路所行路线）。然而由夏克吐尔（柘厥关）往盐水沟，为东向，刚好与《新唐书·地理志》所云“西出柘厥关”相反。因此此道从盐水沟出雀尔塔格山应当排除。除了盐水沟，还有一条交通线路可以经由位于夏克吐尔的柘厥关西行，即今天乌喀公路沿雀尔塔格山南麓西去至阿克苏。但这条道路必须穿越雀尔塔格山南面的大面积沙碛，对于依赖畜力运输的古代旅行者而言，应尽可能回避这种障碍。详吴焯《克孜尔石窟兴废与渭干河谷道交通》，巫鸿主编《汉唐之间的宗教艺术与考古》，北京：文物出版社，2000年，第108—204页。

2　赵莉《克孜尔石窟分期年代研究综述》，《敦煌学辑刊》2002年第1期，第147—156页。

3　阎文儒《新疆天山以南的石窟》，《文物》1962年第7、8期合刊，第42—53页。

4　如李瑞哲、李海波《克孜尔中心柱石窟分期的再研究》，《西北大学学报》2006年第2期，第77—82页。

一、早期艺术史的立场

作为最早考察并研究克孜尔石窟的学者，格伦威德尔（1912年）将克孜尔石窟的壁画分成四种风格[1]。其中，第一和第二风格是克孜尔壁画的主流。

第一风格是克孜尔壁画中最古老的，可见于第1区的孔雀洞（第76窟）（图1-3-1）、塑像洞（第77窟）（图1-3-2，并参见图1-3-15、图1-3-16）、珠宝洞（第83、84窟）、母猴洞（第92窟）、海马洞，以及藻井洞；第2区的画家洞（第207窟）和航海家洞（第212

图 1-3-1　克孜尔第 76 窟穹顶条幅人物

图 1-3-2　天人，克孜尔第 77 窟

图 1-3-3　舞乐天人，克孜尔第 8 窟

1 〔德〕A.格伦威德尔著，赵崇民、巫新华译《新疆古佛寺（1905—1907年考古成果）》，北京：中国人民大学出版社，2007年，第77—79页。

图 1-3-4　克孜尔第 38 窟券顶

图 1-3-5　坐佛，克孜尔第 117 窟

窟）。“这些洞窟都绘有犍陀罗风格的壁画，且其中都或多或少含有浓厚的印度因素。”

在这种犍陀罗风格基础之后，龟兹壁画产生了2a和2b两种地方性的变体，即第二风格。2a类型是红穹窿顶洞（第66窟、67窟）的壁画（参见图5-3-15）。2b类型涉及壁炉洞A（第4窟）、十六剑士洞（第8窟）（图1-3-3，并参见图5-3-36）、彩绘地面洞（第7窟）、菩萨拱顶洞（第17窟）、坐禅日神洞（第34窟）、戴头盔者洞（第58窟）、迦叶洞（第63窟）、乐师洞（第38窟）（图1-3-4）、转经轮洞（第114窟）、地狱锅洞（第80窟）、龙王洞（第193窟）；第2区的阿阇世王洞（第219窟）、洗足洞（第206窟），此外还有第2区摩耶夫人洞（第205窟），第3区摩耶夫人洞（第224窟）。这些洞窟除了包含前期的壁画主题，还增加了新的内容，例如详细描绘的本生故事及其他传说。属于这种风格的佛殿拱顶壁画从本源上看是新的、独具特色的，而作为佛殿窟顶的第一种艺术风格，看来侧重于高高升起的覆斗顶，或者至少也是穹窿顶。

第三种风格可见于第1区乐师洞旁边的一个没有完工的洞窟，它属于更晚的时代，在克孜尔表现得很微弱。衔环鸽子洞（第123窟）的壁画风格与基利什（森木塞姆）一些洞窟有联系，这些洞窟反映了由第二种风格的2a类型向第三种风格的过渡形制。

第四种风格比第三种风格更晚，体现在海马洞旁边的重绘洞（第117窟）（图1-3-5）。这种风格在克孜尔亦属罕见。在后来一个宣扬虚幻的时代，一层新墙皮盖住了早期美丽的壁画，新壁画全部改绘为长条形坐禅佛。这种呆板至极的坐禅佛像，令人想起柏孜克里克石窟寺那些类似的洞窟及其艺术风格。

勒柯克，另一位克孜尔石窟的发掘者，不仅在考古工作中与格伦威德尔产生矛盾，在壁画研究方面也与之颇有分歧。一些被格伦威德尔视作早于五世纪的第一风格壁画，在他看来应该在六至七世纪之间。与勒柯克合作的年轻学者E.瓦尔德施密特就此展开工作。瓦尔德施密特的早期著作是1925年出版的《犍陀罗、库车、吐鲁番》。他没有到过克孜尔，但他的观点长期被德国柏林印度艺术博物馆和许多西方学者所采纳。他本人主导德国印度学发展多年，直到1985年去世。

在格伦威德尔和勒柯克相关研究的基础上，瓦尔德施密特（1933年）将德国的克孜尔藏品做了更细致的分类。他参考了语言学家吕德斯的研究——克孜尔红穹窿窟出土不同时期写本的字体变化，以此确认画家窟（第207窟）题记的文字样式属于公元500年前后，魔鬼窟（第198窟、第199窟）的题记字体属于公元600年前后。这样，格伦威德尔使原来比较模糊的分期具体化了。第一风格，被瓦尔德施密特确定在大约公元500年前后，其中又包含主要风格与次要风格两种。画家窟（第207窟）、海马窟（第118窟）（图1-3-6）、孔雀窟（第76窟）、重彩窟（第117窟）、塑像窟（第77窟）和航海者窟（第212窟）（图

1-3-7)壁画代表了第一风格的主要特征。财宝窟(第83窟、第84窟)壁画代表了第一风格中的变化(图1-3-8,并参见图5-2-5)。第二风格,被瓦尔德施密特分为三个时间段,分别是约600年;600—650年;650年以后。公元600年左右的石窟有红穹窿窟(第67窟)、魔鬼窟A—C(第198、199窟)(图1-3-9)、阶梯窟(第110窟)。公元600—650年的石窟有转经筒窟(第114窟)、音乐家窟(第38窟)、摩耶窟(第205窟)、彩色地面窟(第7窟)、洗足窟(第206窟)等。公元650年以后洞窟包括衔环鸽子窟(第123窟)(图1-3-10)、后山南区倒数第3窟(第184窟)(图1-3-11)、小溪谷第3窟最前面的窟(第188窟)(图1-3-12、图1-3-13)等。在上述分期的基础上,瓦尔德施密特还将部分来自库木吐喇和森木塞姆的壁画纳入了这一排年体系。

图 1-3-6 克孜尔第 118 窟券顶中脊

瓦尔德施密特认为,第一期克孜尔壁画存在主流和特殊风格两种(统称为第一风格),第二期克孜尔壁画是这两种风格各自在主流和支流方向的发展与调和。他对两种克孜尔壁画风格描述如下[1]:

图 1-3-7 克孜尔第 212 窟德国揭取部分

第一种风格的标志是在互相交替的色调对比的情况下,应用精细的、分层的、相同的色调,其颜色通常是由浅黄经红,直到深棕色(参见图4-5-10、图5-3-19)。作为唯一的形成强烈对比的颜色是那种鲜亮的绿色。红黄色到深棕色的色调,与很节省地使用的漂亮绿色形成了鲜明对比。此外,色彩通过线条表现出来,是这种绘画的本质的表达方式。精细的毛笔线条首先勾画出着色的平面,并刻画出物品和人物。在富有褶裥的衣服的绘画中,线条作为划分不同颜色的一种方法,提高了绘画的效果和意义。高雅、优美的线条表现了褶裥的走向,并且通过感觉灵敏地交换,

1 〔德〕阿尔伯特·冯·勒柯克、恩斯特·瓦尔德施密特著,管平、巫新华译《新疆佛教艺术》,乌鲁木齐:新疆教育出版社,2006年,第574—581页。

图 1-3-8 克孜尔第 84 窟德国揭取部分

图 1-3-9 须摩提女缘，克孜尔第 198 窟

图 1-3-10 天人，克孜尔第 123 窟

图 1-3-11 菱格因缘，克孜尔第 184 窟

图 1-3-12 立佛，克孜尔第 188 窟侧壁

图 1-3-13 克孜尔第 188 窟半圆端壁画

同时也使画面产生了某种雕塑造型的艺术效果。这种对衣服线条的着色是值得注意的，它几乎完全取决于基础色调的颜色，而且有着重重阴影。因此，白色衣服的褶裥差不多是黄色的，或者在鲜明的棕色的情况下显出淡蓝色。只是在很深颜色的衣服上才应用黑色的线条。与衣服处理和造型的某些地方相反，在表现裸露身体部分时，线条只限于对四肢外部轮廓的勾画，而同样的雕塑效果则是通过另外的方法实现的，即通过平面上的阴影。这种阴影的颜色有时比基础色调颜色深，有时则浅，并且其过渡没有明显的界限。表现得最清楚的是脸部的构图……眉眼之间的阴影对于表现额头所产生的效果鲜明，并且以略微显著的阴影衬托出颈部和脸颊。

第二种风格与第一种风格在色调上区别明显：那种以往互相和谐的色调和颜色过渡的地方，现在出现了鲜明的色彩对比，作为新的对比颜色的是带有光泽的蓝色。以前所应用的对比色——浅绿色，经常在画面上色调对比的地方被强调出来。在第一种风格中，人物形象的肤色或多或少地应用了浅的颜色：或白，或灰，或黄，或棕色，这些几乎都与自然的模式相符合。然而在第二种风格中，画匠们毫无顾忌地把人物形象的肤色描绘成深灰、红、绿，甚至蓝色。画匠们不再去遵循自然的范例了，蓝色的头发已经成了通常的表现方式。同时，绿色和带有光泽的红色的头发也屡见不鲜。直到每种单一的情况，像阴影和光线造型的附加物都力求实现颜色的对比效果。在这种色调变化的同时，第一种风格中那种衣服褶裥上表现出来的流畅线条变得十分僵硬，并且已经失去了原本的意义，更多地表现为一种装饰，并且只不过是一种较大的、毫无生气的、平面的、呆板的分界线而已。飘动的衣角在画面上的重现，则是一种离奇的想象，而不再是根据现实观察的衣褶纹在绘画中的再现了。正像线条的僵硬和仅为了装饰的目的一样，造型用的阴影面也失去了它在画面过渡中的柔和性……脸部……显得毫无生气，只是在眼睛周围有一些色彩，有细微变化的红色的阴影给白色的脸部一些造型般的感觉。类似的方式还表现在颈部、胸部和臂部的轮廓上，它们一律采用鲜明的红色阴影线。因此作为一种表达方式，它给人一种千篇一律的公式化的感觉……脸和身体没有阴影的表现方式也不罕见……这种发展过程看上去是这样的：首先是第一种风格中的阴影在第二种风格中变成了僵硬的多线条的形式，逐渐地，线条也消失了。第二种风格的其他一些洞窟中（也存在特殊的发展情况），有些绘画表现出来的身体阴影起着一种令人瞩目的作用……它的特殊之处在于，色彩的浓厚与鲜艳的程度表现得相当鲜明。

在上述两种主要风格之外，瓦尔德施密特支持了格伦威德尔对于财宝窟（第83窟、第84窟）壁画的认识。"把财宝窟的绘画作为第一种风格的特殊情况，格林威德尔已经给予了正确的强调。他认为：'这种绘画是那些曾经到印度旅行过的画匠们完成的……尤其在柔和的曲线、眼睛的细长和单一的装饰物的处理上可以更好地表现印度风格，可这绝非真正的印度风格，其装饰物是属于犍陀罗题材的，在其他单一情况中，例如头冠上的飘带则是伊朗式的。'"瓦尔德施密特认为这种第一种风格的特殊画法在第二种风格时期克孜尔的绘画中被延续下来，但和主流风格不同，这种流派只是偶然地出现，如十六带剑者窟（第8窟）供养人壁画（参见图5-3-36），人物身体阴影不是那种强烈的刺激的色彩，而是与身体颜色相应的棕灰色的色调。

除了学术价值不够充分的游记类著作，以上三位德国学者"学术著作"的中文译本直到2006年和2007年才部分出版。在此以前，他们关于分期问题的观点由晁华山介绍到中国。在《德国人研究克孜尔石窟的概况》一文中，晁华山归纳了三者的不同观点，也谈到其中存在的问题："格伦威德尔三人采用以画风分期的方法，将克孜尔石窟的壁画分为两种画风，每种画风代表一个时期……三人在画风所包括的具体洞窟方面大体一致，只随个别洞窟有不同看法。但关于两种画风的年代，三人的结论差别很大……克孜尔以及整个龟兹地区的社会不是封闭系统。它的发展既受国内因素的支配，也受外来因素的影响。这种外来因素在佛教流行时期十分强烈，因而龟兹社会发展过程不是某种简单的渐变过程。石窟绘画风格的变化也应该如此，即同时存在几种画风是可能的，跳动式的演变也是可能的。正因为如此，格氏等人认为一个时期只能有一种主要画风的观点是可疑的。同样，他们认为画风不同就表示时期不同，这种看法也难以令人信服。"[1]

二、考古新方法的介入与发展

二十世纪初德国学者的石窟分期中已经开始引入对窟顶形制的判断。阎文儒1962年对克孜尔、森木塞姆、克孜尔尕哈和库木吐喇石窟进行分期，开始将石窟建筑类型的次序判断放在首位[2]。其成果在1990年出版的《龟兹石窟》一书中仍然作为参考[3]。不过仔细推敲打破关系，全面审视石窟的类型和分布，在宿白的研究中得到更加系统的体现。有学者评价：宿白开创了一个石窟寺考古的新时代。宿白《克孜尔部分洞窟阶段划分与年代等问题的初步探索》一文作为序言，发表在1989年出版的《中国石窟·克孜尔石窟》的第一卷中[4]。该书学术影响很大，至今仍是研究克孜尔壁画不可或缺的工具。

宿白将克孜尔石窟分为三个阶段。

第一阶段大约在公元310±80年至350±60年。以中心柱第38窟和第13窟，大像窟第

1 晁华山《德国人研究克孜尔石窟的概况》，北京大学考古学系、克孜尔千佛洞文物保管所编著《新疆克孜尔石窟考古报告》第一卷，北京：文物出版社，1997年，第147页；晁华山《二十世纪初德人对克孜尔石窟的考察及尔后的研究》，新疆文管所、克孜尔文管所、北京大学考古系编《中国石窟·克孜尔石窟·三》，北京：文物出版社，1997年，第196—213页。

2 阎文儒《新疆天山以南的石窟》，《文物》1962年第7、8期合刊，第41—55页。

3 韩翔、朱英荣《龟兹石窟》，乌鲁木齐：新疆大学出版社，1990年，第58—60页。

4 宿白《克孜尔部分洞窟阶段划分与年代等问题的初步探索》，《中国石窟·克孜尔石窟·一》，北京：文物出版社，1989年，第10—23页。

47窟和僧房窟第6窟为代表。第38窟对后室甬道南壁内侧下层墙皮内的麦秸取样，在碳十四同位素测定的基础上，再进行碳十三和树轮的年代校正，测试结果为公元310±80年。第6窟对主室前壁墙皮内的麦秸取样，测试结果为320±80年。第47窟对后室涅槃台下层墙皮内的麦秸取样，测试结果为350±60年。

这一阶段的洞窟大部分分布在克孜尔石窟的谷西区。其类型以中心柱窟、大像窟和僧房窟为主，而以僧房窟数量较多，大像窟数量较少。各类型窟多单独存在，组合情况不甚显著。此阶段各类型石窟的共同特征是：形制上，壁、顶连接处的结构线脚简洁；大约在第一阶段后段，克孜尔出现了改变旧有洞窟类型的情况，第80窟僧房窟被改建为中心柱窟即是一例。它也说明克孜尔石窟中单独存在的僧房窟比第一阶段石窟的时代还要早。

这个阶段的石窟塑绘中作为主要礼拜对象的有释迦坐像、倚坐像、立像和弥勒交脚坐像（兜率天说法），其次有坐或立的列像；在画风方面，宿白指出，第47窟下层壁画与过去德国人所谓的第一种画风近似，第38窟则是典型的第二种画风，看来第二种画风的发展可能比第一种画风为早。

第二阶段大约接近于公元395±65年至465±65年，以迄公元六世纪前期。碳十四同位素及树轮校正：第171窟主室后壁凿孔内的小树枝取样测定在公元395±65年；第3窟主室后壁中部墙皮内的麦秸取样，测定在公元405±65年；第17窟后室东甬道内侧壁下部墙皮内的麦秸取样，测定在公元465±65年。

这一阶段洞窟较普遍地分布在克孜尔石窟各区，其类型除了与第一阶段情况相似外，方形窟发展很快。不同类型窟的成组情况可能在这个阶段开始流行，组合中都包含一座或多座中心柱窟，僧房窟则不如以前受重视。各类洞窟壁顶连接处的结构变得比较复杂，通道口出现了龛面装饰。中心柱窟以第171窟、第104窟和第17窟为代表，壁顶相接处多用叠涩、枭混线脚，并绘图案边饰。窟内布局略同于第一阶段，有的后室采用了第一阶段第47窟那样的大像窟后室布局；还有主室宽于后室的。这一阶段大像窟的典型是第77窟、第139窟。僧房窟出现了大型僧房窟，如第119窟，还出现了两层的僧房窟，如第35、36窟。方形窟一般有前室，有的在门边开有1或2个窗户，如第118窟。有的方形窟如第76窟，主室正中砌佛坛，坛上原置佛像，壁面多分栏分格绘连续的佛传，前壁上部绘兜率天说法。另一种方形窟，如第49窟，主室正中不置坛，后壁多绘以菩萨或高僧为中心的壁画，可能是高僧宣讲的所在——讲堂窟。还有一种方形窟，如第14窟，后壁开龛置佛像，两边壁画配置类似中心柱窟主室。这一时期洞窟组合的发展，以及破坏较小洞窟、开凿大洞窟的做法，应该是开凿洞窟兴盛时期出现的现象。

对于绘画风格，宿白认为此阶段塑绘内容变动不大，但某些细部趋向图案化。德国人所谓的两种画风，其并存的情况极为显著。第二种画风着重了浓重的渲染，可能是颜料变色所造成的。

第三阶段大约接近于公元545±75年至685±65年及其以后。通过碳十四测试、碳十三及树轮校正，第190窟门道南壁下层墙皮内的麦秸取样，测定在公元545±75年。第190窟门道南壁上层墙皮内的麦秸取样测定年代在公元655±75年。第8窟后室涅槃台右端墙皮内的麦秸取样，测定年代在685±65年。

洞窟主要分布在谷东区，洞窟类型略同第二期。出现了一种第一、第二阶段未见的小型窟。中心柱窟如第108窟、第107B窟，第197窟和第8窟，第107窟和第201窟。大像窟以第70窟和第148窟为例。多小型窟是这一阶段洞窟组合的特点。这一阶段洞窟的形制虽多，但以比较简单、较小的石窟为多。壁画流行千佛题材，出现了具有断代意义的联珠纹饰。伴随着这些新情况，克孜尔逐步进入了衰弱期。

最后，宿白提出，克孜尔石窟的衰弱是伴随大乘佛教逐渐盛行而出现的。但龟兹都城附近，包括石窟在内的佛教寺院日益繁荣是克孜尔石窟逐渐衰落的更重要的原因。

宿白的研究重视石窟建筑形制的风格与布局。这种方法对北京大学考古系影响深远。宿白的学生丁明夷是继阎文儒之后对森木塞姆和克孜尔尕哈石窟进行分期研究的重要学者，成果体现在《记两处典型的龟兹石窟——森木塞姆与克孜尔尕哈石窟》一文。该文与宿白分享了同一研究体系。作者立足于对石窟形制的考察[1]，认为此二处龟兹石窟最初开凿时间应晚于克孜尔第一期，壁画多菱格本生因缘；中期以中心柱窟为典型的石窟类型类似此后克孜尔的变化——发展出四面开龛的中心柱，及套斗顶、穹窿顶等多类型的主室窟顶，侧壁凿台塑像盛行，壁画有所变化；晚期石窟壁画流行列像及千佛，从森木塞姆第46窟出现内地石窟中流行的唐代白团花判断，石窟下限当为唐代[2]。

宿白的另外一位研究生晁华山在《克孜尔石窟的洞窟分类与石窟寺院的组成》一文中针对克孜尔石窟分期展开讨论，更加深入地分析了石窟的组合与功能[3]。除了简单地将克孜尔石窟分为中心柱窟、方形窟、僧房窟、大像窟四类，作者还将中心柱窟细分出龛柱窟和像柱窟，方形窟则包括佛堂、讲堂、杂堂和其他窟。他还为《中国石窟·库木吐喇石窟》一书撰写了《库木吐喇初探》一文，依此思路对库木吐喇石窟进行了梳理。

晁华山仔细观察了克孜尔不同窟形的组合，提出僧房窟和千佛壁画在石窟寺组合中变化鲜明，可以成为石窟分期的关键性线索。其特征表现为以下四点：

1. 僧房初建于公元四世纪，这时是克孜尔石窟的早期。2. 此后的中期，一些僧房陆续不再使用，晚期即不再新建僧房。3. 千佛系图像是晚期壁画题材，它从菱格千佛和菱格塔中千佛逐渐向单纯千佛演变，大约流行于克孜尔石窟荒废前的一个世纪，即公元七世纪。4. 石窟荒废是从公元八世纪前半叶开始的，也可能晚至中叶。

依据这一线索，晁华山将五个石窟组成的7所“五佛堂寺院”分成了两期。

第一期大约开凿于公元五至六世纪，个别洞窟可能更早[4]。寺院包括三组，即第207寺、第8寺、第34寺。这一期三组佛寺各有5个佛堂，1个讲堂，2个杂房，1个条形窟及若干僧房。然而随着僧房窟数量在佛寺中的递减，佛寺洞窟的总数也在减少。依次类推，三组佛寺中，第207寺最早，第8寺居中，第34寺略晚。第一期寺院，规模大，窟类多，与律藏中所述的寺院组成情况接近，不仅有供礼拜用的佛堂，也有诵经坐禅用的讲堂，还有僧房及其他生活用房，因而通常的佛事活动都可以进行。但五佛堂寺院的出现原因

1 丁明夷首先观察到一些有待解释的现象：两个石窟群各39个石窟，森木塞姆较多中心柱窟（22个）和方形窟（15个），克孜尔尕哈则较多僧房窟（20个）和中心柱窟（16个）。于（与）此同时，两地石窟也呈现出某种共同特征——都以塔庙或中心柱窟为中心，形成包括中心柱（大像窟）、方形窟、僧房窟等多类组合的五区或五组洞窟。这似乎表明龟兹石窟中成组（区）洞窟的组合布局有其特定意义。

2 丁明夷《记两处典型的龟兹石窟——森木塞姆与克孜尔尕哈石窟》，新疆龟兹石窟研究所编《龟兹佛教文化论集》，乌鲁木齐：新疆美术摄影出版社，1993年，第356—378页。

3 晁华山《克孜尔石窟的洞窟分类与石窟寺院的组成》，新疆龟兹石窟研究所编《龟兹佛教文化论集》，乌鲁木齐：新疆美术摄影出版社，1993年，第161—200页。

4 晁华山所分克孜尔第一期寺院包括三组，即第207寺（包括第205窟、第206窟、第207窟、第208窟和第219窟共5个佛堂，以及旁边1个讲堂，若干僧房及杂房等，全部洞窟24个）、第8寺（包括第4窟、第7窟、第8窟、第13窟、第17窟共5个佛堂，以及旁边1个讲堂，若干僧房窟及杂房，全部洞窟19个）、第34寺（包括第27窟、第32窟、第34窟、第38窟和第43窟共5个佛堂，以及旁边1个讲堂，若干僧房窟及杂房，全部洞窟17个）。晁华山所分克孜尔第二期有四所寺院，即第99寺（包括第97窟、第98窟、第99窟、第100窟、第101窟5座佛堂，及1个杂房，1个条形小窟，共7个石窟）、第186寺（包括第181窟、第184窟、第186窟、第188窟、第189窟5座佛堂，及1个杂房，1个条形小窟，共7个石窟）、第178寺（包括第175窟、第176窟、第178窟、第179窟、第180窟5座佛堂，及一个条形小窟，共6个石窟）、第198寺（包括第195窟、第196窟、第197窟、第198窟、第199窟5座佛堂，及一个条形小窟，共6个石窟）。

不明[1]。

第二期时间大约在公元七世纪，有四所寺院，即第99寺、第186寺、第178寺、第198寺。由于僧房窟不再出现在石窟组合之中，第二期的四所五佛堂寺院与第一期的明显不同在于寺院规模大为缩小。但和第一期主要利用旧窟改建成五佛堂寺院不同，第二期的五佛堂寺院大概只利用了少量已有洞窟。晁华山推测，单靠这几个洞窟，佛事活动可能有重大改变。四所佛寺开凿之先后，又可以方格千佛壁画作为判断标准。没有方格千佛的第99寺最早，较少方格千佛的第186寺其次，第178寺和第198寺最晚。

北京大学考古文博学院的意大利留学生魏正中（Vignato Giuseppe）发挥了宿白、晁华山的研究理念，2004年提交了博士论文《克孜尔洞窟组合调查与研究——对龟兹佛教的新探索》。论文肯定前人成果，也指出了不足。他首先注意到格伦威德尔提出的观点——在克孜尔石窟群中存在一种组合，由僧房和方形窟构成，没有中心柱窟。这种组合可见于各自组成的两组石窟，即第66窟、第67窟和第68窟，以及第82窟、第83窟、第84窟和第85窟。魏正中认为这种组合至关重要，却被前辈学者忽略。他认为晁华山论文最有价值的部分在于阐明五佛堂的寺庙形制，这种组合的确是克孜尔石窟群晚期组合类型之一。但是为了达到构成寺院的五个窟，一些没有直接关系的洞窟也被归入了同一组合。

魏正中承认克孜尔石窟绝大部分洞窟是以组合的形式存在，每一个组合通常包括不同类型的多个洞窟。他比以往学者更为细致地观察不同类型的石窟组合，并声称在调查中记录到100例左右的打破关系。

在他看来，克孜尔石窟组合可以分为两大类别。第一种组合由一个或多个方形窟和一个或多个僧房窟构成，在克孜尔石窟中，属于这一类别的石窟至少有80个。第一种组合的方形窟建筑形式呈现多样性，平面方形或长方形，顶部多样，有券顶、穹窿顶、套斗顶。壁龛极其少见，只有为数不多的几个洞窟有中央佛坛。壁画布局和内容也很多样。本生故事为长条形构图，因缘故事为方格构图，佛传故事或为方格构图，或被绘制在有大型装饰条带环绕的框架内。涅槃图只是作为众多场景之一出现在画面中，处于次要位置。几乎所有的壁画都反映了第一种画风。僧房窟非常简陋，通常甬道里端没有储藏室或土坯砌筑的禅床。

第二种组合包括一个或多个中心柱窟，可以附带有一个方形窟及一个或多个僧房窟。克孜尔石窟中大约有100个洞窟可以归于此类。第二类组合主要位于谷西区的最西端、谷内区的西侧崖壁和谷东区第158—199窟之间的山崖上部。在谷西区最西端的组合通常包括一个无任何装饰的方形窟。谷西区的僧房窟特征也很鲜明，主室常有禅床，甬道尽头开有储藏室。这两种情况在别的地区都极其少见。中心柱窟在形制上表现出多样性，大多数洞窟采用纵券顶。主室壁画风格相当格式化。后室部分题材有所变化，但仍然侧重于表现涅槃场景。中心柱窟壁画均属于第二画风。

依据克孜尔山崖的地形地貌，魏正中推导出克孜尔石窟的开凿次序并绘制了各期石窟分布图（图1-3-14）[2]。

---

1 克孜尔石窟在五佛堂寺院出现以前，旧的石窟已经存在。后来拟建成有五个佛堂（通常是中心柱窟）的寺院，才在原区域增建或改建出了新的佛堂。克孜尔石窟群公元四世纪已经流行开凿僧房窟。为什么到了中期，克孜尔开始流行五佛堂窟？晁华山推测五佛堂窟的制度大概起源于印度阿育王在摩揭陀国修建的五塔。

2 〔意〕魏正中《克孜尔洞窟组合调查与研究——对龟兹佛教的新探索》，北京大学考古文博学院博士学位论文，2004年，第66—73页；魏正中《区段与组合——龟兹石窟寺遗址的考古学探索》，上海：上海古籍出版社，2013年，第57—63页。

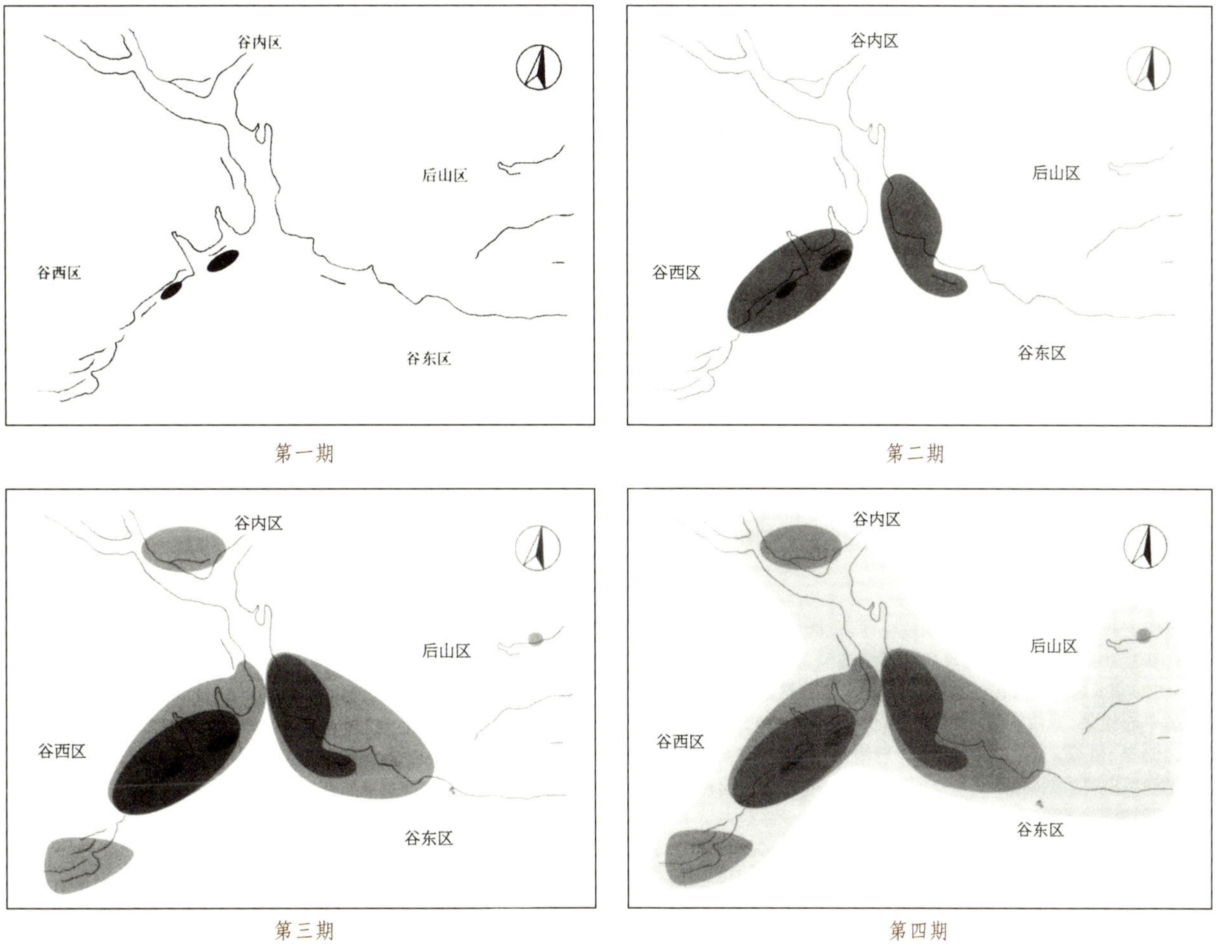

图 1-3-14　魏正中推测之克孜尔石窟开凿次序分布图

最先开始开凿石窟的地段——第一区段，在谷西区的东侧，从第71窟到第85窟之间的位置。该区段没有中心柱窟，僧房窟和方形窟的组合属于第一种组合。时代最早的洞窟在近地面处开凿，这似乎也是克孜尔石窟其他区段的共同特征。该区段早期洞窟没有壁画或塑像类装饰。但是第76窟和第77窟，位于地面以上很高的悬崖上，两个石窟内都有壁画，属于第一种画风。最早的开窟活动主要集中在第一区段的局部区域，因为这一区域取水便利，前部有一大片平地可以用来建造地面建筑。第一区段最初不像现在这么拥挤，绝大多数开窟活动是后期完成的。第二区在第一区的西侧。最初在第二区开窟的用途是存储物品，一些储藏室可能开凿于第一期。随着时间的推移，该区被用于建造寺院和礼拜堂。此区段，两种组合类型的洞窟在后期均有开展，其中一些洞窟，如大像窟，则不属于任何类型。

第二期开窟活动主要集中在第三和第四区，与此同时，第一和第二区继续发展。第三区包括谷内区的东侧崖壁，一直延伸到谷东区的前端低处。由第一种组合构成，只包括僧房窟和方形窟，中心柱窟完全不见。但第一组合又可分为三种小类别，它们同时在第三区发展。套斗顶方形窟的艺术风格尚未确定，其壁画可以认定是属于第一种画风。第四区集中于谷西区的最西端，中心柱窟和第二种画风出现了。通过早期组合的扩展和新组合的增建，第二种组合的A型贯穿本区域所有的发展阶段：区段中典型的洞窟组合为一个中心柱窟、一个方形窟、一个僧房窟和可能于后期增建的其他僧房窟构成。第四区僧房窟拥有许多共同特征，诸如甬道尽头设有储藏室，主室内有禅床。按照僧房窟惯例，四壁涂有白灰，底部近地面处绘有浅红饰带。大像窟产生于第二期，但它们在第二区中的相对位置决定了其产生的时代不可能更早，甚至有可能更晚。

第三期，开窟活动在遗址内所有区段都有分布，第一区和第二区开窟活动依旧活跃。第三区、第四区也继续发展。第六区和第七区在这一时期开始了第一种组合的扩展。第五区开始了第二种组合的B型——由一个僧房窟和一个中心柱窟组成。中心柱窟的画风与主题同第四区最早的中心柱窟大致相同。第五区部分位于谷东区第三区段部分洞窟的上方，包括第158—201窟之间的洞窟；部分在谷内区，包括第86窟到第107b窟之间的洞窟。第五区包括了克孜尔石窟群一半的中心柱窟。第六区地处谷内区的最里端，洞窟数量有限（第110—121窟），但非常复杂，很难解释。第七区包括全部后山区，可能处于一个较晚的发展阶段。

第四期包含了约半数的分期洞窟。开凿了大量小型窟，通常插入早先的洞窟或洞窟组合附近。一些遭废弃的僧房窟甬道被用来改建新的洞窟。另一些洞窟则像大型洞窟的缩影。但可能因为缺少空间，第一区的开窟活动此时停滞了。尽管开窟活动日渐趋缓，一些洞窟仍可能被长期使用和修葺。认为僧房窟在第四期减少是不正确的。一半的僧房窟属于这一时期，主要集中在后山（第七区）和谷内区。谷东区在第四期没有新的僧房窟开凿，可能在其前面有以住宿为主的地面建筑群。反之，第一区段最早开窟时主要是生活窟，可能在其前面有一个具有佛殿功能的地表建筑。

魏正中于2013年出版专著《区段与组合——龟兹石窟寺遗址的考古学探索》。该书将原博士论文简化为几个独立的小篇幅，并新收入对库木吐喇石窟遗址的区段分析，以及克孜尔石窟考古的若干论文。作者态度谨慎，在新书中较少涉及石窟绝对年代[1]。在他看来，以往学界呈现的可靠断代依据大多数属于第四期（第8窟、第43窟、第69［2］窟、第205窟、第229窟），因此可以将公元580—600年作为第四期上限[2]。

三、艺术史方法的转变

1992年出版的《中国壁画全集·克孜尔》卷一以霍旭初、王建林《丹青斑驳、千秋壮观——克孜尔石窟壁画艺术及分期概述》一文作为卷首[3]。论文作者参照1989年对克孜尔重点洞窟重新进行的碳十四同位素测定，对壁画重新排序，将克孜尔石窟分为初创期、发展期、繁荣期和衰落期，共四个阶段。

初创期时间从公元三世纪至四世纪中叶。第118窟是最早开凿的洞窟之一，依据碳十四测定在公元205+85/−105年，计入误差85年后，定在公元300年左右。以第118窟为尺度，一同被纳入初创期的石窟还有第92窟、第77窟、第47窟、第48窟和第117窟（图1-3-15、图1-3-16）。除了北京大学对大像窟第47窟的碳十四测定，第48窟被新测定的

1 魏正中在其博士论文中对石窟断代有所讨论，认为克孜尔寺院生活开始于公元三世纪，石窟开凿的第二期跨越了四世纪的大部，第三期时间从五世纪初到六世纪末，第四期始于七世纪初终于九世纪初。然新著对此结论未予收入，或有新的考虑。新著对旧文结论亦略有调整，例如旧文中归于第二期的一些洞窟（第7窟、第15窟、第16窟、第17窟、第12窟、第13窟、第24窟、第47窟、第48窟和第77窟）和第四期的一些洞窟（第82窟、第83窟、第84窟、第207窟），在新书中移到了第三期。

2 〔意〕魏正中《区段与组合——龟兹石窟寺遗址的考古学探索》，上海：上海古籍出版社，2013年，第65页。

3 霍旭初、王建林《丹青斑驳、千秋壮观——克孜尔石窟壁画艺术及分期概述》，中国壁画全集编辑委员会编《中国壁画全集·8·克孜尔·1》，天津：天津人民美术出版社、乌鲁木齐：新疆美术摄影出版社，1992年，第1—41页。

数据为公元375+25/-60年。

初创期方形窟比较多，且多集中在谷内区。其余窟型分布在克孜尔石窟群各区内。壁画人物造型明显受犍陀罗艺术影响，人物头部长，五官舒展，卷发披肩，耳较长，形体短状，尤其是腿较短。手足肌肉丰厚敦实。通肩袈裟有毛质的厚重感。绘画用色偏暖，用淡黄色、红、赭色和灰色。颜色浓淡及线条粗细变化层次较多，色调和谐，如赭色衣服上用深赭色勾线。肌肉晕染不夸张，有的近乎平涂显出。

图 1-3-15　克孜尔第 77 窟侧甬道券顶

发展期时间从公元四世纪中叶至五世纪末。石窟包括克孜尔第38窟、第76窟、第83窟、第84窟、第114窟、第13窟、第32窟、第171窟、第172窟等。第38窟，北京大学碳十四测定年代在公元310±80年，霍旭初等学者认为应该计入一些误差。他们对克孜尔第114窟所做碳十四，测定在公元355+50/-100年。第171窟时间略晚，为公元410+90/-50年。

图 1-3-16　克孜尔 77 窟后室窟顶

发展期出现了以中心柱窟为中心的洞窟组合，形成包括僧房窟、讲经堂、礼佛堂的寺院形体。中心柱窟作为佛堂的作用增强，集中了大量雕塑和绘画。此时绘画风格向本地区民族化方向发展。人物头部较圆，额骨宽扁，五官集中，具有龟兹人的头型特征。身材比例匀称，双腿修长。晕染法被强调，人体裸露身体部分被解剖为若干大小不同的圆柱体或球体，边沿上的深色向内扩展较多，深色皮肤的晕染用白色线条加以强调。晕染方式有按光线方向单面晕染的，也有整个轮廓晕染的，人体肌肉显得很丰满。这一时期对比色增强。石青、红色使用增多，色调产生了对比效果。根据人物身份，肤色各异，有红、绿、蓝色等，有的须发用红色或绿色，艺术效果夸张。菱格构图规范化。这一阶段题材比初创期丰富得多，本生因缘故事兴起。相关研究者吸收了早期德国学者的意见，认为第83窟、第84窟壁画是这一时期的另类风格。人物造型特殊，衣饰不多，多呈半裸，除佛和比丘外，所有人物均饰有大耳环。用色为调和色，人物面部有的用绿色或深灰色晕染，笔触细腻，风格近似于印度马图拉佛教艺术。

繁荣期从公元六世纪开始延续到七世纪。在长达二百年的时间内所开凿的石窟数量占克孜尔石窟总数一半以上。其中谷西区第4窟碳十四测定年代在公元570±65年。第8窟测定在公元640+35/-50年。第17窟测定在公元465±65年。

谷内区：第99窟碳十四测定在公元530+85/-120年，第104窟测定在公元495+80/-85年（作者认为应该计入误差+80年后，为575年），第123窟测定为公元620+60/-80年。

谷东区：第161窟碳十四测定为公元400+110/-100年（作者认为计入误差+110年，应为510年）。第178窟测定为公元695+100/-95年，第196窟测定为公元410+90/-50年（作者认为应计入误差+90年，为500年）。

后山区：第206窟碳十四测定为公元640+55/-45年，第207窟测定为公元630+65/-75年。第224窟测定为公元440+95/-60年（作者认为应计入误差+95年，为535年）。

繁荣期壁画继承和发展了发展期的龟兹风格，人物面部更为丰圆，鼻梁笔直与嘴唇靠近，人体曲线的三屈法式增强，这可能是受印度笈多佛教美术的影响。服饰更为华丽，在一些题材里，武士或龙王都穿着龟兹式的武服。对比色和早期的调和色都在流行，但在人物躯干上更加强调晕染，由于颜色褪变，使得一些人物有板块解剖的感觉。金粉或金箔也普遍得到使用，但大部分都被破坏了。这一时期的壁画构图有布局紧凑密集、对称和图案化之趋势。波斯萨珊朝流行的联珠纹在这一时期的克孜尔出现。此时期，部分中心柱窟券顶天相图由须摩提女请佛因缘故事取代。由于大量洞窟为龟兹国王和王公贵族所造，石窟内绘制有服饰华丽、形态高贵的供养人像。

第207窟、第212窟壁画表明，初创期的绘画风格在繁荣期也以非主流的形式存在。这种流派或许与域外画家有关，如在第212窟发现了叙利亚画家鲁玛卡玛的龟兹文题记。

衰落期从公元八世纪至九世纪中叶。

衰落期石窟包括第129窟、第197窟、第135窟、第227窟、第180窟、第229窟。此外还有开窟较早，重绘壁画时间较晚的第47窟、第107窟和第117窟。第180窟为代表，碳十四同位素测定年代在公元860+95/-100年。第129窟碳十四测定为公元700+90/-50年。第227窟测定在公元830±95年。

这一期洞窟规模日趋小型。壁画千佛、化佛题材大量涌现，其他题材减少或消失。人物造型基本是龟兹式的，但头部略长，五官舒展。绘画技法简单粗糙，用色单调。石青几乎消失，石绿尚用，但色泽暗淡无光。土红色大量使用，色调虽偏暖，但缺少明快感。中原式的云头纹、仰莲图案，以及回鹘式火焰纹在个别洞窟留下微弱的影响。

1995年，《中国新疆壁画全集·森木赛姆、克孜尔尕哈》、《中国新疆壁画全集·库木吐拉》作为《中国壁画全集·克孜尔》同系画册出版。新疆博物院贾应逸女士为两书分别撰写了《壁画虹桥——森木塞姆等石窟壁画概述》和《历史画廊——库木吐拉壁画研究》两篇卷首论文。

《壁画虹桥——森木塞姆等石窟壁画概述》一文，将库车周边森木塞姆、克孜尔尕哈、玛扎伯赫，及新和县的吐乎拉克艾肯等石窟一起考量。与该套丛书的克孜尔卷步调一致，贾应逸在碳十四测年数据的基础上，将石窟壁画分为三期[1]。早期（初创期）以森木塞姆石窟第24窟、第26窟、第27窟、第30窟、第31窟、第32窟为代表，时间大约为公元四至五世纪。中期石窟（繁盛期）时间大约在公元六至七世纪，包括克孜尔尕哈的第23窟、第16窟、第14窟、第13窟、第11窟和第30窟（大部分），森木塞姆石窟的第1窟、

1 贾应逸《壁画虹桥——森木塞姆等石窟壁画概述》，《中国新疆壁画全集·森木赛姆、克孜尔尕哈》，沈阳：辽宁美术出版社、乌鲁木齐：新疆美术摄影出版社，1995年，第5页。

第41窟、第42窟、第48窟、第11窟和第43窟，玛扎伯赫第1窟。晚期石窟在公元八世纪以降，代表石窟是森木塞姆第40窟、第44窟、第45窟和克孜尔尕哈第31窟、第32窟、第30窟（部分）、第21窟，吐乎拉克艾肯第3窟。论文提出公元八世纪的吐蕃在克孜尔尕哈改建过第31窟，森木塞姆存在的大量方形窟（如第4窟套斗顶，顶角绘以金翅鸟）形制类似，也可能是吐蕃人所修建。森木塞姆第40窟和第44窟的回鹘供养人像则代表公元九世纪回鹘占领龟兹时留下的影响。这时壁画中出现许多唐代中原汉风的成分，同时壁画色泽浓艳，红绿色调大量使用，又反映出回鹘人对于暖色的偏好[1]。

《历史画廊——库木吐拉壁画研究》一文由贾应逸和买买提·木沙合作撰写。论文按照龟兹王国时期、安西大都护府时期和回鹘时期，分别对库木吐喇壁画进行了分期和介绍。他们清楚地谈到安西大都护府时期两种风格并存——除了唐代画风，也有龟兹风格在唐代的延续。库木吐喇在龟兹王国时期开凿的石窟大约在公元五六世纪，比克孜尔早期石窟略晚。龟兹风格的洞窟又有前期和后期之别。前期以谷口区第20窟、第

图 1-3-17　库木吐喇谷口区第 21 窟穹窿顶

1　贾应逸《森木塞姆石窟概述》，新疆龟兹石窟研究所编《森木塞姆石窟内容总录》，北京：文物出版社，2008年，第22—25页。

21窟、第22窟、第23窟、第27窟为代表，后期有谷口区的第17窟和大沟区的第33窟、第23窟、第46窟等[1]。被归属于前期的库木吐喇石窟多数毁坏，只有谷口区第20窟和第21窟比较完整（图1-3-17，并参见图5-3-16）。这两个石窟是1977—1979年的新发现，起初被称为新1窟和新2窟。它们是两个并排开凿的方形单体穹窿顶石窟。石窟凿入山体较深，因此两个石窟中间门道都较为深长，第20窟门道两边各有一龛，第21窟仅存一龛。石窟内最引人瞩目的是主室穹窿顶中心莲花图案周围放射出若干条幅，第20窟穹窿条幅中间绘制佛陀和菩萨，第21窟则在相应位置绘制了不同类型的菩萨（或天人）。第20窟穹窿顶下方设有方坛，主室侧壁上端为“红底粗线卷草纹”，其下为间隔排列的梯形和拱形佛龛，其下留有数十幅方格佛传因缘。作者在论文中强调了早期库木吐喇画像是吸收犍陀罗艺术而形成的一种具有自己特点的壁画风格。李丽（2008年）在为《库木吐喇石窟内容总录》撰写的文章中采纳了上述见解中的大部分，但她把库木吐喇的起始时间略微推后，并以犍陀罗艺术风格、龟兹风格、汉地风格和回鹘风格为其壁画分类，将第一期（公元六世纪至七世纪初）谷口区第20窟、第21窟壁画中的犍陀罗因素予以强调，以和第二期（公元六世纪至七世纪中叶）的龟兹风格区分。后者代表洞窟有谷口区第17窟、第22窟、第23窟和窟群区第2窟、第23窟、第31窟、第46窟及第63窟（图1-3-18）[2]。

霍旭初、贾应逸的分期影响到了龟兹石窟研究所对石窟内容总录的编纂。他们并不避讳相关研究的局限。霍旭初2006年发表了《克孜尔石窟年代研究和碳十四测定数据的应用》一文，对其分期理论进行了补充说明。论文谈及过去碳十四同位素测年的不足，寄希望于这种方法在技术和实践上的突破。他注意到近期碳十四技术的新发展及其在德国和日本的运用，不无遗憾地指出“目前碳十四测定的最大缺点是年代误差较大、跨度过宽，技术上也有失误，所以还不能靠它求出准确年代，完全解决年代问题”[3]。

中央美术学院博士廖旸也注意到碳十四测年的局限，她决心回到图像本身去寻找线索。霍旭初的分期基础来自于对克孜尔石窟数量最大的一次碳十四测定，将数据结论与壁画风格相校对。廖旸反其道而行之，首先从龟兹周边地区较为明确的艺术史线索中寻找可供参照的图像进行比对。她于2001年完成了相关主题的博士论文，经过调整和修改，于2012年正式出版，名为《克孜尔石窟壁画年代学研究》。

廖旸选取有代表性的洞窟壁画，就边饰纹样、人物装饰特征、图案样式等要素，与中亚及河西地区古代图像进行比定，将克孜尔壁画分为四期五个阶段。

第一期时间在公元四世纪晚期至五世纪中叶[4]。包括谷西区的第76窟、第77窟，谷内区的第92窟、第116窟、第117窟、第118窟和后山区的第207窟、第212窟、第213窟、第214窟。在她看来，至迟从四世纪起，罽宾（犍陀罗）与龟兹佛教的关系十分密切。此期克孜尔绘塑中反映出来的说一切有部、阿含学与观禅修行，均可追踪溯源到罽宾。洞窟壁画主要服务于观禅修行的目的。山岳禅定图占较大比重，帝释窟说法、涅槃、兜率天宫弥勒等均已出现，但要到下一期中才整合为完整有序的图像体系。对于山水林木，画师们尚觉生疏。尽管如此，壁画仍然散发着活泼自然的气息。此期云气纹流行于汉晋。第212窟边饰绳纹则可见于公元五世纪晚期云冈石窟之雕刻。

1 贾应逸、买买提·木沙《历史画廊——库木吐拉壁画研究》，《中国新疆壁画全集·库木吐拉》，乌鲁木齐：新疆美术摄影出版社、沈阳：辽宁美术出版社，1995年，第4页。

2 李丽《库木吐喇石窟概论》，新疆龟兹石窟研究所编《库木吐喇石窟内容总录》，北京：文物出版社，2008年，第18—20页。

3 霍旭初《克孜尔石窟年代研究和碳十四测定数据的应用》，《西域研究》2006年第4期，第49页。

4 廖旸2012年之著作将第一期上限由旧文的公元五世纪上半叶调整至公元四世纪晚期。

图 1-3-18 库木吐喇第 46 窟券顶及半圆端

第二期时间在公元五世纪中叶至六世纪中叶，包括克孜尔第7窟、第13窟、第14窟、第17窟、第38窟、第171窟与第172窟。壁画布局的首要特点是围绕中心柱描绘舍利塔，强化了中心柱作为窣堵波的象征意义。此期壁画开始运用刻划与线描结合表现轮廓的技法，探索出一套表现披帛、项饰、臂钏、腕钏等衣饰，花树、山峦等自然景物的表现程式。人物形象渐趋圆厚，表情平和。廖旸提及，西域诸佛教部派中，法藏部崇佛塔、重本生，恰与此期洞窟取材的倾向一致，其间是否有关联值得探索。与此同时，她也采纳了宫治昭对于克孜尔壁画构成的分析，认为此期壁画题材的另一个特点是法灭思想与弥勒救世观念的弥漫，形成了帝释窟说法—涅槃—弥勒菩萨兜率天宫说法的体系。

第三期时间在公元六世纪中叶至七世纪上半叶。隋代前后，龟兹迁都，开窟造像活动和王室供养分散到距离都城更近的地面寺院和石窟寺。从这时开始，克孜尔石窟壁画的布局模式和绘制技法普遍见于龟兹地区的库木吐喇、森木塞姆、克孜尔尕哈等石窟。克孜尔在此期间进入最兴隆繁盛的时代，以谷东区及周边一带最为密集，此外也散布在谷西区及后山区。谷东区石窟包括第171窟、第172窟、第175窟、第176窟、第178窟、第179窟、第184窟、第186窟、第188窟、第189窟、第192窟、第193窟、第195窟、第196窟、第198窟。谷西区石窟包括第4窟、第8窟、第27窟、第34窟、第58窟、第63窟、第67窟、第80窟。谷内区石窟包括第110窟、第114窟、第161窟和第163窟。后山区石窟包括第205窟、第206窟、第219窟、第224窟。

第三期石窟又分为两个阶段。第一阶段如第163窟、第176窟、第184窟和第186窟，券顶不再像第一期描绘山岳禅定，也不像第二期那样侧重本生故事，最常见的配置是在整齐排列的多栏菱格中描绘因缘故事，券腹下沿的一栏半菱格留给本生。因缘图中出现将中央佛陀置于塔龛内的做法。第二阶段代表洞窟有195—198窟群与第8窟、第99窟、第104窟，显著特点是后甬道重设涅槃台与立像台，等等。

第四期时间在公元七世纪中期。以第69窟为基准，还包括第60窟、新1窟、第123窟、第129窟、第160窟、第199窟、第227窟、第229窟，以及第47窟和第48窟重绘之壁画。本生因缘图像罕见，天象图、兜率天说法图亦停止绘制。可能是当时与弥勒下生紧密相关的法灭思想日见消泯之故。青金石纯净亮丽的光彩此时很难看到，多用一种灰暗的蓝色颜料取而代之。红色在许多洞窟中成为主要色调。

廖旸选取的个案较多，作为标定物的图案及图像比较琐碎，很难以较短的文字概括。她集诸家观点，予以整理和发挥，同时加强了宗教学的阐释。作为二十一世纪的最新研究，廖旸和魏正中的共同性在于，两位研究者都对以碳十四同位素测定为基础的科学定年法保持距离。魏正中强调了众所周知的事实——碳十四同位素测试技术所取得的数据在很大范围内波动，对于需要较精确定年的克孜尔壁画而言，这些数据不能解决根本问题。同时，由于技术手段的缺陷，该相关数据的真实性也很值得怀疑。因此，对于克孜尔壁画所展开的碳十四同位素测年，只能在统计学意义上具有参考价值。廖旸赞同这一观点。作为结论参照，其论著结尾综合统计了不同机构的碳十四数据。

四、克孜尔分期的回顾与总结

总体看来，克孜尔石窟的断代研究，经历了三个阶段，三种方法不同方式的结合。指责任何一位学者视野单一都是毫无根据的。从最早的格伦威德尔开始，学者们已经开始综合应用不同的观察方法。但因为学术背景和知识领域有别，每位学者对于石窟中蕴藏的复杂情报，呈现出不同程度的依赖。

前期，德国人主要采用风格学的研究方法，先将壁画按照风格分类，以不同类别的画面效果排列出相对次序，再参考其他线索，推导绝对年代。他们借用了早期艺术史研究的成果。但对美术发展规律的先期判断，由于涉及风格标准、美学价值判断等问题，难免带有主观性。

中期，二十世纪后半叶，随着考古科学的发展，碳十四同位素测年和石窟形制排列在石窟研究中得以实践。以北京大学宿白和龟兹石窟研究所霍旭初为代表，分期研究分别依赖了不同的碳十四数据。他们都强调自己采用数据较早先同类数据更为可靠，但霍旭初所做碳十四测定年代更晚，手段更为先进，因此对于早期北京大学所做测试，提出了修改意见。二人不同之处则在于：宿白采用的方法，是将石窟类型的分析和碳十四测年结合起来；而霍旭初则保持了艺术史风格学的特色，结合碳十四测年的结论予以分析。

近期，以北京大学魏正中和中央美术学院廖旸为代表，石窟考古方法和美术史方法分别得到强化。与此同时，碳十四测年作为理论上最客观科学的方法，在实践中退到了相对边缘的位置。魏正中讨论石窟开凿次序的方法和结论让人耳目一新。他提供的数据将会成为今后壁画断代的重要参考。只是和壁画研究相比，其贡献略显间接。而廖旸大量采用图像比对的方法，巩固了传统方法在美术史研究中的地位。

除了图像本身，和图像关系最为密切的是图像覆盖着的墙泥，而不是构建石窟的墙壁及其他木质构件。这也是为什么在碳十四测年时，后期样本更多选取墙泥麦秸的原因之一。我国考古学界的碳十四同位素测年开始于二十世纪六十年代，七十年代这一技术被应用于石窟考古领域。尽管随着技术的进步，其误差值有所减少，精确度仍然不尽如人意。尤其中古、近古考古工作对断代精确度要求较高，碳十四测年在这一领域的效能相当有限。因此，尽管宿白、霍旭初等学者大量参考了碳十四测定的结果，也保持了一定的谨慎态度。宿白采用的是1979—1981年北京大学历史系考古教研室所做数据，并谈到了他对早期碳十四石窟测定的不满："最初，从新疆石窟采取的标本多选用遗留在窟内原来为了安置塑像于壁面上开凿的孔罅中的木橛和其他木块，甚至朽木。这些木件大约斫截自较古老的木料或是较粗大木料靠近边缘的部分，所以测得年代一般偏早。"[1]在北大学者的建议下，新的碳木标本改而选取凿孔中直径不超过2厘米的树枝和墙皮中筛出的麦秸。不仅在碳十四数据的基础上，又进行了碳十三和树轮年代校正，而且作为实验对比项，同批数据也对库木吐喇石窟第14窟汉风净土经变壁画进行了测试。经测试，其主室下部墙皮内的麦秸年代为公元750±40年，这与唐朝入主龟兹的年代相符。研究者试图以此印证这批碳十四数据的有效。

北京大学数据采集者客观罗列了关键洞窟的数据。细心的读者很容易在这批数据中发现隐藏在第190窟数据中的问题。和其他石窟不同，第190窟分别在门道南壁的下层和上层墙皮中取样测试，分别为公元545±75年、655±75年。同一墙面的两个数据相差一百年，这使得单组数据所取均值的可信度大打折扣。可见，即使对同一石窟进行碳十四测定，不仅不同实验单位所取数据存在较大冲突，就连同一实验机构所取数据也有矛盾。类似案例在较晚柏林印度艺术博物馆的测试中再次发生。1999年，他们对第118窟三个壁画样本测定年代分别是公元263—403年、542—617年、688—771年。

正是由于目前碳十四数据的不确定性，廖旸回到了传统美术史研究方法。然而其论文有价值处，亦在于最后部分。按照风格将壁画分类、分期后，廖旸用碳十四数据予以综合性的考察。统计数据大约百项，来自不同科研机构[2]，并分别采集自不同的石窟。大部分石窟只有一项数据，少量石窟有2—3项数据，同一石窟中数据达到4项的只有第47窟（8项）、第118窟（4项）、第171窟（4项）、第178窟（4项）、第224窟（5项）。就单一石窟而言，数据量很难说达到统计学意义上的有效性。廖旸先对壁画风格进行分类，再将

1 宿白《克孜尔部分洞窟阶段划分与年代等问题的初步探索》，《中国石窟·克孜尔石窟·一》，北京：文物出版社，1989年，第19页。

2 相关数据分别来自以下测试单位对克孜尔石窟所做测试：文物保护科学技术研究所碳十四实验室1979年，北京大学历史系考古教研室实验室1979—1981年（数据刊载于北京大学考古学系、克孜尔千佛洞文物保管所《新疆克孜尔石窟考古报告》第一卷，北京：文物出版社，1997年），北京大学考古系碳十四实验室1979—1981年（数据刊载于《碳十四年代测定报告（六）》，《文物》1984年第4期），中国社会科学院考古研究所实验室1989—1990年（数据刊载于《新疆吐鲁番和南疆地区部分石窟年代测定报告》，《考古》1991年第11期），文物保护科学技术研究所碳十四实验室1989年（数据刊载于《1989年克孜尔千佛洞窟前清理简报》，《新疆文物》1992年第3期），名古屋大学1995年、1998年，柏林印度艺术博物馆1999年。

同一风格的石窟数据纳入统计。如此一来，大约百项数据随着四期绘画风格的划分，被分成了四组。由壁画风格决定数据的分配，其基础在于壁画风格的合理划分。在这一点上，早期艺术史方法的主观性问题仍然存在。许多琐碎的图像是否能够笼统地归为一种风格，又或一种风格是否只能存在于一个时期，可能存在争议。由于数据总量仍然相当有限，个别数据在分配方案上的变动会较大地影响统计结果，最终结论仍然有待检验。在研究方法上，对存在矛盾的碳十四数据进行统计式的处理，是针对克孜尔石窟分期一种新的解决方案。它能够满足有限条件下所获数据与美术经验的契合，但也自含了一种逻辑，即更多的新数据能够充实并改变其结论。由此，至少在方法论上，盖棺定论的希望仍然要回到科学性检测手段上来。无论如何，对于壁画断代，科技测年技术的进步及其对克孜尔石窟的应用永远值得期待。

五、库木吐喇和阿艾石窟

“后龟兹美术”以汉风壁画的出现为标志[1]。所谓汉风，主要体现在三个方面：以大乘佛学为思想，以多佛和菩萨崇拜为主题，以汉地绘画技巧为表现手段。龟兹石窟的汉风壁画主要存在于库木吐喇石窟，其中的第11窟、第12窟、第13窟、第14窟、第15窟、第16窟都是典型的汉风洞窟。方形窟第14窟和中心柱窟第16窟都以大型经变为主题，窟顶则布满千佛。第14窟正壁上端保留的大型壁画可能是西方净土变，第16窟主室侧壁分别绘制了西方净土变和东方药师变，前壁上端半圆形端面则绘制了涅槃图（被德国人揭取）[2]。壁画规模很大，残损却很严重。幸而阿艾石窟壁画的主题和风格都和这两个石窟较接近，可以弥补壁画不清之遗憾。阿艾石窟只有一个洞窟且严重损毁，但它1999年才被偶然发现，没有遭受二十世纪的人为破坏，仍为库车地区汉风壁画中最清晰者。

“西方净土变”是库木吐喇第14窟和第16窟重点表现的主题。阿艾石窟正壁也是一铺场面宏大的“观无量寿经变”，可见西方净土信仰一度在龟兹地区十分流行。无量寿是西方阿弥佗佛的另一译名。早期汉地宣扬阿弥佗佛的经典主要有两部，即三国时代康僧铠所译《无量寿经》和姚秦鸠摩罗什所译《阿弥陀经》。到了南朝刘宋时期，畺良耶舍所译《观无量寿经》影响空前，成为西方净土思想传播过程中最受欢迎的佛经。因为经文描绘西方净土的特殊方式，《观无量寿经》又称为“十六观经”或“观经”。佛经叙事以阿阇世王囚禁父亲频婆娑罗王的戏剧性场面开头。频婆娑罗王和他的王妃韦提希都是虔诚的佛教徒。韦提希夫人违背阿阇世王的禁令，为频婆娑罗王偷递食物。事情败露后，她祈求世尊的帮助，希望往生西方极乐净土。佛陀告诉她对西方净土的十六种观想。

西方极乐世界，正如佛陀告诉韦提希夫人的，是无量寿佛（阿弥佗佛）的净土。这个世界不仅到处是动听的音乐、华丽的建筑和各种奇妙的景观，还有无量寿佛、观世音、大势至，云集说法，度苦众生。

---

1 库木吐喇石窟壁画中涉及龟兹风格、汉画风格和回鹘风格三种，学界对此分歧不大。但龟兹风格在晚期产生了和其他风格的多种折中，他们唯一的共同特征是风格全新，同时不同程度地保留了龟兹个性。在这个意义上，笔者提出“后龟兹美术”这一概念，以泛指在唐安西都护府建立以后，传统龟兹美术与外来美术结合产生的混血。此概念试图淡化而非否认一种观念——龟兹艺术、汉地艺术、回鹘艺术在库车地区的石窟壁画中发生了前后替代的关系。这种关系是存在的，它是新的文化逐渐确立，龟兹传统文化逐渐消亡的过程。但在这种关系发展的缓慢进程中，也存在不同壁画风格和文化的并存。大唐文化在此期间扮演了重要的桥梁作用，并极大地影响了结果。库木吐喇第76窟同时留有汉字、回鹘文字和龟兹文题记，值得特别注意。在回鹘人统治的初期，传统龟兹文化可能仍然保持活跃。

2 新疆龟兹石窟研究所编《库木吐喇石窟内容总录》，北京：文物出版社，2008年，第103、108页。

图 1-3-19　阿艾石窟正壁

图 1-3-20　阿艾石窟侧壁

阿艾石窟“观无量寿经变”表现西方极乐世界时参照了佛经中的相关描述。画面正中坐佛，持说法印，是极乐世界的主尊无量寿佛（图1-3-19）。依据佛经，无量寿佛，身高六十万亿那由他恒河沙由旬，有无数菩萨以为侍者。

无量寿佛两侧各有一身菩萨在画面中也很突出。《观无量寿经》专门描述了这两位菩萨——观世音和大势至的身高和外貌。观世音菩萨，身长八十万亿那由他由旬，顶上毗楞伽摩尼宝以为天冠，其天冠中，有一立化佛，高二十五由旬。大势至菩萨，身量大小，亦如观世音；顶上肉髻，如钵头摩华，于肉髻上，有一宝瓶，盛诸光明，普现佛事，余诸身相与观世音一致。

西方净土通常表现为水榭楼台之景。水榭下，莲花丛生的水池带有标志性。往生于西方净土之人，将诞生在这些莲花之中。水榭上空各种乐器虚空停驻。无人弹奏，它们自己就会发出无比动听的音乐。飞天们长带飘飘，凌空散发着花朵和香露。伴随着音乐和香气，许多佛陀菩萨乘驾祥云，从容地自远方飘近。据《观无量寿经》，西方极乐世界的上品上生，将会受到阿弥陀如来、观世音、大势至，以及无数化佛的迎接。往生者听佛演说妙法，须臾间历事诸佛，遍十方界。

哪些人可以获得上品上生？《观无量寿经》讲得非常清楚，除了慈心不杀，具诸戒行并且发愿往生彼国之外，还必须读诵大乘方等经典。上品中生及下生亦需"不谤大乘"。毫无疑问，《观无量寿经》及其信奉者采取了标榜大乘的立场，这意味着过去以小乘为主的龟兹佛学发生了转变。

大乘佛教区别于小乘的重要标志是名目繁多的诸佛菩萨成为崇拜偶像。阿艾石窟侧壁壁画清楚地呈现了这种状况。右侧壁绘制一排佛和菩萨立像（图1-3-20），部分留有汉字题记，写作"清信佛弟子行官□□□年五月十五日□拜记"、"文殊师利菩萨似光兰为合家大小敬造"、"清信佛弟子寇廷俊敬造卢遮那佛"、"为佛□□□供养"。石窟券顶布满千佛。其间汉字题记写有大量供养人名字，如"梁□敬造十方佛"（或谓"梁信敬造十六佛"）[1]、"寇俊男善庆造七佛供养"等等。题记表明阿艾石窟供养人以生活在龟兹的汉族人为主。石窟应为小中产家庭或人士集资开凿。他们需求不同，信奉有异，故而在一个石窟中绘制了来源不一的尊像。不仅有西方净土的阿弥佗佛三尊，还包括东方药师佛、卢舍那佛和文殊菩萨等等。后者也都属于大乘佛教的范畴，却非净土宗一派可以容纳。

阿艾石窟可以和残损严重的库木吐喇汉风壁画互为补充。在库木吐喇窟群区第14窟，观无量寿经变相绘制在正壁半圆形端面（图1-3-21），纵券顶上也像阿艾石窟的券顶那样布满千佛。库木吐喇窟群区第16窟观无量寿经变相保留有十六观的第一个情节"日观想"（图1-3-22），为阿艾石窟所缺损。

《观无量寿经》写道：

> 时韦提希白佛言：世尊！如我今者，以佛力故，见彼国土；若佛灭后，诸众生等，浊恶不善，五苦所逼，云何当见阿弥陀佛极乐世界？
>
> 佛告韦提希：汝及众生，应当专心系念一处，想于西方。云何作

图 1-3-21　库木吐喇窟群区第 14 窟内景

1　《库车阿艾石窟第1号窟清理简报》（《新疆文物》1999年第3、4期合刊，第67—74页）刊为"十六佛"者，经霍旭初核对，当为"十方佛"。详霍旭初《阿艾石窟题记考识》，《西域研究》2004年第2期，第56页。

图 1-3-22 日观想，库木吐喇窟群区第 16 窟被揭壁画

想？凡作想者，一切众生，自非生盲，有目之徒，皆见日没。当起正念，正坐西向，谛观于日欲没之处，令心坚住，专想不移。见日欲没，状如悬鼓。既见日已，闭目开目，皆令明了。是为日想，名曰初观。

画面中，韦提希夫人坐在地上，遵照世尊的指示进入观想。在远方，一轮夕阳正在群山背后隐没。人物形象，坐在地席的方式，到人物空间关系的处理全部都是汉地绘画的手法。起伏的远山，绿意盎然，也全然不是龟兹菱格山峦的装饰性表现。

除了人物及建筑形象带有汉地特征，汉风壁画的表现手段也明显不同于克孜尔。汉风壁画一般以白色作为主色调。绿色和红色在画面中也使用较多，它们醒目但和谐地分布在白色画面中。如前所述，克孜尔壁画常常使用几种强烈的对比色间隔排列，给人感觉炫丽而活泼。与之相比，汉风壁画则纤丽而典雅。此外，汉风壁画不像克孜尔壁画那么强调用色彩晕染出人物起伏的肌体，对于用线则特别讲究。好的画家可以完全凭借线条微妙的变化来再现人物肌肉，乃至骨相、皱纹。

所谓“汉风”只是一个笼统的说法。汉地风格自身存在多种表现形式。这种多样性也影响到了库木吐喇。库木吐喇窟群区第16窟主室前壁绘制了佛陀涅槃的场面。在克孜尔壁画的传统中，这一主题通常固定绘制在中心柱窟的后甬道中，但在汉风壁画石窟中，它被绘制在了石窟的出口处（后被德国人揭取）。尽管白描在画面中仍然占据了重要成分，但整个画面给人感觉十分拥塞密集，不像同一石窟的观无量寿经变相和千佛图那样疏朗。色彩感也相差较大。站在佛陀身后的举哀罗汉的面目各异，十分生动。他们或交头接耳，议论纷纷，或以手掩面，心怀痛楚，或庄严肃穆，又或安详沉思。壁画传神写照、骨法用笔，皆堪上品（参见图5-3-27）。

另一块收藏在德国柏林的壁画（MIKⅢ8377）出自库木吐喇窟群区第13窟（或谓出

图 1-3-23 库木吐喇窟群区第 13 窟被揭壁画

自窟群区第11窟[1]）窟门右侧（图1-3-23）。设色浓郁，线条遒劲。色块完全平涂，但和结构线的结合相得益彰，使其描绘对象在不失装饰性的同时充满立体感和具象性。这种用色和用线都十分肯定的画法和其他汉风壁画又有不同，也是上乘之作。

在被德国人揭取的汉风作品中，来自库木吐喇第45窟前壁兜率天说法的部分亦很重要（图1-3-24）。人物造型、白描技巧以及团花纹边饰是典型的汉地因素，但菩萨脸部和身体采用了柔和的晕染。壁画表明，来自汉地的绘画和龟兹传统表现技巧产生了融合，衍生出一种线条优美，设色典雅，同时人物又充满厚度的新风格。

阿艾石窟的汉文题记表明，龟兹的汉风石窟主要由汉地移民赞助修建。移民活动与安西都护府的设立有关。问题首先在于汉风石窟开凿的下限难以判断。阿艾石窟卢舍那佛右侧下方有游人刻划汉字“白光口/乙巳年五月十五日”。霍旭初将之比定为宝历元年（825年），此为石窟废弃时间的下限[2]。此时龟兹应在回鹘人控制之下。

除了汉风壁画，库木吐喇还有另外两种风格的壁画。一种壁画和回鹘人关系密切，通常认为晚于汉风壁画出现。另一种壁画则保留有克孜尔壁画的特质或余韵。

公元九世纪回鹘人入主龟兹，此后也在龟兹开凿了一些石窟并留有回鹘文题记。这些题记常常是和汉字并写的。最有代表性的是第75窟和第79窟。第79窟是一个穹窿顶方形窟，中间设方坛。右壁上层为方格千佛，下层为长条形地狱图，表现了被捆绑的人们接受魔鬼的审判和酷刑。背景较空旷，但全部用偏暗的红色涂满（图1-3-25）。这种偏红的色调，一方面可以见于库木吐喇的晚期龟兹风格壁画中，另一方面，似乎也和吐鲁

1 此幅德藏壁画，《中国新疆壁画全集·库木吐拉》、《中国新疆壁画艺术·四·库木吐喇石窟》及贾应逸《德国吐鲁番探险队在库木吐喇石窟的考察与窃取》一文谓出自库木吐喇窟群区第11窟，《中国石窟·库木吐拉》、《库木吐喇石窟内容总录》正文部分则谓出自库木吐喇窟群区第13窟。新疆龟兹石窟研究所编《库木吐喇石窟内容总录》，北京：文物出版社，2008年，第101、264页。

2 霍旭初《阿艾石窟题记考识》，《西域研究》2004年第2期，第57页。

图 1-3-24　库木吐喇窟群区第 45 窟前壁半圆端被揭部分

图 1-3-25　地狱刑审，库木吐喇第 79 窟

番石窟壁画有相似性。但第79窟供养人壁画延续了汉地绘画的表现技巧，唯回鹘供养人服装相貌有所改变。此外，就是色彩关系比较单一，在精湛的白描画稿之后，偏向于或深或浅的红色。

回鹘人赞助的龟兹壁画带有回鹘人特殊的审美情趣，同时也包含大量汉风元素。在笔者看来，回鹘佛教壁画本质上属于汉风壁画的一个支派，要一目了然地将回鹘风格从汉地风格中识别出来并不容易，目前的判断依据仍然以回鹘文题记和供养人像为主。由于其出现时间最晚，回鹘石窟一旦确认，历史脉络相对比较清晰。就此而言，库木吐

图 1-3-26　库木吐喇窟群区第 2 窟券顶

喇的龟兹画风及其变体要复杂得多。

库木吐喇谷口区第20窟、第21窟，窟群区第2窟、第23窟和第63窟是龟兹艺术的典型（图1-3-26），第63窟、第2窟券顶菱格体现了龟兹人对蓝色和绿色的偏爱。沟口区第20窟人物表现技巧完全可以和克孜尔上乘之作媲美。一般认为此类绘画和克孜尔壁画同期产生。在此风格的基础上，库木吐喇壁画衍生出一些新的变体，一方面和龟兹风格有着千丝万缕的关系，另一方面风格变化极不稳定。如何界定或归属这些倾向不一的风格，很成问题。例如库木吐喇窟群区第34窟，穹窿顶延续了谷口区第20窟在窟顶绘制华盖条幅人物的传统，其侧壁则在连续方格中绘制本生故事。与此同时，红色和黑灰色成为了壁画的主要色调。克孜尔石窟中宝石般闪耀的蓝色和绿色不复存在。同样的色调特征也体现在第28窟、第29窟、第43窟、第50窟等仍然带有龟兹元素的洞窟中。这些变化与克孜尔石窟末期风格步调一致。取自青金石的蓝色极少出现，意味着壁画颜料变得廉价。另一些变化则在克孜尔石窟迹象不明。例如库木吐喇第43窟，尽管保留了菱格因缘的故事画，人物神情却完全脱离了克孜尔人物的敦厚（图1-3-27）。克孜尔壁画人物五官比较集中，而库木吐喇第43窟的人物眼睛凸起于脸庞之外，脸部显得骨架宽而脂肪少。

这些由典型龟兹风格变化而来的壁画上限应当定在什么时代？造成变动的因素是什么？是龟兹艺术内部发展的结果，还是外来美术导致的变化？龟兹和汉风壁画在安西大都护府治理龟兹的时代共存了很长时间，如何判断某种龟兹风格的下限？回鹘人到达龟兹时，汉风绘画仍然保持了旺盛的生命力，然而此时，龟兹绘画的因素是否就此消失？以上问题讨论尚不充分。总体而言，学界确认库木吐喇石窟与克孜尔石窟不同。作为龟兹第二大石窟群，库木吐喇壁画是龟兹、汉地及回鹘美术的共同呈现。但外来艺术在多大程度上介入了龟兹本土艺术的变化，龟兹因素又在哪些方面影响了外来艺术在龟兹的呈现，对于这些问题，学者们表述颇不一致，从而也导致了对于库木吐喇壁画分类的微妙区别。

袁廷鹤（1988年）认为库木吐喇第21窟代表了龟兹壁画第一风格的最高水平。他说的第一风格，应当来自德国人的定义，即克孜尔石窟最早出现的风格。与此同时，他认为

图 1-3-27　菱格因缘，库木吐喇第 43 窟

库木吐喇第2窟、第24窟、第28窟、第34窟、第43窟、第58窟、第63窟壁画都属于克孜尔壁画的第二风格，其特征主要在于独特的人物造型特征和装饰化倾向。最后，他把公元七世纪以后受汉风影响的龟兹壁画，笼统地称为第三种风格[1]。

吴焯把库木吐喇壁画分为“克孜尔样式”、“敦煌样式”、“柏孜克里克样式”三种。他所说的“克孜尔样式”理论上包括克孜尔的第一风格和第二风格。但他强调了库木吐喇的克孜尔样式和克孜尔壁画风格存在的区别。“属于这一样式的洞窟比较多，有第2窟、第23窟、第24窟、第26窟、第27窟、第28窟、第29窟、第31窟、第33窟、第34窟、第43窟、第46窟、第50窟、第54窟、第56窟、第58窟、第63窟、第65窟、新1窟、新2窟等20个窟，占壁画洞窟的半数……严格说，在这20个洞窟中真正属于克孜尔样式的只有第46窟（参见图1-3-18）、63号窟等少数几个窟，其他不是在壁画内容，就是在色彩以及在画法形式上出现新的变化。比如上面谈到的并列佛形象，在克孜尔就很少见……色彩运用则比较生涩，颜色之间的配合不协调，土红色用得较多，缺少克孜尔的单纯和稳重感。” 在他看来，库木吐喇第34窟和第43窟都是“克孜尔样式”中不同于克孜尔壁画的典型。

吴焯所说的“敦煌样式”和“柏孜克里克样式”可以参照袁廷鹤所云第三风格中

1　袁廷鹤在对第三种风格的阐述中，又分出了至少四种。其一，以第11窟、第14窟、第15窟、第16窟为代表的汉风壁画，经变化是典型的汉画主题，也包括在他看来较晚出现的第12窟千手观音等。其二，以第10窟、第13窟、第45窟为代表的汉风和龟兹画风相结合的新画风。其三，以库木吐喇第38窟为代表的从高昌传入的回鹘风格。此外还包括以汉风为主的回鹘壁画。袁廷鹤《从库木吐拉千佛洞看龟兹壁画的演变》，《文物天地》1987—1988年；后收入《龟兹文化研究（三）》，乌鲁木齐：新疆人民出版社，2006年，第624—628页。

的汉风壁画和回鹘风格。他对于红色在回鹘美术中的重要意义予以了陈述，认为这种风格的形成可以上溯到突厥人控制西域的时代。起初是突厥人崇尚的红色在龟兹和高昌各自结合当地艺术，产生了末期克孜尔和柏孜克里克的两种新类型。柏孜克里克类型后来西传到龟兹，影响到了库木吐喇[1]。

贾应逸（1995年）把库木吐喇分为三个时期：龟兹王国时期（公元五至六世纪），安西大都护府时期（公元七至八世纪），回鹘时期（公元九世纪以后）。她认为回鹘时期“改建”和重建洞窟从公元九世纪中叶，延续到了十一世纪以后。以库木吐喇第10窟、第12窟、第38窟、第45窟、第75窟、第79窟为代表。其中第79窟、第75窟保存了浓厚的唐代风格，可能是九世纪末至十世纪初的遗存[2]；第10窟、第12窟[3]、第42窟和第45窟壁画则体现了较为浓厚的回鹘特色；第38窟壁画与吐鲁番柏孜克里克中晚期洞窟近似，是十至十一世纪的作品[4]。

李丽（2008年）将库木吐喇谷口区第20窟、第21窟放在了库木吐喇的第一期，她称之为“犍陀罗艺术风格”。第二期是“龟兹风格”，代表洞窟有谷口区第17窟、第22窟、第23窟和窟群区第2窟、第23窟、第31窟、第46窟、第63窟等。其次是“汉地风格”和最后的“回鹘风格”。回鹘人开凿的洞窟以第75窟、第79窟、第41窟为代表，时代晚至公元十世纪之后。为了解释回鹘洞窟中的汉风因素，她也强调了“回鹘风格”包括汉风和回鹘两种风格的并存[5]。

克孜尔汉文题刻录有“开元九年”、“天宝十三载”、“大历四年”、“贞元□年”。库木吐喇则有“建中六年”（即贞元元年，785年）、“大顺五年”等年号。大部分年号在安西都护府治理龟兹期间。大顺五年（894年）则到了唐末，此时，吐火罗语文化的龟兹国已不复存在。回鹘人正试图从破国之难中恢复元气，龟兹成为回鹘人集聚的新都邑。马世长推测库木吐喇第42窟汉文纪年“□戊八年六月十八日”为大中八年（854年）[6]。李树辉确认了这一观点，但他明确提出库木吐喇第75窟和第79窟应该开凿于贞元十一年（795年）四月或稍后不久[7]。无论如何，龟兹汉风壁画从安西大都护时代，一直延续到了回鹘时期。另一方面，在规模和品质上，库车地区的回鹘壁画尚未发现可以和吐鲁番回鹘壁画媲美者。

---

1 吴焯注意到汉风洞窟形制与克孜尔样式并无太大区别，多数是中心柱窟，只是窟室中心柱正壁不开龛，绘制经变故事。库木吐喇第42窟后室所画涅槃焚棺，仍然是龟兹遗风。可见汉地画师在绘制壁画的时候，仍然要遵循当地习俗。吴焯的“柏孜克里克样式”，相当于回鹘风格，包括两种画风：以库木吐喇第9窟、第38窟暖红色为主色调的画风，和库木吐喇第79窟的白描风格。吴焯《库木吐拉石窟壁画的风格演变与古代龟兹的历史兴衰》，新疆龟兹石窟研究所编《龟兹佛教文化论集》，乌鲁木齐：新疆美术摄影出版社，1993年，第332—335页。

2 贾应逸、祁小山《印度到中国新疆的佛教艺术》，兰州：甘肃教育出版社，2002年，第335页。

3 库木吐喇第12窟绘有回鹘供养人。部分出版物似乎将第12窟误写为第21窟。

4 贾应逸、买买提·木沙《历史画廊——库木吐拉壁画研究》，《中国新疆壁画全集·库木吐拉》，乌鲁木齐：新疆美术摄影出版社、沈阳：辽宁美术出版社，1995年，第1—24页；贾应逸、买买提·木沙《赏析龟兹历史的画廊》，《中国新疆壁画艺术·四·库木吐喇石窟》，乌鲁木齐：新疆美术摄影出版社，2009年，第1—19页。

5 李丽理解的“回鹘风格”包括两种风格的并存。先是袭用汉风，在一些地方出现了汉风和回鹘画风的并存和叠压。第38窟地坪画和第42窟菱格因缘为回鹘风格。回鹘晚期的佛教艺术走向衰弱，洞窟均为小型的方形窟。窟内绘画用色极为火热。但第41窟为千手千眼观世音菩萨殿，设色淡雅，墨线飘逸，与中原五代、宋画风格一致，形成龟兹回鹘画风的又一特点。李丽《库木吐喇石窟概论》，新疆龟兹石窟研究所编《库木吐喇石窟内容总录》，北京：文物出版社，2008年，第18—22页。

6 马世长《库木吐喇的汉风洞窟》，新疆文馆委编《中国石窟·库木吐喇石窟》，北京：文物出版社，1992年，第219—224页。

7 李树辉《库木吐喇75、79窟壁画绘制年代和功德主身份研究》，《敦煌研究》2008年第4期，第40页。

第二章
龟兹历史与龟兹佛教

第一节　龟兹历史

一、西汉时期的龟兹

《史记》未载龟兹。大约在公元前139—前138年，张骞第一次探访西域，出陇西后，被匈奴人俘获，掠至西部匈奴地区，十余年后才找到机会逃脱。他向西走了数十日，到达大宛。后经康居，最后到达大月氏。回国时，沿塔克拉玛干沙漠以南的绿洲小国，途经于阗、扜罙、楼兰等国而返。这些国家在《史记》中记载比较明确。但是去程数十日，经过哪些国家，学界观点不一。有人提出，张骞选择了塔克拉玛干沙漠北道（天山南麓），经姑师、焉耆、龟兹、疏勒，到达大宛。此观点争议很大。许多学者相信他可能是从天山以北地区西行，直达大宛。也有观点认为去程依旧沿丝路南道而行。很难说哪种观点正确。但仅凭《史记》未记龟兹，而排除张骞经过龟兹之可能，缺乏合理性。司马迁大约在公元前87年左右去世。《史记》在张骞归国（公元前126年）之后，还记载了贰师将军李广利西征大宛的军事行动。汉军在仑头（轮台）有一场围城之战，可知行军路线选取了丝路北道。然李广利所过其余诸城，因为行军顺利，均未提及国名，只以“所至小国莫不迎，出食给军”一笔带过。这和《史记·大宛列传》描写张骞“西走数十日至大宛”的情况非常近似。

李广利初次征讨大宛是在太初元年（公元前104年）。经霍去病赢得河西之战（公元前121年）和张骞二次出使西域（公元前119—前115年），汉朝一方面巩固了河西走廊，另一方面和乌孙建立了联盟。汉朝使节已经频繁活动于西域，更数次到达大宛，逐渐了解了中亚诸国的情况。汉使车令在大宛求马未果，在其东部边境的郁成城被截杀。武帝震怒，命李广利率领骑兵六千，步卒数万讨伐。但沿途丝路小国长期屈从于匈奴淫威，对汉朝处于观望状态。李广利大军西过盐水，当道小国恐惧不已，各自坚守城池，不肯提供给养。李广利无奈，只好以战养兵，沿途攻掠。攻下城池就能获得食物，围攻不下者，数日则去。最终到达大宛国的郁成城时，只剩下数千名饥饿的士兵，复为郁成城所破。

李广利收拾残兵，回到阳关。此役往来西域费时两年，兵力损失殆尽，不仅汉使被杀之仇未报，更将导致中亚国家轻视汉朝，从而使得联合诸国抗衡匈奴的战略失败。汉武帝极为不满，很快于太初三年（公元前102年）发动了第二次讨伐大宛的战争。这一次从敦煌派出六万人的军队，仍由李广利统领。鉴于上次失败的教训，此次后勤准备充分，随军牛十万，马三万余匹，驴、骡、橐它（骆驼）以万数，携带了充足的赍粮兵弩。大军中途在仑头遇阻，围攻数日后，破城屠之。其余诸国见汉军浩大，莫不相迎给食。

仑头，即轮台，位于渠犁（库尔勒）与龟兹（库车）中间。龟兹应该在相迎给食的诸国之列。《汉书·外戚传》中提到了李广利和龟兹的故事："初，贰师将军李广利击大宛，还过杅弥，杅弥遣太子赖丹为质于龟兹。广利责龟兹曰：'外国皆臣属于汉，龟兹何以得受杅弥质？'即将赖丹入至京师。"

李广利二次讨伐大宛，取得完胜。西域震惧，多遣使朝贡。汉地出使西域的使节得到了西域诸国的尊重，"汉使西域者益得职"，这时汉朝开始真正经营西域。太初四年（公元前101年）在轮台、渠犁屯田，皆有田卒数百人，置使者校尉领护，并负责补给出使外国的使节。

轮台西面紧邻龟兹。随着对西域的经略，公元前一世纪的龟兹开始频频出现在《汉书》中。这时汉朝派往大宛的使者是经过龟兹的。龟兹同时也是匈奴使者沟通乌孙的中转站。

公元前87年汉武帝去世，其幼子刘弗陵即位，是为昭帝。昭帝在位期间，先前由李广利从龟兹带到汉地的杅弥太子赖丹受命返回西域，担任校尉，负责轮台军屯。龟兹贵族姑翼对龟兹王说："赖丹本来臣属我国，现今佩汉印绶而来，紧挨我国屯田。此人必为我国祸害。"龟兹王在其蛊惑下，杀害了赖丹，上书谢汉。汉未能征。

据《汉书·傅介子传》，由于汉朝派出西域的使者在龟兹和楼兰被斩杀，至元凤中（公元前80—前75年），傅介子以骏马监，再次请求出使大宛。"因诏令责楼兰、龟兹国"。傅介子先来到楼兰，斥责了楼兰王教匈奴遮杀汉使的行为。楼兰王谢罪，告诉傅介子一个重要情报——匈奴派往乌孙的使者将会路过龟兹。傅介子来到龟兹国，复以汉使被杀之事斥责龟兹王，令其谢服。他途径龟兹，顺利前往大宛。原路返回时，果然听到消息——匈奴使者从乌孙返回，恰巧也在龟兹。傅介子带领下属，将匈奴使者斩杀。

傅介子还朝后，因出使大宛并斩杀匈奴使节有功，拜为中郎，迁平乐监。他路过龟兹时发现很容易与龟兹王近身接触，故向大将军霍光建言："楼兰、龟兹多次背叛汉朝投靠匈奴，如此反复而不加惩罚，则西域诸国无以为戒。愿往刺之，威示诸国。"

霍光修改了傅介子的计划，令他将斩首目标转移到路程更近的楼兰。楼兰王安归曾经为匈奴离间，发兵杀略卫司马安乐、光禄大夫忠、期门郎遂成等三辈，及安息、大宛使节，盗取节印、献物。他虽然前次已向傅介子认错，但始终对其保持戒心。傅介子再次到达楼兰，一时没有接近楼兰王的机会。他假装离开楼兰，向西而去。在楼兰边界，他向翻译展示带来的金币，告诉他说："汉使者持黄金、锦绣行赐诸国，王不来受，我去之西国矣。"楼兰王贪财，听后赶忙追来面见汉使。傅介子与坐饮，陈物示之。饮酒皆醉，乃将楼兰王引入帐中刺死。

到汉宣帝本始二年（公元前72年），常惠出使乌孙，配合和亲嫁入乌孙的解忧公主。他们成功地促成乌孙与汉朝的军事联动，打败匈奴。宣帝封常惠为长罗侯，复遣常惠持金币还赐乌孙贵人有功者。《汉书·常惠传》载，常惠因奏请龟兹国尝杀校尉赖丹，未伏诛，请便道击之，宣帝不许。大将军霍光令常惠见机行事。于是常惠与吏士五百人俱至乌孙，回程时，发西国兵二万人，令副使发龟兹东国二万人，乌孙兵七千人，从三面攻龟兹。在大军合围龟兹以前，常惠先遣人以杀汉使赖丹之罪斥责龟兹。此时龟兹王者已经更替。新的龟兹王叫作绛宾，他向常惠谢罪说："杀害汉使之罪是我先王时为贵人姑翼所误，错不在我。"遂将姑翼执诣常惠听斩。

据《汉书·外戚传》，时乌孙解忧公主遣女"弟史"赴京师学琴，汉遣侍郎乐奉送主女，路过龟兹。龟兹先前遣人至乌孙求娶弟史，未还。会女过龟兹，绛宾留而不遣，复报解忧公主。公主许之。后解忧公主上书汉宣帝，愿令女儿弟史以宗室身份入朝。而龟兹王亦上书，言得尚汉外孙为昆弟，愿与公主女俱入朝。

元康元年（公元前65年），龟兹王夫妇二人赴汉朝贺，皆授赐印绶。夫人号称公主，赐以车骑旗鼓，歌吹数十人，绮绣、杂缯、琦珍凡数千万。他们这次朝拜，在汉地住了一年。宣帝厚赠送之。龟兹王绛宾后来又多次赴汉朝贺。在他的大力推崇下，龟兹吸纳了很多汉地文化。史书记载，绛宾喜欢汉服仪制，从汉地回到龟兹以后，治宫室，作檄道周卫，出入传呼，撞钟鼓，皆如汉家。《汉书·西域传》载，他在龟兹推行的汉化改革招来一些保守胡人的非议，说："驴非驴，马非马，若龟兹王，所谓骡也。"

绛宾在位期间，一方面推行汉化，一方面积极配合汉朝派驻西域的官员郑吉展开稳定西域的工作。郑吉原本在渠犁负责屯田积谷和接待汉使。公元前68年，他发诸国兵，攻破勾结匈奴的车师，因迁卫司马，使护鄯善以西南道。龟兹应该是这场战争的联军主力。

公元前60年，匈奴日逐王先贤掸欲降汉，使人与郑吉相闻。郑吉复发渠犁、龟兹诸国五万人迎之。西汉政权终于消除了匈奴监督西域诸国的匈奴僮仆都尉，而在龟兹东部的乌垒城（一般认为其地望在今轮台县东境策大雅附近）设立西域都护府，以郑吉为第一任西域都护——"都护西域骑都尉"，作为汉朝派遣西域的最高长官，管辖中亚诸国。《汉书·百官公卿表》载："西域都护……以骑都尉、谏大夫使护西域三十六国，有副校尉，秩比二千石，丞一人，司马、侯、千人各二人。"这个过程当然离不开龟兹的巨大贡献。除了汉军在轮台、渠犁屯田多年，颇有根基以外，也是因为龟兹的地理位置、人口、文化相对于西域诸国更为重要，而汉朝对龟兹王绛宾又格外信任和依赖，故而将西域都护治所选在龟兹旁边。龟兹与汉朝的关系，在西域具有典范作用。

《汉书·西域传》载："龟兹国，王治延城，去长安七千四百八十里。户六千九百七十，口八万一千三百一十七，胜兵二万一千七十六人。大都尉丞、辅国侯、安国侯、击胡侯、却胡都尉、击车师都尉、左右将、左右都尉、左右骑君、左右力辅君各一人，东西南北部千长各二人，却胡君三人，译长四人。南与精绝、东南与且末、西南与杅弥、北与乌孙、西与姑墨接……东至都护治所乌垒城三百五十里。"显然，西汉时龟兹官员设置也出现了汉化倾向。"译长"，是胡汉语言交流的翻译官。官员中的"击胡侯"、"却胡都尉"、"却胡君"当负防范匈奴之职。尤其值得注意的是"击车师都尉"。这个职务可能和攻打车师的军事行动有关。

绛宾死后，其子丞德即位。他秉承家风，自谓汉外孙。在他的治下，龟兹可能参与了胡汉联军对康居郅支的讨伐。北匈奴郅支单于破国后，一路迁移到康居。康居王与他联姻。但很快郅支单于反客为主，变得无比暴虐。他不仅困辱汉朝使节，欺凌周围小国，还用非常残忍的方式怒杀康居王女及贵人、人民数百人，搞得天怒人怨。汉朝设立西域都护，原有保护西域诸国、维护社会稳定的使命。因此，汉元帝建昭三年（公元前36年），在西域副校尉陈汤的积极促动下，驻扎在乌垒的西域都护骑都尉甘延寿与西域十五国，组成胡汉联军共四万人，兵分南北两路，合兵于康居，伞歼郅支。龟兹王丞德应该在《汉书·陈汤传》所云"城郭诸国所发十五王"之列。此后在汉成帝、汉哀帝在位期间（公元前33年—前1年），他数次往来长安，和汉朝关系十分亲密。

二、东汉时期的龟兹

王莽篡位后，局势动荡。车师地区负担繁重，导致了车师和西域戊己校尉刀护的冲突。戊己校尉是元帝初元元年（公元前48年）所置，有丞、司马各一人，候五人，秩比六百石。其权限小于西域都护，主要作用于车师地区的屯田供给和维稳。戊己校尉和车师王的关系，本来应该像西域都护与龟兹王一样，相互配合。结果王莽新政，将原本臣服于汉朝的匈奴和西域诸国统治者由"王"降格为"侯"。边疆不满情绪急剧上升，同时匈奴对车师展开军事威胁。始建国二年（公元10年），不仅车师投降匈奴，就连汉朝在车师屯田的部队也由戊己校尉史陈良等人发起兵变，杀死长官刀护，叛逃匈奴。始建国五年（公元13年），焉耆投降匈奴，攻杀了西域都护但钦。

在此风起云涌之际，龟兹没有加入匈奴，而是坚守本国疆域，耐心地等待汉朝大军。据《汉书·外戚传》，天凤三年（公元16年），王莽遣五威将王骏、西域都护李崇出西域，诸国皆郊迎，送兵谷。焉耆诈降而聚兵自备。龟兹和莎车派出七千人的军队，由王骏指挥，分为数部进入焉耆。焉耆设下伏兵拦截，并联合姑墨、尉犁、危须国兵为反间，共同袭杀了王骏。戊己校尉郭钦所率军队后至焉耆，适逢焉耆军队遮杀王骏未还。郭钦击杀其老弱，引兵而还。

此役互有损失，然汉军主力已被击溃。龟兹王见汉军无处立足，赶忙请幸存下来的西域都护李崇收集余士，进驻龟兹，共御外敌。黄文弼于沙雅收集一枚铜印，铭刻“李崇之印□□”[1]，当缘于此。此时关内各地起义频频。不久王莽去世，朝纲不振。龟兹和李崇等候的援兵迟迟不到。随着李崇去世，龟兹和其他西域小国与汉地政权联系中断。

当时和龟兹一起派兵协助王骏、李崇的莎车，是位于龟兹西侧的绿洲小国。莎车和龟兹类似，也是西域诸国中忠心于汉廷者。早先解忧公主之子万年曾由汉地赴莎车为王。后来的莎车王延，元帝时，尝为侍子，在京师长大。他“慕乐中国，亦复参其典法。常敕诸子，当世奉汉家，不可负也”。由于对汉朝情义，当匈奴单于趁王莽之乱威逼西域时，莎车王延不肯降属，在西域诸王中表现最为顽强。焉耆之战兵败两年后，他于天凤五年（公元18年）去世。其子康继位。莎车王康，继承了父亲“世奉汉家，不可负也”的愿望，率周围邻国，抗拒匈奴。在此过程中，莎车凝聚了许多周边小国，逐渐发展壮大。龟兹位于焉耆和莎车中间，为兵锋交割之地。顾及到战争随时可能危及在龟兹避难的原西域都护军吏及其家属，遂在光武初，将故都护吏士妻子千余口转移到了莎车。

据《后汉书·西域传》载，莎车派人檄书河西，问中国动静，自陈思慕汉家。建武五年（公元29年），河西大将军窦融乃承制立莎车王康为“汉莎车建功怀德王、西域大都尉”。东汉初立，尚无力西进。此时册封莎车，令其统领西域五十五国，主要目的仍然是抗衡匈奴。之所以选择莎车，首要原因当然是莎车率先和汉地政权取得了联系，表达了忠心。其次也是因为其国力渐强，地处在西域诸国中心。龟兹本来是西域都护最堪依靠的盟友，随着战线变动而成为莎车东边的屏障。这样一来，随着莎车领导权力的上升，龟兹地位有所下降，它和莎车的盟友关系发生了微妙的变化。

因为汉朝赋予了名义上的领导权，莎车国势快速增长。但西域局势并没有朝汉廷希望的方向发展。建武九年（公元33年），莎车王康去世，其弟贤代立。莎车在其治下开始侵犯邻国，四处扩张。莎车攻破拘弥、西夜国，皆杀其王，而立其兄康两子为拘弥、西夜王。

建武十四年（公元38年），莎车王贤与鄯善王安，一同遣使，诣阙贡献。西域重新建立了与汉地的联系。葱岭以东诸国皆从属于莎车王贤。建武十七年（公元41年），贤复遣使奉献，请求汉廷委任其为西域都护。光武帝刘秀起初采纳了大司空窦融的建议，以为贤父子兄弟相约事汉，款诚又至，宜加号位以镇安之。乃因其使，赐贤西域都护印绶，及车旗黄金锦绣。但是敦煌太守裴遵上言：“夷狄不可假以大权，又令诸国失望。”光武帝斟酌再三，下诏收还都护印绶，改赐汉大将军印绶。莎车不肯交换印绶，被裴遵逼迫夺

1 贾应逸《出土于沙雅县的两方汉代铜印》、陈云华《关于“李崇之印□□”和“汉归义羌长”印的发现》，李海鹏主编《沙雅与龟兹——“塔河文明与龟兹文化”论文集》，北京：中国文化出版社，2011年，第34、45页。

取。莎车王贤由是心怀怨恨。他利用西域消息不通，犹诈称大都护，移书诸国。诸国悉服属焉，号贤为单于。贤浸以骄横，一方面对诸国重求赋税，一方面迅速兼并诸国，扩张领土。龟兹及其余诸国，数次遭到莎车攻打，忧愁恐惧。

建武二十一年（公元45年）冬，车师前王、鄯善、焉耆等西域东部十八国见东汉政权逐渐巩固，试图重修友善，全部遣子入侍，献其珍宝。他们见到光武帝，皆流涕稽首，希望东汉政权派驻西域都护，维持稳定。这本来是重整西域的绝好时机，但光武帝错误地判断了形势。他考虑到政局初定，北边未服，厚赏诸侍子后，全部遣还。莎车王贤知道汉廷不派西域都护，加快了兼并西域的步伐。建武二十二年（公元46年），他要求鄯善王安断绝与汉地的交通，遭到拒绝，便立即发兵攻打鄯善，杀掠千余人而去。同年冬天，龟兹王被莎车攻杀，龟兹被莎车兼并。

鄯善王再次上书东汉："愿复遣子入侍，更请都护。都护不出，诚迫于匈奴。"光武帝报曰："今使者大兵未能得出，如诸国力不从心，东西南北自在也。"于是鄯善、车师再一次投靠了匈奴。而莎车王贤日益骄横，灭妫塞王，立其国贵人驷鞬为妫塞王。

龟兹被莎车兼并后，莎车王贤将自己的儿子则罗立为龟兹国王。考虑到则罗年少，难以服众，又将乌垒从龟兹中分出去，从妫塞调来驷鞬做乌垒王，震慑龟兹。龟兹人民不堪丧国，几年后爆发起义，将则罗、驷鞬二人斩杀。鉴于东汉不肯派驻西域都护，而莎车又是东汉名义上授权的西域统帅，龟兹为求自保，只好效仿鄯善、车师投降匈奴。龟兹遣使匈奴，更请立王。匈奴遂立龟兹贵人"身毒"为龟兹王。龟兹由是从属匈奴，又因匈奴，而成为东汉的对立面。龟兹人自我身份的文化认同——绛宾和丞德两代国王树立起与汉室的血亲关系，就此不复存在。

莎车王贤倒行逆施，激起了反抗。汉明帝永平三年（公元60年），于阗起兵反攻莎车，数次击败莎车大军。但是最后攻打莎车城时，于阗王休莫霸中流矢而亡。于阗暂时退兵，立休莫霸兄子广德为王。这时，龟兹、匈奴以及归附匈奴的西域诸国也派兵一同攻打莎车。他们的这次进攻没能攻克莎车，但无疑极大地削弱了对手的实力。莎车王贤两面受敌，考虑与于阗讲和。但是，莎车王贤平日骄横跋扈，连本国人也对他怀恨在心。莎车国相且运等人谋反，投降于阗。于是，莎车终被于阗所破。于阗王广德将莎车王贤带回于阗处死。

匈奴听说于阗歼灭了莎车，遂遣五将攻打于阗。此次进攻，龟兹、焉耆、尉黎等十五国，一共发兵三万余人。于阗被大军围困，广德乞降，以其太子为质，约岁给罽絮。

尽管降于匈奴，于阗在歼灭莎车的过程中，兼并了许多过去臣服莎车的小国，成为丝路南道的盟主。龟兹则两次作为匈奴大军主力西征莎车，沿途控制了姑墨、温宿等一些北路国家，奠定了作为丝路北道霸主的基础。这样塔里木盆地原来被莎车控制的周边小国主要被龟兹和于阗两大势力瓜分。莎车国和莎车东北部的疏勒国，在于阗之北、龟兹之西，地理位置决定了它们成为这两大势力扩张争夺的目标。

疏勒国，领户二万一千，胜兵三万余人。莎车破国后，疏勒这样的人口和兵力，令龟兹垂涎不已。当时的龟兹王建，是匈奴所立，倚恃虏威，据有北道。明帝永平十六年（公元73年），龟兹王建攻杀疏勒王成，自以龟兹左侯兜题为疏勒王。

也是在同一年，班超随窦固征讨匈奴，建立了功勋。窦固非常赏识班超，命他出使西域。班超率领三十六名下属，在鄯善以"不入虎穴，焉得虎子"的精神，奇袭匈奴使团，震动西域。他说服鄯善归汉之后，来到于阗，再一次成功说服于阗王广德归降。匈奴派驻于阗的使臣被广德诛杀。之后，班超趁龟兹在疏勒立足未稳，冒险夺回了疏勒。

当时龟兹指派的疏勒王兜题居住在盘橐城（盘槖城）。据《后汉书·班梁传》，班超率部从小道悄悄来到疏勒，在距离盘槖城九十里外扎营。班超遣使田虑，先往降之。他告诉田虑："兜题本非疏勒种，国人必不用命。若兜题不降，便可执之。"果然，兜题殊无降意。田虑遂因其无备，劫缚兜题。左右出其不意，皆惊惧奔走。班超即赴盘橐城，悉召疏勒将吏，说以龟兹无道之状，因立疏勒旧主成的侄子忠为疏勒王。疏勒国人大悦。国王忠及官属皆请杀兜题。班超不听，欲示威信而释放之。

龟兹不肯罢休，多次联合姑墨，攻打疏勒。永平十七年（公元74年）东汉恢复西域都护，派驻车师。永平十八年（公元75年）汉明帝驾崩。焉耆趁汉朝大丧，与龟兹联合，攻没都护陈睦、副校尉郭恂，杀吏士二千余人。班超孤立无援，带领不多的士卒坚守盘橐城，与疏勒王忠为首尾，抵抗龟兹大军一年有余。刚刚即位的肃宗皇帝，因陈睦被焉耆消灭，担心班超势单力薄，不能自立，诏令返回。疏勒举国忧恐，其都尉黎弇云："汉使弃我，我必复为龟兹所灭耳。诚不忍见汉使去。"以刀自刎。班超离开疏勒以后，龟兹很快招降了原本属于疏勒的两城，令其与尉头连兵，抗衡疏勒。

班超回程途经于阗。于阗王侯以下皆号泣，抱住班超马脚，不肯放行。班超犹豫再三，答应留在西域。他回到疏勒查捕并斩杀叛乱者，又领兵击破尉头，杀六百余人。疏勒才暂时从龟兹的威胁中恢复安宁。建初三年（公元78年），班超率疏勒、康居、于阗、居弥兵一万人攻破龟兹掌握的姑墨石城。但龟兹不久予以还击。莎车和疏勒又先后投降了龟兹。

在和龟兹的反复较量中，班超帮助于阗争夺疏勒，并逐渐认清了局势。他知道单凭自己的力量很难取胜，遂上疏请兵，详细阐述了自己的战略构想：

首先，龟兹和焉耆不从汉室，是汉朝进入西域的最大障碍。今西域诸国多向化汉朝，大小欣欣，贡奉不绝，唯焉耆、龟兹独未服从。

其次，龟兹是西域霸主，意义重大。若得龟兹，则西域未服者百分之一耳。

其三，在西域可以凭借三股力量打败龟兹。第一股力量是拘弥、莎车、疏勒、月氏、乌孙、康居等愿意归附汉廷之国。它们都希望破灭龟兹，疏通与汉廷交流的通道。第二股力量，是留在西域数年的汉使，他们对各国情况比较了解，既取得了各国信任，也对龟兹等敌国的情况比较熟悉。"臣前与官属三十六人奉使绝域，备遭艰厄。自孤守疏勒，于今五载，胡夷情数，臣颇识之。"第三股力量，来自于龟兹内部。龟兹兼并了丝路北道上的两个较大的国家——姑墨、温宿，安置了两位龟兹亲信做他们的国王。但这两个国王既非当地族属，更相厌苦。被异族统治的姑墨和温宿势必反叛。若此二国来降，则龟兹自破。

汉章帝遂派遣徐干领兵一千增援。援军一到，班超反攻疏勒，斩杀了叛投龟兹的疏勒都尉番辰。龟兹丢失疏勒，心有不甘。派兵攻打疏勒，兵威所至，吓坏了护送乌孙使者、刚刚到达于阗的卫侯李邑。

第二年，班超发疏勒、于阗兵进攻此前投靠龟兹的莎车。莎车悄悄派使节与疏勒王忠联系，啖以重利，将其策反。忠遂背叛班超，西保乌即城。班超乃更立其府丞成大为疏勒王，将疏勒国所有没有叛变的人民全部发动起来，攻打乌即城。此战历时半年多，最终，乌即城投降，忠逃往康居。后三年，忠说服康居王借兵，还据损中。龟兹与其密谋，诈降班超。班超将计就计，酒宴上斩杀了诈降的忠，因击破其众，杀七百余人。

一年之后，龟兹王收到消息，称班超发于阗诸国兵二万五千人，将再次进攻莎车。龟兹王即发兵救援莎车，不仅御驾亲征，还派遣左将军，发温宿、姑墨、尉头兵力，合军人数达到五万人。班超兵力只有龟兹的一半，他故意放出风声，计划夜晚从东西两个方向悄悄撤退。龟兹王闻之大喜，自以万骑于西界拦截班超，又派温宿王带领八千骑兵于东界追击于阗军队。班超知道龟兹大军的两支主力中计离去，密召诸部勒兵，清晨鸡鸣时驰赴莎车大营。留在莎车的龟兹军队见敌人不退反攻，大惊之下，胡乱奔走。班超等人追斩五千余级，大获其马畜财物。莎车遂降，龟兹联军各自退散。

和帝永元二年（公元90年），龟兹丧失了打败班超的最后机会。是年，月氏遣其副王谢，将兵七万攻打班超。月氏大军从葱岭西部长途跋涉，久攻不下，粮草将尽，乃遣骑，赍金银珠玉，以赂龟兹，希望得到龟兹的援助。班超对此早有预料，他遣兵数百人在东边要道埋伏，杀死了月氏使者。月氏投降，岁奉贡献。班超连续两次以少胜多，西域震动。永元三年（公元91年），龟兹、姑墨、温宿皆降。汉廷委任班超为西域都护，同时按照班超的建议，拜白霸为龟兹王，遣司马姚光送之。班超和姚光一同来到龟兹，相互协助，废龟兹王尤利多，立白霸为王。白霸是以前龟兹国派驻在长安的侍子，对汉廷很有感情。被废的尤利多则随同姚光还诣京师入侍。此后，班超驻扎在龟兹它乾城，徐干屯军疏勒，巩固成果，防御外敌。

这时西域国家大部分安定下来，但还有焉耆、危须、尉犁三国怀有二心。永元六年（公元96年）秋，龟兹王白霸发兵协助班超征讨焉耆，更立元孟为焉耆王。班超留焉耆半岁，尉抚之。于是西域五十余国悉皆纳质内属。可见龟兹归附汉廷之后，和西域都护府保持了良好的合作关系，共同承担了维护西域和平稳定的义务。同时，龟兹也和其他西域诸国一样，原则上仍然保持区域自治的形式。西域都护府对其内部事务并不过多干涉。班超晚年离任，向继任西域都护的任尚阐明了他的治理原则，“宜荡佚简易，宽小过，总大纲而已”。

任尚对于班超的做法不以为然，结果他上任才几年，就和西域诸国产生纠纷。延平元年（106年），他遭到诸国攻击，遂以西域叛乱为名上书求救。当时西域副校尉梁慬不在西域，在河西。他奉诏率领河西四郡羌胡五千骑驰赴之，梁慬未至而尚已得解。这场纠纷的起源，史书中没有详细述说。但在《后汉书·班超传》中有所暗示，班超提醒过任尚：“塞外吏士，本非孝子顺孙，皆以罪过徙补边屯。而蛮夷怀鸟兽之心，难养易败。今君性严急，水清无大鱼，察政不得下和。”班超走后，任尚私下对亲信说：“我以班君当有奇策，今所言平平耳。”

史书写道：“尚至数年，而西域反乱，以罪被征，如超所戒。”显然如班超所告诫的那样，这次动乱可能和任尚苛严急躁的行事有关。朝廷认识到他难以胜任西域大员，将他调走，另派骑都尉段禧为西域都护，西域长史赵博为骑都尉。段禧、赵博仍然在龟兹境内的它乾城驻守。

动乱没有完全平息。一些西域小国蠢蠢欲动。龟兹国内部不满的情绪仍在积蓄。龟兹王白霸同时感受到内部和外部压力，西域都护的汉军也极为不安。它乾城规模太小，一旦敌军来袭，难以坚守，军事上会很被动。龟兹王白霸，采纳了梁慬的建议——未雨绸缪，让汉军进驻龟兹王城，共同防御。

然而，这一策略从一开始就遭到了一些龟兹保守官吏的强烈反对。白霸坚持己见，派遣将领，将西域都护段禧、西域长史赵博，迅速迎接入城。龟兹和汉军合兵八九千人。叛乱再一次发生了。一些龟兹官吏与温宿、姑墨同时造反，数万人共同围攻龟兹王城。

梁慬等人出战，大破叛军。连兵数月，胡众败走。龟兹联军乘胜追击，凡斩首万余级，俘虏数千人，骆驼畜产数万头。龟兹国经此一役，安定下来。但西域与汉地的交通尚未恢复，檄书不通。朝廷忧之。公卿议者以为西域阻远，数有背叛，吏士屯田，其费无已。永初元年（107年），遂罢都护，遣骑都尉王弘发关中兵迎回梁慬、段禧、赵博，以及在伊吾卢、柳中屯田的吏士。班超的儿子班勇和班雄也参与了这次行动。班勇为军司马，与兄班雄俱出敦煌，迎都护及西域甲卒而还。

由于撤销了西域都护，西域汉吏绝迹十余年。西域诸国又一次陷入相互敌视的状态。安帝元初中（约公元117年左右），疏勒在月氏的支持下变得比较强大，与龟兹、于阗为敌。匈奴也在此时扩大了其在西域的影响。元初六年（119年），敦煌太守曹宗遣长史索班将千余人屯伊吾，车师前王及鄯善王皆来降。但仅仅几个月后，索班就被匈奴北单于和车师后部攻没。匈奴进而掠有北道。鄯善王急求救于敦煌太守。是否派兵征讨？朝

图 2-1-1 克孜尔尕哈烽燧

堂讨论激烈。多数公卿认为应该关闭玉门关，放弃经营西域。班勇受诏参加了讨论，他的意见截然相反，认为自弃西域，是示弱于远夷，暴短于海内，不可许。建议“旧敦煌郡有营兵三百人，今宜复之，复置护西域副校尉，居于敦煌，如永元故事。又宜遣西域长史将五百人屯楼兰，西当焉耆、龟兹径路，南强鄯善、于阗心胆，北砗匈奴，东近敦煌。”

经过反复论战，朝廷决定采纳班勇的建议，然未能出屯。其后匈奴果数与车师共入寇抄，河西大被其害。延光二年（123年）夏，复以班勇为西域长史，将兵五百人出屯柳中。延光三年（124年），班勇到达楼兰，以鄯善归附，特加三绶。此时龟兹王已经不是白霸。新王白英对汉朝尚不信任，犹自犹豫。班勇坦诚地予以恩信，白英于是将自己捆绑起来，率姑墨、温宿二王，负荆请罪，降于班勇。

班勇决定攻打车师，他自己只带去五百士卒。可能是在龟兹等国的支持下，迅速集结了步骑万余人的队伍攻打车师前部，击走匈奴伊蠡王于伊和谷，收得前部五千余人。从车师撤回后，班勇屯田柳中。龟兹除了参加此役，可能还参加了永建二年（127年）征讨焉耆的战争。班勇和敦煌太守张朗发诸国兵四万余人，分骑为两道击之，约期俱至焉耆。

据《后汉书·李膺传》，大概在公元二世纪中叶，龟兹及其他西域国家曾经在羌汉河西冲突之际，在张掖、酒泉、云中诸郡一带劫掠。后来汉桓帝（147—167年在位）派遣李膺任职边关，龟兹等国皆望风惧服，将先前所掠男女全部送还塞下。《后汉书·种暠传》也提到会匈奴寇并、凉二州，桓帝擢种暠为度辽将军。诚心怀抚，信赏分明，由是羌胡、龟兹、莎车、乌孙等皆来顺服。

另据《后汉书·张奂传》，龟兹在永寿元年（155年）平定南匈奴和东羌的叛乱中起到过关键作用。当时南匈奴七千余人寇美稷，东羌复举种应之。张奂进屯长城，收集兵士，遣将王卫招诱东羌，因据龟兹，使南匈奴不得交通东羌。诸豪遂相率与张奂和亲，共击南匈奴，连战破之。郡界以宁。

《后汉书·西域传》载，灵帝建宁元年（168年），疏勒王和得自立为王。龟兹于建宁三年（170年）受命出兵，与焉耆、车师前后部，合军三万余人，由从事任涉、戊司马曹宽、西域长史张晏统领，征讨疏勒。他们攻打疏勒桢中城，四十余日不能下，只好撤退。后来疏勒王连相杀害，朝廷亦不能禁。中央政权此时陷入"党锢之祸"的泥沼难以自拔。灵帝中平元年（184年）终于爆发了黄巾起义，汉朝政权进入岌岌可危的时代（图2-1-1）。

三、三国两晋时期的龟兹

三国鼎立时期，曹魏政权相对于两汉，边界大大退缩。但它作为中央政权的继承者，仍然统治着传统政治中心长安和洛阳。曹魏政权与西域诸国的文化交流并未断绝。《三国志·魏书·乌丸鲜卑东夷传》注文描述了丝绸之路传统的南北二道，以及新路线的交通情况："西域诸国，汉初开其道，时有三十六，后分为五十馀。从建武以来，更相吞灭，于今有二十道。从敦煌玉门关入西域，前有二道，今有三道。从玉门关西出，经婼羌转西，越葱领，经县度，入大月氏，为南道。从玉门关西出，发都护井，回三陇沙北头，经居卢仓，从沙西井转西北，过龙堆，到故楼兰，转西诣龟兹，至葱领，为中道。从玉门关西北出，经横坑，辟三陇沙及龙堆，出五船北，到车师界戊己校尉所治高昌，转西与中道合龟兹，为新道。"显然这时龟兹作为丝路北道的中心，地位不曾动摇。它是三条道路中"中道"和"新道"的交汇点。又同卷注文提及："姑墨国、温宿国、尉头国，皆并属龟兹也。"

《三国志·魏书·文帝纪》记载，龟兹王于黄初三年（222年）二月派遣使节入关朝贡。这时鄯善王、于阗王也派出了使节。这时是曹丕篡汉立魏的第三年。

龟兹和西域诸国的朝贡，对于新政权有巨大的象征意义。曹丕诏曰："西戎即叙，氐羌来王，诗、书美之。顷者西域外夷并款塞内附，其遣使者抚劳之。是后，西域遂通，置戊己校尉。"

戊己校尉本来是东汉西域屯军所派官职，主要为西域都护分担责任，监控车师一带。曹魏时期的戊己校尉职能应该也以西域事务为主，具体驻地和职能仍需探讨。有学者认为可能此时的戊己校尉仍然设置在吐鲁番盆地的高昌。但史书中反映的情况，此职务常常由河西地区长官代领。

无论如何，魏文帝时期有过一段西域诸国遣使内附的高潮。《三国志·魏书·乌丸鲜卑东夷传》也写道："及汉氏遣张骞使西域，穷河源，经历诸国，遂置都护以总领之，然后西域之事具存，故史官得详载焉。魏兴，西域虽不能尽至，其大国龟兹、于寘、康居、乌孙、疏勒、月氏、鄯善、车师之属，无岁不奉朝贡，略如汉氏故事。"

龟兹王不仅向魏文帝派出使节，还派出了侍子。此事见于《三国志·魏书·崔林传》："文帝践阼……龟兹王遣侍子来朝，朝廷嘉其远至，褒赏其王甚厚。馀国各遣子来朝，间使连属，（崔）林恐所遣或非真的，权取疏属贾胡，因通使命，利得印绶，而道路护送，所损滋多。劳所养之民，资无益之事，为夷狄所笑，此曩时之所患也。乃移书敦煌喻指，并录前世待遇诸国丰约故事，使有恒常。"

龟兹王主动派遣侍子，试图效仿前朝，建立并稳固龟兹地方政权与汉地中央政权的从属关系，从而扩展其在西域诸国中的地位。这段文字，既说明了龟兹王的政治态度，也生动地再现了西域和中央两种性质不同的交通状况。一方面政权交通和情报交流缺乏有效的手段；另一方面商路交通又颇通达，故而不乏商旅胡贾冒充王子，骗取朝廷养护。这段时期西域诸国在中西文化交流上面扮演了积极的角色。

公元265年，司马炎废黜曹奂，建立晋朝。公元280年，司马炎挥师南下，东吴投降。西晋政权结束了三国时代。《晋书·武帝纪》中有一条记录表明，太康六年（285年）冬十月，龟兹、焉耆国遣子入侍。

此时龟兹的国王是白山。和龟兹一同遣子入侍的焉耆国王名叫龙安。白山与龙安不和。据《晋书·四夷传》，龙安有子名会，立为世子。龙安病重时对他说："我尝为龟兹王白山所辱，不忘于心。汝能雪之，乃吾子也。"后来会继位焉耆王，攻打龟兹。他杀死龟兹王白山，亲自坐镇龟兹，命其子熙回焉耆为王。占据龟兹后，焉耆势力成倍扩张，加上会的胆气和谋略，焉耆得以称霸西域。但会恃勇自傲，行事轻率。不甘被他人统治的龟兹人很快找到机会。一天，龟兹人罗云趁会出宿于外，将其杀死。

龟兹王和焉耆王同时遣子入侍，说明两国保持了早先对中央政权的态度，在关内大分裂结束以后，迫切地希望赢得新政权的信任和支持。然而西晋王朝的统一没有维持多久。在八王之乱和少数民族的寇侵之后，永嘉五年（311年）洛阳失守，建兴四年（316年）长安陷落，晋室贵族最终退守江南，将中原让给了史称"五胡十六国"的多民族割据势力。西晋末年任凉州刺史的张轨在动乱年代成功地维持了河西的稳定。由于中央政权无可挽回的溃退，公元320年，张氏家族建立了以姑臧为都的地方政权，史称前凉。前凉不仅仅是十六国中屈指可数的汉族政权，而且统治河西长达半个多世纪，属于当时国祚时间较长的地方政权。汉代以来，中央政权控制西域的实际力量一直取自河西。往赴西域的吏卒由河西派出，河西的地方长官名义上兼任西域职务也是常态。前凉政权在张骏治理期间，一方面因为其东部面对较强大的对手，另一方面继承了河西长官的传统使命，选择在西域寻找机会充实国力。在此期间，龟兹遭到前凉将领杨宣的攻打，遂与鄯善、焉耆等西域国家一起成为张骏治下的属国。

《晋书·张骏传》载："骏有计略，于是厉操改节，勤修庶政，总御文武，咸得其用，远近嘉咏，号曰积贤君。自轨据凉州，属天下之乱，所在征伐，军无宁岁。至骏，境内渐平。又使其将杨宣率众越流沙，伐龟兹、鄯善，于是西域并降。鄯善王元孟献女，号曰美人，立宾遐观以处之。焉耆前部、于阗王并遣使贡方物。得玉玺于河，其文曰'执万国，建无极'。"

2007年，库车市友谊路出土发掘了10座墓葬。除了3座竖穴墓，其余7座为砖室墓，有长方形单室、单室穹窿顶和双室穹窿顶三种。墓葬形式近似中国北方晋十六国时期的砖室墓。其建筑方式、用材、砖雕风格以及部分墓葬遗物亦与河西走廊酒泉、嘉峪关的魏晋壁画墓、敦煌佛爷庙湾墓地十分近似。发掘者认为，墓葬时代应该也在公元三世纪后期到四世纪末这一段时期。 王博分析了出土遗骸的颅骨，既有蒙古人种特征，也有印欧人种特征。总体而言，墓葬男子的颅、面特征更趋向于南蒙古人种类型[1]。有人据此推测：死者很有可能是在永嘉之乱后，前凉至西凉时期开拓西域的河西移民或屯军，也可能是深受汉文化影响的当地贵族[2]。

张骏在位时间是公元324—346年。龟兹归属前凉，应发生在此期间。或有观点认为，罗云杀死会后，龟兹仍然从属于焉耆，因此，前凉讨伐龟兹的战争主要在汉将杨宣、张植（杨宣以张植为先锋）和焉耆王熙之间展开。如果此说成立，则龟兹因焉耆被前凉打败而获得解放。《晋书·四夷传·西戎焉耆国》对于此战，记载略详：

> 其后张骏遣沙州刺史杨宣率众疆理西域，宣以部将张植为前锋，所向风靡。军次其国，熙距战于贲仑城，为植所败。植时屯铁门，未至十余里，熙又率众先要之于遮留谷。植将至，或曰："汉祖畏于柏人，岑彭死于彭亡，今谷名遮留，殆将有伏？"植单骑尝之，果有伏发。植驰击败之，进据尉犁，熙率群下四万人肉袒降于宣。

1 王博《2007年库车古墓出土人颅的种族研究》，《龟兹学研究》第四辑，乌鲁木齐：新疆人民出版社，2012年，第143页。

2 于志勇、吴勇、傅方明《新疆库车县发现晋十六国时期汉式砖室墓》，《西域研究》2008年第1期，第137—138页。

张骏去世后，其子张重华即位。张重华为人宽和懿重，轻赋敛，除关税，并积极经营西域，前凉在其治下国势昌盛。此时中原地区仍然战事频频，龟兹主要遣使贡方物于张重华。龟兹商人因"除关税"政策而获便利。

张重华在位时间是公元346—353年。此后前凉在宫室内乱中逐渐衰败，公元376年投降于前秦。前秦国主苻坚兵强马壮，获取河西之后，有图西域之志，乃于建元十九年（383年）命大将吕光，率将军姜飞、彭晃、杜进、康盛等，总兵七万，铁骑五千，以讨西域。兵至焉耆，焉耆王泥流率其旁国请降。但龟兹王帛纯（或作"白纯"）不肯屈服，距境抵抗。《晋书·吕光传》记录了战役过程。

吕光起初采用疑兵之计，在龟兹城南扎营，五里为一营，深沟高垒，广设疑兵，以木为人，被之以甲，罗之垒上。龟兹王帛纯见之，赶忙驱徙城外龟兹军民入于城中，附庸侯王则各婴城自守。

吕光很快展开攻城之战。为了鼓舞士气，他声称夜梦金象飞越城外，并对外宣布："此谓佛神去之，胡必亡矣。"龟兹王帛纯见吕光攻城甚急，乃倾国财宝请救猃胡。猃胡弟呐龙、侯将馗率骑二十余万，并引温宿、尉头等国王，合七十余万以救之。

胡军便弓马，善矛槊，铠如连锁，射不可入，以革索为羂，策马掷人，多有中者。前秦军队甚惮之。诸将都希望军营各自结阵，抵御胡兵。吕光认为彼众我寡，营又相远，势分力散，各自结阵绝非良策。于是迁营相接阵，为勾锁之法，精骑为游军，弥缝其阙。汉军和龟兹联军于城西展开大战，大获全胜，斩万余级。龟兹王帛纯收其珍宝逃走，王侯降者三十余国。吕光进入龟兹王城，大飨将士，赋诗言志。龟兹宫室壮丽，令吕光感慨不已。他命参军京兆段业著《龟兹宫赋》，讥讽龟兹统治者腐朽奢侈而致亡国。

诸国忌惮吕光威名，贡款属路。吕光立帛纯的弟弟震为龟兹王，既安抚龟兹民众，也让那些臣服前秦的西域诸国感到宽慰。吕光原想驻扎龟兹，后在群臣建议下，返回凉州。他用了二万余头骆驼将大量外国珍宝运回关内，一同带回凉州的还有一万多匹骏马，一千多种奇伎异戏、殊禽怪兽。公元385年，他以姑臧为都建国，史称"后凉"。

四、南北朝时期的龟兹

吕光治下的后凉在公元四世纪末产生了分裂。吕光部下，汉族人段业与卢水胡沮渠氏合兵反叛，在河西四郡之北建立北凉政权，拥立段业。北凉沮渠氏后来杀死段业，并于公元421年吞并西凉，统一了河西地区。公元420年，南朝刘宋政权建立，开始了南北朝时代。公元439年姑臧被北魏拓跋焘攻占，北凉灭亡。北凉沮渠氏对西域经营多年，颇有根基。破国之后，部分贵族得以退守酒泉、鄯善、高昌等地，等待时机。这导致了北魏太平真君年间对西域的讨伐。

在平定鄯善之后，太平真君九年（448年）九月，北魏成周公万度归千里驿上，进攻焉耆。焉耆王鸠尸卑那以四五万人，出城守险以拒。万度归募壮勇，短兵直往冲，尸鸠卑那众大溃，尽虏之。尸鸠卑那单骑逃入山中。初遁山中，他还幻想着焉耆城能够坚守。等还其国，见焉耆诸城尽为万度归所克，只好逃往龟兹。龟兹国当时与焉耆联姻，以其婿，厚待之。这样，太平真君九年十二月，北魏复诏万度归西讨龟兹。龟兹之战规模较小。万度归率骑一千以击之，龟兹则派遣乌羯目提等领兵三千拒战。万度归击走之，斩二百余级，大获驼马而还。和万度归击溃焉耆五万大军之后的屠城相比，龟兹之战似乎更多是象征性的。万度归在两场战争中都获取了大量财富。据《魏书·食货志》，他打败焉耆王鸠尸卑那后，焉耆举国臣民，负钱怀货，一时降款，获其奇宝异玩以巨万，驼马杂畜不可胜数。他进入龟兹，复获其殊方瑰诡之物亿万已上。

然据《魏书·龟兹传》，龟兹的实力极强。姑默国、温宿国、尉头国，均役属龟兹。战争前后，龟兹国内经济一定程度地受损，但生产力应该没有受到大的破坏。对于这场战争的结局，《魏书》评价说：龟兹自后每使朝贡。

事实上，早于万度归伐龟兹，北魏太延中，魏德益以远闻，龟兹对北魏的朝贡就已经开始了。仅《魏书》明确提及龟兹的朝贡记录就有太延三年和太延五年两次。《北史》和《资治通鉴》还分别提到了太延四年和太延五年的入贡进献。战争结束后，龟兹之名紧接着就在《魏书》次年的朝贡记录中出现。此后的龟兹朝贡，在延兴五年、太和元年、太和二年、太和三年、永平三年、神龟元年、正光三年，共出现七次。除《魏书》外，《通志》还提到了延兴四年的朝贡。《周书》则提及龟兹于保定元年（公元561年）遣使向北周武帝进献方物之事。以下列举《魏书》中龟兹朝贡的相关记载：

太延三年（437年）……龟兹、悦般、焉耆、车师、粟特、疏勒、乌孙、渴槃陀、鄯善诸国各遣使朝献。

太延五年（439年）……夏四月丁酉，鄯善、龟兹、疏勒、焉耆诸国遣使朝献（是岁，鄯善、龟兹、疏勒、焉耆、高丽、粟特、渴槃陀、破洛那、悉居半等国并遣使朝贡）。

太平真君十年（449年）……十有一月，龟兹、疏勒、破洛那、员阔诸国各遣使朝献。

延兴五年（475年）……夏四月丁丑，龟兹国遣使朝献。

太和元年（477年）……冬十月……龟兹国遣使朝献。

太和二年（478年）……秋七月戊辰，龟兹国遣使献名驼七十头。……九月丙辰，曲赦京师。龟兹国遣使献大马、名驼、珍宝甚众。

太和三年（479年）……高丽、吐谷浑、地豆于、契丹、库莫奚、龟兹诸国各遣使朝献。

永平三年（510年）……高车、龟兹、难地、那竭、库莫奚等诸国并遣使朝献。

神龟元年（518年）……秋七月……波斯、疏勒、乌苌、龟兹诸国并遣使朝献。

正光三年（522年）……秋七月壬子，波斯、龟兹诸国遣使朝贡。

以上仅仅是龟兹朝贡被明确记载者，其真正的朝贡次数应该更多，或未记载，或被“西域诸国遣使朝贡”之语一笔带过。朝贡不单纯是在政治上表示臣服，对于西域诸国而言，朝贡为商人入关贸易提供了相对安全的交通保障。南北朝时期，也不乏龟兹和西域诸国，向南朝进献的记载。例如《梁书·武帝纪》提到：“天监二年（503年）……秋七月，扶南、龟兹、中天竺国各遣使献方物。”又据《梁书·龟兹传》，普通二年（521年），龟兹王“尼瑞摩珠那胜”遣使奉表贡献。对于南朝而言，西域的贡献有着更为重要的政治意义，即四夷诸国对其作为汉朝中央政权合法继承者的认可。故此，有如《梁书·诸夷传》所云：

西北诸戎，汉世张骞始发西域之迹，甘英遂临西海，或遣侍子，或奉贡献，于时虽穷兵极武，仅而克捷，比之前代，其略远矣。魏时三方鼎跱，日事干戈，晋氏平吴以后，少获宁息，徒置戊己之官，诸国亦未宾从也。继以中原丧乱，胡人递起，西域与江东隔碍，重译不交。吕光之涉龟兹，亦获蛮夷之伐蛮夷，非中国之意也。自是诸国分并，胜负强弱，难得详载。明珠翠羽，虽仞于后宫；蒲梢龙文，希入于外署。有梁受命，其奉正朔而朝阙庭者，则仇池、宕昌、高昌、邓至、河南、龟兹、于阗、滑诸国焉。今缀其风俗，为《西北戎传》云。

尽管《梁书》中也有很多西域风俗的记载，但就龟兹而言，则主要阐述其自汉代以来的历史。

龟兹者，西域之旧国也。后汉光武时，其王名弘，为莎车王贤所杀，灭其族。贤使其子则罗为龟兹王，国人又杀则罗。匈奴立龟兹贵人身毒为王，由是属匈奴。然龟兹在汉世常为大国，所都曰延城。魏文帝初即位，遣使贡献。晋太康中，遣子入侍。太元七年，秦主苻坚遣将吕光伐西域。至龟兹，龟兹王帛纯载宝出奔，光入其城。城有三重，外城与长安城等，室屋壮丽，饰以琅玕金玉。光立帛纯弟震为王而归，自此与中国绝不通。

由于龟兹和北魏政权文化交通更为频繁，期间复有直接的军事接触，《魏书·西域传》对龟兹的风土人情有着更加清楚的记载：

龟兹国，在尉犁西北，白山之南一百七十里，都延城，汉时旧国也。去代一万二百八十里。其王姓白，即后凉吕光所立白震之后。其王头系彩带，垂之于后，坐金师子床，所居城方五六里。其刑法，杀人者死，劫贼则断其一臂并刖一足。

税赋准地征租，无田者则税银钱。

风俗、婚姻、丧葬、物产与焉耆略同，唯气候少温为异。又出细毡，饶铜、铁、铅、麖皮、氍毹、沙、盐绿、雌黄、胡粉、安息香、良马、犎牛等。

东有轮台，即汉贰师将军李广利所屠者。其南三百里有大河东，流号计式水（《北史》谓"计戍水"），即黄河也。东去焉耆九百里，南去于阗一千四百里，西去疏勒一千五百里，北去突厥牙帐六百余里，东南去瓜州三百里。

俗性多淫，置女市，收男子钱入官。土多孔雀，群飞山谷间，人取养而食之，孳乳如鸡鹜，其王家恒有千余只云。

其国西北大山中有如膏者流出成川，行数里入地，如䬦餬，甚臭，服之，发齿已落者能令更生，病人服之皆愈。

作为西域丝路诸绿洲小国之一，龟兹在丝路北道上具备较强的实力。但相较中原农业地区和北方草原游牧部落形成的强大帝国，绿洲的自然条件又限定了它的发展。龟兹只能采取依附大国的策略，在大国夹缝中生存。两汉时期，龟兹一直在匈奴和汉朝之间摇摆不定。到了南北朝时期，鲜卑逐渐在十六国的动荡中取得优势。在拓跋鲜卑入主中原的同时，草原上兴起一个叫作柔然的部落。

柔然是北朝人眼中的匈奴。柔然之名亦写作蠕蠕、芮芮、茹茹、蝚蠕。《魏书·蠕蠕传》云："蠕蠕，东胡之苗裔也……自号柔然，而役属于国。后世祖以其无知，状类于虫，故改其号为蠕蠕。"

公元四世纪末至五世纪初，柔然统一了漠北草原。在此期间柔然在"郁久闾社仑"带领下，先灭高车，又灭匈奴余部，西部边界到达焉耆，东部边境到达朝鲜，南边则在敦煌、张掖的北方。柔然雄霸中国北方，小国纷纷附属投靠，以免寇抄。《魏书·蠕蠕传》记载：

社仑远遁漠北，侵高车，深入其地，遂并诸部，凶势益振。……其西北有匈奴余种，国尤富强，部帅曰拔也稽，举兵击社仑。社仑逆战于頞根河，大破之，后尽为社仑所并。号为强盛。随水草畜牧，其西则焉耆之地，东则朝鲜之地，北则渡沙漠，穷瀚海，南则临大碛。其常所会庭则敦煌、张掖之北。小国皆苦其寇抄，羁縻附之，于是自号"丘豆伐可汗"。

郁久闾社仑自号"丘豆伐可汗"，柔然此后成为北魏北边最具威胁的对手。经过数十年往复攻陷，柔然失败居多，却也不乏胜绩。公元六世纪上半叶，趁北魏分裂成东魏和西魏之际，柔然甚至在阿那瓌治下有过短暂的复兴，直至北齐天保三年（552年）突厥大败阿那瓌，才顷刻间由盛转衰。应该说柔然的国运比北魏更为长久。

《宋书·索虏传》载：自索虏（按：南朝对北魏的蔑称）破慕容，蛮马二万余人攻围义阳，据有中国，而芮芮虏有其故地，盖汉世匈奴之北庭也。芮芮一号大檀，又号檀檀，亦匈奴别种。自西路通京师，三万余里。僭称大号，部众殷强，岁时遣使诣京师，与中国亢礼，西域诸国焉耆、鄯善、龟兹、姑墨东道诸国，并役属之。

上述情报应来自南朝档案，意思很明确——龟兹，以及焉耆、鄯善等丝路北道国家，一度臣属于柔然。然而，现代史学界对此或有质疑。柔然的对手除了南边的北魏，还有西边的高车。双方在高昌一线展开过持久的拉锯战。有学者提出，高车对抗柔然的主要根据地在龟兹、焉耆及吐鲁番北部山区，因此在托克逊西通焉耆的山区布以重兵，柔然一直没有巩固过对高昌的占领，旋得复失，故而龟兹役属柔然的记载，可能是误记传闻，也可能是柔然使者为表示自己力量强大而欺骗了南朝[1]。

考虑到西域诸国役属于匈奴以及汉族政权的历史，多数时候这些交通遥远的绿洲小国能够保留自治。属国在地区战争时需要派兵协助宗主国，但所谓的臣属关系，在和平时期主要是名义上的。因此柔然强大之时，西域诸国绕过高车而与柔然修好，并非没有可能。其动机，或与龟兹王尼瑞摩珠那胜遣使奉表贡献南梁相似。

此外，《魏书·于阗传》记载：

> 显祖末，蠕蠕寇于阗，于阗患之，遣使素目伽上表曰："西方诸国，今皆已属蠕蠕，奴世奉大国，至今无异。今蠕蠕军马到城下，奴聚兵自固，故遣使奉献，延望救援。"显祖诏公卿议之，公卿奏曰："于阗去京师几万里，蠕蠕之性，惟习野掠，不能攻城，若为所拒，当已旋矣。虽欲遣师，势无所及。"显祖以公卿议示其使者，亦以为然。

显祖，即北魏献文帝拓跋弘，公元465—471年在位。上述文献显示，五世纪中叶，柔然不仅征服过高昌，还一路向西攻打到了于阗（一般认为在470年）。其路径当横扫丝路北道诸国，龟兹役属柔然，最有可能发生在此期间。

就在北魏、柔然雄霸龟兹之时，嚈哒势力在葱岭西部迅速扩张。嚈哒人的来源说法不一，学界将之比定为古波斯、拜占庭和古印度文献中的"白匈奴"。汉文文献或云"车师之别种"，或云"康居之别种"，也有史料称其为"大月氏之种类"。公元五世纪中叶，嚈哒统治了吐火罗斯坦及周边小国。随后他们攻陷了寄多罗人的河中地，贵霜的东部地区，波斯萨珊的巴里黑。在公元五世纪末至六世纪初，嚈哒同时向南方和东方扩张。他们攻灭犍陀罗后，控制了北印度地区。在东方，他们的势力进入了塔里木盆地。

李特文斯基谈到，喀什噶尔与和田地区可能在五世纪后期已经臣服于嚈哒。嚈哒于公元479年征服了吐鲁番，公元497—509年之间，征服了哈喇沙尔（今新疆乌鲁木齐地区）；公元522年，在敦煌北面地区的柔然主婆罗门投嚈哒[2]。

在这段时间突然强大起来的嚈哒，令许多塔里木盆地的小国向其表示臣属。而嚈哒发兵进攻高昌，意味着它在军事上扫荡或监控了沿途。在汉语文献中，嚈哒之名常常和龟兹一样，被列为西域朝献诸国的行列。《宋云行纪》和《魏书·嚈哒传》中提到了于阗和沙勒役属嚈哒（歇哒）之事。具体关于龟兹臣属嚈哒的历史，可见于《梁书·诸夷传》中关于滑国的记载：

> 滑国者……元魏之居桑乾也，滑犹为小国，属芮芮。后稍强大，征其旁国波斯、盘盘、罽宾、焉耆、龟兹、疏勒、姑墨、于阗、句盘等国，开地千余里。

嚈哒在公元六世纪上半叶取得的强势，到六世纪中叶被突然崛起的突厥中断。突厥是阿尔泰系民族，以狼为图腾，擅长冶铁和锻造。他们原本作为"锻奴"从属于柔然，六世纪中叶逐渐强大。大统十二年（546年）突厥人帮助柔然镇压了铁勒，尽降其众五万余落。突厥人自恃其盛，向柔然提出和亲。柔然国主阿那瓌拒绝婚事，且使人辱骂突厥领袖土门，"尔是我锻奴，何敢发是言也"。土门怒斩柔然来使，改聘娶了西魏的长乐公主。公元552年，突厥举兵击溃阿那瓌，取代柔然，成为草原上新的霸主。在大肆屠杀柔然人之后，突厥人不仅称雄蒙古草原，还迅速向西挺进。在公元560—563年间，突厥在

1 苏北海《丝绸之路与龟兹历史文化》，乌鲁木齐：新疆人民出版社，1996年，第128页。

2 〔俄〕B.A.李特文斯基主编《中亚文明史》第三卷，北京：中国对外翻译出版公司，2003年，第112页。

布哈拉一带击溃嚈哒，并和萨珊一北一南，瓜分了嚈哒在葱岭西部的中亚统治权。此后突厥取代嚈哒，成为萨珊新的对手。此时的突厥几乎横贯了从中原到西域的整个北方，如《周书·突厥传》所云：

俟斤（按：突厥首长号俟斤）又西破嚈哒，东走契丹，北嬒契骨，威服塞外诸国。其地，东自辽海以西，西至西海万里，南自沙漠以北，北至北海五六千里，皆属焉。

公元582年，突厥分裂为东西两部，以阿尔泰山为界。西突厥在射匮可汗（611—618年）和统叶护可汗（618—628年）时期占据了整个中亚。《旧唐书·突厥传下》载：

射匮可汗者，达头可汗之孙也。既立后，始开土宇，东至金山，西至海，自玉门已西诸国皆役属之。遂与北突厥为敌，乃建庭于龟兹北三弥山，寻卒。弟统叶护可汗代立。

统叶护可汗，勇而有谋，善攻战。遂北并铁勒，西拒波斯，南接罽宾，悉归之。控弦数十万，霸有西域，据旧乌孙之地。又移庭于石国北之千泉。

西突厥的根据地在乌孙故地，位于龟兹西北方向。《隋书·突厥传》载，处罗可汗（603—611年在位）居无恒处，然多在乌孙故地。后来又立二小可汗，分统所部。一在石国北，以制诸胡。一居龟兹北，其地名应娑。《隋书·龟兹传》也提到：龟兹西北去突厥牙六百余里。参照同书提到疏勒东北去突厥牙千余里。丝路北道诸国中，龟兹距离突厥统治中心较近，骑马当在数日之内。

《旧唐书·突厥传下》谈到从焉耆往西北走，行七日到突厥南庭，当指其所。

西突厥本与北突厥同祖。初，木杆与沙钵略可汗有隙，因分为二。其国即乌孙之故地，东至突厥国，西至雷翥海，南至疏勒，北至瀚海，在长安北七千里。自焉耆国西北七日行，至其南庭；又正北八日行，至其北庭。

在上述文字的结尾，《旧唐书》明确记载了龟兹臣服突厥之事，云“铁勒、龟兹及西域诸胡国，皆归附之”。这段文字或许参考自《北史·突厥传》所记，“西突厥者，木杆可汗之子大逻便也。与沙钵略有隙，因分为二，渐以强盛。东拒都斤，西至龟兹，铁勒、伊吾及西域诸胡悉附之”。如是，龟兹臣服于西突厥的历史当开始于公元六世纪下半叶。

《旧唐书·突厥传下》谓西突厥，“其西域诸国王悉授颉利发，并遣吐屯一人监统之，督其征赋”。与柔然和嚈哒相比，西突厥控制龟兹的手段或更直接。龟兹王接受西突厥授予的“颉利发”称号。同时龟兹的税赋，受到西突厥驻派龟兹的官员——“吐屯”监督。通过这种手段，西突厥有效宰制了西域诸国，国力达到极盛。

五、隋唐前期的龟兹历史

大定元年（581年），杨坚接受北周皇帝禅让，建立隋朝。在龟兹臣服于突厥的时代，突厥向隋称臣。称雄漠北的突厥可汗沙钵略起初频频侵入隋朝西北，但隋文帝杨坚取得了一系列军事和外交的成功，有效遏制了沙钵略。据《隋书·突厥传》，沙钵略主动求和，卑微地说道：“窃以天无二日，土无二王，伏惟大隋皇帝，真皇帝也。岂敢阻兵恃险，偷窃名号，今便感慕淳风，归心有道，屈膝稽颡，永为籓附。” 此后不久，隋军于589年攻克南陈建康，统一了黄河和长江流域，结束了大约三个世纪的分裂局面。

隋炀帝时代，负责经营河西走廊的裴矩反映了中央政权对于西域的兴趣。隋朝统一中原后，面临来自突厥和吐谷浑的压力。隋朝军事驱逐了吐谷浑，同时对突厥采取联合与安抚的政策。大业初，西域诸番款塞张掖与中国互市，炀帝令裴矩掌控其事。裴矩知道炀帝方勤远略，每当诸国商胡到达张掖，裴矩都问讯其国社会风俗、君长姓族、物产服章，以及山川地理情况。他将西域四十四国的情报编撰成《西域图记》三卷，入朝奏之。其序言保留在《隋书·裴矩传》中，其中提到敦煌出发到达西海有三条线路，突厥在北道，龟兹位于中道，于阗在南道。

发自敦煌，至于西海，凡为三道，各有襟带。

北道从伊吾，经蒲类海铁勒部突厥可汗庭，度北流河水，至拂菻国，达于西海。

其中道从高昌、焉耆、龟兹、疏勒、度葱岭，又经钹汗、苏对沙那国、康国、曹国、何国、大小安国、穆国，至波斯，达于西海。

其南道从鄯善，于阗，硃俱波、喝槃陀，度葱岭，又经护密、吐火罗、挹怛、忛延，漕国，至北婆罗门，达于西海。

《西域图记》今已不存。《隋书·龟兹传》中所载龟兹风俗、物产等情报，既有继承《魏书》之内容，也有新的时事。文曰：

龟兹国，都白山之南百七十里，汉时旧国也。其王姓白，字苏尼咥。城方六里，胜兵者数千。俗杀人者死，劫贼断其一臂，并刖一足。俗与焉耆同。王头系彩带，垂之于后，坐金师子座，土多稻、粟、菽、麦，饶铜、铁、铅、麖皮、氍，铙沙、盐绿、雌黄、胡粉、安息香、良马、封牛。东去焉耆九百里，南去于阗千四百里，西去疏勒千五百里，西北去突厥牙六百余里，东南去瓜州三千一百里。大业中，遣使贡方物。

上述文字最后提到龟兹国于大业年间派遣使节献贡之事，可知此时龟兹直接与隋朝政权建立了联系。我们明确知道有一次朝贡发生在大业十一年（615年）。《隋书·炀帝纪下》收录了该年西域诸国的朝贡名单：“（大业）十一年春正月甲午朔，大宴百僚。突厥、新罗、靺鞨、毕大辞、诃咄、传越、乌那曷、波腊、吐火罗、俱虑建、忽论、靺鞨、诃多、沛汗、龟兹、疏勒、于阗、安国、曹国、何国、穆国、毕、衣密、失范延、伽折、契丹等国并遣使朝贡。”

突厥虽然名列朝贡诸国之首，其他西域诸国，如吐火罗、龟兹、疏勒、于阗等等，仍然与之并列。这至少说明了两点：其一，隋朝作为中央政权仍然是突厥、龟兹等国名义上的宗主国；其二，隋朝政权视龟兹等西域诸国为各自独立的属国，并不认同“西突厥”对他们的控制。

除了《隋书》中提及的龟兹王白苏尼咥，我们还知道另外一位龟兹王的名字“托提卡”。他或许略早于白苏尼咥在位。在克孜尔第205窟留有这位国王及王后的画像（图2-1-2）。画像题记分别写作“龟兹王陛下之像”、“龟兹王后斯瓦亚姆普拉布哈”。此夫妇名称可以和红穹窿窟（第67窟）出土的寺院账簿写本对照。根据从写本中辑录出的国王名单，王后斯瓦亚姆普拉布哈的丈夫为龟兹王托提卡。一般认为，写本时间大约在公元六世纪末七世纪初。

义宁二年（618年），李渊逼迫隋恭帝杨侑禅位，建国“大唐”。次年，西突厥统叶护可汗即遣使入贡。武德八年（625年），统叶护向唐高祖请求缔结婚姻，由于东突厥的介入，未能如愿。贞观十二年（638年），西突厥又以伊列河为界，分裂为南庭和北庭。这时的大唐已经击溃了东突厥和吐谷浑，归化了伊吾。西突厥的南庭和北庭也向唐朝称臣，累遣使朝贡。龟兹、鄯善、且末、吐火罗、焉耆、石国、史国、何国、穆国、康国，本来皆受南庭节度。但北庭乙毗咄陆可汗成功打败了南庭，并从南庭可汗手中接管了对西域诸国的掌控。

大唐建国之初，西域诸国对唐朝的态度与早先对隋朝的态度相仿。一方面迫于现实，臣服于西突厥；另一方面，也清楚突厥和中央政权的关系，从而将唐朝视为更大的宗主国。据《旧唐书·龟兹传》，唐高祖即位时，龟兹国主叫作苏伐勃駃（近代学界认为“駃”是“驶”字误写。苏伐勃駃可对应梵文Suvarnapuspa），曾经遣使来朝。皮诺（1994年）将克孜尔第69窟国王供养人像（参见图5-2-1）题记解读为“儿子为苏伐那·勃驶

（苏伐勃駚）功德造寺”。第69窟因为他的这个意见成为克孜尔石窟断代的重要标点[1]。但中川原育子指出，第69窟国王名字的榜题残缺严重，解读过程带有较强的臆测性，图像识别及断代依据尚可商榷[2]。

苏伐勃駚不久去世，其子苏伐叠代立，号时健莫贺俟利发。贞观四年（630年），苏伐叠遣使献马，太宗赐以玺书，抚慰甚厚。龟兹由此岁贡不绝。然而，由于龟兹臣于西突厥，外交方面比较被动。当西突厥和唐朝发生军事冲突时，龟兹难以置身事外。

重新统一西突厥后，乙毗咄陆可汗变得傲慢不拘，虎视眈眈。他成功策反了高昌王麹文泰，合兵侵犯伊吾、焉耆，隔绝了西域诸国与中央政权的通道。唐朝被迫展开一系列平定西域的军事行动。

图 2-1-2　供养人龟兹王托提卡，克孜尔第 205 窟

唐太宗贞观十四年（640年），侯君集破高昌，在高昌设立安西都护府（开始时名为西州都护府）。贞观十八年（644年），安西都护郭孝恪一度清除了西突厥在焉耆国的势力，立栗婆准为焉耆王。但郭孝恪方一撤军，焉耆又被西突厥攻陷。

这场战役，作为焉耆的近邻，臣于西突厥的龟兹国，也牵连其中。郭孝恪攻打焉耆时，龟兹王苏伐叠曾经遣兵援助焉耆，自是职贡颇阙。焉耆再次沦陷后，西突厥表面上臣服于唐，实际却培植傀儡作为新的焉耆王。唐朝所立焉耆王栗婆准被羁押在龟兹，最终在龟兹被杀。龟兹王苏伐叠死后，其弟诃黎布失毕代立。新任龟兹王两次遣使朝贡。但唐太宗无法原谅龟兹协助焉耆，指其失藩臣之礼[3]，而决定进行更具威慑的回击。《新唐书·西域传下》云：“苏伐叠死，弟诃黎布失毕立。二十一年，两遣使朝贡。然帝怒其佐焉耆叛，议讨之。”

贞观二十一年（647年）十二月，唐太宗遣左骁卫大将军阿史那社尔（归附唐朝的突厥首领）为昆山道行军大总管，与安西都护郭孝恪、司农卿杨弘礼率五将军，又发铁勒十三部兵十余万骑，以伐龟兹。

贞观二十二年（648年），阿史那社尔大军出其不意地趋近焉耆北境。西突厥所署焉耆王弃城而遁，被唐军轻骑擒获。龟兹大震，守将多弃城而走。阿史那社尔率领大军在距离龟兹都城三百里处扎营。他派遣伊州刺史韩威率千余骑为前锋，右骁卫将军曹继叔

1 廖旸《克孜尔石窟壁画分期与年代问题研究》，中央美术学院博士学位论文，2001年，第210页。

2 〔日〕中川原育子撰，彭杰译《关于龟兹供养人像的考察（上）》，《新疆师范大学学报》2009年第1期，第105页。

3 《旧唐书》卷一四八《西戎传·龟兹》。

带领另外一支军队跟在韩威之后策应。前锋部队西至多褐城，与龟兹王诃黎布失毕相遇。诃黎布失毕带领其相那利、大将羯猎颠等，"有众五万，逆拒王师"。韩威采取诱敌之计，假装溃退。龟兹王诃黎布失毕俟利发（"俟利发"是突厥官号）见韩威兵少，全军追击。韩威撤退三十里，与曹继叔的援军会师，合军大破龟兹追兵。诃黎布失毕退守都城，后来见阿史那社尔大军逼近，弃城轻骑而走。

唐军顺利地占领了龟兹都城。阿史那社尔令安西都护郭孝恪留下镇守，遣沙州刺史苏海政、尚辇奉御薛万备以精骑追赶龟兹王。诃黎布失毕跑了六百里，窘迫不堪，仓促退守阿克苏（拨换城）。阿史那社尔等人进军围之。诃黎布失毕及大将羯猎颠等人悉数被擒，漏网之鱼只有其相那利。那利悄悄引来西突厥援军，并其国兵万余人，袭击被占领的龟兹王城并杀死了留守在那里的郭孝恪。安西都护被杀，大唐官军一度陷入混乱。仓部郎中崔义起与曹继叔、韩威等率部出击，击败了那利。虽然那利又一次成功地从战场上逃脱，但龟兹人很快将他抓住，押送了回来。显然，西突厥势力在龟兹的统治不得人心。

《法苑珠林》提到唐朝军队攻陷龟兹时有过屠城毁寺之暴行，云："唐贞观二十年征龟兹。有萨孤训者，为行军仓曹参军。及屠龟兹城后，乃于精舍剥佛面取金。"[1]克孜尔石窟或亦受到屠城影响。克孜尔第93窟的"岩画"描述了人数众多的征战场面，并留有汉字题刻。图画对于石窟而言是破坏性的，刻划墙壁时，石窟的宗教功能已经丧失。刻绘主题或与唐军征龟兹之役有关，也可能反映此后不久唐军和吐蕃的冲突[2]。在笔者看来，刻画者可能是隶属唐军的游牧民族，因此娴熟地运用了其他游牧地区常见的岩画图案。

龟兹之战，前后共破大城五所，虏男女数万口。阿史那社尔因立诃黎布失毕之弟叶护为龟兹王。然后勒石纪功，凯旋还朝。诃黎布失毕及其大臣那利、羯猎颠等俘虏被献于社庙。唐太宗对其宽大处理，不但没有问斩，反而赐予官职。授原龟兹王诃黎布失毕左武翊卫中郎将之职，那利以下也都授予了大小不同的官职。后来唐太宗葬于昭陵，诃黎布失毕还被刻成石像，列于玄阙之前。

公元650年，唐高宗李治继位，又以诃黎布失毕为右骁卫大将军。不久，又赐物一千段，放还龟兹作王，抚其余众。

《旧唐书·西戎传·龟兹》对于龟兹王诃黎布失毕回国之事，言尽于此。《资治通鉴》明确将此事件列于显庆三年（658年），此时，诃黎布失毕在京师担任右骁卫大将军之后又过了八年。

《资治通鉴》卷二〇〇载：

> 初，龟兹王布失毕妻阿史那氏与其相那利私通，布失毕不能禁，由是君臣猜阻，各有党与，互来告难。上两召之。既至，囚那利，遣左领军郎将雷文成送布失毕归国。

看来显庆三年将诃黎布失毕调回龟兹，除了政治决策的需要，也与平息在京龟兹人员内部矛盾、安抚诃黎布失毕有关。高宗特意派遣左领军郎将雷文成一路陪同和护送。即便如此，还是发生了意外。诃黎布失毕一行人来到龟兹东境的泥师城，龟兹大将羯猎颠出现在其面前。羯猎颠原来在龟兹之战中与诃黎布失毕一同被俘，又一起被献京师，

---

1 〔唐〕释道世著，周叔迦、苏晋仁校注《法苑珠林校注》六，北京：中华书局，2003年，第2753页。

2 克孜尔第93窟刻画之图像，议论者甚多。史晓明、王建林（1985—2008年）对之进行了长期研究，并梳理了相关学术史：黄文弼（1958年）认为其主题表现可能是游牧民族走马游戏；宿白（1979年）认为是公元九世纪吐蕃牧民遗留；吴焯（1986年）也提出是"吐蕃征战图"；晁华山明确提出壁画为公元七世纪末八世纪初唐军士兵所作。史晓明、王建林倾向于认为壁画的创造者为游牧民族。参见史晓明、王建林《克孜尔岩画研究》，乌鲁木齐：新疆美术摄影出版社，2008年，第14—16页。

大约较早被遣回了龟兹。他的这次出现，却非迎接旧主，而是发龟兹之众以拒之，并遣使降于西突厥沙钵罗可汗。羯猎颠的态度何以变化，缘故不明。总的看来，这次龟兹事变似乎是受永徽至显庆初年西突厥阿史那贺鲁（即沙钵罗可汗）叛乱余波的影响。

诃黎布失毕等人不敢继续前进，据泥师城以自守。消息传回，左屯卫大将军杨胄受诏发兵，讨伐抗拒圣旨的羯猎颠。大军开到龟兹，正好诃黎布失毕病卒。杨胄率军与羯猎颠交战得胜，擒获羯猎颠及其党羽，尽诛之。乃以其地为龟兹都督府，立诃黎布失毕之子素稽为龟兹王兼都督。战事始于正月。是年五月，徙安西都护府于龟兹，旧安西都护府则改为西州都督府，仍旧镇守高昌故地。

学界考证出乾陵六十一蕃王像中，有三位龟兹人留有名号：故骁卫大将军兼龟兹都督龟兹王白素稽、故右武卫将军兼龟兹都督龟兹王白回地罗徽、龟兹大首领那利自阿力[1]。白素稽是诃黎布失毕之子。大首领"那利自阿力"者，当是文献中的龟兹臣"那利"，不知何故得以罪人之身，获王者荣誉。他可能拥有极其重要的贵族身份，而成为唐朝羁縻西域之要素。

龟兹王白素稽时代，龟兹第二次作为唐朝安西都护府的驻地。第一次是公元648年阿史那社尔大军攻克龟兹之后，一度从高昌境移置安西都护府于龟兹国城，兼统于阗、疏勒、碎叶，谓之"四镇"[2]。后来高宗嗣位，不欲广地劳人，永徽二年（651年）复命有司弃龟兹等四镇，将安西都护府迁回了西州（公元640年唐灭麹氏高昌，以其地置西州）。显庆三年（658年）这一次，杨胄龟兹平乱成功，便又将安西都护府从高昌迁到了龟兹。史学界指出，这次的安西都护府实为"大都护府"，比起上一次设置在龟兹的安西"都护府"级别更高。

唐朝头两次在龟兹建立西域都护府都有一个大的背景，即与平定西突厥叛乱有一定关系。随着数次平乱成功，西突厥实力有所削减，他们开始在唐朝周边寻找新的盟友。此时在唐朝西南方向的吐蕃日渐强大。

吐蕃曾经是唐朝的盟友。贞观八年（634年）吐蕃入朝贡献。《资治通鉴》卷一九八"贞观二十一年"载："龟兹王伐叠卒，弟诃黎布失毕立，浸失臣礼，侵渔邻国。上怒……仍命铁勒十三州、突厥、吐蕃、吐谷浑连兵进讨。"可见公元647年阿史那社尔讨伐龟兹时，征召的多国联军中就有吐蕃派出的队伍。随着松赞干布与唐太宗相继去世。唐与吐蕃的关系因为吐谷浑问题而走向破裂。公元660—663年，吐蕃吞并了吐谷浑，开始把扩张领土目标放到中亚。此时，吐蕃取代西突厥，成为唐朝西域方向的最大威胁。

龙朔二年（662年），唐朝第三次征讨龟兹，安西都护府和吐蕃军队第一次正面冲突。《资治通鉴》卷二〇一载：

> 龙朔二年……十二月……风海道总管苏海政受诏讨龟兹。敕兴昔亡、继往绝二可汗发兵与之俱。至兴昔亡之境，继往绝素与兴昔亡有怨，密谓海政曰："弥射谋反，请诛之。"时海政兵才数千，集军吏谋曰："弥射若反，我辈无噍类，不如先事诛之。"乃矫称敕，令大总管赍帛数万段赐可汗及诸酋长，兴昔亡帅其徒受赐，海政悉收斩之。其鼠尼施、拔塞干两部亡走，海政与继往绝追讨，平之。军还，至疏勒南，弓月部复引吐蕃之众来，欲与唐兵战；海政以师老不敢战，以军资赂吐蕃，约和而还。由是诸部落皆以兴昔亡为冤，各有离心。继往绝寻卒，十姓无主，有阿史那都支及李遮匐收其馀众附于吐蕃。

公元662年苏海政征讨龟兹，距离公元658年在龟兹设置安西都护府不过数载。

---

1 梁子、文军《乾陵六十一番王考述》，《文博》2003年第6期，第44—45页。

2 关于安西都护府第一次在龟兹的建立，也有学者持有异议。薛宗正分析时局后，认为《旧唐书》中的相关记载可能有误。薛宗正《中亚内陆大唐帝国》，乌鲁木齐：新疆人民出版社，2005年，第388—391页。

何以再次讨伐？史书没有明确记载。有学者推测，既然文中提到“弓月部复引吐蕃之众来”，说明吐蕃已经不是第一次出现在塔里木盆地。苏海政受诏征讨龟兹，或与吐蕃入侵有关[1]。

弓月是西突厥之一部，显然西突厥诸部落中意图反叛者已经与吐蕃达成了同盟。苏海政平定叛乱的主力也来自西突厥。然而二位可汗——兴昔亡、继往绝，宿怨极深。继往绝密告苏海政，兴昔亡可汗意图谋反。苏海政进军途中临时应变，设计杀死兴昔亡可汗。这导致两个极为恶劣的后果。第一个后果是己方部队实力大减。兴昔亡被杀后，其所率之部要么亡走，要么被剿灭，以至唐军在疏勒南部遇见弓月部搬来的吐蕃援军，不敢应战，以军资贿赂，约和而还。第二个后果是战略失败。许多归附大唐的西突厥部落认为兴昔亡可汗被唐军冤杀，心生厌恶。一些部落选择背叛大唐，投靠吐蕃。安西都护府陷入了极为被动的局部。过了不久，吐蕃和弓月部开始联合攻打于阗，安西都护府派兵救援，未能奏效。吐蕃进而又引于阗之兵攻打丝路北道诸国。据《旧唐书·地理志》，咸亨元年四月，吐蕃陷安西都护府。《新唐书·吐蕃传》亦载，高宗咸亨元年（670年），龟兹失守。是年吐蕃“入残羁縻十八州，率于阗取龟兹、拨换城，于是安西四镇并废”。关于这一年的记载，《资治通鉴》卷二〇一写道：“吐蕃陷西域十八州，又与于阗袭龟兹拨换城，陷之。罢龟兹、于阗、焉耆、疏勒四镇。”

龟兹被吐蕃所攻陷。同年，在青海大非川战场上，薛仁贵率领的唐军主力被吐蕃打败。大唐失去了进攻能力，甘认败局。学界一般认为这时的安西都护府又由龟兹撤回了西州（高昌）。而吐蕃则乘势四出扩张，乃至如《新唐书·吐蕃传》所云：“南极婆罗门，西取四镇，北抵突厥，幅圆余万里。”

对唐作战也消耗了吐蕃的国力。当时吐蕃还是一个奴隶制国家，社会文明落后于唐。西域诸国从来没有真心臣服过它。所以唐朝在军事打击吐蕃失败之后，转而在外交上争取西突厥诸部落的支持，并获得较大成功。在塔里木盆地，即便在唐朝暂时放弃龟兹，乃至四镇的时代，西域小国仍然独自进行了反抗吐蕃的战争，并且和唐朝中央政权保持联系。咸亨四年（673年），不仅疏勒入朝请降，连之前与唐军为敌的弓月部也入朝请降。到了上元二年（675年），如《旧唐书·高宗纪下》所载，“春正月……壬戌，支汗郡王献碧玻璃。丙寅，以于阗为毗沙都督府，以尉迟伏阇雄为毗沙都督，分其境内为十州，以伏阇雄有击吐蕃功故也。庚午，龟兹王白素稽献银颇罗。辛未，吐蕃遣其大臣论吐浑弥来请和，不许”。因为于阗等国的主动归顺，唐朝在这一年又恢复了其中一些重要属国的都督府建设。文中提及龟兹王白素稽献银颇罗，公元675年大约是这位龟兹王继位的第17年。

到了调露元年（679年），裴行俭成功地奇袭碎叶，直接军事进驻到西突厥核心地区。是年，龟兹再一次成为四镇之一[2]。在此期间，安西都护一度迁往碎叶（安西都护王方翼、杜怀宝均镇守碎叶），但可能不久便又迁回了龟兹。因为到了垂拱二年（686年），吐蕃反攻西域。武则天继位不久，四面受敌，迫于局势压力，放弃四镇。这时文献直接以安西指代龟兹，而与碎叶并称。《全唐文新编》卷一六五《蜀州青城县令达奚思敬神道碑》写道：“垂拱二年……君设策请拔碎叶、疏勒、于阗、安西四镇，皆如所记。”

据《敦煌古藏文历史文书》，吐蕃大论“钦陵”于公元686年领兵赴突厥，实延缓未行。至公元687年，抵达突厥龟兹之境。由此可知，汉军撤出龟兹的次年，龟兹遭到了吐蕃进犯。

长寿元年（692年），武周“武威道行军总管”王孝杰反击吐蕃成功。龟兹再次成为

1 吴玉贵《唐代安西都护府史略》，《龟兹文化研究（一）》，乌鲁木齐：新疆人民出版社，2006年，第381页。

2 《册府元龟》卷九六七载此四镇为：碎叶、龟兹、于阗、疏勒。

安西都护府制所。

《旧唐书·龟兹传》写道：其后吐蕃大入，焉耆已西四镇城堡，并为贼所陷。则天临朝，长寿元年，武威军总管王孝杰、阿史那忠节大破吐蕃，克复龟兹、于阗等四镇，自此复于龟兹置安西都护府，用汉兵三万人以镇之。既征发内地精兵，远逾沙碛。并资遣衣粮等，甚为百姓所苦。言事者多请弃之，则天竟不许。其安西都护，则天时有田扬名，中宗时有郭元振，开元初则张孝嵩、杜暹，皆有政绩，为夷人所伏。

《新唐书》记录天授三年（692年，是年改元长寿）龟兹王来朝，此时龟兹王是延田跌[1]。然依《旧唐书·地理志》所载"至长寿二年，收复安西四镇，依前于龟兹国置安西都护府"，安西都护府的恢复当在公元693年。

武则天态度坚决，收回龟兹、于阗等四镇之后，设安西都护府于龟兹，驻扎汉兵三万。这或许是历史上汉军驻扎龟兹的最大人数。此后一段时间，唐朝对西突厥和吐蕃进行了较为有效的打击和防卫，维护了龟兹的稳定。

吐蕃见龟兹难以攻取，将进攻重点转移至河西走廊，公元696年抄略甘凉。在与唐朝的谈判中，吐蕃名将钦陵提出了他的请和条件：唐朝自动撤销龟兹的安西都护府并及四镇，以换取玉门、张掖、青海、湟川一线之安宁。由此，在公元697年，针对龟兹安西都护府的问题，朝臣中出现了两种意见。鸾台侍狄仁杰从经济政治的角度，主张停止西戍四镇，留有《请罢百姓西戍疏勒等四镇疏》一文，谈到："近者国家频岁出师，所费滋广。西戍四镇，东戍安东，调发日加，百姓虚弊。开守西域，事等石田，费用不支，有损无益。转输靡绝，杼轴殆空。越碛逾海，分兵防守，行役既久，怨旷益多……如臣所见，请捐四镇以肥中国。"

右史崔融从军事政治的角度，反对狄仁杰的主张。其《拔四镇议》一文今亦保留，写道："四镇无守，则狂胡益赡，必兵加西域，诸蕃气赢，恐不能当长蛇之口。西域既动，自然威临南羌，南羌乐祸，必以封豕助虐。蛇豕交连，则河西危，河西危，则不得救。"

崔融的理由也不复杂。设立四镇本来就不只是维护中西方的经济通道，也具有重要的军事价值。正是四镇有效地牵制了吐蕃，才换取了河西走廊的安全。这恰恰是吐蕃进犯河西不成而欲先得四镇的原因。

面对两种策略，武则天犹豫不决。在后来与吐蕃周旋中，四镇最终保留下来。公元698年，钦陵在吐蕃内乱中自杀。后来发生的事件证明四镇的保留，对于稳定西域局势效果显著。而龟兹作为安西都护府的驻地为之作出了重要贡献。例如前文提到的田扬名，《资治通鉴》载其久视元年（700年）在碎叶作战。《册府元龟》亦记载了左金吾将军田扬名久视元年的功绩，斩杀叛降吐蕃的西突厥阿悉吉薄露，传首神都。作为安西都护，田扬名的碎叶之战应在龟兹策划并发兵。

随着西突厥的衰弱，另一支游牧民族——突骑施逐渐强大，势力扩张到了西突厥十姓之地。唐朝计划扶持与突骑施不合的突厥王族阿史那阙啜忠节。调御史中丞冯嘉宾持节安抚阙啜，又派牛师奖为安西副都护，以征讨控制西突厥的突骑施统帅娑葛。中宗景龙二年（708年），娑葛率兵生擒阿史那阙啜忠节，杀死冯嘉宾、御史吕守素等人，又在火烧城与刚上任的牛师奖交战。牛师奖兵败被杀。娑葛乘胜攻陷龟兹，断四镇路。安西大都护郭元振当时在疏勒，于河口栅不敢动，事后被调入京，周以悌代之。据《旧唐书·郭元振传》，娑葛攻下安西都护府后，给郭元振写信求和，并解释了兵变的原因。说："与汉本来无恶，只雠于阙啜。而宗尚书取阙啜金（按：尚书宗楚客收受阿史那阙啜忠

1 据《册府元龟》卷九七〇，该年朝贡者的名字写作"龟兹国王延繇拔"，许多人认为该年延繇拔取代延田跌为王。有学者提出"延田跌"、"延繇拔（延由拔）"实为一人，即乾陵六十一蕃王中的"故右武卫将军兼龟兹都督龟兹王白回地罗徽"。

节贿赂），枉拟破奴部落，冯中丞、牛都护相次而来，奴等岂坐受死！又闻史献欲来，徒扰乱军州，恐未有宁日，乞大使商量处置。”郭元振上奏陈情。唐朝遂赦娑葛罪，册封他为十姓可汗，与之言和。又将郭元振调回龟兹，取代周以悌担任安西大都护之职。龟兹虽然被突骑施攻陷，但因娑葛此时尚不愿与唐朝为敌，其境内局势应该无大的改变。故而，以龟兹为基地，安西都护张玄表在景云元年（710年）一度与南边的吐蕃相互攻掠。另一位安西都护吕休璟，据《资治通鉴》卷二一一，则在开元三年（715年）与监察御史张孝嵩“帅旁侧戎落兵万馀人，出龟兹西数千里，下数百城”，打败了侵略拔汗那（今吉尔吉斯斯坦费尔干纳，汉代大宛一带）的吐蕃和大食联军。“旁侧戎落兵”即安西都护府周围的非汉族士兵。龟兹人或为此西征大军的主力。

至此之后，龟兹安西都护府经历了大约数十年的和平稳定。除了当地汉族和龟兹人民的共同努力，还要归功于唐朝中央政权的强大。公元712—756年，唐玄宗李隆基在位长达45年，前期较开明，开创了中国历史上著名的开元盛世。这时龟兹王是白莫苾和白孝节（白多币）。《新唐书·西域传上·龟兹》载：“开元七年（719年），王白莫苾死，子多币立，改名孝节。十八年（730年），遣弟孝义来朝。”

开元三年安西大都护是郭虔瓘。但自开元四年起至天宝十四年，安西大都护先后由李琮和李玢担任。他们都是李隆基之子，虽领此职，却未到过龟兹。安西都护府真正的责任和权力落到了安西副都护的职位上。一般受此职位者兼领安西节度使或四镇节度使之衔。据史学界梳理，自开元四年郭虔瓘（715—717年任职）降为安西副大都护以后，玄宗朝在龟兹担任过安西都护及节度使的还有汤嘉惠（717—720年任职）、张孝嵩（720—724年任职）、杜暹（724—726年任职）、赵颐贞（726—729年任职）、吕休琳（729—730年任职）、来曜（730—731年任职）、徐钦识（731—733年任职）、王斛斯（733—736年任职）、田仁琬（737—738年任职）、盖嘉运（738—740年任职）、马灵詧（即“夫蒙灵察”，741—747年任职）、高仙芝（747—751年任职）、王正见（751—752年任职）、封常清（752—755年任职）、梁宰（755—？任职）[1]。

龟兹作为安西都护府的驻地，在对外战争的人员和给养方面负担了义务，同时亦受益匪浅。首先是经济文化得到了极大的发展。如《旧唐书·郭虔瓘传》记载郭虔瓘常以边任自许，“及在安西，务农重战，安西府库，遂为充实”。又如史学界注意到的，《资治通鉴》卷二一三提到了公元726年安西和突骑施的一次贸易，“突骑施交河公主遣牙官以马千匹诣安西互市”。由于安西都护杜暹杖打突骑施使者，贸易没有成功，却也因此被历史文献记载下来。运到龟兹贩卖的马匹一次多达千匹，可见除了农业的发展，龟兹也建设成为西域重要的贸易集市。

其次，因为汉军的大量驻扎，龟兹安全得到了较为有力的保障。开元年间龟兹境内战事较少。据《新唐书·玄宗纪》载，开元十五年（727年），龟兹在安西都护府治下击溃敌军进犯。其文字曰：“寇安西，副大都护赵颐贞败之。”进犯者是谁呢？《资治通鉴》卷二一三载：“会（杜）暹入朝，赵颐贞代为安西都护，婴城自守。四镇人畜储积，皆为苏禄所掠，安西仅存。”侵犯龟兹的是突骑施可汗苏禄（717—738年）。他遣往安西贸易的马匹全部被大雪冻死，故与杜暹结怨，引兵抄掠四镇。所幸赵颐贞率领安西军民坚守城池，四镇中唯独龟兹人员物资得以保全。

开元二十二年（734年）突骑施叛唐，联合吐蕃，南北夹胁安西四镇。为了加强安西

1 苏北海《丝绸之路与龟兹历史文化》，乌鲁木齐：新疆人民出版社，1996年，第210—215页。

都护府的军事能力，唐玄宗“移隶伊西”[1]。安西由此掌握了更大的军事调度权，有效地防御了吐蕃北犯。《全唐文》卷二八七《敕吐蕃赞普书》，提到来自安西的奏折，间接反映了其抵抗吐蕃将领莽布支入侵的情况：

今得安西表来，莽布支率众已到。今见侵轶军镇，并践暴屯苗，先知彼有异谋，犹未自将至此者。且莽布支西出，朕先知之，前令问其行由，得报自缘别事，今乃为贼，负心如何？安西诸军，去此万里，仓卒遇敌，何暇奏裁？既彼交侵，必应拒斗，倘有伤损，可无相尤。军城镇守之人，不可束手就死，事由彼起，深所咨嗟。

从上述文字反映的情况，吐蕃人似未占到便宜。开元二十七年（739年）前后，突骑施因内乱而被平定，安西和吐蕃的斗争转移到葱岭西部。此后，安西节度使高仙芝和大食的交战区域也是如此。尽管天宝十年（751年）怛罗斯战役唐军大败，由于距离龟兹较远，亦未动摇龟兹持续多年的和平。库木吐喇五联洞或修建于此前后[2]。

六、安史之乱后，吐蕃对龟兹的争夺

天宝十四年（755年）爆发了著名的安史之乱，大唐自此走向衰弱。它无疑也对龟兹产生了巨大影响。驻扎在龟兹的安西都护府守军调回关内勤王，严重削弱了龟兹地区的军事实力和生产能力。

安史之乱爆发时，安西节度使是梁宰。《资治通鉴》卷二一九“至德元年”条的情报中提到了他的名字。至德元年（756年）安禄山陷长安。唐玄宗逃亡四川。他的儿子李亨在灵武继位，是为唐肃宗。肃宗试图收复两京失地，号召各地节度使领兵勤王。他命令安西节度副使李嗣业调派五千精兵[3]。李嗣业和梁宰商量，暂缓发兵，静观其变。绥德府折冲段秀实对李嗣业说：“岂有君父告急，而臣子晏然不赴者乎！特进常自谓大丈夫，今日视之，乃儿女子耳。”李嗣业深感惭愧，即白梁宰，以段秀实为副将，如数发兵。安西后来又有两次调兵勤王，一次是“行军司马李栖筠，发精兵七千人，励以忠义而遣之”；一次是戍安西的左金吾卫将军马璘，“至德初，闻王室多难，乃统甲士三千，自二庭赴於凤翔。肃宗奇之，委以东讨，阵陕郊，战河阳，皆有殊效”。

安西之所以陆续发出援兵，可能是从其他军营调度之故。除了大量汉族戍边将士回调，许多西域归附大唐的少数民族也积极调集兵马，入关勤王。其中于阗、拔汗那、吐火罗、大食等国发兵讨贼事迹记载于文献。龟兹人应该也有参与，或被文献归于安西援

1 《旧唐书·玄宗纪上》载：“（开元）二十三年（728年）……冬十月辛亥，移隶伊西。北庭都护属四镇节度。突骑施寇北庭及安西拨换城。”唐长孺《唐书兵志笺证》考证“伊西北庭”为“北庭”全称。吴玉贵《唐代安西都护府史略》采纳这一观点。但薛宗正引《新唐书·方镇表》内容“（开元）十九年（731年），合伊西、北庭二节度为安西四镇、北庭经略节度使”以为“伊西”应为“安西”之误，“安西四镇、北庭经略节度使”为碛西节度使之异名。吴玉贵《唐代安西都护府史略》，《龟兹文化研究（一）》，乌鲁木齐：新疆人民出版社，2006年，第399页。

2 姚律提出库木吐喇五联洞可能修建于742—758年期间。详姚律《库木吐喇石窟五联洞修建年代刍议》，《新疆艺术学院学报》2012年第2期，第16页。

3 今《资治通鉴》卷二一八误写为“河西节度副使”。吴玉贵《唐代安西都护府史略》，张国领、裴孝曾主编《龟兹文化研究（一）》，乌鲁木齐：新疆人民出版社，2006年，第404页。

军之列了。据《旧唐书》,李光弼手下偏裨白孝德斩杀史思明骁将刘龙仙,立下奇功[1]。这位白孝德后来担任邠州节度使,在抵抗仆固怀恩、吐蕃和回鹘的入侵中也有上佳表现。他是"安西胡人",应有龟兹血统。然有学者谓此白孝德是当时在位的龟兹王,亲自带兵入唐平叛[2],复有谓诗人白居易即此安西胡人白孝德后裔者,皆可商榷。

比起抽调兵力,安史之乱在政治局势上对龟兹造成的间接影响更为恶劣和长远。由于西北驻军大量征调平乱,导致整个当地兵力空虚。吐蕃乘乱而入。《旧唐书·吐蕃传》记载:

> 及潼关失守,河洛阻兵,于是尽征河陇、朔方之将镇兵入靖国难,谓之行营。曩时军营边州无备预矣。乾元之后,吐蕃乘我间隙,日蹙边城。或为虏掠伤杀,或转死沟壑。数年之后,凤翔之西,邠州之北,尽蕃戎之境,淹没者数十州。

吐蕃大约在上元元年(760年)至广德元年(763年)间侵占了河西走廊,虽然一时未寇安西、北庭,但阻断了西北边陲和中央政权的交通,导致戍边之军由此陷入强敌环伺、孤军守望的境地。安西音信全无,故而这段时期的龟兹人事,文献几无涉及。不过,龟兹的汉胡军民一直按照安西都护府的留后设置,自行管理,坚守四镇很长时间。龟兹考古发现过不少汉字文书和题记年号。伯希和库车文书中有上元三年(762年)、大历十年(768年)的官方文件。1928年黄文弼在通古斯巴什古城获得了一些大历文书,其中有一则"白苏毕梨领屯米状",写作"□历十四年米□□三月二十三日白苏毕梨领得□屯米四豆,麦(面)壹硕捌豆,豆壹□,油参滕,酱□藤,酢五滕。"文书可能写于唐大历十四年(779年)。此时龟兹百姓也参与到军屯生产之中。

据日本探险队于库木吐喇所获"大历十六年(781年)三月廿日杨三娘举钱契"及"大历十六年六月米十四举钱契",唐朝改元建中以后(大历共十四年),西域信息不通,故而安西仍然延用旧的大历年号。但在西域都护府的管理下,龟兹仍然保持着社会稳定,经济繁荣。是年,建中二年(781年)留守安西的将领郭昕遣使入朝,短暂地恢复了联系。刚刚继位的唐德宗(779—805年在位)闻讯大喜,册封他为安西大都护、四镇节度使。郭昕是郭子仪之侄,事迹见《新唐书·郭子仪传附郭昕》:

> (郭子仪母弟郭幼明)子(郭)昕,肃宗末为四镇留后。关、陇陷,不得归,朝廷但命官遥领其使。建中二年,昕始与伊西、北庭节度使曹令忠遣使入朝。德宗诏曰:"四镇、二庭,统西夏五十七蕃十姓部落,国朝以来,相与率职。自关、陇失守,王命阻绝,忠义之徒,泣血固守,奉遵朝法,此皆侯伯守将交修共治之效,朕甚嘉之……(郭)昕可安西大都护、四镇节度使。诸将吏超七资叙官。"

河西走廊建中二年(781年)为吐蕃所居。道路不通,郭昕和曹令忠如何遣使入唐?

---

1 《旧唐书·白孝德传》载:白孝德,安西胡人也,骁悍有胆力。乾元中,事李光弼为偏裨。史思明攻河阳,使骁将刘龙仙率铁骑五千临城挑战。龙仙捷勇自恃,举右足加马鬣上,嫚骂光弼。光弼登城望,顾诸将曰:"孰可取者?"仆固怀恩请行,光弼曰:"此非大将所为。"历选其次,左右曰:"白孝德可。"光弼乃招孝德前,问曰:"可乎?"曰:"可。"光弼问:"所要几何兵?"孝德曰:"可独往耳。"光弼壮之。终问所欲,对曰:"愿选五十骑于军门为继,兼请大军鼓噪以增气势,他无所用。"光弼抚其背以遣之。孝德挟二矛,策马截流而渡。半济,怀恩贺曰:"克矣。"光弼曰:"未及,何知其克?"怀恩曰:"观其揽辔便辟,可万全者。"龙仙见其独来,甚易之,足不降鬣。稍近,将动,孝德摇手示之,若使其不动,龙仙不之测,乃止。孝德呼曰:"侍中使余致辞,非他也。"龙仙去十步与之言,亵骂如初。孝德息马伺便,因瞋目曰:"贼识我乎?"龙仙曰:"谁耶?"曰:"我,国之大将白孝德也。"龙仙曰:"是何猪狗!"孝德发声宾唤,持矛跃马而搏之。城上鼓噪,五十骑继进。龙仙矢不暇发,环走堤上。孝德追及,斩首,携之而归,贼徒大骇。其后,累战功至安西北庭行营节度、鄜坊邠宁节度使,历检校刑部尚书,封昌化郡王。以家难去职,服阕复旧官。大历十四年九月,转太子少傅,寻卒,时年六十六,赠太子太保。

2 刘锡淦、陈良伟《龟兹古国史》,乌鲁木齐:新疆大学出版社,1992年,第148页。

对此《资治通鉴》卷二二七描述略详，云：

北庭、安西自吐蕃陷河、陇，隔绝不通，伊西、北庭节度使李元忠、四镇留后郭昕帅将士闭境拒守，数遣使奉表，皆不达，声问绝者十馀年。至是，遣使间道历诸胡自回纥中来，上嘉之。秋，七月，戊午朔，加元忠北庭大都护，赐爵宁塞郡王；以昕为安西大都护、四镇节度使，赐爵武威郡王。

由此可知，自河陇陷落后，安西和北庭数派使臣未果，只好取道北方回纥之地，辗转入朝。

约公元785—788年，旅行僧人悟空在龟兹居住了一年。《悟空入竺记（大唐贞元新译十地等经记）》不仅记载了郭昕长长的职务名称“四镇节度使开府仪同三司检校右散骑常侍安西副大都护兼御史大夫”，还记录了此时龟兹国王的名字“白环”。这时郭昕率领龟兹军民坚守安西，侧依北庭，多次打退了吐蕃人的进攻。但是由于大唐衰落的格局没有根本性扭转，安西最终陷落。

《旧唐书·地理志》载：

至德后，河西、陇右戍兵皆征集，收复两京。上元元年（760年），河西军镇多为吐蕃所陷。有旧将李元忠守北庭，郭昕守安西府，二镇与沙陀、回鹘相依，吐蕃久攻之不下。建中元年，元忠、昕遣使间道奏事，德宗嘉之，以元忠为北庭都护，昕为安西都护。其后，吐蕃急攻沙陀、回鹘部落，北庭、安西无援，贞元三年（787年）竟陷吐蕃。

文献明确记载贞元三年（787年）安西陷落。《新唐书·地理志》叙事与之相应，云：“自禄山之乱，河右暨西平、武都、合川、怀道等郡皆没于吐蕃，宝应元年（762年）又陷秦、渭、洮、临，广德元年（763年）复陷河、兰、岷、廓，贞元三年（787年）陷安西、北廷，陇右州县尽矣。”

贾应逸（1991年）认为克孜尔尕哈第31窟和第32窟可能是吐蕃占领龟兹后修建的石窟，壁画人物带有吐蕃人的服装特点[1]。

吐蕃人攻下龟兹的时间，其他文献记载不一，学界也颇有争议。据《旧唐书·吐蕃传》，吐蕃陷北庭都护府在贞元六年（790年），北庭节度使杨袭古将麾下二千余众出奔西州。贞元七年（791年），杨袭古被回纥大相颉干迦斯以“当送君归本朝也”骗入牙帐谋杀，“自是安西阻绝，莫知存否。唯西州之人，犹固守焉”。也就是说一直到公元791年，西州（今新疆吐鲁番）仍然被汉军固守[2]。安西此前应亦未失，此后消息中断。

黄文弼在克孜尔石窟内所获文书写作“贞元七年，西行牛二十一头”。此外，克孜尔石窟墙壁上还有“贞元十年”题记，也就是说，公元794年龟兹或仍在安西都护府守护之中。

又据《回鹘毗迦可汗圣文神武碑》（即《九姓回鹘可汗碑》）所载：“北庭半收半围之次，天可汗亲统大军，讨灭元凶，却复城邑……后吐蕃大军攻围龟兹，天可汗领兵救援。吐蕃落荒，奔入于术。”或谓碑文中所记“天可汉”，即回鹘保义可汗（808—821年在

1 姚士宏、陆离等学者进一步提出，龟兹石窟壁画绘出戴虎头皮帽的密迹金刚、守护天神和八部众（涉及克孜尔第97窟、第175窟、第224窟，森木塞姆第26窟、第41窟），也应是在吐蕃占领龟兹的历史背景下产生。然而邢义田指出，此类头戴狮皮或虎皮头盔的武士形象可能来源于泛希腊艺术的赫拉克利斯（Heracles）。详参贾应逸《初论克孜尔尕哈石窟中的吐蕃洞》，《新疆佛教壁画的历史学研究》，北京：中国人民大学出版社，2010年，第307页；姚士宏《关于新疆龟兹石窟的吐蕃窟问题》，《文物》1999年第9期，第68—70页；陆离《敦煌、新疆等地吐蕃时期石窟中着虎皮衣饰神祇、武士图像及雕塑研究》，《敦煌学辑刊》2005年第3期，第110—121页；邢义田《画为心声：画像石、画像砖与壁画》，北京：中华书局，2012年，第485—487页。

2 按照《旧唐书·回纥传》中的说法，杨袭古之死，西州固守，安西阻绝，在贞元十年（794年）。

位）。这时吐蕃围攻龟兹，说明龟兹未被吐蕃控制。故而唐军可能直到九世纪初仍未退出龟兹，因而回鹘军队救援龟兹时，与之配合，很快赢得了胜利[1]。也有学者认为，此天可汗是指795—805在位的怀信可汗阿跌骨咄禄。薛宗正引元稹《缚戎人》之内容，推断安西元和三年（808年）才告陷落。是年，和亲回鹘的唐咸安公主，以及回鹘腾里野合可汗先后去世，保义可汗继承回鹘汗位。腾里野合可汗之死可能与回鹘败于吐蕃有关，而《九姓回鹘可汗碑》讳而未载[2]。

七、回鹘龟兹及龟兹穆斯林化

活跃在北方草原的回鹘（回纥），在其崛起的时代，与大唐为盟。故而吐蕃人侵略河西走廊后，安西和北庭借道回鹘，联系中原。但回鹘和吐蕃一度合兵犯唐，其扩张领土的野心也很明显。回鹘和吐蕃成为死敌，不是因为回鹘对唐朝的友善，而是因为他们对西域利益的争夺。在吐蕃进犯以前，回鹘势力已经开始频繁地掠夺和勒索北庭。正是因为不堪忍受回鹘贪得无厌的压榨，原先与之通和的葛禄部落和白服突厥转而依附吐蕃，帮助吐蕃攻打北庭。北庭陷落，亦是如此。

《旧唐书·回纥传》载：

> 初，北庭、安西既假道于回纥以朝奏，因附庸焉。回纥征求无厌，北庭差近，凡生事之资，必强取之。又有沙陀部落六千余帐，与北庭相依，亦属于回纥，肆行抄夺，尤所厌苦。其先葛禄部落及白服突厥素与回纥通和，亦憾其侵掠。因吐蕃厚赂见诱，遂附之。于是吐蕃率葛禄、白服之众去冬寇北庭，回纥大相颉干迦斯率众援之，频败。吐蕃急攻之，北庭之人既苦回纥，乃举城降焉，沙陀部落亦降。

北庭和沙陀部本来依赖于回鹘。吐蕃人进犯时，回鹘前来支援。但北庭和沙陀部人民却因无法忍受回鹘盘剥，投降吐蕃了事。北庭节度使杨袭古眼见败局已定，又不愿投降吐蕃背叛唐朝，便带领麾下两千多人逃到西州。回鹘后来再派五万大军，与杨袭古合兵，试图夺回被吐蕃占领的北庭。北庭没有打下来，却将拼杀后仅余一百六十名军士的杨袭古阴谋杀害。回鹘人的策略并不复杂，汉军留守西域的兵力，可以联合的就联合，可以吞并的就吞并。在这个意义上，吐蕃人进犯西域也是有价值的。回鹘不但由此避免了侵地之罪，还可以名正言顺地攻击吐蕃，获取西域的同时，一并获取唐朝的支持。

回鹘人杀死杨袭古后，迅速反攻并夺取了北庭。贞元七年（791年）八月，回鹘打败吐蕃、葛禄，夺下北庭，遣使献捷，向唐朝示好[3]。北庭是回鹘代表唐朝从吐蕃人手里夺取的。唐朝对其归属回鹘当然无话可说。所以对于《九姓回鹘可汗碑》所载："后吐蕃大军攻围龟兹，天可汗领兵救援"，可以有两种解释。其一如前所述，汉军守卫之龟兹先被吐蕃大军攻围，后为前来救援的回鹘所得。其二，吐蕃人围攻的已经是回鹘人控制的龟兹了（图2-1-3）。

---

1 苏北海《丝绸之路与龟兹历史文化》，乌鲁木齐：新疆人民出版社，1996年，第219页。

2 薛宗正认为，回鹘腾里野合可汗在位时期（805—809年）和吐蕃以龟兹为主战场发生了两次恶战，回鹘初胜后败，郭昕生命大约结束于此时。薛宗正《郭昕主政安西史事钩沉》，《龟兹学研究》第四辑，乌鲁木齐：新疆人民出版社，2012年，第65页。

3 《元和郡县图志·陇右道下》称西州"贞元七年没于西蕃"。文中西蕃，学界多理解为吐蕃。李树辉提出"西蕃"一词常用于指称西方的突厥语族群、印欧语族群和吐蕃。此外，另有"北蕃"、"南蕃"等用法。故在此文献中"西蕃"应指回鹘。姚律对此提出异议，认为"西蕃"不是泛指，而是"吐蕃"之别名。详参李树辉《库木吐喇75、79窟壁画绘制年代和功德主身份研究》，《敦煌研究》2008年第4期，第41页；姚律《关于唐代"西蕃"一词是指称吐蕃还是回鹘的再讨论》，《敦煌研究》2011年第1期，第68页。

图 2-1-3　回鹘供养人坐像，库木吐喇第 79 窟

无论如何，到了长庆元年（821年）毗迦保义可汗薨时，回鹘已经在龟兹和北庭站稳了脚跟。是年穆宗许和亲，太和公主嫁回鹘。为了防备吐蕃破坏，回鹘从这两个地方各派出了一万骑兵。

唐开成年间，回鹘内乱连连。开成四年（839年），回鹘岁饥，遂疫，又大雪，羊、马多死。拥兵在外的大臣掘罗勿引沙陀共攻萨特勒可汗，可汗自杀。遂立馺特勒可汗。复有将军句录末贺憎恨掘罗勿，走引黠戛斯领十万骑破回鹘城，杀馺特勒，斩掘罗勿，烧荡殆尽。内部失和，引来外族反复屠杀。许多回鹘部族在漠北故土无法生存，纷纷四散，奔赴诸蕃。

《新唐书·回纥传》载："诸部溃，其相馺职与厖特勒十五部奔葛逻禄，残众入吐蕃、安西。"传统史学一般认为漠北回鹘人分三个方向逃亡。近有学者提出回鹘西迁仅是一支，不是三支。西迁中心地是北庭一带已回鹘化了的葛逻禄地区，并非指七河地区的葛逻禄部。在黠戛斯追击下，西迁回鹘才一部分到了焉耆、龟兹，另一部分迁徙到河西走廊的甘州一带[1]。

《资治通鉴》卷二四七载，会昌二年（842年），黠戛斯遣将军踏布合祖等至天德军，"言将徙就合罗川，居回鹘故国。兼已得安西、北庭、鞑靼等五部落"。如是，则龟兹一度被黠戛斯攻陷。钱伯泉、李树辉等学者，据此提出漠北回鹘先在庞特勤（即厖特勒，亦称庞特勒、庞勒）带领下迁徙到天山东部，但会昌二年黠戛斯对西迁回鹘进行了第二次打击，迫使北庭地区的回鹘部众躲进天山山区；安西地区的回鹘则逃向焉耆至若羌、且末一带。《新唐书·突厥传》提到："及其破灭，有庞特勒居焉耆城，称叶护，余部保金莎领，众至二十万。"

回鹘人何时从黠戛斯手中夺回龟兹不得而知，但黠戛斯占据龟兹的时间不会太长。

1　苏北海《丝绸之路与龟兹历史文化》，乌鲁木齐：新疆人民出版社，1996年，第283页。

无论如何，回鹘人经此一番大迁徙，改变了龟兹、焉耆一带的人口结构。本来是回鹘殖民地的龟兹，逐渐成为回鹘人的新聚点。随着其他定居点溃散的回鹘人纷纷归附，龟兹最后发展成回鹘新的政治中心，史称“龟兹回鹘”。会昌六年（846年）至大中元年（847年）之际，漠北回鹘再次内乱，可汗先后被杀或逃亡。据《资治通鉴》卷二四八载，宣宗大中二年（848年），回鹘别部庞勒，先在安西，亦自称可汗。可见是年来自龟兹的庞特勤（庞勒）自称可汗，适时填补了回鹘的权力真空。

《旧唐书·回纥传》也提到，大中二年，散藏诸山深林中的回鹘人皆西向，倾心想往安西庞特勒（即庞勒）。一直到大中十年（856年），西迁龟兹仍然是许多回鹘人的信念所在。《资治通鉴》卷二四八提到唐宣宗在这一年下诏，曰：“回鹘有功于国，世为婚姻，称臣奉贡，北边无警。会昌中，虏廷丧乱，可汗奔亡，属奸臣当轴，遽加殄灭。近有降者云，已‘庞历今’为可汗，尚寓安西，俟其归复牙帐，当加册命。”

庞特勒称可汗时，可能仍在焉耆。大约在咸通七年（866年）前后，焉耆被另外一支回鹘大酋仆固俊部占据，庞特勒部及其后裔迁回了龟兹。此后一百年，龟兹的回鹘可汗众望所归，在名义上一直为回鹘人民所认可[1]。

到了宋代，回鹘人以龟兹和吐鲁番为中心，称雄西域。形成龟兹回鹘和西州回鹘（或称高昌回鹘）两大集团。清代徐松根据《永乐大典》中收录的宋代官修《宋会要》辑录成《宋会要辑稿》，其中的《蕃夷·龟兹》篇爬梳出一系列龟兹回鹘的朝贡记录，此外在同书“历代朝贡”篇中还保存一些未被“龟兹”篇收入的内容，整理后见于下表（表2-1）。这些材料真实地再现了公元十至十一世纪龟兹地区的繁荣，及其与中原政权良好的贸易和外交关系。

表 2-1 《宋会要辑稿》中关于龟兹对中原政权朝贡记录

宋太宗	976 年	太平兴国元年（按：或校对为太平兴国九年）丙子五月，西州龟兹遣使易难与婆罗门、波斯外道来贡。	《宋会要辑稿·蕃夷·龟兹》
宋真宗	1001 年	真宗咸平四年二月，大回鹘龟兹国安西州大都督府单于军尅韩王禄胜遣使曹万通奉表贡玉勒、名马、独峰、无峰橐驼、宝刀、宾铁、剑、甲、琉璃器、鍮石缾等。万通自言，任本国枢密使。本国东至黄河，西至雪山。有小郡数百，甲马甚精习，愿朝廷命使统领，使得缚继迁恶党以献。因降诏禄胜曰：“贼迁凶悖，人神所弃。卿世济忠烈，义笃舅甥，继上奏封，备陈方略，且欲大举精甲，就覆残袄，拓土西陲，献俘北阙。可汗功业，其可胜言，嘉欢尤深，不忘朕意。今更不遣使臣，一切委卿统制，特受万通金紫光禄大夫检校太师左神武军大将军兼御史大夫上柱国，封谯县开国子，食邑五百户。”万通入辞，帝诏至便殿，谕之曰：“归语可汗王，得所奏事，备观忠荩，今赐晕锦衣一袭，玉带一，金花银酒器二百两，锦绮绫罗二百匹，以贡奉物价三十万优给之。”初，回鹘西奔，族种散处，故甘州有可汗王，西州有克韩王，皆其后也。	《宋会要辑稿·蕃夷·龟兹》
宋真宗	1003 年	（咸平）六年六月六日，龟兹国僧义修来献梵夹菩提印叶、念珠、舍利，赐紫方袍束带。十一月，遣使来贡。	《宋会要辑稿·蕃夷·龟兹》

1 李树辉《龟兹回鹘的历史发展》，《龟兹文化研究（一）》，乌鲁木齐：新疆人民出版社，2006年，第49页。

宋真宗	1004 年	景德元年五月，遣使白万进来贡。 六月，遣使金延福来。 十月，度龟兹国石报进为僧，从其请也。 （景德）三年（1006 年）五月，以白万进为怀化司戈。	《宋会要辑稿·蕃夷·龟兹》
宋真宗	1010 年	大中祥符三年闰二月，国王可汗遣使李延胜、副使安福等贡乳香二百四十九斤，花蕊布二疋，硇砂三百七十一斤，独峰橐驼一大尾，白羊十五。李延胜贡马十匹，玉鞍勒、金玉二百一十二斤。李安福贡琥珀四十斤，鍮石十二斤，监使翟进贡乳香六十九斤，鍮石二斤，胡黄连十四斤。判官曹信贡乳香七十六斤。都监杨嘉贡乳香三十九斤。僧智圆贡琥珀四十五斤，鍮石四十六斤。黄河居住行头蕃部兰逋征捉郎进马二匹。 （大中）四年（1011 年）以李延胜为左屯卫将军。	《宋会要辑稿·蕃夷·龟兹》
宋真宗	1013 年	（大中）六年六月，秦州上言，回纥怀化司戈兰逋质遣弟室腊丹赍状诸州，称押领龟兹进奉般次，为蕃部阻隔，且寓逋质家，供奉官刘渥以疾先出，蕃望别差使迎接般次，兼赐逋质官。告朝议，以尽依所请，虑蕃部告求无厌，止令秦州就差使臣并译语官取接出蕃，仍谕通质候班次至京，当议恩泽。刘渥前奉使龟兹者，还京而卒。诏官借供帐什物，并赐其家，随行公人悉优改转。 十一月，尅韩王遣使李延庆等三十六人来朝贡方物，玉六十团，橐驼、名马、弓箭、鞍勒、香药等，优诏答之。	《宋会要辑稿·蕃夷·龟兹》
宋真宗	1017 年	天禧元年四月，尅韩王智海遣使张复延贡玉及马、香药。 六月，张复延等贡先天节玉一团，马一匹，玉鞍辔一。	《宋会要辑稿·蕃夷·龟兹》
宋真宗	1020 年	（天禧）四年十二月，可汗师子王智海遣使来朝贡大尾白羊预明年赐餔。	《宋会要辑稿·蕃夷·龟兹》
宋真宗	1021 年	（天禧）五年七月，殿直白万进上言，昨龟兹使延福等皆诈为外使，邀冀恩赏及乞赐经藏、金像等物。诏秦州曹玮诘问延福，具万进所陈。诏免罪，所赐物纳官，自今西州甘沙州进奉入使，更一二年不许赴阙。	《宋会要辑稿·蕃夷·龟兹》
宋真宗	1022 年	乾兴元年五月，仁宗即位，未改元。龟兹国僧华严自西天至，以佛骨、舍利、梵夹为献仁宗。	《宋会要辑稿·蕃夷·龟兹》
宋仁宗	1024 年	天圣二年四月，可汗王智海遣使来贡橐驼、马、玉、乳香。	《宋会要辑稿·蕃夷·龟兹》
宋仁宗	1029 年	（天圣）七年……六月二十一日，龟兹国遣金乌塔名钝噎似、吴索温等来贡方物。	《宋会要辑稿·蕃夷·历代朝贡》
宋仁宗	1030 年	（天圣）八年……十一月……十五日，龟兹国遣使李延庆贡玉带、真珠、玉越斧、团牌、花蕊布、金镀铁甲、乳香、硇砂、马、独峰驼、大尾羊。	《宋会要辑稿·蕃夷·历代朝贡》
宋仁宗	1031 年	（天圣）九月正月十八日，龟兹国王智海遣使李延庆等贡硇砂、乳香、名马。	《宋会要辑稿·蕃夷·历代朝贡》
宋仁宗	1037 年	（景祐）四年正月九日，龟兹国遣使李延贵贡花蕊布葛、乳香、硇砂、玉、独峰驼、马。 景祐四年六月，遣大使李延贵、副使李沙州入贡。	《宋会要辑稿·蕃夷·历代朝贡》 《宋会要辑稿·蕃夷·龟兹》

宋仁宗	1040年	康定元年四月，遣使来贡。	《宋会要辑稿·蕃夷·龟兹》
宋神宗	1071年	神宗熙宁四年九月，遣大使李延庆、副使曹福等入贡。	《宋会要辑稿·蕃夷·龟兹》
宋神宗	1072年	（熙宁）五年二月，遣进奉使卢大明，笃都等入贡。	《宋会要辑稿·蕃夷·龟兹》
宋哲宗	1096年	（绍圣）三年……十月……十五日，熙河兰岷路经略安抚使司言：据洮西沿边安抚司申，发遣到龟兹师王国进奉大首领阿莲撒罗等三人表章及玉佛等，本国未尝进奉，欲许令于熙、秦州买卖，仍将赍到玉佛估价，回赐钱物遣回。从之。	《宋会要辑稿·蕃夷·历代朝贡》

关于公元十世纪的龟兹，还可见于古阿拉伯人的描述。公元947年成书的马苏第《黄金草原》将龟兹误作为高昌，进行了描述[1]。其中谈及龟兹是位于呼罗珊和中国中原地区之间的一个王国的京师。其居民仍属于突厥部落，是最为勇敢、强大和治理得最得法的一个民族。其国王享有"回鹘汗"尊号，是这些民族中唯一的王者。他们传播有关亡灵的教理。这位龟兹的回鹘汗统治着九姓乌古斯，被大家尊称为"猛兽之王"和"马群之王"，因为他统率勇猛的士兵超过其他所有国王，他还拥有天下最多的马群。他的王国在中国和呼罗珊的沙漠之间。其他所有突厥王子均不敢与之竞争。

就在龟兹回鹘可汗以"猛兽之王"和"马群之王"称雄于塔里木盆地之时，葱岭西部巴拉沙衮、怛逻斯一带新崛起了喀喇汗王朝。公元960年，四处扩张的喀喇汗王朝以伊斯兰教为国教，20万帐突厥人被迫成为穆斯林。喀喇汗王朝的宗教和军事扩张，激起了西域佛教信徒的强烈反抗。喀什葛尔的起义和于阗国持久的抗战，最终未能改变穆斯林的征服。公元十一世纪喀喇汗占领于阗，龟兹随后不久陷落。喀喇汗蔑视回鹘人的信仰。宗教战争中，失败方的信仰往往作为异端饱受侮辱。中亚佛教亦未幸免。龟兹的伊斯兰化当始于此时。然而龟兹回鹘并没有完全放弃佛教信仰。他们在元代被称为"撒里畏吾"、"撒里畏兀"。到了明代，龟兹及其周边仍然生活着信仰佛教的撒里畏兀人。公元十六世纪末，西域僧人锁喃嚷结旅行路过龟兹，见证当地佛教凋零。《游方记抄·西域僧锁喃嚷结传》载："至跋禄迦国，名小沙迹，王名碧多。都城高广，人物集盛。唯有一寺，名阿奢理儿寺，宽广僧多，专学禅定，多游天竺。又东三千里，过屈支国，王号木文稳多。宫殿整齐，人民男妇赤色，敬重三宝。多幻术。所飡诸物华美，衣服精丽。使用金银钱。停住一年。又行东过阿耆尼国，多有银矿山，金矿山，高可百丈，光气腾曜，不可名状。贼寇极广，其人凶恶，惨杀无忌。"

据《游方记抄》，锁喃嚷结"万历三十年（1602年）五月十五日启奉明肃皇太后命，住万寿庵"，其间在高昌和五台山等地还盘桓了至少四年，故推其路过龟兹的时间在公元十六世纪末。尽管提到龟兹人敬重三宝，但描述语气与描述跋禄迦国的佛教情况已大不相同。又云此地多幻术。龟兹佛教这时已经大不如前。

公元十五至十六世纪，吐鲁番和叶尔羌汗等国先后以圣战为名，对西域异教徒进行迫害和屠杀。根据玉素甫伯克在《伊斯兰教在新疆的传播》中的记载，当一部分坚守佛教信仰的撒里维吾尔人在且末山区暴动时，穆斯林动员起来，"尽将五千余户撒里维吾尔人屠杀一光"。

除了殉难和皈依穆斯林者，许多坚定的佛教徒选择离开这片千年佛教圣地，朝东

1 〔古阿拉伯〕马苏第著，耿昇译《黄金草原》，西宁：青海人民出版社，1998年，第174页。

迁徙。据公元十七世纪谷应泰《明史纪事本末》，一支东迁的撒里维吾尔人在金塔寺一带落脚，成为今天裕固族的祖先[1]。裕固族民歌述说了东迁的苦难历程：

我们笃信佛教的祖先，抵御异教徒的侵略，人人挺起胸膛。
虽然寡不敌众，伤亡惨重，
我们裕固族人坚决抵抗。
尽管我们人数很少，裕固民族决不是任人宰割的羔羊。
敌人把我们团团围住，男女老少临死不降。
部落头目商量决定，乘天黑突围，奔向太阳升起的地方。
……
走过了千佛洞，穿过了万佛峡。
……
草绿花香的八字墩草原，变成了裕固族可爱的家乡。
这是明洪武年间的事……

第二节 龟兹佛教

一、龟兹佛教的初传

苻秦昙摩难提译《阿育王息坏目因缘经》讲述阿育王之子法益皈依佛教，后被奸人陷害，挑去双目的故事。经中提到阿育王赐予法益领土，包括龟兹、于阗等地[2]。如果记载属实，那么可以将龟兹佛教史上溯至公元前三世纪，即阿育王时代。不过，由于阿育王的领地未尝扩张至葱岭以东，上述传说史学界一般不予采纳。

又如《魏略》所载，汉哀帝元寿元年（公元前2年）中国已有佛教。如是，可推测佛教传入西域的时间当早于此。但正如一些学者所指出的，公元前126年张骞出使西域，到达大月氏，并未谈到西域佛教方面的情报。汉地文献关于汉代早期佛教初传的情报可信度较低，亦无考古学上的证据支持。

《梁书·刘之遴传》中提到过刘之遴收集到的龟兹澡罐，澡罐上有铭文“元封二年龟兹国献”。汉武帝元封二年为公元前109年，又澡罐（净瓶）为佛教器具，故而周菁葆（1985年）提出假设——公元前109年龟兹就已经有了佛教[3]。但澡罐大众亦可使用，并非佛教专属。此线索似仍不足为据。

陈世良在《出三藏记》中找到另外一条证据[4]。“比丘尼戒本”为公元378年在长安翻译，其原本为此前不久由龟兹国传出。其序言写道：“大法流此500余年。”由此推算，佛教传入龟兹大约在公元前122年左右。

季羡林原先认为佛教最初直接从印度传到中国，在2001年发表的《佛教传入龟兹和

---

1 李树辉《龟兹回鹘的历史发展》，《龟兹文化研究（一）》，乌鲁木齐：新疆人民出版社，2006年，第56—59页。

2 《阿育王息坏目因缘经》云：阿育王闻，喜庆欢悦，和颜悦色告耶奢曰：吾获大利，其德实显。法益王子以理治化，率以礼禁，导以恩和。人民之类莫不戴奉。今当分此阎浮利地。吾取一分，一分赐子。使我法益，长生寿考，治化人民，如今无异。新头河表，至娑伽国，干陀越城，乌特村聚，剑浮、安息、康居、乌孙、龟兹、于阗，至于秦土。此阎浮半，赐与法益。纲理生民，垂名后世。

3 周菁葆《龟兹佛教文明》，《龟兹文化研究（二）》，乌鲁木齐：新疆人民出版社，2006年，第23页。

4 陈世良《关于佛教初传龟兹》，《龟兹文化研究（二）》，乌鲁木齐：新疆人民出版社，2006年，第70页。

焉耆的道路及时间》一文中，他特意就龟兹佛教初传问题进行了修正。该文从语言学出发，首先考证了汉文“佛”和“浮屠”（或“浮图”）二词的起源。“浮屠”一词不是直接起源于印度的Buddho，而是起源于大夏（大月氏）的发音；“佛”字则起源于中亚新疆小国词语。由于早期佛经中佛教固有名词的音译受到龟兹和焉耆语的影响，而未发现于阗语所起作用，季羡林提出了全新论点：印度西传至大夏，再由大夏向偏东方向流布，直到疏勒。然后，佛教不是从疏勒南下传入于阗，继而通过于阗向东传播；而是从疏勒继续再向东进，先向龟兹和焉耆传播，再经由龟兹东向传播[1]。

那么作为龟兹佛教的参照，于阗佛教开始于何时呢？史学界也没有统一的认识。许多学者认为佛教传入于阗的时间在公元前一世纪至公元一世纪之间。但也有其他不同的意见，例如吴焯在《从考古遗存看佛教及传入西域的时间》一文（1984年）提到的观点：只有到公元一世纪末二世纪初，伽腻色迦王即位以后，才真正崇信佛法。与此同时，贵霜王朝达到鼎盛，其疆域北起阿姆河，南至印度河，西邻咸海，东接葱岭。国王在迦湿弥罗亲自主持佛教第四次结集，并在他控制的地区大力扶持佛教。于阗至楼兰一带，发现不少带有佛陀字样的伽腻色迦时代的钱币，说明丝路南道与贵霜的交往增多。大概在这个时候，佛教才有可能经由迦湿弥罗传入于阗。在他看来，西域佛教流行的时间大约为公元二世纪上半叶，班勇离开西域之后。“在此之前，民间可能通过商贾带进一些佛教艺术品，葱岭以西的佛教徒亦可能零星地随商旅进入塔里木盆地，但未流传开，也未造成影响”[2]。

吴焯此文撰写于二十世纪八十年代。后来随着考古新发现和佛教美术研究的深入，一些新的线索引起了学界重视。2001年，在为配合三峡水库修建而进行的抢救性发掘中，丰都镇江槽房沟第9号砖室墓出土了一株青铜摇钱树，树座留有铭文“延光四年五月十日作”。在残留的青铜树干上铸有一躯施无畏印神像，其形态特征与佛像比较接近。类似造像在汉代四川地区的摇钱树上多有呈现。它们还不能完全佐证佛学理念在汉地的传播，但的确反映了佛教造像对于异文化神话系统的影响。延光四年（125年），是目前所知相关造像的最早纪年。则在此以前，其造像的来源当已在西域地区颇具形态。又，《后汉书·西域传》提到：“至于佛道神化，兴自身毒，而二汉方志，莫有称焉。张骞但著地多暑湿泾，乘象而战；班勇虽列其奉浮图，不杀伐，而精文善法、导达之功，靡所传述。余闻之后说也。”《后汉书》为南朝刘宋时期范晔编撰，但其《西域记》部分主要参考了东汉班勇所著《西域诸国记》。班勇经营西域在公元107—127年之际。尽管编撰者声称西域佛法“靡所传述。余闻之后说也”，却也提及班勇列其“奉浮图，不杀伐”之况。故此，龟兹佛教的初传可上推至公元一世纪。

一些文献间接表明公元三世纪龟兹佛教有较大发展，并且在佛教东传的关键时刻发挥了重大作用[3]。

《出三藏记集》卷八载：“太康七年（286年）八月十日。炖煌月支菩萨沙门法护，手执胡经，口宣出《正法华经》二十七品……九月二日讫，天竺沙门竺力、龟兹居士帛元信共参校。”

上述文字表明，一位来自龟兹的居士帛元信在长安居住。大约在西晋太康七年（286年），他校参了《正法华经》和《渐备经》。他还可能在更早的时间参与过大乘《须

1 季羡林《佛教传入龟兹和焉耆的道路及时间》，《龟兹文化研究（二）》，乌鲁木齐：新疆人民出版社，2006年，第84—88页。

2 吴焯《从考古遗存看佛教及传入西域的时间》，《龟兹文化研究（二）》，乌鲁木齐：新疆人民出版社，2006年，第72—82页。

3 霍旭初《佛教传入龟兹时间考》，《新疆师范大学学报》2010年第1期，第89—97页。

真天子经》翻译。

除了居士帛元信，一些学者相信这一时期在汉地活动的僧人译经师白延和帛法祖也与龟兹有关。

白延（帛延），多谓西域沙门，曹魏时期在洛阳白马寺从事译经活动。《佛祖统记》云："甘露元年（256年），天竺沙门白延至洛阳译《无量》。"《出三藏记集》载："白延者，不知何许人。魏正始之末（约249年）重译出《首楞严》，又《须赖》及《除灾患经》凡三部。"

帛法祖即帛远，于西晋惠帝在位时期（290—306年）翻译了《惟逮菩萨经》等佛经。尽管《高僧传》载"帛远，字法祖，本姓万氏，河内人。父威达，以儒雅知名。"但许多学者仍然认为白姓等于帛姓，因此白氏、帛氏皆龟兹人，故将公元三世纪的僧人白延、帛法祖，以及略晚出现的帛法巨（矩）、帛尸梨密多罗、佛图澄（原姓帛）等僧人皆视作龟兹高僧[1]。考虑到汉代以来龟兹国王多以白为姓。这种观点不无道理。龟兹白氏之译法，起初有向觉明（向达）提出可能渊源于龟兹白山，后冯承钧提出"白"可能是王号"Puspa"之音译[2]。向觉明遂放弃原说，音译说遂为一致意见[3]。然近有陈世良之新说，以为"白"乃龟兹文"Pud"——佛之音译[4]。霍旭初后来提出早期西域僧人常在名字前冠以"佛陀"和"帛"，作为对僧人的尊称[5]。这让我们联想到另外一种情况，公元二世纪下半叶以前，加入僧伽的人通常把自己原来的俗姓改成他们老师的姓，直到公元365—378年道安住在襄阳时，提倡把"释"作为所有僧人的姓氏，才改变这一习惯[6]。

因此，对于公元三世纪龟兹佛教在汉地的影响，应该对部分僧人的身份保存警惕。白姓非帛姓，西来者概取读音近似则译，是否所有法名以白、帛二字开头的僧人都来自龟兹，还有待讨论。但居士帛元信有龟兹血统是较为可信的。其他帛姓僧人来自龟兹的可能也不能完全排除。此时，佛教应该已经成为龟兹文化之主流。

到了公元四世纪，龟兹迎来了佛教发展的一个高峰。在这一时期，高僧辈出，并对其周边地区产生了深远影响。公元四世纪上半叶，除了佛图澄（《高僧传》说他本姓帛，西域人）、帛尸梨密多罗，还出现了一位名为帛延的译师。此帛延于咸和三年（328年）在凉州翻译《首楞严经》，似与前述洛阳白马寺沙门帛延非为一人。《出三藏记集》云"归慈王世子帛延，善晋胡音。延，博解群籍，内外兼综，受者常侍"。"归慈"，乃龟兹异译。帛延作为龟兹国王室后裔，身份明确。

龟兹人在汉地参与译经活动，无疑与两个因素有关，其一是其本身具有佛教知识；其二是具备翻译胡本佛经的语言能力。它一方面说明龟兹国此时已经成为佛教文化的中亚中心，另一方面也刚好印证了季羡林的推测——龟兹语对汉语佛教名词的产生发挥了极其重要的作用。这样到了公元四世纪中叶，终于在龟兹产生了佛教译师巨擘——鸠摩罗什。

---

1 苏北海《丝绸之路与龟兹历史文化》，乌鲁木齐：新疆人民出版社，1996年，第418—420页。

2 冯承钧《再说龟兹白姓》，《女师大学术季刊》1931年第2卷第1期；后收入张国领、裴孝曾主编《龟兹文化研究（一）》，乌鲁木齐：新疆人民出版社，2006年，第192页。

3 向觉明《论龟兹白姓》、《〈论龟兹白姓〉兼答冯承钧先生》，《女师大学术季刊》1931年第2卷第1期；后收入张国领、裴孝曾主编《龟兹文化研究（一）》，乌鲁木齐：新疆人民出版社，2006年，第190—191、196—200页。

4 陈世良《龟兹白姓和佛教东传》，《世界宗教研究》1984年第4期；后收入张国领、裴孝曾主编《龟兹文化研究（一）》，乌鲁木齐：新疆人民出版社，2006年，第201—208页。

5 霍旭初《考证与辩析——西域佛教文化论稿》，乌鲁木齐：新疆美术摄影出版社，2002年，第192页。

6 〔荷〕许理和《佛教征服中国》，南京：江苏人民出版社，2003年，第351页。

二、鸠摩罗什

鸠摩罗什，意译“童寿”。慧皎《高僧传》记载，鸠摩罗什父系来自天竺，家族世代为官。他的祖父达多是天竺国相，在国内威名赫赫而又倜傥不群。他的父亲鸠摩炎（或译鸠摩罗炎），本来应该继承相位，却不知为何辞避不就，出家后东渡葱岭，来到新疆。龟兹国王听说他的事迹，非常敬仰，于是亲自到郊外迎接鸠摩炎，并请求他担任龟兹国的国师。

鸠摩罗什的母亲是龟兹国王的妹妹（亦有文献谓之“王女”）。她天赋异禀，文章看过一遍就能默写，听过一遍就能颂诵。公主身体有赤黡，此兆表明她生下的孩子将会拥有超绝的智慧。为此，其他国家争相求娶。但她均予回绝。二十岁那年，她见到鸠摩炎，一见钟情。在哥哥龟兹王的帮助下，她如愿以偿地嫁给了他。对于立志出家的鸠摩炎，这桩婚事似乎来得有些勉强。

公主怀孕期间，发生了一些灵异事件。她本性聪慧，此时学习能力倍胜于前。当时在龟兹雀梨大寺有许多高僧大德。她和其他王族女性一起，常常供奉这些高僧，请斋听法。忽然有一天，公主开始用天竺语探讨佛学。众人惊叹不已。当时有位高僧达摩瞿沙认为这是由于所怀婴儿为舍利弗投胎的缘故，他预言她怀的孩子必定聪明异常。

抛开神秘主义的阐释，鸠摩罗什的母亲使用天竺语，不是没有可能。天竺语的突飞猛进很可能来自她和丈夫鸠摩炎的交往。当时龟兹佛经中包括许多天竺文的写本，相对于龟兹文写本而言，天竺文写本无疑具有佛经原典的意义。这正是用天竺语讨论佛学的价值所在。

公主生下鸠摩罗什以后不久，就有了出家为尼的心愿，但未得到丈夫允许。此后她又生下了一个男孩，取名弗沙提婆。文献没有交代公主和鸠摩炎的家庭生活，但公主开始转向悲观。她参观墓冢枯骨，深思苦本，复欲出家为尼。这一次，公主决心已定，发誓若不落发，不咽饮食。绝食至第六日夜，鸠摩炎担心她无法支撑到天亮，只好同意。公主尚未剃发，仍然不肯进食。鸠摩炎请人为之剃度。次日公主受戒，成为比丘尼。她专研禅法，学有所成。

鸠摩罗什七岁时亦出家。传记中没有提到具体原因。在一个父母皆为出家人的家庭，孩子出家似乎理所当然。然而，如果鸠摩炎反对妻子出家是基于维持家庭结构的意愿，为什么在同样的事情上没有制止鸠摩罗什？鸠摩罗什年纪尚小，很难如此决断，也缺乏完成意志的能力。他的出家，极有可能是追随母亲的意愿。事实上，父亲鸠摩炎的影响就此消失，而他的母亲，以比丘尼母亲的身份，继续支配着鸠摩罗什全部的青年时代。

鸠摩罗什出家后学习效率极高，每日颂诵千偈，共三万两千个字。颂诵完毕，老师讲授偈意，他立即就能领悟。因为鸠摩罗什的母亲是国王的妹妹，所以当时龟兹国人对鸠摩罗什日常生活多有照顾，供养丰厚。他的母亲意识到过于优越的生活会阻碍修行，就在鸠摩罗什九岁时，带着他离开了龟兹。他们渡过辛头河，来到葱岭西南方向的罽宾。

罽宾有一位法师，叫盘头达多，远近闻名。鸠摩罗什拜他为师，学习杂藏，以及中阿含和长阿含经。盘头达多十分欣赏鸠摩罗什，把他推荐给罽宾国王。国王请鸠摩罗什入宫，参加宗教辩论大会。有外道见鸠摩罗什年幼，出言不逊。鸠摩罗什反唇相讥，令他无言以对。罽宾国王心生敬重，以外国贡品供养鸠摩罗什。每日给供鹅腊一双，粳、米、面各三斗，酥六升。还在鸠摩罗什所住寺内安排大僧五人，沙弥十人，令他们像弟子一样每日侍奉打扫。

转眼间，鸠摩罗什到了十二岁。她的母亲带他往还龟兹。诸国聘以高官厚禄，鸠摩罗什全然不顾。他们到达月氏北山时，有一罗汉见到鸠摩罗什惊异不已，他告诉鸠摩罗什的母亲，“常常守护这位小沙弥，如果他到三十五岁时能不破戒，当大兴佛法，度人无数。如有破戒，则只能成为才明俊义的大法师”。

母子二人在沙勒国停留了一年，主要学习论藏阿毗昙。六足论书中提出的各类问题和讨论，鸠摩罗什一一理解无误。沙勒国有一位叫作喜见的沙门，向沙勒国王推荐鸠摩罗什：“这个小沙弥千万不可轻视。国王应该请他出来说法。这么做有两个好处，其一，是可以激励国内那些不求上进的比丘；其二，我们国家出此高僧，龟兹国会敬仰我国，前来交好。”国王批准了喜见的提案，在都城举行说法大会，请鸠摩罗什升高座，讲述《转法轮经》。龟兹国王听说此事，果然遣使，与沙勒国建立了友好的外交关系。

鸠摩罗什利用在沙勒国说法的闲暇，博览群书。他专门寻访其他文化的书籍，如五明诸论、阴阳星算等等，广泛学习佛教以外方方面面的学说。鸠摩罗什个性率真豁达，不拘小节。其他同在佛门的修行者对其关注外道学术颇有微词，但他自得于心，未尝介意。

当时有两位莎车王子出家为僧，也在沙勒一带活动。弟弟叫作须耶利苏摩，很有才华，教化大乘佛学。其兄长须利耶跋陀和其他一些学者都以须耶利苏摩为师。鸠摩罗什也奉之为师，两人关系非常亲密。须耶利苏摩后来为鸠摩罗什演说《阿耨达经》。此时鸠摩罗什意识到小乘佛学的局限，他感慨自己以前学习小乘，“如人不识金，以鍮石为妙”。从此以后，鸠摩罗什开始专研“方等”——大乘佛教经典，主要学习了《中论》、《百论》及《十二门论》等。

此后不久，鸠摩罗什随母亲来到了龟兹国北部边境的温宿。当时在温宿有一位著名的外道，擅长辩论，名震诸国。他曾经敲击王鼓，而宣誓言：“有人能够在论辩上胜过我的，当斩首谢之。”鸠摩罗什到达温宿，与此道人辩论，使其理论自相矛盾。外道叩头皈依，改宗佛教。此次辩论影响极大，葱岭东部的中亚诸国都在传诵鸠摩罗什的大名。龟兹国王听闻此事，亲自到温宿迎请鸠摩罗什回国。

鸠摩罗什回到龟兹以后，广说诸经。当时龟兹国有一位王女（有的文献写作“王子”），叫作阿竭耶末帝，出家为尼，擅长禅学，颇有成就。她听闻鸠摩罗什说法以后，非常高兴，专门设大集合，请鸠摩罗什宣讲大乘经典。鸠摩罗什在这次集会上介绍了大乘佛教的新理论，与会者听后纷纷感慨，与大乘佛学相见恨晚。

鸠摩罗什二十岁时，在王宫受戒，跟龟兹高僧卑摩罗叉学习《十诵律》。鸠摩罗什的母亲终于要告别她的孩子了。她这一次离开龟兹，原因之一是预见龟兹国将要走向衰败。她明确地告诉龟兹王白纯：“汝国寻衰，吾其去矣。”她的行程比上一次携鸠摩罗什到达的罽宾更加遥远。在佛教圣地天竺，她继续修行，进登三果。

母亲离开，留在龟兹的鸠摩罗什在一“新寺”住了两三年。许多学者认为“新寺”是一座国王资助供养的寺院——“王新僧迦蓝”。传说他曾在这座寺院旁边的旧房子里获得了一部《放光经》。在此期间，他专心研究大乘佛教的奥义。龟兹王专门制作了说法使用的金狮子座，上面铺就汉地出产的锦褥，请他升座说法。鸠摩罗什似乎志不在此，他谦卑地说：“我的老师尚且没有完全领悟大乘佛学的奥秘。我正计划去拜访他，不会在此地久留。”不久，他在罽宾的老师盘头达多就不远万里来到龟兹。盘头达多向龟兹王解释了自己到来的原因：“首先是听说弟子鸠摩罗什对于佛法有新的领悟，想来切磋；其次，是听说龟兹王弘扬佛教，所以冒着艰难险阻，前来投奔。”

老师的到来，刚好合中鸠摩罗什的心愿。他为老师讲说了《德女问经》，此经偏重于阐明大乘佛教关于因缘空假的理论。这些理论他们过去在罽宾时已有接触，但当时都不信服。所以这次师徒重逢，鸠摩罗什最先拿出此经，进行讨论。盘头达多很好奇，不理解鸠摩罗什何以发生这么大的转变。鸠摩罗什持续给盘头达多解说大乘，频繁往复一个多月，终使老师信服。他礼拜鸠摩罗什为师，说“和尚你是我的大乘师，我是你的小乘师”。西域诸国都很佩服鸠摩罗什的神俊。为表敬重，每年佛法演说大会时，诸国国王都长跪在法座旁边，让鸠摩罗什踩着他们登上宝座。

鸠摩罗什的名声很快从西域向东方传播。当时苻坚在关中建立前秦政权。有外国前部王（车师之一部）和龟兹王的弟弟一起来前秦朝见苻坚。二人劝说，西域多产珍奇，请兵往定，以求内附。到了苻坚建元十三年（377年），太史上奏“有星见于外国分野，当有大德智人，入辅中国”。苻坚说：朕听说西域有鸠摩罗什，你所说的星相，应该对应此人。当即遣使求之。建元十七年（381年），鄯善王和前部王等再一次请苻坚发兵西伐。于是苻坚于次年派遣骁骑将军吕光、陵江将军姜飞，带领着前部王及车师王等，向西攻打龟兹及焉耆诸国。大军出发以前，苻坚对吕光说：“朕闻西国有鸠摩罗什，深解法相，善闲阴阳，为后学之宗。朕甚思之。贤哲者，国之大宝。若克龟兹，即驰驿送什。”

吕光大军未至，鸠摩罗什对龟兹王白纯说：“国运已衰，很快就有劲敌从东方来。最好顺从他们，避免兵锋对抗。”白纯没有采纳鸠摩罗什的建议，领兵抗战。吕光遂破龟兹，杀白纯，立白纯之弟为主。吕光初得鸠摩罗什，低估了他的智量。他见鸠摩罗什年少，有意戏弄，强行把龟兹王女许配给他。鸠摩罗什苦言不从。吕光将他灌醉，与王女一同关在密室中，使得鸠摩罗什失身破戒。有时候，吕光故意让鸠摩罗什骑上牛背或者恶马，欲使狼狈跌落。鸠摩罗什常怀忍辱而面无异色。这令吕光颇感惭愧，终于停止了对他的羞辱。

在回关中的路途中，有一次大军驻扎山下。鸠摩罗什建议吕光将军营移置陇上，未被采纳。当晚洪水暴涨，死者数千。吕光这才开始惊异于鸠摩罗什的智慧。鸠摩罗什建议他迅速转移，路途中必有福地可居，不要在此凶亡之地停留。吕光从之。到凉州的时候，前方传来消息——苻坚已经被姚苌杀死。吕光于是割据关外河右之地，改元太安。

公元386年，吕光建国称帝，国号大凉（史称“后凉”）。吕氏政权坐拥姑臧（今甘肃武威），经历了吕光、吕绍、吕纂、吕隆四人统治，最终归顺了后秦姚氏。吕氏一族似对佛学没有兴趣。鸠摩罗什在后凉期间没能施展才华。他在宫廷中的角色，相当于一位不太成功的预言家。如果说这段时间也有一些积极影响的话，大概是他有机会充分学习并掌握汉语。

和后凉对峙的后秦姚氏对鸠摩罗什也有浓厚的兴趣。姚苌占据关中以后，听说了鸠摩罗什的大名，虚心邀请。后凉吕氏担心鸠摩罗什为姚苌出谋划策，禁其东行。姚苌于建初九年（394年）去世，太子姚兴继位，再次遣使敦请，未果。弘始三年（401年），姚兴派兵攻打后凉，吕隆投降，后秦方得迎接鸠摩罗什进入长安（吕隆投降后秦的时间大约在401-403年之间，史料记载颇有差异）。

鸠摩罗什既通梵文，又解汉语。他翻阅汉文佛经，发现一些地方因为翻译错误，导致义理不通。姚兴乃请鸠摩罗什入住西明阁和逍遥园，翻译佛经，并为之配备沙门八百余人。鸠摩罗什手持梵本佛教，姚兴手持旧的汉译本，相互校对。他后来又受王公贵族请求，屡次在长安大寺讲说新经，翻译各类佛典凡300余卷，包括《金刚般若经》、《十住经》、《法华经》、《维摩经》、《思益经》、《首楞严经》、《持世经》、《佛藏经》、《菩萨藏经》、《遗教经》、《菩提无行经》、《呵欲经》、《自在王经》、《因缘观经》、《小无量寿经》、《新贤劫经》、《禅经》、《禅法要经》、《禅要解经》、《弥勒成佛经》、《弥勒下生经》、《十诵律》、《十诵戒本》、《菩萨戒本》、《释论》、《成实》、《十住经》、《中论》、《百论》、《十二门论》等三藏经典。此外，他和姚兴的佛学议论又被整理成《通三世论》。

鸠摩罗什仁厚谦虚，诲人不倦。姚兴以伎女十人逼令受之。自此以后，他从僧坊搬到专门的府邸居住，供给丰盈。鸠摩罗什享受生活的同时也满心愧疚。每次说法之前，先自说譬喻。他把自己说法比作臭泥中生莲花，但采莲花，勿取臭泥。鸠摩罗什在龟兹的老师卑摩罗叉后来也入关中。师徒见面之时，他还不知道鸠摩罗什破戒之事，问他在汉地有多少弟子。鸠摩罗什回答说："汉地佛教经典不完备，诸多新论都是我最近才翻译成汉文的，三千徒众在我这里学习佛法。但我罪孽深重，不做他们的老师。"

鸠摩罗什于姚秦弘始年间去世。传说尸体火化后，薪灭形碎，唯舌不焦烂。他死亡的确切时间，各传记载不同，有的说是弘始七年（405年），有的说是弘始八年（406年），还有的说是弘始十一年（409年）。

三、龟兹早期大乘佛学

鸠摩罗什在龟兹、罽宾前后所学均为小乘。他在从罽宾回龟兹的旅途中，在沙勒通过与须耶利苏摩的接触才开始对大乘佛教《中论》、《百论》及《十二门论》的学习。鸠摩罗什到达长安以后将之全部译出。《中论》是公元二至三世纪大乘中观学派的创始人、南印度龙树（又称那伽阏剌树那）所著。它是中观思想与方法的基本论藏，试图通过对概念的持续否定，形成对小乘思维局限性的论证。其核心理论——性空，主要针对当时流行的小乘说一切有部关于诸法实有的概念。因"以中为名者，照其实"，故取名为《中论》。

《百论》是公元三世纪南印度提婆（又称独眼提婆）所著。提婆是龙树的弟子，他继承了龙树的学说，立足于性空、无我的立场，对许多其他学派的立论展开评破。汉译本翻译了十品（舍罪福品、破神品、破一品、破异品、破情品、破尘品、破因中有果品、破因中无果品、破常品、破空品），但《百论》原来是分二十品的，每品五偈，总共百偈，故取名为《百论》。

《十二门论》全书共一卷，包含十二个部分：观因缘门、观有果无果门、观缘门、观相门、观有相无相门、观一异门、观有无门、观性门、观因果门、观作者门、观三时门、观生门，主旨仍在论空。此书亦传为龙树所著，其真实的作者存在争议，但它作为中观思想的纲领性著作，地位无可置疑。

《中论》四卷、《百论》两卷和《十二门论》合成三论。僧团或学派以此三论为宗者称三论宗。后来在三论宗的基础上，又产生了把《大智度论》加进去的四论宗。由于标榜"中观"，三论宗又称中观宗。因其以"诸法皆空"为主题，故而相对于"实有"的观念，三论宗又成为空宗的代表学派。相对于玄奘大乘唯实理论的法相宗，三论宗又称为无相宗。

鸠摩罗什晚年的译经工作比较全面和繁杂，不仅包括各派大乘经典，也包括一些小乘著作。但就其早年在沙勒的学习经历来看，其内心所向应该是以三论宗为皈依的。后来在长安，最先向他的小乘老师盘头达多介绍的《德女问经》多明因缘空假，或为西晋竺法护译《梵女首意经》，及唐代菩提流志的同本异译《有德女所问经》。 此经仍以论空为主题，主要叙述佛陀向有德女阐释诸法实相、空无自性的道理。

鸠摩罗什向盘头达多阐述了自己新的学习体会："大乘深净，明有法皆空，小乘偏局，多诸漏失。"盘头达多说："你说的一切皆空，非常可畏。怎么能舍去'法有'的概念呢？就好像从前有一个狂人，让绩线师绩线，希望丝线越细越好。绩线师按照吩咐用心工作，丝线细若微尘。狂人仍不满意。绩线师大怒，指着空处说，这就是你要的细缕。狂人说，怎么看不见呢？绩线师说，此线太细，专业的绩线匠人都看不见，何况其他普通人。狂人大喜，付给酬劳。绩线师假装售线，蒙骗了不少赏钱，其实根本没有出售任何东西。你所说的大乘空法，也就是这么回事。"这段对话反映出当时大乘和小乘佛学之间激烈的冲突。对于小乘佛教而言，大乘理论中的“一切皆空”不过是在小乘佛教的哲学基础之上，由标新立异的诡辩而衍生出的欺世盗名的花哨言语。

除了鸠摩罗什，一些汉地佛教文献间接反映了龟兹人对大乘佛学的热衷。如据唐僧详《法华传记》，公元七世纪下半叶，龟兹人达磨跋陀（法贤）在浔阳学习《法华经》。达磨跋陀临终时云：“昔执小典为极，如执瓦石为金宝。今翫法华得真金也。”据此或可推敲，他本来在龟兹所学应是小乘，在汉地接触《法华经》后改宗大乘。因此，类似这种龟兹人在汉地信仰大乘的情况，很难用来说明龟兹当地的宗教信仰。龟兹人来到中原翻译佛经的情况也是如此。所译典籍不一定代表其译师本人又或龟兹地区的宗教态度。如霍旭初所指出，有时译师来自龟兹，经本却得自汉地[1]。有时甚至译者仅仅是龟兹人，而非僧人。有时翻译活动的属性要更多归因于发起翻译活动的功德主。例如甘露三年（公元258年）在白马寺翻译《首楞严经》的龟兹王世子帛延应凉州刺史张天锡的要求翻译《首楞严经》，还有太康七年（公元286年）翻译《弘赞法华传》的龟兹居士帛元信。翻译书籍的要求可能来自其他人，又或者有学术上的需要，译师有时仅仅是从事翻译工作而已。中国最大的两个译师，鸠摩罗什和唐玄奘都翻译了大量属于不同派别的佛经。因此，除非有充分的证据表明译经动力来自龟兹人传播其信仰的热忱，否则汉地龟兹人的译经活动主要反映了汉地对经典的需求，不能用来判断龟兹地区的宗教属性。此外，易被误用的文献还包括龟兹高僧昙摩跋檀翻译经典（见《佛说称扬诸佛功德经》）；龟兹法丰寺弟子书写《法华经》（见《法华传记》）；禅宗《佛祖传法偈》于龟兹合译（见《佛祖历代通载》）等等。上述情况，笔者《龟兹佛教大小乘因素的史料分析》一文有过梳理[2]。此不赘述。

根据相关文献，鸠摩罗什之后，还有二位大乘僧人得到过龟兹国王的供奉，但两个人都很快离开了龟兹。其一是约公元四世纪末五世纪初，罽宾云游禅僧昙摩密多。

《高僧传》卷三载：

> 昙摩密多，此云法秀，罽宾人也。……博贯群经，特深禅法，所得门户极甚微奥，为人沈邃有慧解，仪轨详正，生而连眉，故世号连眉禅师。少好游方，誓志宣化。周历诸国，遂适龟兹。未至一日，王梦神告王曰：“有大福德人明当入国，汝应供养。”明旦即敕外司：“若有异人入境，必驰奏闻。”俄而密多果至。王自出郊迎，延请入宫。遂从禀戒，尽四事之礼。密多安而能迁，不拘利养，居数载，密有去心。神又降梦曰：“福德人舍王去矣。”王惕然惊觉。既而君臣固留，莫之能止。遂度流沙进到炖煌……顷之复适凉州……以宋元嘉元年（424年）展转至蜀……俄而出峡止荆州……顷之沿流东下至于京师……初密多之发罽宾也，有迦毗罗神王卫送。遂至龟兹，于中路欲反，乃现形告辞密多曰：“汝神力通变自在游处，将不相随共往南方。”语毕即收影不现。遂远从至都，即于上寺图像着壁。迄至于今犹有声影之验，洁诚祈福莫不享愿。以元嘉十九年七月六日卒于上寺。[3]

昙摩密多《出三藏记集》谓昙摩蜜多，然传与《高僧传》所载相同。其传曰：“以元嘉十九年（442年）七月六日卒于上寺，春秋八十有七。”故可推昙摩密多生于公元356年。又宋元嘉元年（424年）已经从敦煌凉州辗转到了四川。停留龟兹之数载，大概在公元四世纪末或五世纪初。他进入汉地以后宣讲禅法，翻译了《五门禅经要用法》，以及《观普贤菩萨行法经》、《观虚空藏菩萨经》、《禅密要经》等大乘佛经。然其在龟兹作

---

1 霍旭初《考证与辩析——西域佛教文化论稿》，乌鲁木齐：新疆美术摄影出版社，2002年，第206页。

2 任平山《龟兹佛教大小乘因素的史料分析》，新疆龟兹学会编《龟兹学研究》第二辑，乌鲁木齐：新疆大学出版社，2007年，第318—352页。

3 〔南朝梁〕慧皎撰，汤用彤校注《高僧传》，北京：中华书局，1992年，第120—121页。

为未见记载。所谓龟兹王礼遇供养之事，涉及有神，难辨真伪。

另一位受龟兹王礼遇的僧人是达摩笈多。他大约在公元585年前后在龟兹王寺停住两年。文献留下了龟兹王笃好大乘的记载。

唐道宣（596—667年）撰《续高僧传》卷二载：

> 达摩笈多，隋言法密，本南贤豆罗啰（力加反）国人也，刹帝利种，姓弊耶伽啰。……年二十五方受具戒。其郁波弟耶（按：依止师）佛驮笈多，此云学密；阿遮利夜（按：轨范师），名旧拏达多，此云德施；又一阿遮利夜，名为普照，通大小乘经论，……笈多受具之后仍住三年。就师学问。师之所得略窥户牖，后以普照师为咤迦国王所请，从师至彼经停一载。……于是历诸大小乘国及以僧寺。……又至沙勒国，同伴一人复还本邑，余有三人停在王寺，谓沙勒王之所造也。经住两载，仍为彼僧讲说破论，有二千偈，旨明二部，多破外道。又为讲如实论，亦二千偈，约其文理乃是世间论义之法。又至龟兹国，亦停王寺，又住二年，仍为彼僧讲释前论。其王笃好大乘，多所开悟，留引之心，旦夕相造。笈多系心东夏，无志潜停，密将一僧间行至乌耆国，在阿烂拏寺，讲通前论。又经二年，渐至高昌，客游诸寺。其国僧侣多学汉言，虽停二年，无所宣述。又至伊吾，便停一载。……延入京城，处之名寺，供给丰渥，即开皇十年冬十月也。至止未淹，华言略悉，又奉别敕，令就翻经。移住兴善，执本对译，允正寔繁，所诵大小乘论并是深要。

达摩笈多在隋文帝开皇十年（590年）十月抵达长安，减去路上停留的五六年时间，他在龟兹的时间可能在公元585年前后。传记中清楚地讲到当时龟兹王笃好大乘，达摩笈多到达汉地以后也翻译了不少大乘经典。有学者据此认为这时龟兹流行大乘[1]。但达摩笈多的翻译活动多系奉别敕令。从其生平来看，他原来追随的老师普照通大小乘经论，而他本人到达东土后，所诵大小乘论并是深要，故而笔者认为达摩笈多应当也属于那种大小乘兼修的僧人，旅行时随机应变，根据当地需要来宣讲。因此笃好大乘的龟兹王和兼听则明的龟兹僧众尚需区别对待。

四、龟兹小乘佛学

鸠摩罗什从沙勒回到龟兹以后，推广过大乘理论。他为王女阿竭耶末帝宣说大乘，并在其资助的佛法集会上，阐释过“诸法皆空”、“无我”的中观理论。《高僧传》记载当时“会听者莫不悲感追悼，恨悟之晚矣”。但是，由于鸠摩罗什后来在汉代影响极大，传记写作者参考的诸种传闻，难免有夸大事实的嫌疑。在笔者看来，他在龟兹推广大乘之影响仍然有待商榷。鸠摩罗什回到龟兹，介绍中观思想时才十余岁。根据僧伽戒律，年龄在七岁至二十岁之间的出家男子为沙弥。沙弥受十戒，包括：不杀戒、不盗戒、不淫戒、不妄语戒、不饮酒戒、离高广大床戒、离花鬘等戒、离歌舞等戒、离金宝物戒、离非食时戒。而不受具足戒。十戒比较简单，容易遵守。但到了二十岁，如果沙弥要成为比丘，就要接受更加复杂的戒律。内地流行的比丘戒律大约二百五十条，比丘尼戒律多达三百四十八条。此种戒律涉及生活细节的方方面面，十分全面，故称为“具足戒”。

鸠摩罗什传记提到他二十岁时在龟兹王宫受戒，即为由沙弥转正成为比丘所受的具足戒。当时他的受戒师是龟兹高僧卑摩罗叉，所学戒律为《十诵律》。

《十诵律》是小乘说一切有部奉行的诸律中最原始的律藏。尽管唐义净认为《十诵

---

1 〔法〕列维《所谓乙种吐火罗语即龟兹语考》，《亚洲报》1913年9、10月刊；后收入冯承钧译《中国西部考古记、吐火罗语考》，北京：中华书局，2004年，第67页。

律》不属于根本说一切有部，但学界将其他根本说一切有部律藏和《十诵律》相比较，发现《十诵律》的比丘和比丘尼戒法，相当于义净翻译的《根本说一切有部毗奈耶》和《根本说一切有部苾刍尼毗奈耶》。《十诵律》中犍度法的受具足戒、自恣、安居、皮革、医药、伽絺那衣诸法则相当于义净翻译的《根本说一切有部毗奈耶出家事》、《根本说一切有部毗奈耶随意事》、《根本说一切有部毗奈耶安居事》、《根本说一切有部毗奈耶皮革事》、《根本说一切有部毗奈耶药事》、《根本说一切有部毗奈耶羯耻那衣事》。《十诵律》中的调达事、杂法和增一法的前半，相当于义净翻译的《根本说一切有部毗奈耶破僧事》、《根本说一切有部毗奈耶杂事》、《根本说一切有部尼陀那目得迦》。义净翻译的根本说一切有部律藏和《十诵律》的区别，主要在于前者陈述戒律的过程中夹带了大量本生因缘，且戒律的部分仍然不够全面，缺了《十诵律》犍度中的布萨法、俱舍弥法、净事法等内容[1]。

鸠摩罗什在龟兹由卑摩罗叉教导《十诵律》。后来姚兴迎接鸠摩罗什到长安，同时也在姚秦弘始年间（399—416年）迎入了另外一位来自罽宾的僧人弗若多罗。弗若多罗精于《十诵律》。姚兴于弘始六年（404年）将鸠摩罗什和弗若多罗一同请到逍遥园，由弗若多罗诵出梵文《十诵律》，鸠摩罗什翻译成汉文。但是非常可惜，由于弗若多罗去世，工作中途陷入停滞。学界推测此经流传主要通过口口相传的方式。弘始七年（405年），译经工作因为得到昙摩流支携带到长安的《十诵律》梵本，才得以继续。但不久，鸠摩罗什又复去世。最后，卑摩罗叉补译了《十诵律》的三卷，加上鸠摩罗什早先参与翻译的五十八卷，一共六十一卷。

《十诵律》的译师主要来自龟兹和罽宾，反映了说一切有部戒律在两地留下的影响。而另一方面，鸠摩罗什二十岁在龟兹受戒，仍然跟随小乘老师学此戒律。他所宣扬的中观学说，对于龟兹的影响，究竟有多大呢？更晚时代的龟兹史料反映出龟兹佛教并未因之转变。在鸠摩罗什所处的时代，龟兹以小乘佛教为主流。在他离开以后仍然如此。羽溪了谛认为鸠摩罗什离开龟兹，其影响便迅速在当地消失，原因之一是龟兹后来再无与小乘学者对抗的大乘高僧，也可能龟兹因大乘高僧而破国，遂对大乘教起恐怖厌忌之心[2]。笔者看来，还有另外一种可能，即在汉地编纂的相关传记夸大了鸠摩罗什沙弥时代的社会影响。

公元400年，法显在丝路北道旅行，此时鸠摩罗什尚在后凉姑臧。法显沿途所见，鄯善、乌夷等国亦皆小乘，到达于阗才多大乘学。

《高僧法显传》载：

> 复与宝云等别炖煌。太守李浩供给度沙河……行十七日计可千五百里，得至鄯鄯国。其地崎岖薄瘠，俗人衣服粗与汉地同，但以毡褐为异。其国王奉法。可有四千余僧悉小乘学。诸国俗人及沙门尽行天竺法，但有精粗。从此西行所经诸国类皆如是，唯国国胡语不同，然出家人皆习天竺书、天竺语。住此一月日，复西北行十五日到乌夷国。僧亦有四千余人，皆小乘学，法则齐整。秦土沙门至彼都不预其僧例也。法显得符行当公孙经理，住二月余日。于是还与宝云等共合乌夷国。人不修礼仪，遇客甚薄。智严、慧简、慧嵬遂返向高昌，欲求行资。法显等蒙符公孙供给，遂得直进西南。行路中无居民，涉行艰难，所经之苦人理莫比。在道一月五日得到于阗。其国丰乐人民殷盛，尽皆奉法，以法乐相娱。众僧乃数万人，多大乘学。

法显游记中所说的"乌夷"是什么地方？慧琳《一切经音义》谓乌夷即今焉耆，过去

1 中国佛教协会编《中国佛教》第三辑，上海：东方出版社中心，1996年，第230—231页。

2 〔日〕羽溪了谛著，贺昌群译《西域之佛教》，北京：商务印书馆，1999年，第195页。

之阿耆尼国[1]。但这个问题在二十世纪初西方汉学界有过激烈争论。起先是瓦特斯考订乌夷为焉耆，列维于1913年著文考订乌夷为龟兹，主要有两个理由，第一个理由是龟兹有时被称为拘夷，和乌夷有些类似。第二个理由是根据法显旅行路线推算，认为龟兹正好在高昌到于阗的转折处，地理位置上比较符合法显行程[2]。之后伯希和于1936年撰文反驳列维，考定古代"焉"字书法与"乌"字相似，容易混淆，导致焉字被误写为乌，遂有焉耆被写作"乌耆"[3]。

焉耆紧邻龟兹，同属丝路北道。法显所记，能否反映龟兹的情况呢？就在法显离开后不久，另一位高僧昙无谶来到龟兹，试图推广大乘学说。当地小乘佛教信众拒绝接纳他的理论。昙无谶无奈离开龟兹，往赴姑臧。

《出三藏记集》卷十四载：

> 昙无谶，中天竺人也……十岁与同学数人读咒，聪敏出群，诵经日得万余言。初学小乘兼览五明诸论。讲说精辩莫能詶抗。后遇白头禅师共谶论议。……禅师即授以树皮涅槃经本。谶寻读惊悟，方自惭恨，以为坎井之识，久迷大方。于是集众悔过，遂专业大乘。年二十诵大小乘经二百余万言。……谶明解咒术，所向皆验，西域号为大咒师。……王怒捕谶。谶悔惧诛，乃赍大涅槃经本前分十二卷，并菩萨戒经、菩萨戒本，奔龟兹。龟兹国多小乘学，不信涅槃，遂至姑臧，止于传舍……蒙逊素奉大法志在弘通，请令出其经本。谶以未参土言，又无传译，恐言舛于理，不许，于是学语三年，翻为汉言，方共译写。是时沙门慧嵩道朗独步河西，值其宣出法藏，深相推重，转易梵文，嵩公笔受。

《涅槃经》大乘有之，小乘亦有之。然中天竺大乘咒师昙无谶所学所译为大乘经。他本来想持《大涅槃经》、《菩萨戒经》等大乘经卷到龟兹传法，无奈龟兹的情况很不理想，"多小乘学，不信涅槃"，他只能离开龟兹去姑臧，在那里得到蒙逊的支持才呆下来。昙无谶到姑臧后，数次因为经本不全，回到于阗搜寻，而不是龟兹，也可印证那里大乘典籍稀缺的情况。《高僧传》后来讲到昙无谶被蒙逊谋杀，死时"春秋四十九，是岁宋元嘉十年（433年）也"。可推其生于公元385年，又年二十时为公元404年，他此时尚在中天竺。又据《高僧传》他在姑臧译经，"伪玄始三年（414年）初就翻译"，减去学习汉语之三年，可推昙无谶离开龟兹到姑臧的时间大概在玄始元年（412年）或略早。此时距离鸠摩罗什去世不过数年。

贞观二年（628年）玄奘到达龟兹（文中写作"屈支"），见到龟兹等丝路北道三国佛教皆小乘说一切有部[4]。可见公元七世纪初小乘佛教仍然是丝路北道诸国的主要宗教。

---

1 《一切经音义》：阿耆尼国——雨碛之西第一国也，耆音祇，古曰婴夷，或曰乌夷，或曰乌耆，即安西镇之中是其一镇，西去安西七百里。汉时楼兰、善善等城皆此地也，或迁都改邑，或居此城，或住彼城，或随主立名事，互相吞灭，故有多名，皆相邻近，今或丘墟。

2 列维文曰："纪元520年刊之《出三藏记集》，载有鸠摩罗什时代龟兹佛教信行之事。所载国名为'拘夷'。……纪元860年刊《酉阳杂俎》，亦志有'拘夷'国名。国之北山有陀便水，服之发落，此事与《魏书》所载龟兹国故事，又略相合，故知拘夷为龟兹也……由此拘夷国名，吾人又忆及纪元四百年时法显所纪之乌夷。""考《佛国记》，法显等从鄯善'西行十五日到乌夷国，又西南行，路中无居民；涉行艰难。在道一月五日，得到于阗国'。考其行程，乌夷决为今之库车，昔之龟兹。……由焉耆不能'直进西南行'，到今之和阗，古之于阗也。"〔法〕列维《所谓乙种吐火罗语即龟兹语考》，《亚洲报》1913年9、10月刊；后收入冯承钧译《中国西部考古记、吐火罗语考》，北京：中华书局，2004年，第64—65页。

3 〔法〕伯希和《说吐火罗语》，《通报》1936年年刊，第259—284页；后收入冯承钧译《中国西部考古记、吐火罗语考》，北京：中华书局，2004年，第165页。

4 〔唐〕玄奘、辩机著，季羡林等校注《大唐西域记校注》上卷，北京：中华书局，2000年，第48—66页。

玄奘《大唐西域记》卷一载：

阿耆尼国……文字取则印度……伽蓝十余所，僧徒二千余人，习学小乘教说一切有部。经教律仪既遵印度。诸习学者，即其文而翫之。戒行律仪洁清勤励，然食杂三净。滞于渐教矣。

屈支国……文字取则印度，粗有改变。管弦伎乐，特善诸国……伽蓝百余所，僧徒五千余人，习学小乘教说一切有部。经教律仪取则印度。其习读者，即本文矣。尚拘渐教，食杂三净。洁清耽翫，人以功竞。

跋禄迦国……文字法则同屈支国，语言少异……伽蓝数十所，僧徒千余人，习学小乘教说一切有部。

五、七至八世纪安西龟兹的佛教

随着安西都护府的建立，大乘佛教在龟兹站住了脚跟。最初主要为进驻龟兹的汉族移民信奉，后来也为占据龟兹的回鹘人尊崇。和早先于阗流行大乘佛教的局面不同，传入龟兹地区的大乘佛教并非直接来自印度或中亚，而是经过汉地发酵后产生的思想。其次，龟兹人依旧保持着对小乘佛教的忠诚。这时龟兹大、小乘佛教的关系，可以看作唐代新的定居者和原住民之间关系的再现。

唐代胡幽贞刊纂《大方广佛华严经感应传》载：

圣历年中（699—701年），于阗三藏实叉难陀云："龟兹国中，唯习小乘，不知释迦分化百亿，现种种身云，示新境界，不信华严大经。有梵僧，从天竺将华严梵本至其国中。小乘师等，皆无信受。梵僧遂留经而归。小乘诸师，乃以经投弃于井中，放光赫如火聚。夜诸师覩之，疑谓金宝。至明集议，使人漉之。乃是前所弃华严经也。诸师稍为惊异，遂却入归经藏中龛安置。他日忽见梵本，在其藏内最上隔。诸师念言：'此非我释迦所说耶，吾见有少异，乃收入藏中。何人辄将向此上隔？'又以梵本置于下龛。僧众躬锁藏门，自掌钥钩。明日开藏，还见华严在其上隔。诸师方悟一乘大教威灵如此，惭悔过责，信慕渐生矣。"

《华严经感应传》专门收录各类感应灵异之事以宣讲华严。故事的讲述者实叉难陀本身就是华严经的积极传播者，写作的目的性非常明显。站在唯物主义历史观的立场，华严神迹当然极不可信。这个故事的参考价值恰恰在于它反映了龟兹地区小乘佛教对大乘佛教带有强烈的排斥情绪。当然，大乘华严信仰可能在较晚的时期传入龟兹地区。文献未注明故事发生的时间。于阗僧人叙事时间在圣历年中（699—701年），故事背景当在公元七世纪——龟兹大小乘思想交替并存的时代。

玄奘之后，另一位伟大的僧人旅行家义净于咸亨二年（671年）泛海西行，游学印度。天授二年（691年），他遣人将其所著《南海寄归内法传》带回汉地。文中写道："凡此所论，皆依根本说一切有部，不可将余部事见糅于斯。此与十诵大归相似。有部所分，三部之别：一法护、二化地、三迦摄卑。此并不行五天。唯乌长那国，及龟兹、于阗，杂有行者。然十诵律亦不是根本有部也。"五天，即五天竺。根据义净的见闻，到七世纪末，小乘有部已经在印度消失，却仍然在中亚龟兹等地奉行。至于文中说到十诵律与根本有部的关系问题，现代佛学界认为义净所译之有部毗奈耶相当于十诵律之比丘、比丘尼戒法，而内容较十诵律广泛，多载录本生因缘故事。

公元八世纪上半叶，两则史料反映了大乘佛教在龟兹的不同情况。《贞元新定释教目录》卷十四记载《普遍智藏般若波罗蜜多心经》翻译经过时讲到：

三藏沙门达摩战涅罗（唐言法月），东天竺国人也。游中印度。亦称摩提国人焉。

学通三藏,善达医明。利物随缘,至龟兹国(正曰屈支),教授门人地战湿罗(字布那美,亦称利言),使令记持梵本大乘《月灯三摩地经》满七千偈,及《历帝记》过一万偈,《瑜伽真言》获五千偈。一闻于耳,恒记在心。开元十四年(726年)受具足戒。自后听习律论、大小乘经、梵书汉书、唐言文字。

来自东天竺的达摩战涅罗,在龟兹国将梵本大乘《月灯三摩地经》传授给了弟子地战湿罗。地战湿罗的学习经历反映出龟兹在公元八世纪仍然保持了佛教文化传播中心的地位,只是佛学内容变得较为庞杂。经由龟兹而向汉地传播的佛经,开始涉及大乘。

地战湿罗于开元十四年受具足戒,此事应当发生在此前不久。文献表明,地战湿罗也学习了小乘佛学的内容。那么,这时龟兹小乘佛学的情况如何呢?

二十世纪初,法国探险家伯希和在敦煌石窟中找到一本失传已久的游记写本《往五天竺国传》。在游记中,唐代旅行家——新罗僧人慧超如下写道:

又从葱岭步入一月,至疏勒。外国自呼名伽师祇离国,此亦汉军马守促。有寺有僧,行小乘法。吃肉及葱韮等。土人着迭布衣也。

又从疏勒东行一月,至龟兹国,即是安西大都护府,汉国兵马大都集处。此龟兹国,足寺足僧,行小乘法,食肉及葱韮等也。汉僧行大乘法。

又,安西南去于阗国二千里,亦足汉军马领押。足寺足僧,行大乘法,不食肉也。从此已东,并是大唐境界。诸人共知,不言可悉。

开元十五年(727年)十一月上旬至安西。且于安西,有两所汉僧住持,行大乘法,不食肉也。大云寺主秀行,善能讲说,先是京中七宝台寺僧。大云寺都维那,名义超,善解律藏,旧是京中庄严寺僧也。大云寺上座,名明恽,大有行业,亦是京中僧。此等僧大好住持,甚有道心,乐崇功德。龙兴寺主,名法海,虽是汉儿生安西,学识人风,不殊华夏。

于阗有一汉寺,名龙兴寺。有一汉僧,名□□。是彼寺主大好住持。彼僧是河北冀州人士。

疏勒亦有汉大云寺,有一汉僧住持,即是峪州人士。

又从安西东行□□至焉耆国,是汉军兵□领押。有王。百姓是胡。足寺足僧,行小乘法。

卷末有云:"此即安西四镇名……一安西、二于阗、三疏勒、四焉耆。"[1]可知慧超所云安西者,即指龟兹。故秀行、义超等人所驻之大云寺为龟兹大乘汉寺。安西都护府治所,大乘佛教此时非常发达,但其信众仍然以汉族居民为主,龟兹原住民依旧奉行小乘。疏勒和焉耆,过去也是奉行小乘的,现在情况和龟兹类似。

慧超到达龟兹的时间是727年,即地战湿罗受具足戒的次年。这种大、小乘信众在龟兹和睦相处的盛况一直持续到吐蕃攻陷龟兹以前。约公元785—788年,旅行僧人悟空在龟兹居住了一年。在此期间,他请龟兹高僧勿提犀鱼翻译了他从南天竺携来的《十力经》。

唐圆照之《悟空入竺记(大唐贞元新译十地等经记)》载悟空先在北印度犍陀罗地区学习小乘说一切有部,又南游中天竺诸国,求得梵本《十地经》、《回向轮经》和《十力经》,然后取道北路返回大唐,经于阗、威戎城(亦名钵浣国,正曰怖汗国)、据瑟得城之后,"次至安西。四镇节度使开府仪同三司检校右散骑常侍安西副大都护兼御史大夫郭昕。龟兹国(亦云丘兹,正曰屈支)王白环。城西门外有莲花寺,有三藏沙门名勿提提犀鱼(唐云莲花精进)。至诚祈请,译出《十力经》,可三纸许以成一卷。三藏语通四

1 〔唐〕慧超著,张毅笺释《往五天竺国传笺释》,北京:中华书局,2000年,第178页。

镇，梵汉兼明。此《十力经》，佛在舍卫国说。安西境内有前践山、前践寺。复有耶婆瑟鸡山，此山有水滴溜成音，每岁一时采以为曲，故有耶婆瑟鸡寺。东西，拓厥寺、阿遮哩贰寺。于此城住一年有余"。

据《旧唐书·德宗纪上》，诏郭昕任安西大都护、四镇节度观察使的时间在建中二年（781年）七月。悟空到达龟兹当在此后。悟空离开龟兹后，在焉耆停留了三个月，然后到达北庭，请当地僧人翻译了《十地经》和《回向轮经》，最后于贞元五年（789年）随同唐北庭宣慰使等官员返朝。推测勿提提犀鱼在龟兹翻译《十力经》的时间应当在此前不久的贞元初期。霍旭初对这段事迹有专文考证，最后认为《十力经》属于阿含部（过去通常认为它属于密宗），勿提提犀鱼翻译此经不仅不能证明当地流行密宗，相反还可能为研究当时龟兹小乘佛教提供线索[1]。

1 霍旭初《唐代龟兹僧勿提提犀鱼汉译〈十力经〉及相关问题》，《敦煌研究》2001年第3期，第157页。

第三章
本生因缘

第一节　龟兹壁画中的本生和因缘

一、本生故事

“本生”（音译为“阇多伽”）概念上指“有情”于五趣轮回中的往事。实际上，佛经中的“本生”多为佛陀往昔作为各种动物、人、天人的种种行迹。故《大般涅槃经》云：“何等名为阇陀伽经？如佛世尊本为菩萨修诸苦行，所谓比丘当知我于过去作鹿，作罴，作麞，作兔，作粟散王、转轮圣王、龙、金翅鸟，诸如是等，行菩萨道时所可受身，是名阇陀伽。”《大毗婆沙论》曰：“本生云何？谓诸经中宣说过去所经生事，如熊、鹿等诸本生经，如佛因提婆达多说五百本生事等。”

本生在龟兹石窟的表现方式主要有两种，其一，是绘制在石窟券顶的菱格之中。其二，是以方格（如克孜尔第184窟）或长横幅的形式绘制在石窟侧壁（图3-1-1）。其中，克孜尔第81窟、第212窟的连环画式本生最为典型。

克孜尔第212窟是一个长条形纵券顶方形窟。左右两个侧壁的上部分别绘制了“弥兰本生”（参见图3-2-64）和“亿耳本生”（图3-1-2）两个本生故事[1]。两幅壁画均被揭取。“弥兰本生”亦可见于其他石窟之券顶（参见图3-2-63）。“亿耳归途遇饿鬼”似在券顶菱格中未见。故事讲述亿耳出生时就有珍奇耳环，因而得名。他因前世果报，享有财富和声誉。在商人们的怂恿下，他作为商团萨薄，率领众人出海寻宝。归途中，商人们贪图船上的财宝，乘船离去，把亿耳遗弃在海滩。亿耳开始了艰苦的回家之旅。他一路遭遇了饿鬼、被野兽啃食的求欢男女等诸种古怪的受难者——他们都必须接受前世恶行带来的果报。亿耳最终回到了家乡。路上的遭遇使他看破红尘，出家成为了迦旃延的弟子。

壁画以连续无间隔的画面横向展开，目前遗存八个较为完整的场面。开始部分残缺，其后第一个场景绘制了一大水域，水面龙舟，满载宝物。此为亿耳做萨薄，带领商主满载而归。

《十诵律》“七法中皮革法”载：

> 佛在舍卫城。尔时阿湿摩伽阿盘提国，有聚落，名王萨婆。中有大富居士……生男，耳有金环……可直纯金一亿。儿字沙门，耳环直一亿，众人即字为沙门亿耳……是王萨薄聚落是四方商客所聚集处。时四方商客来诣聚落，问言是中阿谁善好有德，可寄可信，示我利害？诸人示沙门亿耳善好有德，可寄可信，善别利害。是诸商客即诣沙门亿耳，托为主人……是萨薄福德威力，是舡疾

1 新疆龟兹石窟研究所编《克孜尔石窟内容总录》，乌鲁木齐：新疆美术摄影出版社，2000年，第238页。

图 3-1-1　克孜尔第 184 窟侧壁方格本生壁画

图 3-1-2　亿耳归途遇饿鬼，克孜尔第 212 窟

到宝渚。勅语诸商客言：取诸宝物，载使满舡，莫令大重。取宝物竟得伊勒风。是时，舡去疾胜于箭。还阎浮提，向王萨薄聚落……

第二个场面描绘一群人畜在草棚间休息。此为亿耳商队在海滩过夜，亿耳嘱咐商人们注意事项。

时有空泽……亿耳驱驴别处宿。是诸商客夜半发去，人人相觉，竟不唤亿耳。后夜大风雨堕，亿耳觉，唤诸商客。商客无人应者。亿耳如是思惟：奈何诸人弃我去耶？即逐去。是道多沙土，风雨流漫，路无遗迹。仰驴嗅迹而前。

第三个场面绘制一群人骨瘦如柴，在城堡举手求救。这是表现亿耳探寻回家之路，途经一座饿鬼之城。

亿耳饥极前行，见有一城……时无数百千万饿鬼来出……诸饿鬼言：此是饿鬼城。我百千万岁今日乃闻唱食声。我等以不布施悭心多故，堕饿鬼中……

第四个场面绘制亿耳站在一棵树下，一头驴子匍匐在其下方。这是表现亿耳为自己和驴子采集食物。第五个场面绘制一人坐在树上，旁边有一对恩爱男女，头上为日月。树下有狗群啃食尸骨。这是表现亿耳在树上看见的情景——男子白天享受男欢女爱，晚上则受到群狗撕咬之苦。

前行不久，复见树，名婆罗。夜于下宿，摇树落叶，细者自食，麁者与驴。如是日暮至夜，是中即有床出，男出女出，颜貌端正，着天宝冠，共相娱乐。沙门亿耳作是思惟：

我不应尔看他私事。

时夜过昼来，实时床灭，女灭。有群狗来啖是男子，肉尽骨在……男言：我是某甲屠儿。有长老迦旃延常出入我家。我常供给饮食、衣被、汤药。亿耳，彼常语我言：莫作恶行……时迦旃延复语我言：汝作此恶，昼多夜多？我言昼多。即语我言：汝夜受五戒，可获微善。我即从受，今得此报。夜善昼恶，皆由作行……

第六个场面绘制二人站在水池边。这是表现亿耳在池中洗浴，以及他看见池变殿堂。第七个场面绘制二人坐在榻上，座前复有两人，骨瘦如柴。这是表现亿耳受到堂中女子邀请，共坐与食，女子交代不得与二饿鬼食物。

前行复见林树，池水清净。亿耳于中洗浴饮驴。是池边有堂，众宝庄严。亿耳仰视见堂，即作是念：我饥渴欲死，当何所在。即便上堂……上堂见女人坐象牙床，床脚系二饿鬼……女即唤亿耳坐。共相问讯。语女言：贵女乞我食。女言：相与汝，但莫与是二饿鬼……女即与水洗手与食。

是女欲令亿耳知此因缘故，小出堂外。时二饿鬼伸手语沙门亿耳：乞我一口，乞我半口，我腹中饥如火烧。沙门亿耳：先好布施怜愍众生……各各与一口。是二饿鬼着食口中，是食变成脓血，少多咽还吐出，满堂臭恶。女人还入见，臭处满堂……女即除吐扫洒烧香，还坐本处。

第八个场景绘制一女子跪地合掌，面向床榻。另有一女子一手持碗，面对一只中式大镬，其前方画面破碎，其上方有一只山羊。这是表现二女子向主人乞食，一人下锅自煮，出锅后自食其肉，另一人则变成山羊吃草。

亿耳语：姊妹更与我食。女言：我不惜食，设与汝者，恐更与鬼，是事不可。亿耳言：姊妹，我先不知，故与，今不复尔。

是女即以水洗手与亿耳食。是时更有一女来语：贵女与我食。女言：食汝常食。作是语已，即有三锜镬，爨火汤沸。是女脱衣着一面，入镬中，皮肉烂尽，唯有骨锁。冷风来吹，即得出镬，还活。着衣，啖其烂肉，啖已而去。

亿耳故食，更有女来言：贵女与我食。女言：食汝常食。作是语竟，女变成羖羊啖草。

……女言：汝识阿湿摩伽阿盘地国中王萨薄聚落不……是一鬼系我头边床脚者，是我夫某甲居士。系我脚边床脚者，是我儿。有长老迦旃延出入我舍，受我衣服、汤药供养。是二人瞋我言，我作财辛苦而持与他。汝空自疲劳，后世当得脓血之报。以是悭贪，不憙布施，堕饿鬼中。是恶口业报故，与食变为脓血……

《十诵律》中，亿耳后来面见佛陀，带去了迦旃延僧团的一些问题，佛陀据其请求，修正了一些戒律。因此故事并非释迦“本生”。但这个故事在石窟中和弥兰本生成为一个系列，可见龟兹石窟基本以宣说因果报应为主旨，但壁画取材具有一定的灵活性，并不必然严格按照故事属性布局。

对克孜尔本生因缘的研究开始于二十世纪初。德国学者测绘、揭取壁画，随即做了大量工作。他们的研究触动了海外东方学界对龟兹图像的关注。雅尔·夏庞蒂埃（Jarl Charpentier）（1927年）[1]、勒柯克（1928年）等学者在格伦威德尔研究的基础上[2]，完成了相关论文。此后相关研究在瓦尔德斯密特的主导下持续进行，二十世纪九十年代迪特·施林洛甫（Dieter Schlingloff）及其同仁仍然推陈出新。施林洛甫对阿旃陀壁画倾注

1 Jarl Charpentier, Remarks on the Identification of Some Jataka Pictures, Bulletin of the School of Oriental Studies, University of London, Vol.4, No.3 (1927), pp.493—503.

2 〔德〕阿尔伯特·冯·勒柯克、恩斯特·瓦尔德施密特著，管平、巫新华译《新疆佛教艺术（下）》，乌鲁木齐：新疆教育出版社，2006年，第419页。

图 3-1-3　紧那罗女本生，克孜尔第 199 窟甬道外侧壁，德国藏

了较多精力，同时也研究犍陀罗雕刻和克孜尔壁画。他对克孜尔壁画“紧那罗女本生”[1]（图3-1-3）的成功释读反映出西方学界在梵语、巴利语佛典研读，以及更为开阔的佛教美术视野方面具有优势。

日本学界也有较长的龟兹图像研究史。从二十世纪中前期的松本荣一、熊谷宣夫，到中后期的中野照男、宫治昭，乃至最近活跃的井上豪、中川原育子等，许多学者贡献了精彩的论文。希望进一步了解本章主题的读者，可以阅读中川原育子对克孜尔第81窟须大拏本生画的全面释读[2]。

中国学界介入较晚，图像志研究较长时间没有大的进展。“文革”结束后，较为深入的研究才真正展开。李铁于1983年在《新疆艺术》上发表了《本生故事及其绘画》一文，具体讲述了克孜尔壁画中的十二个本生故事[3]。此后中国文物出版社和日本平凡社合作出版的《中国石窟·克孜尔石窟》三卷本于1983—1985年间在日本出版，其中图版目录涉及各类本生、因缘、佛传故事，丛书所附论文亦对相关主题做了较为广泛的研究。其中《中国石窟·克孜尔石窟·二》收录了马世长《克孜尔中心柱窟主室券顶与后室的壁画》一文[4]。该文依照石窟内的壁画分布，对本生因缘壁画进行了细致的介绍，并列出佛经文本出处，涉及《法句譬喻经》、《杂宝藏经》、《贤愚经》、《六度集经》、《菩萨本行经》、《菩萨本缘经》、《经律异相》、《根本说一切有部毗奈耶破僧事》、《根本说一切有部毗奈耶杂事》、《大智度论》、《太子须大拏经》、《太子慕魄经》、《僧伽罗刹所集经》、《大集经》、《佛说九色鹿经》、《十诵律》、《撰集百缘经》等经。该套丛书中文版出版较晚，1989年出版了第一册，第二册至1996年才在国内出版。在此期间，天津人民美术

1　壁画原位于克孜尔第199窟甬道外侧壁，后为德国人揭取。壁画描述猎人用宝索困住入浴的紧那罗女，紧那罗后来被献给Sudhana王子为妻。它是一个漫长的本生故事的片段。Dieter Schilingloff, AJANTA-Handbook of the Paintings(Vol.Ⅰ), New Delhi, 2013, p.182.

2　〔日〕中川原育子《キジル第81窟のスダーナ太子本生壁画について》，《名古屋大学文学部研究論集》No.57, 2011, pp.109—123.

3　李铁《本生故事及其绘画》，《新疆艺术》1983年第2、3、4期；后收入《龟兹文化研究（三）》，乌鲁木齐：新疆人民出版社，2006年，第364—375页。

4　马世长《克孜尔中心柱窟主室券顶与后室的壁画》，《中国石窟·克孜尔石窟·二》，北京：文物出版社、日本东京：平凡社，1996年，第174—226页。

出版社和新疆美术摄影出版社联合出版了《中国新疆壁画全集》数卷。画册图版说明由霍旭初等人撰写，在原有认识的基础上，也增添了一些《中国石窟·克孜尔石窟》未予解释的内容。

1987—1988年，姚士宏在《敦煌研究》上发表了以《克孜尔石窟本生故事画的题材种类》为题的系列文章[1]，对克孜尔本生壁画做了较为系统的整理、研究和统计，计算出克孜尔本生故事画共135种，画面442幅，分别绘制于36个洞窟。论文将本生壁画依据说教属性（此分类法可见《六度集经》）分为布施度类、戒度类、忍辱度类、精进度类、禅度类、明度类，共六大类别，列举了其中已经识别的主题64种。这64个本生画重复绘制的比例较高，画面有327幅，占总数的73%。其余内容待考的本生大约还有71种。1991年姚士宏与张荫才合著的《克孜尔石窟佛本生故事壁画》一书出版，配以赵霄鹏描绘的线描插图，将所解读的本生故事增至66个，将相关佛教原典进行了详细的转写。1996年，姚士宏的文集《克孜尔石窟探秘》出版。这本薄薄的小册子迄今影响深远。该书收入了《克孜尔石窟本生故事画题材种类》一文的修改稿，修正并新考证了一些本生主题，题材种数新定为131种，画面484幅，列举识别出的本生故事增加到了68个，内容待考部分则减少至63个，一一以文字记录，配以图片[2]。此文既集大成，又有突破，为后来的研究奠定了良好的基础。它为本章写作提供了基本材料。

2000年《克孜尔石窟内容总录》中“克孜尔石窟本生故事一览表”，核对整理了57个主题的壁画位置[3]；此外，又另外设置了“克孜尔石窟因缘故事一览表”，统计了54个菱格因缘的壁画主题及其位置；“克孜尔石窟佛传故事一览表”，核对整理了从燃灯佛授记、托胎灵梦到第一次结集，共40个佛传主题的壁画位置[4]。2008年出版的《森木塞姆石窟内容总录》、2009年出版的《克孜尔尕哈石窟内容总录》也建立了石窟和本生佛传的一览表[5]。这些表格为国内学者提供了方便的索引。与此同时，2009年出版了第三套重要的龟兹壁画图册《中国新疆壁画艺术》六卷本（前五卷为龟兹石窟，最后一卷为吐鲁番石窟），图版说明对个别壁画的解释有所变化，也有少量过去的未知主题得到了阐释。例如克孜尔第188窟中的“宝天因缘”即为《克孜尔石窟内容总录》所未载[6]。

对于龟兹本生、因缘、佛传壁画，人们的认识逐渐丰富。总体而言，相关研究主要在三个领域进行。其一，是在图像志领域对壁画内容进行考证。其二，是就相关壁画在文化和宗教层面进行阐释。其三，是从图像的表现风格出发，展开美学和文化的讨论。

二、因缘故事

绝大部分克孜尔本生故事绘制在石窟券顶的菱形格里。但并非所有菱格壁画都是本生。券顶菱格上常见故事有两种图式，一种在画面中不出现佛像，一般被识别为本

1 姚士宏《克孜尔石窟本生故事画的题材种类》，《敦煌研究》1987年第3、4期，1988年第1期；后收入《龟兹文化研究（三）》，乌鲁木齐：新疆人民出版社，2006年，第341—363页。

2 姚士宏《克孜尔石窟探秘》，乌鲁木齐：新疆美术摄影出版社，1996年，第61—135页。

3 新疆龟兹石窟研究所编《克孜尔石窟内容总录》，乌鲁木齐：新疆美术摄影出版社，2000年，第294页。

4 新疆龟兹石窟研究所编《克孜尔石窟内容总录》，乌鲁木齐：新疆美术摄影出版社，2000年，第295—300页。

5 新疆龟兹石窟研究所编《森木塞姆石窟内容总录》，北京：文物出版社，2008年，第99—101页；新疆龟兹石窟研究所编《克孜尔尕哈石窟内容总录》，北京：文物出版社，2009年，第95—96页。

6 中国新疆壁画艺术编辑委员会编《中国新疆壁画艺术·三·克孜尔石窟（三）》，乌鲁木齐：新疆美术摄影出版社，2009年，图160，第181—182页。

生；另一种以佛像作为画面中心，故事来源比较复杂。为了区别于前者，学界称之为“因缘故事”。

马世长将笼统意义上的“本生”细分为本生故事和佛传因缘，认为“本生”直接表现佛陀生前诸事，“因缘”则描绘释迦讲述种种因缘、果报、譬喻故事。他比较克孜尔菱格本生和菱格因缘时注意到：绘制菱格因缘的洞窟数量之多超过菱格本生，涉及第8窟、第38窟、第58窟、第63窟、第80窟、第98窟、第100窟、第101窟、第104窟、第163窟、第171窟、第172窟、第175窟、第179窟、第184窟、第186窟、第192窟、第193窟、第196窟、第199窟、第205窟、第206窟、第219窟、第224窟等窟。第38窟券顶是其中的特例，以一行菱格本生一行菱格因缘的方式间隔排列[1]。上述石窟中第171窟和第163窟保存菱格因缘故事壁画最好，第80窟绘制菱格因缘故事数量最多。故而马世长依照壁画在相关洞窟中的位置次序予以了描述，并尽可能地进行了文图释读。

因缘故事涵盖了本生以外的故事性叙事，这个概念的提出有一定的合理性，但也存在局限。

首先，“因缘”和“本生”可以在不同纬度相互指摄，因此“本生”和“因缘”作为对称性概念，容易造成概念上的混淆。“因缘”，简单说就是因果报应，是佛学教义的基本原理。因缘无处不在，本生中包含了因缘，本生故事的主旨也无非是阐明因缘果报。另一方面，“譬喻”故事是佛陀为说明道理而做的比况，强调劝诫教化，也是用“因果报应”劝诫人们弃恶从善，皈依佛法。本生和譬喻，原理一样，举例不同。本生故事在劝诫的基础上，多用于解释佛陀当时因缘，又或就当时之事说过去早已如此。因缘、本生、譬喻往往是相通的。《贤愚因缘经》收集种种譬喻因缘，僧佑介绍此书时说：“旷劫因缘，既事照于本生；智者得解，亦理资于譬喻。贤愚经者，可谓兼此二义矣。”因此，《菩萨本生鬘论》的因缘包含本生因缘和在世因缘两个部分。霍旭初（2005年）在相关研究中也指出：“《杂宝藏经》将所有故事都冠以‘缘’。本来早期佛典中的譬喻类经典、杂合佛、菩萨、弟子的传记，又吸收民间故事，很难详细区分性质。”[2]佛教文学研究者也注意到，在因缘譬喻和本生故事之间没有绝对的分别。这些小故事本来都采集自民间，同样情节的故事可以是本生，也可以是譬喻，主要根据不同的宗教目的来改造。一个简单的小故事，用来摆明道理便是譬喻，但只需在结尾处点出故事中某某即是现在某某，这个故事便具有了因缘的特点，如果故事的述说者释迦在最后讲到故事中某某“即是我也”，那么这个故事就变成了本生。比如《根本说一切有部毗奈耶破僧事》在“共命鸟”譬喻的结尾略加解释，两头鸟中一为释迦，一为提婆达多，二人生前早已结怨。这样譬喻就变成了本生[3]。

其次，“菱格因缘”与“菱格本生”相区别，可能会引起误会，让人认为以佛像为中心人物的因缘故事画，其主题应该是非本生类的主题。换言之，图像中的佛陀被预先假定为现在佛释迦牟尼。然而事实并非如此。龟兹壁画中，大量叙事性图像以过去佛为中心人物，描述释迦牟尼往昔供养过去佛的事迹，属于典型的本生。

例如本生中最为著名的“孺童供养”。故事讲述佛陀前世为梵志孺童，他向燃灯佛抛散七朵莲花，及布发供养，而得授记成佛。在克孜尔第69窟侧壁壁画“孺童供养”中，

1 马世长《克孜尔中心柱窟主室券顶与后室的壁画》，《中国石窟·克孜尔石窟·二》，北京：文物出版社、日本东京：平凡社，1996年，第199页。

2 霍旭初《〈杂宝藏经〉与龟兹石窟壁画——兼论昙曜的译经》，《吐鲁番学研究》2005年第2期；后收入《龟兹学研究》第一辑，乌鲁木齐：新疆大学出版社，2006年，第167页。

3 郜林涛《〈根本说一切有部毗奈耶破僧事〉本生故事研究》，《忻州师范学院学报》2003年第4期，第32页。

燃灯佛托钵站立在画面中央，一婆罗门扬手向其抛掷花朵（图3-1-4）。从图式上这类图像应该归属于“因缘”，从故事内容上则应该归属于“本生”。姚律注意到：除了第69窟，新1窟、第188窟、第47窟、第48窟、第63窟、第77窟、第85窟、第100窟、第104窟、第163窟、第176窟、第196窟、第219窟可能也是以供奉过去诸佛为主题[1]。

图 3-1-4 孺童供养，克孜尔第 69 窟侧壁

此类以过去佛为中心，以释迦前世供养过去佛为主题的方形壁画，以库木吐喇第34窟侧壁壁画最为典型。1995年，法国学者乔治·让·皮诺解读出库木吐喇第34窟（穹窿顶方形窟）内的榜题，壁画内容因此可以确认为佛陀本生（图3-1-5）[2]。这些北突厥斯坦的婆罗迷符号属于吐火罗语例外的一种，写在侧壁方格连环图式壁画上下边缘的白带内。依据廖旸女士的翻译，摘录如下：

左壁榜题：

接着国王的女儿Vāsava向Ratnaśikhin 奉献灯具。

你祈请Praṇāda 到城里来；你建造了90座窣堵波。

在Ksemahkara 的时代，你将一座一里长的窣堵波变成现实。

一个婆罗门（brâhmane），向曾经在小路上经过（已经走过）的Śrī sambhava，奉献（给他）一个休息的地方。

你昔身为智者；对于Kaundinya，你奉献了一个歇脚之处，以及agalloche（的树枝）。

向燃灯佛（Dīpankara）你抛出七朵莲（花）；你昔身为梵志。

你昔身为智者；你出发到Sudarśana 面前去。

再次，你昔身为智者；你向森林里的Sunetra表示敬意。（……）

右壁榜题：

（再次）为了延寿你祈请尸弃佛（Sikhin）；你建立了一座寺院；（你昔身为国王）。

你昔身为国王；（在以华盖〈和〉拂尘向尸弃佛表示敬意之后，）为了延年益寿你建立了一座寺院。

再次，你昔身为国王；你出发到尸弃佛面前去；你用华盖（和）拂尘向他表示敬意；在一生中你延请他到城里来。

再次，在用华盖（和）拂尘礼另一位尸弃佛之后，在城里你安顿下他。

1 姚律《克孜尔石窟69窟：一个反映小乘有部“逢事诸佛”的中心柱窟》，《新疆艺术学院学报》2010年第2期，第23页。

2 〔法〕乔治·让·皮诺撰，廖旸译《库木吐拉新发现的吐火罗语题记：佛教发愿故事》，新疆龟兹学会编《龟兹文化研究》第一辑，香港：天马出版有限公司，2005年，第70页。

图 3-1-5　佛陀本生，库木吐喇第 34 窟

在这里，你用笛子（和）诗琴（的乐声）向尸弃佛表示敬意；你昔身为国王。

再次，你又祈请尸弃佛；热望受持僧伽的戒律，你致以敬意。

再次你昔身为国王；尸弃佛在恒河（Gange）中沐浴（？）（……）。

这些题记以第二人称向（释迦）菩萨说话，长久地回忆前世中他的功德。皮诺认为与这种库车语文本叙述方式最接近的梵文佛教文本是《方广大庄严经》。此经中的菩萨愿行文本也是按照第二人称构思，而不仅是第三或第一人称。与题记相关的图像内容，还有待考证。但它出人意料地揭露了过去被忽略的两点事实：首先，以佛陀为中心的壁画不一定是世尊对其他人说法，也可能描绘释迦前世供养过去诸佛。其次，供养过去佛的本生故事，不仅内容丰富，相关图本大规模存在，且可能被连续绘制在同一个石窟之内。此类主题在菱格因缘中的表现可见于“释迦闻法翘足七日”之故事。其他已然识别，或尚未识别的菱格因缘，大抵也需要重新审查。

图 3-1-6　弗那施佛钵食，克孜尔第 80 窟

此外，即使菱格中的主尊可以确认为现在佛释迦，由于图像简单，缺乏足够的参考细节，图像和文本的对读也依然存在不确定性。例如克孜尔券顶菱格常绘佛陀结跏趺，一手持钵，旁边一婆罗门手捧

食物，跪地奉献（图3-1-6）。我国学者定名为“弗那施佛钵食”[1]，故事讲述梵志弗那见佛乞食，施以满钵白净饭。以此福报，田中庄稼变成金禾，收割不尽[2]。而艾曼纽·雷斯布勒则将其识别为婆罗门室利笈多（头梨崛，Srigupta）向世尊投毒的故事[3]。汉译经典见于《增一阿含经》、《大庄严论》、《根本说一切有部那目得迦》、《鼻奈耶》等经。婆罗门室利笈多邀请佛陀，准备以火坑陷阱以及毒食供奉予以加害。当他看到佛陀以神力克服火坑时，懊悔不已，向佛陀坦白食物有毒。佛陀告诉他，当他向佛陀坦白之时，食物中的毒素已然去除。佛陀享用了那份毒食，安然无恙[4]。两个属性完全不同的故事，都可以对应图像中的内容。如果没有对石窟壁画的整体性把握，仅就单幅绘画，很难明确判断。

鉴于上述状况，本书仍然沿用“菱格因缘”这一概念。但强调“菱格本生”和“菱格因缘”这对概念的有效性主要在图式方面：首先，“菱格”是龟兹艺术的特殊类型。以克孜尔石窟为代表，在石窟券顶菱格山峦构成的菱形格中绘制佛教故事，图式独具一格，其他未被龟兹文化覆盖的地区比较罕见。其次，在龟兹图式内部，“菱格本生”和“菱格因缘”与绘制在方形区域内的“佛传”壁画有较大区别。后者位于石窟侧壁，画幅较大。前者处于穹顶两侧，且以小幅菱格为背景，图像构成强化了故事中涵盖的时间属性。第三，“菱格本生“和“菱格因缘”图式有区别。“菱格因缘”中，佛陀尊像一成不变地作为图像中心。“菱格本生”处理画面的手段较为灵活，但画面中不出现佛陀尊像。

“菱格本生”主题相对单纯，以佛陀往昔的各种故事为主。“菱格因缘”则要复杂得多，既包括世尊往昔供养过去佛的故事（此类故事，亦当属于本生），也包括一些世尊最后身的行迹。因此，菱格因缘又可以分为“供养过去佛”（本生）和“世尊行迹”两种。

“供养过去佛”，即佛陀供养过去佛的往事，画面中心的佛像是过去佛。以“翘足

1 中国新疆壁画艺术编辑委员会编《中国新疆壁画艺术·二·克孜尔石窟（二）》，乌鲁木齐：新疆美术摄影出版社，2009年，第269页。

2 北魏西域三藏吉迦夜共昙曜译《杂宝藏经》卷四“弗那施佛钵食获现报缘”：昔佛在世，有梵志兄弟五人……四兄入山学道，得五神通。其最小弟，名曰弗那，见佛乞食，盛好白净饭，满钵施佛。尔时弗那，恒以耕种为业。时耕种讫，还归于家。后于一日，出到田中，见其田中所生苗稼变成金禾，皆长数尺，收刈已尽，还生如初。国王闻之亦来收刈，不能得尽。如是一切，诸来取者，皆不能尽。兄等念言：我弟弗那为得生活，为贫苦耶。寻共来看，见弟福业踰于国王，便语弟言：汝先贫穷，云何卒富？答言：我见瞿昙，施一钵饭，得如是报。四兄闻已，欢喜踊跃。又语弟言：尔今为我作欢喜团。我等四人各持一团，供养瞿昙，愿求生天，不听其法，不用解脱。于是各担欢喜团往至佛所。大兄捉一团着佛钵中。佛言：诸行无常。第二复以欢喜团着佛钵中。佛作是语：是生灭法。第三复以欢喜之团着佛钵里。佛作是语：生灭灭已。第四复以欢喜之团着佛钵中，佛作是语：寂灭为乐。即还归家，至寂静处……兄弟四人，各思此偈，得阿那含。皆来佛所，求为出家，得阿罗汉道。

3 Emmanuelle Lesbre, An Attempt to Identify and Classify Scenes with a Central Buddha Depicted on Ceilings of the Kyzil Caves (Former Kingdom of Kutcha, Central Asia), Artibus Asiae.Vol.61, No.2(2001), p.319.

4 《增一阿含经》卷四一：罗阅城中有长者名曰尸利掘，饶财多宝……外道梵志尼干子及彼六师往至尸利掘长者家，语长者曰：“……汝今可往至沙门瞿昙所，愍我等故，请沙门及比丘众来在家祠之，又勅屋中作大火坑，极燃炽火，食皆着毒，请使来食。”……是时，尸利掘默然随六师语，即出城至世尊所，头面礼足，持杂毒之心，白如来言：“唯愿世尊及比丘僧当受我请”……世尊以知时至，着衣持钵，将诸比丘众，前后围绕，往至彼家。又勅诸比丘僧：“诸人皆不得先吾前行，亦不得先吾前坐，亦复不得先吾前食”……尔时世尊适举足门阈上。尔时火坑自然化作浴池，极为清凉，众华满其中……是时尸利掘见如来如斯变化，便生斯念：“吾为外道异学所误，失我人中之行，永失天路，心意愦然，如饮杂毒，必当趣此三恶道中，实是如来出世难遇。”觉知此已，实时涕零，头面礼足，白佛言：“唯愿如来听我悔过……我所设食皆悉有毒，唯愿世尊小停，今当更施食。所以然者，无令如来体有增损。”佛告长者：“如来及弟子终不为他所害。但长者食已办者，随时供设……”尔时，世尊说此语已，便食杂毒之食。

听法”本生为例，释迦在画面中以听法者身份绘制在过去佛的脚边。“过去佛因缘”理论上应该归属本生中的一种类型。森美智代将之归纳为“誓愿图”，并注意到此类图像在克孜尔、库木吐喇和吐鲁番石窟中都有重要表现[1]。但这类壁画学界研究尚不深入，本书不予介绍。

“世尊行迹”，涵盖人们供养释迦牟尼及世尊说法的图像。此类图像，如马世长所指出，很难在叙事属性上和石窟侧壁大型佛传壁画作出绝对性的划分[2]。二者都基本遵照了以释迦牟尼佛为图像中心的构图原则，佛传的不同情节，以环绕在佛陀身边，尤其是佛陀两侧前景的听法人物来揭示。许多菱格因缘绘画中出现了和侧壁大型方格佛传相同的壁画主题，例如“无恼指鬘（央掘摩罗）”、“白狗因缘”等等。

此外，菱格“世尊行迹”也常常在佛陀身边绘制佛陀说法的内容——譬喻，或过去因缘。为之，姚士宏甄别出八个“譬喻”，分别是“盗贼身刺三百矛喻”、“盲龟钻浮木孔喻”、“猿猴被胶喻”、“系六众生喻”、“罗云洗佛足喻”、“箧盛四毒蛇喻”、“水流大树喻”和“三水器喻”。姚士宏谈到：“尽管这类故事画在表现形式上，仍是菱格中间为一身坐佛，佛座旁边为有关人物（多为比丘）、动物和器物，与因缘壁画无甚区别，但内容却不是因缘壁画所能包涵的——因缘壁画主要是描绘大众对佛所作各种供养而得到的种种好处，宣扬因果报应之事，而譬喻故事画则是将佛在传教中的譬喻说法内容，用具体可感的画面展示出来，使抽象玄奥的教义形象化、浅显化，从而更易于信徒们领会和接受。”[3]

下文选取有代表性的菱格本生和菱格因缘予以介绍。由于已经识别出的本生故事，在图像和文本上并未显现特定的逻辑。所以本生绘画的编排体例，没有按照时间、剧情发展或议题分类的顺序，而是依据图像本身的内容，把本生故事主角——释迦在往昔轮回中的状态，分为动物和人两大类别。这种分类方式在《经律异相》等文本中也已存在，好处是可以方便地按照图像进行检索。需要指出的是，在一些情况下，本生主角对应的后世人物，在不同佛经中会有差异。研究者对此应该有所注意。菱格因缘的部分，鉴于其图式单一而主题复杂的情况，借鉴了艾曼纽·雷斯布勒的分类方法[4]，分为供养篇、奇事篇、降伏篇和譬喻篇。

1 〔日〕森美智代《关于龟兹石窟的誓愿图》，《吐鲁番学研究：第二届吐鲁番学国际学术研讨会论文集》，上海：上海辞书出版社，2006年，第405—407页。

2 马世长《克孜尔中心柱窟主室券顶与后室的壁画》，《中国石窟·克孜尔石窟·二》，北京：文物出版社、日本东京：平凡社，1996年，第198页。

3 姚士宏《介绍几种克孜尔譬喻故事画》，《克孜尔石窟探秘》，乌鲁木齐：新疆美术摄影出版社，1996年，第144页。

4 艾曼纽·雷斯布勒（Emmanuelle Lesbre，2001年）在前人研究的基础上，将处佛传以外的菱格因缘分成“降伏类”（十个故事）、“奉献施舍类”（十一个故事）、“譬喻类”（十个故事）三大类别予以介绍，并补充了个别未解读主题。Emmanuelle Lesbre, An Attempt to Identify and Classify Scenes with a Central Buddha Depicted on Ceilings of the Kyzil Caves (Former Kingdom of Kutcha, Central Asia), Artibus Asiae. Vol.61, No.2(2001), pp.305—352.

第二节 菱格本生

一、菱格本生——佛陀往昔在动物中

狮子舍身饲鹫换猴崽

图像：一只猛禽停在树上，或空中飞行（有时爪中擒一只小猴），下方有一只猴子和一只狮子（图3-2-1、图3-2-2）。

故事讲述佛陀过去为狮子王，与猕猴为好朋友。猕猴将自己的幼崽交予狮子照顾。狮子睡眠时，猴崽被一鹰鹫擒走。狮子满怀内疚，以自己之肉，从鹰鹫处换回猴崽。克孜尔壁画常绘狮子以前爪自撕胁肉之景。《大方等大集经》载，狮王即至高处，欲舍其身。鹫王被其壮举打动，释放猴子。《经律异相》“为师子身与猕猴为亲友”亦说此事，情节颇有差异：

> 昔者菩萨曾为师子在林中住，与一猕猴共为亲友。猕猴以二子寄于师子。时有鹫鸟饥行求食，值师子睡，取猕猴子去住于树上。
>
> 师子觉已，求猕猴子不得。见鹫持在树上，而告鹫言：“我受猕猴寄托二子，护之不谨，令汝得去。孤负言信，请从汝索。我为兽中之王，汝为鸟中之主。贵势同等，宜以相还。”
>
> 鹫言：“汝不知时，吾今饥乏，何论同异？”
>
> 师子知其叵得，自以利抓，劚其胁肉，以贸猕猴子。

图 3-2-1 狮子舍身饲鹫换猴崽，克孜尔第 14 窟

图 3-2-2 狮子舍身饲鹫换猴崽，克孜尔第 38 窟

象、猴、鸟相互敬重

图像：一鸟立于猕猴头顶，猕猴复立于大象背上（图3-2-3）。

故事讲述大象、猕猴和鸟相互友爱。它们回忆自己与一棵大树的关系，以阅历最久远者为长。此树种子为飞鸟粪便所携，发芽长大。故以飞鸟为长，猕猴次之，大象为末。出行时猕猴负鸟，象负猕猴，长幼有序，互爱互敬。

《出曜经》、《经律异相》均描述有类似情景——“象以猕猴置其头上，猕猴以鵽置其肩上”。故事前因后果，可见《十诵律》“八法中卧具法第七”：

图 3-2-3　象、猴、鸟相互敬重，克孜尔第 80 窟

佛在王舍城。尔时诸比丘互相轻慢，无恭敬行。佛见诸比丘互相轻慢，无恭敬行，以是因缘故，集比丘僧，问诸比丘：“于汝等意云何？谁比丘应作上座，先受水，先受饮食？”

有比丘答言：“世尊，若比丘刹利种，以信出家，剃除须发，服法衣，是人应先坐，先受水，先受饮食。”复有比丘言：“世尊，若比丘是婆罗门种，以信出家，剃除须发，服法衣。是人应先坐，先受水，先受饮食。”

……诸比丘虽种种说，不合佛意。佛语诸比丘：“汝等当一心听，谁比丘应先坐，先受水，先受饮食。”

尔时世尊说本生因缘，语诸比丘：

过去世时，近雪山下，有三禽兽共住。一鵽、二猕猴、三象。是三禽兽，互相轻慢，无恭敬行。

是三禽兽同作是念：“我等何不共相恭敬？若前生者，应供养尊重，教化我等。”尔时鵽与猕猴问象言：“汝忆念过去何事时，是处有大荜茇树？”

象言：“我小时行此，此树在我腹下过。”

象鵽问猕猴言：“汝忆念过去何事？”答言：“我忆小时，坐地捉此树，头按令到地。”象语猕猴：“汝年大我，我当恭敬尊重汝，汝当为我说法。”

猕猴问鵽言：“汝忆念过去何事？”答言：“彼处有大荜茇树，我时噉其子，于此大便，乃生斯树，长大如是。是我所忆。”

猕猴语鵽：“汝年大我，我当供养尊重汝。汝当为我说法。”

尔时象恭敬猕猴……猕猴恭敬鵽……命终皆生天上。

……佛语诸比丘：“尔时鵽者，岂异人乎？则我身是。猕猴者，舍利弗是。象者，目连是。”

佛言：“畜生无知，尚相恭敬，行尊重法。自得大利，亦利益他。何况汝等，以信出家，剃除须发，服法衣，应相尊敬。……从今，先受大戒乃至大须臾时，是人应先坐，先受水，先受饮食。”

大象和鹌鹑

图像有两种，其一，画地上一群雏鸟紧贴着大象的前足。大象举足，犹豫不前。大象前方还有一只成年小鸟，头部弯曲（图3-2-4）。第二种图像，画一鸟在大象头部盘旋。

故事讲述佛陀往昔为一象王，带领象群迁徙。在大象迁徙的路上，一群小鹌鹑刚刚破壳而出。大鹌鹑礼拜象王，请求保护雏鸟。象王慈心悲悯，守护着这群小鹌鹑，直到象群通过。它告别鹌鹑时，警告说：当心后面还有一只偏执的大象，喜欢独行，不听我劝。

图 3-2-4　大象和鹌鹑，克孜尔第 179 窟

象王走后，独行象果然来到了鹌鹑一家的面前。大鹌鹑向它礼拜，请求它不要伤害自己的孩子。但这只大象无情地将小鹌鹑踩碎，并且恶作剧地在遗骸上撒尿。大鹌鹑悲痛欲绝，它找到几个朋友为它复仇。于是乌鸦啄瞎了这头坏象的眼睛，苍蝇在它的眼窝里面产卵，孵化出蛆虫撕咬，令它狂躁不安，坠崖而死。

在巴利文佛本生故事中，完整地保存了这个故事[1]。菱格本生画中大鸟头部古怪地弯曲，应该理解为向大象礼拜之状。这个动作可能模拟了佛传壁画中比丘礼拜佛陀的姿势。

牛和猴子

图像：画一猴子，手举棍棒，骑在牛背之上（图3-2-5）。

故事讲述佛陀往昔为水牛。猴子戏弄侮辱水牛，最后自取其辱。《破僧事》谓牛陷入水池中暂不得出，主人以绳系牛角，长作其绻。夜晚野猴跳上牛背，下口欲食。牛角振绻，羂着猴项，把猴子抛入空中。此故事还有另一版本，称赞水牛忍辱品质。

《经律异相》“水牛王忍猕猴辱”载：

> 过去世有异旷野。水牛王顿止其中。游行食草而饮泉水。时水牛王与众眷属，有所

1　郭良鋆、黄宝生译《佛本生故事选》，北京：人民文学出版社，1985年，第209—211页。

至凑，独在其前。颜貌姝好，威神巍巍，名德超异，忍辱和雅，行止安详。

有一猕猴住在道边。见水牛王与眷属俱。心怀忿怒，兴于嫉妒。便即扬尘瓦石，而坌掷之，轻慢毁辱。水牛默然，受之不报。

行过未久，更有一部水牛王寻从后来。猕猴见之，亦复骂詈，扬尘打掷。后一部众，见前牛王默然不校，效之忍辱，不以为恨。

是等眷属过去未久，有一水牛犊，寻从后来，随逐群牛。于是猕猴逐之骂詈，毁辱轻易。水犊怀恨不喜，见前等类忍辱不恨，亦复学效。

……诸水牛过去未久，有诸梵志，大众群辈，仙人之等，从道而来。时彼猕猴亦复毁辱。诸梵志等，实时捕捉，脚蹋杀之。

图 3-2-5　牛和猴子，克孜尔第 198 窟

鹦鹉救火

图像：画一树林，数种动物从火焰中逃窜而出。一鸟在其上方，展翅飞行（图3-2-6）。

故事讲述佛陀往昔为一鹦鹉。森林突发大火。为把大火扑灭，鹦鹉一次次把翅羽打湿，振羽滴水，淋于火上。它的慈悲和执着感动了帝释天。

有部《僧伽罗刹所集经》有此故事。学界多引《杂宝藏经》“佛以智水灭三火缘”：

图 3-2-6　鹦鹉救火，森木塞姆第 30 窟

有国名南方山，佛欲往彼国，于中路至一聚落宿。值彼聚落造作吉会，饮酒醉乱，不觉火起，烧此聚落。诸人惊怕，靡知所趣……佛言：“一切众生皆有三火，贪欲，瞋怒，愚痴之火。我以智水灭此三火。此言若实，此火当灭。”作是语已，火实时灭……

佛言：过去之世，雪山一面有大竹林。多诸鸟兽，依彼林住。有一鹦鹉，名欢喜首。彼时林中，风吹两竹，共相揩磨，其间火出，烧彼竹林。鸟兽恐怖，无归依处。

尔时鹦鹉深生悲心，怜彼鸟兽。捉翅到水，以洒火上。悲心精懃故，感帝释宫，令大震动。

释提桓因以天眼观，有何因缘我宫殿动？乃见世间有一鹦鹉，心怀大悲，欲救济火。尽其身力，不能灭火。释提桓因即向鹦鹉所而语之言：“此林广大，数千万里，汝之翅羽，所取之水，不过数滴，何以能灭如此大火？”

鹦鹉答言：“我心弘旷，精懃不懈，必当灭火。若尽此身，不能灭者，更受来身，誓必灭之。”释提桓因感其志意，为降大雨，火即得灭。

尔时鹦鹉，今我身是也。尔时林中诸鸟兽者，今大聚落人民是也。我于尔时为灭彼火，使其得安。今亦灭火，令彼得安。

大身鹿救兔

图像：画一雄鹿背负一只兔子，飞跨河上（图3-2-7）。

故事讲述佛陀往昔为鹿。一次森林突发大火，唯有渡河逃生。此鹿见许多小动物无法逃生，以身作桥，让其他动物从自己身上踏过。它皮肉溃烂，忍痛坚持，直至最后一只小兔安全渡河，才骨折坠水。

《大唐西域记》记载了这个故事，玄奘可能造访过为此鹿所修建的窣堵波。《大智度论》亦有记载，谓：

乃往过去无量阿僧祇劫。有大林树。多诸禽兽。野火来烧。三边俱起。唯有一边而隔一水。众兽穷逼。逃命无地。我尔时为大身多力鹿。以前脚跨一岸。以后脚距一岸，令众兽蹈背上而渡。皮肉尽坏，以慈愍力，忍之至死。最后一兔来，气力已竭，自强努力，忍令得过。过已背折，堕水而死。

……前得度者，今诸弟子，最后一兔，须跋陀是。

图 3-2-7　大身鹿救兔，克孜尔第 114 窟

猕猴王本生

图像：画一大猴手攀树枝，脚缚藤蔓。众小猴以大猴为桥，渡过河流。也有壁画，绘大猴双脚勾住一树，双手握住另一树，身体横悬河流之上，两猴从其背上走过。此外，森木塞姆第31窟绘制了这个故事特别的一幕：一猕猴腰系长绳，纵身一跃，绳子另外一端由另一大猴抓住（图3-2-8、图3-2-9）。

故事讲述佛陀过去为一猴王。一日猴群遭到围捕。众猴为了逃生，用藤蔓接起一条绳索。猴王将绳索一端系在自己身上，纵身一跃，跳往对岸。由于藤蔓长度不够，

图 3-2-8 猕猴王本生，克孜尔第 17 窟

图 3-2-9 猕猴王本生，森姆塞姆第 31 窟

猴王只能牢牢抓住对岸树枝，以身做桥。众猴通过之后，猴王力竭，坠落被捕。

《六度集经》载：

> 昔者菩萨为猕猴王，常从五百猕猴游戏。时世枯旱，众果不丰。其国王城去山不远，隔以小水，猴王将其众入苑食果。苑司以闻，王曰："密守无令得去。"猴王知之，怆然而曰："吾为众长，祸福所由。贪果济命，而更误众。"勅其众曰："布行求藤。"众还藤至，竞各连续，以其一端缚大树枝。猴王自系腰，登树投身，攀彼树枝。藤短身垂。勅其众曰："疾缘藤度。"众以过毕，两掖俱绝。堕水边岸。绝而复苏。国王晨往案行，获大猕猴，能为人语，叩头自陈云："野兽贪生，恃泽附国。时旱果乏，干犯天苑。咎过在我，原赦其余。虫身朽肉，可供太官一朝之肴也。"王仰叹曰："虫兽之长，杀身济众，有古贤之弘仁。吾为人君，岂能如乎？"为之挥涕，命解其缚，扶着安土。勅一国中恣猴所食。
>
> ……佛告诸比丘：猕猴王者，吾身是也。国王者，阿难是也。五百猕猴者，今五百比丘是。

二、菱格本生——佛陀往昔作为动物，面对人类

兔本生

图像有两种：其一，画一只白兔俯身于火焰中。旁边有一螺发赤身、腰缠鹿皮的婆罗门向其摆手。其二，在婆罗门及白兔之外，增加了一位天人。他可能是最后现身将死兔带往兜率天的帝释（图3-2-10、图3-2-11）。

故事讲述佛陀生前作为白兔，为挽留饥饿的婆罗门道人说法，不惜自投火焰，以供

图 3-2-10　兔本生，克孜尔第 14 窟

图 3-2-11　兔本生，库木吐喇第 63 窟

其食[1]。此故事，不同版本差异较大，见拙著《兔本生——兼谈西藏大昭寺、夏鲁寺和新疆石窟中的相关作品》一文[2]。以下摘引《菩萨本生鬘论》第六章“兔王舍身供养梵志缘起”：

菩萨往昔曾作兔王，以其宿世余业因缘，虽受斯报而能人语，纯诚质直未尝虚谬……为彼徒属讲宣经法，劝令谛听善思念之……是时兔王常为同类宣说如上相应法要。

有一外道婆罗门姓，厌世出家修习仙道，远离爱欲，不起瞋恚，饮水食果，乐居闲寂，长护爪发，为梵志相。忽于一时遥闻兔王为彼群兔宣说经法……是时仙人即起合掌，诣兔王所，安徐而言：“奇哉大士，现此权身能为有情广宣法要，汝今真是持大法者……愿投仁者作归依处。”

……（仙人与兔）凡历多年，义深亲友。食草饮泉，与兔无异。时世人民枉行非法。惯习罪恶，福力衰微……草木焦枯，泉源干涸。时婆罗门即作是念：“我今年迈，复阙所食，若唯止此，转增饥羸。”乃白兔言：“今且暂离往至余处，幸勿见讶。”……兔闻是已，悲哽而言：“今此睽违何时再遇，愿留一宿，虔伸薄供。”是时兔王语群兔曰：“今此大仙道力坚固，是善知识，最上福田。汝等戮力，多积干薪，共助晨餐，供爨之用。”

……尔时兔王终夜不寐，为彼同类说如是法。当其清旦，诣积薪所，以火然之。其焰渐炽，白言大仙：“我先所请，欲陈微供。今已具办，愿强食之……”说是语已投身火中。

时彼仙人睹是事已，急于火聚匍匐救之。不坚之身，倏焉而殒。抱之于膝，悲不自胜：“苦哉大士，奄忽若此，为济他身，而殒己命。我今敬礼，为归依主。愿我来世常为弟子。”发此誓已，置兔于地，头面作礼而复抱持，即与兔王俱投炽焰。

是时帝释天眼遥观，即至其所兴大供养，以众宝建窣睹波。

佛语诸比丘：“昔仙人者弥勒是也，彼兔王者即我身也。”

1　中国美术全集编辑委员会编《中国美术全集·绘画编·16·新疆石窟壁画》，北京：文物出版社，1989年，图201，图版说明第79页。

2　任平山《兔本生——兼谈西藏大昭寺、夏鲁寺和新疆石窟中的相关作品》，《敦煌研究》2012年第2期，第57—65页。

鸽本生

图像有两种：其一，画一商人坐在树下篝火旁边，空中飞来一只鸽子，口衔树枝。其二，绘一人烤火，鸽子在火堆中（图3-2-12）。

故事讲述鸽子为救助在大雨雪中迷路者，自燃篝火，舍身投火为食。

《大智度论》载：

> 释迦文佛本作一鸽在雪山中。时大雨雪，有一人失道，穷厄辛苦，饥寒并至，命在须臾。鸽见此人，即飞求火。为其聚薪然之。又复以身投火，施此饥人。

图 3-2-12　鸽本生，克孜尔第 17 窟

鱼本生（设头罗健宁王本生）

图像：画两人将一条大鱼按住，刀砍斧剁（图3-2-13）。

故事讲述旱灾之时，大鱼不忍国民挨饿，舍身许肉，自请为食。

《贤愚经》“设头罗健宁品”载：

> 如是我闻。一时佛在罗阅祇竹园中。尔时贤者阿难从座而起，整衣服长跪叉手，前白佛言：阿若憍陈如伴党五人，宿有何庆，依何因缘，如来出世？法鼓初震，独先得闻？
>
> ……于时世尊告阿难言：此五人者，先世之时，先食我肉，致得安隐……过去久远无量无数阿僧祇劫，此阎浮提有大国王，名曰设头罗健宁……
>
> 尔时国中……人民饥饿，死亡者众。王自念曰：当设何计济活人民？……因立誓言：“今此国人饥羸无食。我舍此身，愿为大鱼，以我身肉，充济一切。”即上树端，自投于地。实时命终，于大河中，为化生鱼。其身长大，五百由旬。尔时国中有木工五人，各赍斤斧，往至河边，规斫材木。彼鱼见已，即作人语而告之曰：“汝等若饥，欲须食者，来取我肉。若复食饱，可赍持去。汝今先食我肉而得充饱。后成佛时，当以法食济脱汝等。汝可并告国人大小，有须食者，悉各来取。”
>
> 五人欢喜，寻各斫取，食饱赍归。因以其事具语国人。于是人民展转相语，遍阎浮提，悉皆来集，啖食其肉。一胁肉尽，即自转身，复取一胁，皆复食尽，故处还生，复转

图 3-2-13 大鱼本生，克孜尔第 17 窟

身与之。如是翻覆，恒以身肉给济一切。经十二年，其诸众生食其肉者皆生慈心。命终之后，得生天上。

阿难，欲知尔时设头罗健宁王者，则我身是。时五木工先食我肉者，今憍陈如等五比丘是。其诸人民后食肉者，今八万诸天，及诸弟子得度者是。我于尔时先以身肉充彼五人，令得济活。是故今日最初说法，度彼五人。以我法身少分之肉，除彼三毒饥乏之苦。贤者阿难及诸会者，闻佛所说，且悲且喜，顶戴奉行。

他国狗入宫说颂

图像：画一国王手持利刃。一狗坐在国王身前（图3-2-14）。

霍旭初将此图像识别为“狗王本生”[1]。故事讲述一国王马具被群狗所食。国王大怒，下令屠杀国内所有狗类。狗王冒死与国王争辩。最后真相大白，是国王自己宫内之狗盗食马具。查阅《破僧事》，有“他国狗为王说颂”故事，与之近似。

乃往古昔有波罗痆斯城王，名梵授。人民安隐，富乐丰饶。时彼城中有其二狗，一黑一白，食鞍辔皮绳。于异后时，王欲出战，告其臣曰：“卿速严仗。”臣即观见，被狗咬破，不堪所用，便启王知。王闻生嗔，令杀诸狗。城中诸狗既遭杀害，因即逃窜，出国去者。时有他国一狗从外而来，见其诸狗怖而逃窜，问言：“何意如是？”城中诸狗以事具答。报曰：“何故不白大王？”

图 3-2-14 他国狗为王说颂，克孜尔第 114 窟

1 中国壁画全集编辑委员会编《中国壁画全集·8·克孜尔·1》，天津：天津人民美术出版社、乌鲁木齐：新疆美术摄影出版社，1992年，图141，图版说明第55页。

城狗对曰：“谁敢启王？”外狗报曰：“仁等安住，我于此夜进诣白王。”便至王所，行步端仪，说伽他曰：“大王宫中有二狗，一白一黑备色力；应当诛彼不灭我，诛者不诛非是理。”

是时王闻此颂，告诸臣曰：“卿等宜应为我觅取说伽他者将来见我。”诸臣访察，谁于夜中为王说颂，而有白言：“他国狗来，为王说颂。”王曰：“卿等审推，实是宫中二狗食耶，为余狗吃？”诸臣集议：“王今令推，云何详审？”于中有言：“何假多论，但取头发安狗口中，若食皮者，自当吐出。”既安发已，王宫二狗便吐食皮。以事白王。王曰：“宜治二狗，余狗无愆。”

汝等苾刍，于意云何？昔二狗者岂异人乎，今提婆达多阿阇世王是。由彼往昔过失，令他受苦，今亦如此。

六牙象王施牙本生

图像：画一大象回头张望。有一猎人身披袈裟，树丛中露出上身，拉弓欲射（图3-2-15）。

故事讲述佛陀过去为一象王。猎手欲求象牙，伪装成求道的修行者，以箭射之。象王中箭后，反将猎手擒住，不令余象报复，而自拔象牙与之。

《药事》载：

乃往古昔，于一方所丛林之中。多饶河涧。花果滋茂。尔时菩萨在不定聚。作六牙象王。在其林内。其象王妻，名曰拔陀，于母象中为最尊贵。是时象王出群，在于闲僻之处有别雌象，端正悦意，诣象王处共为私窃，既为夫妇，甚加怜爱，行住相随，意不相离，心相系着。

时拔陀母象便生嫉妬，即自思念：作何方计，便我当得杀六牙象王并彼母象。正住思惟，心大嫉妬，无计可得，遂便发愿：愿我生生之处，能害二人。作是愿已。于山顶上投身而下，便即命终，生毗提国大夫人腹，而处其胎。十月满已，诞生一女，众相具足，渐渐长大，嫁与邻国梵德大王，为第一夫人。由彼宿业，于六牙象等，生大瞋恨。然而夫人有宿命智，即白梵德王言：于彼方所，有六牙大象。我今要此象牙，愿王令取。

于时王敕诸城所有猎师，皆悉唤集，令取六牙大象。……猎师大将……即取祭祀之物，并着衣甲、毒箭等物，造诣方所。见彼象王并及母象，二俱别住，于闲静处，各离象群而住，见已远至遥望。尔时猎师，身被忍服，覆其弓箭，所有衣甲藏在草中，欲为杀害。

尔时母象遥见猎师，即告夫曰：“我等速向余处。今有人来欲杀我等。”

象王曰：“其人作何形貌？”答曰：“身被忍衣，外现慈相。”

“若如是者，当须无畏。在袈裟中，无不善事。此之幢相覆

图3-2-15 六牙象王施牙本生，克孜尔第17窟

盖之人，心住慈悲，当须无怖……”于时母象及以象王，并无疑惑，随意游行。

尔时猎师既得其使，即放毒箭射彼象王，中于要处。母象告曰：“如何乃言着袈裟人九有害心？”尔时象王以颂答曰：“……袈裟本救护，皆悉由心作。”

尔时母象心生瞋恚，告其夫曰：“……我欲碎斯人，节节令其断。”

是时象王闻此语已。生如是念：“……若是菩萨妇，起怨害心者，此不应也。”说伽他……尔时母象，闻其菩萨象王所说，默然而住。

……是时象王往猎师边，以人言音，告猎师曰：“汝莫怪畏。”恐损猎师，象王以鼻绕取猎师，抱在胸前。又令母象别向余处，然后告曰：“丈夫，母象已去。汝若须我身上物者，任意取之。”……尔时猎师心生羞耻，告象王曰：“我须汝牙。”

……象王告曰：“若汝不能拔者。我自拔与……为我牙根入肉深远。”当拔之时，白血流注。拔已，欲与猎师，象王身色鲜白，如优昙钵花，血流遍身，如山雪覆。……即与六牙，告曰：若实毒箭射我身，不生少许瞋恨意；此实愿速证菩提，当救轮回得解脱。

狮象杀蛇救商人

图像：画数名商人被一龙形巨蟒围绕。巨蟒咬住一人头部正欲吞食。旁边有一狮子，脚蹬大象，扑向巨蟒（图3-2-16）。

故事讲述佛陀过去为一狮子。一天，远处传来商人的呼救声。狮子觅声寻去，见一群商人被巨蟒袭击。狮子和大象决定舍己救人。狮子脚蹬大象头部，一跃而起，用利爪击破蟒头。大象为助狮子，头破而亡。狮子因蟒蛇头部喷溅毒气，中毒而死。

《药事》载：

乃往古昔于一方处大丛林中，有师子王于中居止。复有五百商人，经过险路。由语声故，有大蟒蛇，惊动睡觉。五百商人悉被蟒蛇围绕。尔时商人甚大惊怕，发声号叫，求诸天神。

其师子王闻此叫声来至，乃见蟒蛇围彼商人。去此不远有少年象。尔时师子即往象边告言：“此诸商人，今被蟒蛇围绕欲食。汝能舍命救彼商人耶？”其象答曰：“欲遣

图 3-2-16　狮象杀蛇救商人，克孜尔第 114 窟

如何？”

师子答曰：“我须上汝头上，后脚捉头，以我双爪打彼蛇脑。后之两足入汝头中，汝当必死。我打蛇脑，蛇当定死。其蛇口吐毒气，我亦应死。”

象曰：“且为利益拔济多人，宁顾身命？”

时师子王升象头上，掷身打彼蟒蛇。师子按足，象便命过。打彼蟒蛇，蛇亦即死。由蛇毒气，师子身亡。三个一时并皆舍报。

……佛告大王：尔时师子王者，勿作异观，即我身是。

图 3-2-17　大象舍身救囚，克孜尔第 17 窟

大象舍身救囚徒

图像：画一大象翻身仰卧。一人手捉利刃，破开象腹（图3-2-17）。

故事讲述一群流放犯人在沙漠中陷入饥渴。大象见之，心生怜悯。遂自尽而亡，以己之肉，充作食粮。见王邦维《佛经故事选》。

龙救商人

图像：画一商队，赶着满载货物的牲畜，行走在一龙背上（图3-2-18）。

故事讲述一龙王以身作桥，护送遇险商队安然过海。

《经律异相》“灯光金轮王舍臂”载：

时阎浮提有五百商人入海采宝……得如所愿，即欲发还。龙心怀瞋，欲害商人。复有一龙王，名曰马坚，是大菩萨，以本愿故，生于龙中，起慈悲心，救诸商人。令得安隐过于大海，至彼岸边。龙王然后还本住处。

图 3-2-18　龙救商人，克孜尔第 14 窟

智马本生

图像：画一王者乘马，水面踏花而驰（图3-2-19）。

故事讲述佛陀往昔为智马。梵授王乘智马出城，与敌交战。马受重伤，肚破肠出，仍然冲破敌阵。由于城门被堵，智马用尽体力，飞踏水面莲花，背负国王逃回城内。故事在《根本说一切有部毗奈耶》中有详细的描述。此故事佛陀为讲述侍缚迦太子轻视怠慢愚路比丘因缘所述，因此最后交代人物本生时，讲到“往时商主者，即侍缚迦太子是。往时智马者，即愚路苾刍是。往昔商主未识智马有胜德时，便生轻蔑”。这个故事在《杂事》中因缘不同，故事结尾，讲述智马为佛陀往昔所现，“汝等苾刍于意云何？彼时智马即我身是，我为彼王受诸苦楚，身形分解，不顾身命”。考虑到克孜尔石窟菱格本生画的主旨，取用《杂事》更为合理。

图 3-2-19　智马本生，克孜尔第 17 窟

《杂事》载：

婆罗痆斯时有国王，名曰梵授，以法化世，广如经说。王有智马，预知前事。邻国敬畏，悉来朝贡。马既命终，时诸小王令使报曰：“汝梵授王今可输税分与我等。若不尔者，不得出城。如见违者，我等同来破灭其国。”

王告使曰：“我不送税，亦不出城。”遂于国内访求智马。后于异处遂便获得。时属春序卉木敷荣，群鸟和鸣，甚可爱乐。王乘智马，将诸婇女，游适芳园，欢娱受乐。时诸小王闻梵授王与诸臣佐及宫婇女在外游戏，情无所惧，未即入城。相与谋计，各严四兵，至城门首。

……时王乘马，严兵誓众，共彼鬪战。王恃威力，独处先锋，遂被贼军以槊中马。肠胃皆出，受诸楚毒。众苦难堪，形命无几，仍作是念：“王遭困厄，我若不救是所不应。宜忍苦楚，令王免厄。”得至城门，到无畏处，作是念已，周回顾望，无入城路。然此城外有大浴池，名曰妙梵，近王宫阙。于其池中有四莲华，青黄赤白，皆悉遍满。

于时智马不顾身命，腾跃池中，践荷叶上，负王渡难，直入宫中。时王纔下，马便命绝。

鹿母本生

图像：画一母鹿与一小鹿相互亲昵（图3-2-20）。马世长提出另一图像也属于同类主题，即画一鹿跪于某人门前。

故事讲述佛陀往昔为一母鹿，被猎人捕获。母鹿担心刚刚诞生的幼鹿饿死，请求猎人暂时放其归还。它找到幼鹿，将其引领至水草丰美之所，教导饮食。然后，母鹿履行诺言，回到了猎人处。母鹿的幼子眷恋母亲，依依不舍地跟着母亲。猎人被母子深情打动，将之放生。

传西晋竺法护译《佛说鹿母经》载：

昔者有鹿，数百为群。随逐美草，侵近人邑。国王出猎，遂各分迸。有一鹿母怀妊独逝，被逐饥疲，失侣怅怏。时生二子，舍行求食。茕悸失措，堕猎弶中。悲鸣欲出，不

图 3-2-20　鹿母本生，克孜尔第 224 窟

能得脱。

猎师闻声，便往视之。见鹿心喜，适前欲杀。鹿乃叩头，求哀自陈："向生二子，尚小无知。始视蒙蒙，未晓东西。乞假须臾，暂还视之。将示水草，使得生活。旋来就死，不违信誓。"

……尔时猎者重闻鹿言，心益悚然，乃却叹曰："惟我处世，得生为人。愚惑痴冥，背恩薄义。残害众生，杀猎为业。欺伪苟得，贪求无耻。不知非常，识别三尊。鹿之所言，有殊于人。信誓邈邈，情现尽中。"便前解弶，放之令去。于是鹿母至其子所，低头鸣吟，舐子身体……于是鹿母，将其二子示好水草，垂泪交流……便舍而去。二子鸣啼，悲泣恋慕。从后追寻……子犹悲号，恋慕相寻……乃见猎者卧于树下。鹿母住前，说偈觉言："前所可放鹿，今来还就死；恩爱愚贱畜，得见辞二子；将行示水草，为说非常苦；万没无遗恨，念恩不敢负。"

猎者于是忽觉惊起。鹿复长跪向猎者……猎者见鹿笃信死义……母子悲恋相寻而至，慈感愍伤……猎者即便放鹿使去。

……佛语阿难：……尔时鹿者，我身是。二子者，罗云及罗汉朱利母是。其国王者，舍利弗是。时射猎者，汝身是。

鹿野苑鹿王本生

图像：画一雄鹿跪在王者前面，旁有火堆，燃煮锅釜（图3-2-21）。

故事讲述佛陀往昔为一鹿王。鹿群被国王捕获，鹿王与国王达成协议，将鹿群放生。作为条件，鹿群自行依照次第，每日进贡一鹿，以供厨食。一次，本该进献的母鹿即将产子。鹿王慈心悲悯，以身替之。群鹿不舍鹿王，跟随着来到王宫。国王惊异，下令国内禁止食用鹿肉。鹿群生息之地遂被称为"鹿野苑"。

《出曜经》载：

昔佛在婆罗奈国仙人鹿野苑中……时彼国王出野游猎。值群鹿千头，悉入网里。

王布步兵围绕一匝。群鹿惊惧，有失声唐突于弶，或有伏地自隐形者。

释迦文佛昔为菩萨时，生彼群鹿中，为众导首，告诸群鹿：“汝等安意，勿怀恐惧。吾设方便向王求哀，必得济命，各令无他。”

时鹿王即向人王下膝求哀，王遥见之，敕诸左右，各勿举手伤害此鹿。

鹿复举声，跪向王曰：“今观王意欲杀千鹿一日供厨。今且盛热，肉巨久停。愿王哀愍，日杀一鹿，以供厨宰。不烦王使，鹿自当往，诣厨受死。肉供不断，鹿得增多。”

……王即舍鹿，摄阵入城。时菩萨将鹿五百，调达亦将鹿五百，日差一鹿，诣王供厨。

时次调达遣鹿诣王，值一鹿母怀妊数月，次应供厨。鹿母向王自陈哀苦：“次应供厨，诚不敢辞。今垂欲产，与子分身。我次应至，子次未至。愿见差次，小听在后。”调达恚曰：“何不速往，谁能代汝先死。”鹿母哀泣悲鸣唤呼，辄就菩萨……时菩萨寻语调达：“止止勿陈此言。鹿母诚应次死，但为愍彼胎子，未应死耳。吾今当代济彼胎命。”菩萨所念，群鹿跪向菩萨各各自陈：“吾等愿欲代王受死。”

图 3-2-21　鹿野苑鹿王本生，克孜尔第 38 窟

……王遂意盛，舍而诣厨。群鹿追逐，随到王宫。鹿王就厨，自求供宰。厨士见鹿王，分明识知，即往白王：“鹿王入厨，次应供宰。不审大王为可杀不？”

王闻斯语，自投床下……王问鹿曰：“千鹿尽耶，汝何为来？”

鹿白王言：“千鹿孚乳，遂成大群。日有增多，无有减少。”复向人王说鹿根原。王自恳责，自怨不及。吾为人王，不别真伪，枉杀生类，乃至于斯。王告大臣：“普令国界，其有游猎杀害鹿者，当取诛戮。”即遣鹿王将诸群鹿还山自安。复令国内不得食鹿肉。其有食鹿肉者，当枭其首。因是立名鹿野苑也。

金色鹿（九色鹿）本生

图像有多种：其一，画王者猎鹿，或王者对鹿礼拜；其二，画一人骑鹿（此兽无角，短尾而长足，或可识别为鹿王另一图式），驰于河上（图3-2-22、图3-2-23）。

故事讲述佛陀过去为一金色鹿（许多佛经写为“九色鹿”），隐居深山，不为人知。为救一落水者，金色鹿暴露了身份。它不求回报，只要求获救者替它保守秘密。获救者背信弃义，带领国王前来猎鹿。为了避免鹿群蒙难，金色鹿冒险来到国王面前，陈述因果。国王听闻金色鹿说法，礼拜鹿王，永断杀生。上述两种图式，盖王者礼拜金色鹿，以及金色鹿救溺水者的场面。

图 3-2-22　金色鹿（九色鹿）本生，克孜尔第 175 窟

图 3-2-23　金色鹿（九色鹿）本生，克孜尔第 17 窟

《破僧事》载：

佛告诸苾刍。提婆达多。复有无恩无报之行。汝等谛听。

往昔此波罗痆斯时有国王……王有夫人，号为月光。但所作梦，皆有真实。

于彼国内有一菩萨，而作鹿王。其形金色，殊胜端正。人所见者，无有厌足。自知端正，心常怖畏。恒怕猎师，常藏其身。

……于彼国中，有一大河在于林侧。时有二人先有怨雠，忽然相逢。一人力胜，遂缚怨人掷于河中。其水流急，彼人漂溺，便作是言："谁能救得我者，我与作奴。"

时彼鹿王……闻此声已，起慈悲心……往溺人所，背负而出。既到岸上……时彼溺人胡跪合掌，报鹿王言："我于王边更得此命，愿常供侍为奴，以报王恩。"

时彼鹿王即说："……我今于汝更求一事，汝随我愿，勿言见我，即是报恩。何以故？我身端严，色相具足。恐彼人知，杀我取皮。是故莫说见我在此。"彼人答言："敬从工愿，我定不说。"即起合掌右绕三匝，作礼而去。

尔时月光夫人，受五欲乐，疲极而睡。于后夜中，梦见鹿王，身皮金色，微妙端严……即便殷懃请王，为觅金色之鹿。

……王敕诸臣，击鼓宣令："访有见者，来报我知。我即当赏五百聚落。"

……时彼溺人闻王重募……其人报王："于山林中具诸花果。有一鹿王，身皮金色，千鹿围绕，至极端正。我知其处，令王得见。"

王闻语已，心大欢喜。召诸群臣，将其兵众。外国朝者，见王严驾，亦皆随从。其人引前，往鹿王所，布兵围绕。

……时彼千鹿闻兵众声，惊怖走散。是时鹿王即作是念："我今若走，彼诸兵众寻觅于我，亦杀千鹿。我宁守死，活彼千鹿。"作是念已，尔时鹿王诣国王所。

往时溺人遥见鹿王，即举两手，指示王言："金色鹿王，彼来者是"……被溺之人，由不知恩，造恶业故，手指鹿讫，手即堕地。王见是事，怪而问言："何忽如是两手堕落？"时彼溺人，苦痛悲泣……即便为王具说前事。

……王知彼鹿是大菩萨，有大威德，告诸臣言：应与鹿王设大供养……是时鹿王方说妙法……王见是已，心大欢喜，向鹿王言："王所游处山林旷野，悉施鹿王。我从今后永断杀生，亦令国人不得游猎。愿诸有情，于诸住处心无怖畏。"

佛告诸苾刍："尔时鹿王者，今我身是。时无恩溺人，今提婆达多是。过去无恩，今亦如是。"

猕猴救人反被害

图像有两种：其一，画一猕猴树下休息。旁有一人，高举圆石欲砸猴头。其二，画一猕猴背人爬山（图3-2-24、图3-2-25）。

故事讲述佛陀过去为猕猴。有人摘果未成，跌落山涧。猕猴救之，背负出涧。猕猴疲劳，困顿而眠。被救者恩将仇报，用石头砸死猕猴。

《破僧事》载：

> 佛告诸苾刍：提婆达多，复有无恩无报之行。汝等谛听。
>
> 往昔婆罗痆斯边界聚落，于中有一作花鬘人。其聚落傍有一河水，作花鬘人每常渡水，取花来去。后于一时，欲渡河水。于此河中，非时得一庵没罗果，持诣王城，与守门者。守门者得，转饷通事。通事人得，便奉进王。王得其果，复与王妃。妃得其果，即便食之。以果香美，复从王索。王复问彼通事之人……遣唤守门人问……复遣唤作花鬘人问言："何处得果？"花鬘人答："于河中得。"
>
> 王语作花鬘人："汝往河所，更觅此果？"其花鬘人既得勅已，自赍粮食，复往河所。寻水而觅，行至一山。于高崖上，遥见果树，其岩崄绝。一切猕猴皆不能上，何况于人。其作鬘人多日寻觅，无有上处。粮食复尽。其人心念："我得王教，令觅其果。今既不获，如何得归？"作是念已，不顾身命，手攀崄崖，渐渐而上。未到果所，遂便坠落。下有深涧，堕在其中。
>
> 时有菩萨，作猕猴王，游行山谷。见花鬘人堕在

图3-2-24　猕猴救人反被害，克孜尔第17窟

图3-2-25　猕猴救人反被害，克孜尔第114窟

深坑，受诸饥苦。菩萨发心救诸含识……遂负鬘人，渐渐而出。由此疲极，身体乏困。当于彼时，一切禽兽悉解人语。时猕猴王问花鬘人："汝因何事落在深坑？"时花鬘人广如上说。是时菩萨便作是念："此采果人不得其果，必当受罪。我今应可与取庵没罗果。"

菩萨虽困，遂升高岩，摘取其果，掷与鬘人。彼人得已，便自食足。余残果子，衣裓盛之。

猕猴下树，报花鬘人言："我今疲乏，欲少时睡。汝可警觉，守护于我。"

花鬘答言："好，我警觉。"猕猴便睡。时花鬘人而作是念："我路粮尽，若食果子，以何奉王？应杀猕猴，曝作干脯，将充路粮，方可得达。"

时彼恶人不知恩故，遂起恶念，擎取大石，打猕猴头。骨髓俱破，遂致命终。

……佛告诸苾刍："汝等当知。往昔猕猴王者，即我身是。其花鬘恶人者，今提婆达多是。非但过去不知报恩，今亦如是。苾刍当知。"

锯陀兽施皮舍命

图像：画一大树，树左侧立一动物。树右侧一人将此动物置膝上，剥取兽皮（图3-2-26）。

故事讲述佛陀往昔为锯陀兽，毛色金光闪亮。它救回在沙漠中遇难的猎人，并且得知，国王暴虐，如果猎手无法为国王取回金皮，会有灭族之灾。为救众人，锯陀兽毅然将皮施于猎人。

《贤愚经》"锯陀身施品"载：

佛告阿难，过去久远不可计数阿僧祇劫。此阎浮提有一大城名波罗奈。尔时国王，名梵摩达，凶暴无慈，奢淫好乐。每怀恶忌，好为伤害。

尔时其王欻于梦中见有一兽，身毛金色。其诸毛端，出金光明，照于左右，皆亦金色……召诸猎师而告之言："我梦有兽，身毛金色，毛头出光，殊妙晃朗。想今国界，必有此物。仰汝等辈广行求捕。若得其皮，当重赐与，令汝子孙食用七世。若不用心，求不得者，当俱诛灭汝等族党。"

时诸猎师得王教已，忧愁愦愦，无复方计。聚会一处，共议此事……更相简练，晓劝一人："汝可尽力广行求觅。若汝吉还，我曹合物，当重赏汝。设令山泽遇害不还，亦当以物与汝妻子。"

其人闻此，心自念言："为此众人，分弃身命"……办行道具，涉险而去。行已经久，身羸力弊。天

图 3-2-26　锯陀兽施皮舍命，克孜尔第38窟

时盛暑，到热沙道。唇干渴乏，欝蒸欲死。

……时山泽中有一野兽，名曰锯陀，身毛金色，毛头光明，遥闻其语，甚怜愍之。身入冷泉，来至其所。以身裹抱，小还有力。将至水所，为其洗浴。行拾果蓏，来与食之。体既平复。……锯陀问言："何以不乐？"垂泣而说心所怀事。

锯陀语言："此事莫忧。我皮易得，计我前世，舍身无数，未曾为福而能舍寿。今以身皮济彼众命，心怀欢喜，如有所获。但剥取皮，莫便绝命。我已施汝，终无悔恨。"

尔时猎师，即徐剥皮……剥皮去后，身肉赤裸，血出流离，难可看睹。复有八万蝇蚁之属，集其身上，同时唼食。时欲趣穴，复恐伤害，忍痛自持，身不动摇。分以身施，死于彼中。

时诸蝇蚁，缘食菩萨身者，命终之后，皆得生天。尔时猎师，担皮到国，奉上于王……

熊救不义樵夫

图像：画熊卧洞中，一猎手拉弓向熊。旁边站立一人，伸出双臂，双掌掉在地上（图3–2–27）。

故事讲述佛陀往昔为熊（罴），见樵夫在暴风雨中遇难，抱入山洞照顾。风雨停后，樵夫别去。他在临行前向熊保证，不泄漏它的行踪，可一回城，为从猎人那里多分几块熊肉，将熊出卖。樵夫带着猎人将熊杀死，分取熊肉时，他的双手断落在地。

《大毗婆萨论》有载。另《破僧事》亦载：

往昔婆罗痆斯城有一贫人，常取柴樵，卖以活命。其人复于一时，执持绳斧，往趣林边，将欲伐柴。即逢非时大暴风雨，七日不息。为避风雨，渐次经历，遂至山边，见一石窟。即欲入中，将至窟门，见熊在内，惊怖却走。

熊见惊走，便呼彼云："善男子来，汝勿怖我。"其人虽复闻彼熊呼，犹怀恐怖，踌躇而立，不前不却。熊见彼住，即抱入窟，不令惊惧。与诸美果，堪食树根，养经七日。

至第八日……见风雨歇，即与美果发遣令去。其人长跪，合掌白言："我蒙供养，身命得活，我从今后，何以报恩？"熊即报曰："汝但勿向外人道说我在此住者，即为报恩。"

……其人行至婆罗痆斯城门，见一猎师欲行游猎……采薪人说熊收养，广如上说。

猎师问曰："彼熊今在何山何窟？愿汝视我。"时采柴人报猎师曰："我今纵死亦不能却入山林。"猎师……多以巧言种种劝化："我若杀得，与汝多分"……其人即起贪心，遂便却回，视彼熊处，行至窟边，遥指熊视。是时猎师于其窟门，多积柴薪，以火熏之。时熊被烟火逼……即便命终。时彼猎师知熊死已，即入窟中取熊剥皮，分作三分，语彼樵人："汝取肉二分，我取一分。"时采樵人，以手取肉，当取肉时，两手俱落。

猎师……以希奇事闻奏于王，说向国人。王既闻已，亲自往看。收取熊皮，往诣寺中……取种种香木，往诣熊窟所，焚烧其身，起塔安置……

佛告诸苾刍：往昔熊者，今我身是。昔采樵恶人者，今提婆达多是。昔时早已无恩无报，今时亦复无恩无愧。

熊救避虎樵夫

图像：画一人蹲树上，一熊在背后将其牢牢抱住。树下一只野兽俯伏等待（图3–

图 3-2-27　熊救樵夫，克孜尔第 188 窟

图 3-2-28　熊救避虎樵夫，克孜尔第 63 窟

2-28）。

故事讲述佛陀过去为一熊。一樵夫被老虎追逐爬上大树，熊搂住他，不令坠落。时间一久，熊困顿睡去。樵夫为自求保命，把睡眠中的熊推下树去。

《破僧事》载：

往昔婆罗痆斯城有一贫人，常取柴樵，卖以活命。其人后于一时，执持绳斧诣于山林，至一树边，欲采其樵。遂逢大虫，惊怕却走。上一大树，不觉树上有熊。见已复怕，不敢更上。熊见惊怕，渐下报言："汝不须怕，但依投我。"樵人闻已，亦不敢近。熊见悲愍，自来执抱。于其树上，选安隐处，熊抱而坐。

是时树下大虫报其熊曰："此是无恩众生，后殃害汝。何须守护？当可掷于树下，我须食之。若不得食，我终不去。"

……时熊报大虫曰："此人投我，终不违信。"

虫闻此语，为饥乏故，亦不肯去。熊报樵人："我今抱汝，疲乏暂睡。少时汝自警觉，并守护我。"

……虫见熊睡，报樵人曰："汝能几时树上而住，应可掷熊树下，我食即去。免害于汝，当得还家。"时采樵人闻此语已，即起恶念……即掷熊树下推落。……虫既得熊，遂便食啖饱足便去……

尔时世尊告诸苾刍：汝等当知，往昔熊者，今我身是。时采樵人不知恩者，今提婆达多是。昔不知恩，今亦如是。

大龟本生

图像：水面上，数名商人同骑一只巨龟（图3-2-29）。

故事讲述佛陀往昔为一龟王，耗尽体力，背负遭遇海难的商人游到岸边。据《破僧事》，龟王在海滩昏睡过去，被诸蚂蚁啃食而醒。为了不伤害这些蚂蚁，龟王保持不动，舍身而亡。故事还有另外一个版本：上岸以后的商人腹中饥饿，恩将仇报，把龟王杀死。另有壁画描绘商人举石砸龟之景。

《杂宝藏经》"大龟因缘"载：

于过去时波罗奈国有一商主，名不识恩，共五百贾客入海采宝。得宝还返，到回渊处，遇水罗刹而捉其船，不能得前。众商人等，极大惊怖，皆共唱言："天神地神，日月诸神，谁能慈愍，济我厄也。"

有一大龟，背广一里，心生悲愍，来向船所，负载众人，即得渡海。

时龟小睡。不识恩者，欲以大石打龟头杀。诸商人言，我等蒙龟济难活命，杀之不祥，不识恩也。

不识恩曰："我停饥急，谁问尔恩。"辄便杀龟而食其肉。即日夜中，有大群象蹋杀众人。

……尔时不识恩者，提婆达多是。五百商人者，五百婆罗门出家学得道者是。

图 3-2-29　大龟本生，克孜尔第 17 窟

三、菱格本生——佛陀前世为人，面对动物

仙人与乌鹿鸽蛇论苦

图像：画一婆罗门坐在树下，与蛇、鸽、乌鸦、鹿四种动物交谈（图3-2-30）。

故事讲述佛陀往昔在山中修行。蛇、鸽、乌鸦、鹿，常伴左右。有一次，四种动物讨论世界上什么事情最让人感到痛苦。乌鸦认为最让人感到痛苦的是饥饿，鹿认为是恐惧，鸽子认为是欲望，蛇认为是憎怒。

学界常引《法句经譬喻品》"五通比丘"的记载：

昔佛在舍卫国精舍，时有四比丘坐于树下，共相问言，一切世间何者最苦？一人言：天下之苦无过淫欲。一人言：世间之苦无过瞋恚。一人言：世间之苦无过饥渴。一人言：天下之苦莫过惊怖。共诤苦义，云云不止。

……佛说偈已，告诸比丘，往昔久远无数世，时有五通比丘，名精进力。在山中树下，闲寂求道。时有四禽依附左右，常得安隐。一者鸽、二者乌、三者毒蛇、四者鹿。是四禽者，昼行求食，暮则来还。四禽一夜自相问言："世间之苦，何者为重？"

乌言："饥渴最苦。饥渴之时，身羸目冥，神识不宁。投身罗网，不顾锋刃。我等丧身莫不由之。以此言之，饥渴为苦。"

鸽言："淫欲最苦。色欲炽盛，无所顾念。危身灭命，莫不由之。"

毒蛇言："瞋恚最苦。毒意一起，不避亲疏。亦能杀人，复能自杀。"

鹿言："惊怖最苦。我游林野，心恒怵惕，畏惧猎师及诸豺狼。仿佛有声，奔投坑岸。母子相捐，肝胆悼悸。以此言之，惊怖为苦。"

比丘闻之即告之曰："汝等所论是其末耳，不究苦本。天下之苦无过有身。身为苦器，忧畏无量。吾以是故，舍俗学道。灭意断想，不贪四大。欲断苦原，志存泥洹。泥洹道者，寂灭无形。忧患永毕，尔乃大安。”

四禽闻之心即开解。

佛告比丘尔：“时五通比丘则吾身是。时四禽者今汝四人是也。”

《法句经譬喻品》中，释迦往昔身份为“比丘”。这个故事的有部文本可见于《僧伽罗刹所集经》。在此经中，释迦本生为一“仙人”，与图像更相吻合。

图 3-2-30　仙人与乌鹿鸽蛇论苦，克孜尔第 171 窟

禅定者护顶鸟巢

图像：画一婆罗门结跏趺坐，树下禅定。头上顶一鸟巢，数只小鸟在鸟巢中（图3-2-31）。

故事讲述佛陀往昔在树下修行，有鸟在其头顶结巢，孵化小鸟。为免雏鸟坠死，他坚持长久不动，直至雏鸟长大飞走。

《僧伽罗刹所集经》载：

是时菩萨长夜之中有此慈心，诸法解脱，于彼人民无所触娆。于彼端坐思惟不移动，鸟巢顶上。觉知鸟在顶上乳，恒恐怀怖，惧卵堕落，身不移动。是时便观察，便舍身，而行彼处不动。善般懃力，生乐摄彼。是时，鸟已生翅，已生翅未能飞，终不舍去。

图 3-2-31　禅定者护顶鸟巢，克孜尔第 38 窟

商主师子胤本生(或谓天马本生)

图像：画两商人共骑一马，于水面上驰骋（图3-2-32）。

故事讲述佛陀往昔为商主（此图或谓天马本生，以佛陀往昔为故事中的天马），率领五百商人出海求宝，遭遇海难。商人们受海岛女妖诱惑，与之结为夫妻，长住岛上。商主识破罗刹女食人真相，带领商人们骑乘天马，跨海逃跑。大部分商人无法忘情，心怀顾恋，纷纷从马上坠下。商主意志坚定，成功返回家乡。

图 3-2-32　商主师子胤，克孜尔第 14 窟

《根本说一切有部毗奈耶》载：

于过去时有城名师子劫……时此城中有一商主，名曰师子。……于日日中，自知家务。日旰忘食。其子见父躬自勤劳……即白父言："口腹之重须自驰求，坐食父财是事不可。我今欲往入大海中，求觅珍宝"……其父即便击鼓宣令，普告城邑远近商客：诸君当知，欲求珍宝者，可与商主师子胤，同入大海。所在经过，不输税直，海中货物，并当备办。

时有五百商人。闻是告已集商主处共结行期……既入大海遇摩竭大鱼碎破船舶，时诸人众各凭浮物，出没随波。宿业缘运，余命未尽，遇值北风，漂泊南岸至赤铜洲。彼有众多鸣鹤罗刹女在此居住。时罗刹女随乐变形，若见破落商人能作美言，诈为诱诳……诸女各各，化为璎珞，庄严其身，持上供具，告诸人曰："善来贤首，漂泊洪波，极受辛苦。宜应就我居宅，共解疲劳……金银琉璃……如斯等物，亦随意取用，与我欢居，勿生疑虑。然此城南，不宜辄往。"

……时彼商人便与罗刹女欢娱燕乐，积有岁时，皆生一子，复生一女。

时商主师子胤……夜起南行。闻有众人悲啼号叫……便大惊怖，身毛皆竖。次更前行，见大铁城，高耸牢固……商主登上，见城中人……彼皆告言："我是赡部洲人，入海取宝……随风漂泊，业命未尽，吹至南岸。时有众女仪貌殊绝……即捉我辈，随次食之。余未食者，置铁城内。当食之时，现罗刹像……我等无缘得脱，以待命终。君等可有方便，得还乡国……我比曾闻……每十五日有天马王。名婆罗诃。从海而出游在岸边。食自然香稻，无病充溢，有大力势，举首四顾，如是三告：'谁有欲向彼岸还赡部洲？'君等宜应于十五日褒洒陀时，于城北边大海之际，至天马所，待马语时，即便告言：'我等欲归彼岸还赡部洲，愿见提携，安隐而去。'马所陈语，君当奉行。有此方便，可还本国。"

时师子胤商主闻彼说已……寻路归还依旧而卧。至天晓已……具以上事普告众人。复更告曰："此等诸女皆是罗刹……"时诸商人闻是语已，咸皆大怖，无计所出。至十五日褒洒陀时，皆向城北诣天马所。

时彼天马从大海出，于海岸边食自然香稻……时彼马王告诸人曰："汝等若欲安渡大海归赡部洲者，当依我教谛受思惟。若不依者，无由越渡。彼罗刹女化作美容倍胜常日，将诸男女来相诱诳……汝等若闻如是告时，生顾恋心，作妻子想，爱彼珍宝及诸园观，情生愿乐，欲到还者，纵升我背，必当堕落。"

……时彼马王于诸商人善教语已，即便低身，令彼附近。或持鬃尾，及以身毛，随情执捉。时彼天马踊身虚空，望赡部洲，腾骧云路。

尔时……罗刹……即皆变形作美女像，持诸男女，咸至大海，求觅商人。既遥见已，随后啼泣。告言："贤首何意疏我，并诸男女，弃舍而去……"时诸商人闻是语已，各生顾恋，于彼宅舍，及以园池，并诸珍宝。起爱念时，于天马上身皆堕落……唯商主一人心无顾恋，凭附天马，得出海岸……

尔时世尊告诸苾刍：……往时师子胤王者即我身是。

大光明王始发道心

图像：画一王者乘象，在大树下狂奔（图3-2-33）。除了菱格本生，此故事也在克孜尔第198窟侧甬道的券顶一侧、森木塞姆第40窟主室侧壁、库木吐喇第34窟主室正壁绘制。

故事讲述佛陀往昔为光明王，乘一公象外出。公象忽见母象，发情狂奔。光明王抓住路边树枝，幸免于难。调象师告诉光明王，他可以训练大象，但无法改变雄象的本性。能够调理众生之心的只有佛陀。光明王由此感悟，皈依佛门。

有部文本见于《药事》。另《贤愚经》"大光明王始发道心缘品"载：

……尊者阿难，知众所念。即从坐起，整衣服，前白佛言："今此大众咸皆有疑。世尊本昔从何因缘发大道心？唯愿说之，广利一切。"

……佛言阿难：过去久远无量无边阿僧祇劫，此阎浮提有一大王，名大光明，有大福德。聪明勇慧，王相具足。尔时边境，有一国王，与为亲厚。彼国所乏，大光明王，随时赠送。彼国所珍，亦复奉献于光明王。时彼国王大山游猎，得二象子，端正姝妙……遣人往送。

时光明王见此象已，心大欣悦。时有象师，名曰散阇。王即告言：汝教此象，瞻养令调。散阇奉教，不久调顺，众宝交络，往白王言："我所调象，今已调良。愿王观试。"

王闻心喜……王乘是象，譬如日初出山，光明照曜。王初乘象，亦复如是。与诸臣民，出城游戏，将至试所。时象气壮，见有群象于莲华池食莲华根。见已欲发，奔逐牸象，遂至深林。时王冠服悉皆堕落，坏衣破身，出血牵发。

……散阇白王："林中诸树有可捉者，愿王搏捉，乃可得全。"

王搏树枝，象去王住。下树坐地，自视无复衣冠，

图3-2-33 大光明王始发道心，克孜尔第14窟

身体伤破。生大苦恼，迷闷出林。不知从者所在。

象师小前，捉树得住。还求见王愁恼独坐。象师叩头白王：“愿王莫大忧苦，此象正尔淫心当息，厌恶秽草，不甘浊水。思宫清净肥美饮食，如是自还。”

……尔时狂象在野泽中食诸恶草，饮浊秽水。淫欲意息，即思王宫清凉甘膳。行如疾风，诣本止处。

……象师散阇，将象至会。寻使工师，作七铁丸，烧令极赤。作已念言：“象吞此丸，决定当死。王后或悔。”白言大王：“此白象宝，唯转轮王乃得之耳。今有小过，不应丧失”……王怒隆盛，告言远去。

……象师即便作相告象：“吞此铁丸，若不吞者，当以铁钩斲裂汝脑。”

象知其心，即自思惟：“我宁吞此热丸而死，实不堪忍被铁钩死。”如人俱死，宁受绞死不乐烧杀。屈膝向王，垂泪望救。王意怒盛，睹已余视。散阇告象：“汝今何以不吞此丸？”

时象四顾，念是众中乃无有能救我命者，以手取丸，置口吞之。入腹焦烂，直过而死，如金刚杵打玻璃山，铁丸堕地，犹故热赤。

时会见已，莫不悲泣。王见此事，惊怖愕然，乃生悔心。即召散阇告言：“汝象调顺。乃尔何故在林不能制之？”

时净居天知光明王应发无上菩提之心，即作神力，令象师跪答王言：“大王，我唯能调象身，不能调心。”

王即问言：“颇复有人，亦能调身，兼调心不？”白言大王：“有佛世尊，既能调身，亦能调心。”

……王闻是已，悚然踊跃。即起入宫，洗浴香汤。更着新衣，上高阁上，四向作礼。于一切众生起大悲心，烧香誓愿。愿我所有功德，回向佛道。我成佛已，自调其心，亦当调伏一切众生……

佛告诸比丘：“欲知尔时白象吞铁丸者，难陀是也。时象师者，舍利弗是也。光明王者，我身是也。我于尔时，见是象调顺故，始发道心。”

摩诃萨埵太子舍身施虎：

图像有两种：其一，两棵大树间有一王者仰面躺地，一只老虎躬身其上，撕咬王者手臂。旁边有两只奔跑的幼虎。上面有一王者飞身而下。克孜尔第47窟、第184窟侧壁方格本生也绘制了这一主题。其二，菱格中，一比丘仰躺树下，老虎啮噬其上（图3-2-34、图3-2-35）。

画面包含同一故事的两个片段。摩诃萨埵太子见山下饿虎羸瘦垂死，无力供养幼虎，慈心悲悯，纵身跳下山崖，牺牲自己以救虎命。

《贤愚经》“摩诃萨埵以身施虎品”载：

一时佛在舍卫国祇树给孤独园……佛告阿难：乃往久远，阿僧祇劫。此阎浮提有大国王，名曰摩诃罗檀囊（下文作“那”）……王有三子。其第一者名摩诃富那宁，次名摩诃提婆……次名摩诃萨埵。此小子者，少小行慈，矜愍一切，犹如赤子。尔时大王与诸群臣夫人、太子出外游观……其王三子共游林间，见有一虎，适乳二子。饥饿逼切，欲还食之。

其王小子语二兄曰：“今此虎者，酸苦极理，羸瘦垂死，加复初乳。我观其志，欲自啖子。”二兄答言：“如汝所云。”

弟复问兄：“此虎今者当复何食？”

二兄报曰：“若得新杀热血肉者乃可其意。”

图 3-2-34　摩诃萨埵太子舍身施虎，克孜尔第 47 窟后室

图 3-2-35　摩诃萨埵太子舍身施虎，库木吐喇第 63 窟

又复问曰："今颇有人能办斯事，救此生命，令得存不？"二兄答言："是为难事。"

时王小子内自思惟："我于久远生死之中捐身无数，唐舍躯命，或为贪欲，或为瞋恚，或为愚痴，未曾为法。今遭福田，此身何在？"设计已定，复共前行。前行未远，白二兄言："兄等且去，我有私缘，比尔随后。"作是语已，疾从本径，至于虎所，投身虎前。饿虎口噤，不能得食。尔时太子自取利木，刺身出血。虎得舐之，其口乃开，即啖身肉。

二兄待之经久不还，寻迹推觅，忆其先心，必能至彼，餧于饿虎，追到岸边。见摩诃萨埵死在虎前。虎已食之，血肉涂漫。

……如是经久时，摩诃萨埵，命终之后生兜率天，即自生念，我因何行，来受此报。天眼彻视，遍观五趣。见前死尸，故在山间。父母悲悼，缠绵痛毒。怜其愚惑，啼泣过甚……复以种种妙善偈句，报谢父母。父母于是小得惺悟，作七宝函，盛骨着中。葬埋毕讫，于上起塔。

……佛告阿难：尔时大王摩诃罗檀那者，岂异人乎？今我父王阅头檀是。时王夫人，我母摩诃摩耶是。尔时摩诃富那宁者，今弥勒是。第二太子摩诃提婆者，今婆修蜜多罗是。尔时太子摩诃萨埵，岂异人乎？我身是也。

第二种图像绘老虎啮噬比丘，可能与舍身饲虎的另一版本有关。

北凉高昌国沙门法盛译《佛说菩萨投身饴饿虎起塔因缘经》讲述了类似的故事，情节与《贤愚经》"摩诃萨埵以身施虎品"颇有差异，强调当时太子已经出家求道。

……于是太子披鹿皮衣，留住山中，从师学道，攒寻道术……如是多年。太子亦时时下来问讯父母，仍复还山修道。其山下有绝崖深谷，底有一虎母，新产七子。时天降大雪，虎母抱子已经多日不得求食。惧子冻死，守饿护子。雪落不息，母子饥困，丧命不久。虎母既为饥火所逼，还欲啖子。时山上诸仙道士见是事已，更相劝曰："谁能舍身救济众生？今正是时。"太子闻已，唱曰："善哉，吾愿果矣。"往到崖头，下向望视。见虎母抱子，为雪所覆，生大悲心……即还白师及五百同学："吾今舍身，愿各随喜。"

师曰："学道日浅，知见未广。何忽自夭，舍所爱身？"

太子答曰："吾昔有愿，应舍千身。前已曾舍九百九十九身，今日所舍，足满千身，是故舍耳。愿师随喜。"

师曰："卿志愿高妙，无能及者。必先得道，勿复见遗。"

太子辞师而去……太子即解鹿皮之衣，以缠头目，合手投身虎前。于是虎母得食菩萨肉母子俱活。

《佛说菩萨投身饴饿虎起塔因缘经》在太子舍身饲虎的故事结尾，交代人物本生亦与《贤愚经》不同："佛告阿难：时太子者，我身是。时父王者，即今我父阅头檀是。时夫人者，母摩耶是。尔时后妃者，今瞿夷是。时大臣阇耶者，阿难是。尔时山上神仙大师者，弥勒是也。裴提舍王者，难陀是也。时婆罗门者，罗云是也。弥勒菩萨从昔已来常是我师。以吾布施，不惜身命，救众生故，超越师前悬挍九劫。"

尸毗王救鸽割肉

图像：绘王者坐在宝座上，张开双手，保护一只被老鹰追逐的鸽子。旁有两人。一人手持天秤，一人持刀，切割王腿（图3-2-36）。

故事讲述帝释天为测试尸毗王，变化成老鹰追逐鸽子。尸毗王救护白鸽，又不忍断鹰之食，乃以己肉换取鸽肉，以供鹰食。他命人用天秤称量鸽子体重，以己肉相抵。

《贤愚经》"梵天请法六事品"载：

又复世尊过去久远阿僧祇劫于阎浮提作大国王，名曰尸毗。王所住城，号提婆拔提，丰乐无极。……时天帝释，五德离身，其命将终，愁愦不乐。毗首羯摩见其如是……白天帝言："今阎浮提有大国王，行菩萨道，名曰尸毗，志固精进。必成佛道。宜往投归，必能覆护，解救危厄。"天帝复白："若是菩萨，当先试之为至诚不。"

……毗首羯摩自化为鸽。帝释作鹰，急追鸽后，临欲捉食。时鸽惶怖，飞趣大王，入王腋下，归命于王。鹰寻后至，立于殿前，语大王言："今此鸽者，是我之食，来在王边，宜速还我。我饥甚急。"

尸毗王言："吾本誓愿当度一切，此来依我，终不与汝。"

鹰复言曰："大王今者云度一切。若断我食，命不得济。如我之类，非一切耶？"

王时报言："若与余肉，汝能食不？"鹰即言曰："唯得新杀热肉，我乃食之。"

王复念曰："今求新杀热肉者，害一救一，于理无益。内自思惟，唯除我身。其余有命，皆自护惜。"即取利刀，自割股肉，持用与鹰，贸此鸽命。

鹰报王曰："王为施主，等视一切。我虽小鸟，理无偏枉。若欲以肉贸此鸽者，宜称使停。"

图3-2-36　尸毗王救鸽割肉，克孜尔第114窟

王敕左右，疾取称来。以钩钩中两头施盘，实时取鸽安着一头，所割身肉以着一头。割股肉尽，故轻于鸽。复割两臂、两胁、身肉都尽，故不等鸽。尔时大王举身自起，欲上称盘。气力不接，失跨堕地。闷无所觉，良久乃稣。自责其心……今是精进立行之时，非懈怠时也。种种责已，自强起立，得上称盘。心中欢喜，自以为善。

是时天地六种震动，诸天宫殿皆悉倾摇……尔时帝释还复本形，住在王前。语大王曰："今作如是难及之行，欲求何等。汝今欲求转轮圣王、帝释、魔王？三界之中欲求何等？"

菩萨答言："我所求者，不期三界尊荣之乐。所作福报，欲求佛道。"

……尸毗王者今佛身是也……尔时梵王于如来前合掌赞叹，说于如来先身求法，为于众生凡有千首。世尊尔时受梵王请，即便往诣波罗奈国鹿野苑中转于法轮。

难沮坏王为肉山以施众生

图像：画飞禽、狮、虎等兽围住一个长有五官的圆形物，或啄或咬（图3-2-37）。

故事讲述佛陀过去为难沮坏王，因求佛道而将国土分与六子。六子不和，相互攻战，导致大地枯萎，万物无以为食。难沮坏王即自发愿，以自身血肉变成一座肉山，供山中鸟兽为食。

北凉昙无谶译《悲华经》卷九载：

过去无量阿僧祇劫，尔时此界名无垢须弥……我于尔时作大强力转轮圣王，号难沮坏王，阎浮提千子具足，我悉劝化，令发阿耨多罗三藐三菩提心，其后寻于香莲华佛像法之中出家修道，炽然增益佛之遗法。唯除六子，不肯出家，发菩提心。我于尔时数数告言："卿等今者，欲何所求？何以不发无上道心出家修道？"

……六子答言："若能与我阎浮提者，然后我当发阿耨多罗三藐三菩提心。"善男子。我闻是已心生欢喜……分阎浮提即为六分，赐与诸子，寻便出家。尔时六王，各相违戾，不相承顺，互相抄掠，攻伐鬪诤，缚束枷锁。尔时一切阎浮提内，苗稼不登，人民饥饿。水雨不时，诸树枯悴。不生华实，药草不生。人民禽兽及诸飞鸟悉皆饥饿，其身炽然，犹如火聚。

我于尔时复自思惟："我今应当自舍己身肌体血肉，以施众生，令其饱满。"

……尔时我于水爱护山，自投其身。以愿力故，即成肉山，高一由旬，纵广正等亦一由旬。是时人民、飞鸟、

图 3-2-37　难沮坏王本生，克孜尔第 17 窟

禽兽，始于是时，啖肉饮血。以本愿故，于夜中分增益，广大其身，乃至高千由旬，纵广正等亦千由旬。其边自然而生人头，发毛、眼耳、鼻口、唇舌具足而有。彼诸头中，各各有声，而唱是言："诸众生等，各各自恣，随意取用。饮血啖肉，取头目耳鼻唇舌齿等，皆令满足。"

……阎浮提内人及鬼神飞鸟禽兽，皆悉充足。于万岁中所施目如一恒河沙，所施血如四大海水。所舍肉如千须弥山。所舍舌如大铁围山。所舍耳如纯陀罗山。所舍鼻如毗富罗山。所舍齿如耆阇崛山。所舍身皮犹如三千大千世界所有地等。

四、菱格本生——佛陀往昔在人间

月光王施头

图像：画一王者站立，合手躬身，头发系于一棵大树。一位婆罗门正挥剑向他头部砍去（图3-2-38）。克孜尔第184窟被揭取的单幅方格本生中也包括这一主题。

故事讲述佛陀过去为月光王，乐善好施，遭到另一国王毗摩斯那的嫉妒。他派遣一婆罗门以求布施为名，向月光王索要他的人头。月光王遂将自己的头发系于树上，以免疼痛反抗，复以双手接住砍落之头，施与婆罗门。

《贤愚经》"月光王头施品"载：

如是我闻，一时佛在毗舍离庵罗树园中……时魔波旬来至佛所白佛言：世尊处世教化已久，度人周讫，蒙脱生死，数如恒沙。时年又老，可入涅槃。

……佛告阿难：……汝去之后。魔来劝我当取涅槃。吾已许之。

阿难闻此悲恸迷荒闷恼惘塞不能自持。其诸弟子。展转相语。各怀悲悼。来至佛所。……时舍利弗闻于世尊当般涅槃，深怀叹感，因而说曰："如来涅槃，一何疾耶。世间眼灭，永失恃怙。"又白佛言："我今不忍见于世尊而取灭度，今欲在前而入涅槃。唯愿世尊，当见听许。"如是至三。世尊告曰："宜知是时，一切贤圣，皆常寂灭。"

时舍利弗得佛可已……于其后夜……从灭尽定起，而般涅槃。

……佛告之曰：此舍利弗……不但今日不忍见我取般涅槃，而先灭度。过去世时，亦不堪忍见于我死，而先我前死。

贤者阿难合掌白佛：不审世尊，往昔先前取死。其事云何？愿为解说。

佛告阿难：过去久远……此阎浮提有一大国王，名旃陀婆罗脾（晋言月光）……其国丰润，人民快乐，珍奇异妙，不可称数。尔时其王坐于正殿……告诸群臣：今我欲出珍宝妙藏，置诸城门，及着

图 3-2-38　月光王施头，克孜尔第 17 窟

市中，设大檀施，随其众生一切所须，尽给与之。并复告下八万四千诸小国土，悉令开藏，给施一切。

……于时边表有一小国，其王名曰毗摩斯那，闻月光王美称高大，心怀嫉妒，寝不安席。即自思惟：月光不除，我名不出。……时毗摩斯那益增愁愦，即出广募周遍宣令："谁能为我得月光王头，共分国半治，以女妻之。"……有婆罗门，名曰劳度差，闻王宣令，来应王募。

……时婆罗门径至（月光王）殿前，高声唱言："我在遐方，闻王功德，一切布施，不逆人意。故涉远来，欲有所得。"

王闻欢喜，迎为作礼问讯："行道不疲极耶，随汝所愿。国城、妻子、珍宝、车乘，辇舆、象马、七宝、奴婢仆使，所有欲得，皆当与之。"

婆罗门言："一切外物，虽用布施，福德之报，未为弘广。身肉布施，其福乃妙。我故远来，欲得王头。若不辜逆，当见施与。"

王闻是语，踊跃无量。婆罗门言："若施我头，何时当与？"王言："却后七日当与汝头。"

尔时大月大臣，担七宝头，来用晓谢。腹拍其前，语婆罗门言："此王头者，骨肉血合。不净之物，何用索此。今持尔所七宝之头，以用贸易。汝可取之，转易足得终身之富。"

婆罗门言："我不用此，欲得王头，合我所志。"……尔时大王语婆罗门："欲取头者，今正是时。"婆罗门言："今王臣民大众围绕。我独一身，力势单弱，不堪此中而斫王头。欲与我者，当至后园。"

尔时大王告诸小王太子臣民："汝等若苟爱敬我者，慎勿伤害此婆罗门。"作此语已，共婆罗门入于后园。

时婆罗门又语王言："汝身盛壮，力士之力，若遭斫痛，傥复还悔。取汝头发，坚系在树。尔乃然后能斫取耳。"

时王用语求一壮树，枝叶郁茂，坚固欲系。向树长跪，以发系树，语婆罗门："汝斫我头，堕我手中。然后于我手中取去，今我以头施汝，持是功德。"

……时婆罗门举手欲斫。树神见此，甚大懊恼。如此之人，云何欲杀？即以手搏婆罗门耳。其项反向，手脚缭戾，失刀在地，不能动摇。

尔时大王即语树神："我过去已来，于此树下，曾以九百九十九头以用布施。今施此头，便当满千。舍此头已，檀便满具。汝莫遮我无上道心。"

尔时树神闻王是语，还使婆罗门平复如故。时婆罗门便从地起，还更取刀，便斫王头。头堕手中，尔时天地六反震动。诸天宫殿，摇动不安。

……如是阿难，欲知尔时月光王者，今我身是。毗摩羡王，今波旬是。时劳度差婆罗门者，今调达是。时树神者，今目连是。时大月大臣者，今舍利弗是，当于尔时不忍见我死，而先我前死。乃至今日，不忍见我入于涅槃，而先灭度。

快目王施眼

图像：画一王者坐在树下，一位侍从手捉王头，持刃挖王左眼（图3-2-39）。许多图像并绘一婆罗门举手向王者祈请（参见图5-3-24）。

故事讲述佛陀往昔为须提罗王（快目王），乐善好施，遇一盲人求眼，即命侍从剜下与之，令盲者复明。

《贤愚经》"快目王眼施缘品"载：

如是我闻。一时佛在舍卫国祇树给孤独园……时城中有盲婆罗门……闻佛说法，梵音具足，深远流畅。欢喜踊跃，两目得开……一切众会莫不奇怪……佛告阿难：吾与其眼，不但今日，过去世时，亦复与眼。

……过去久远无量无数不可思议阿僧祇劫，此阎浮提有一大城名富迦罗拔，时有国王，名须提罗（此言快目）。所以名之为快目者，其目明净，清妙无比。彻睹墙壁，视四十里。以是故立字号。曰快目……王有慈悲，愍念一切。养育民物，犹如慈父。化导以善，民从其度。风时雨顺，四气和适。其国丰乐，群生蒙赖。

图 3-2-39 快目王施眼，克孜尔第 17 窟

……尔时边裔有一小国，其王名曰波罗陀跋弥，恃远傲慢，不宾王化……躭荒色欲，不理国政。国有忠贤，不往谘禀。边镜之土，役使烦倍。商贾到国，税夺过常。……（快目王）闻是已……告下诸国，选择兵众，克日都集，往彼波罗陀跋弥王国。……波罗陀跋弥闻是消息，愁闷迷愦，莫知所如。着垢黑衣，坐黑闇所……群臣试共议之。即合共议，各各异计，共辅相言："我闻快目王，自誓布施，唯除父母不以施耳，其余一切不逆来意。今此国中有盲婆罗门，当劝勉之往乞王眼。若能得者，军兵足却。"

……时婆罗门渐到大城，径至殿前，高声唱言："在他国，承王名德，一切布施，不逆人意……我久失眼。长夜处冥。承闻大王。故发意来。欲乞王眼。"

王闻欢喜，语婆罗门："欲得眼，我当相与。"……其在会者默然无言。王语左右："挑我眼。"右诸臣咸各言曰："破我身，犹如芥子，不能举手向大王眼。"

王语诸臣："汝等推觅其色正黑，谛下视者，便召将来。"诸臣求得，将来与王。王即授刀，敕语令剜。剜得一眼，着王掌中。王便立誓："我以此眼以用布施，誓求佛道。若审当得成佛道者，此婆罗门得我此眼，即当用视。"作是誓已。王即以眼安婆罗门眼匡之中。寻得用见，得视王身，及余众会，欢喜踊跃，不能自胜。即白王言："得王一眼，足我用视。愿留一眼，王自用看。"王复答言："我已言决，许与两眼。不应违言。"便更剜一眼，复着掌中，重复立誓："我持眼施，用求佛道。审能成佛至诚不虚，此婆罗门得于我眼，便当用视。"复安一眼，寻得用视。

当尔之时，天地震动。诸天宫殿，皆亦动摇……王即自誓："我剜眼施，无悔恨意。用求佛道，会当得成。审不虚者，令我两眼平复如故。"王誓已讫，两眼平完。明净彻视，倍胜于前。

……佛告阿难，欲知尔时须提罗王，今我身是。波罗陀跋弥，今调达是。时乞我眼婆罗门者，今此会中，盲婆罗门得道者是。先世之时，我与其眼。乃至今日，由见我故，既得肉眼，复得慧眼。

一切施王施身

图像：画一王者双手背在身后，旁边有一婆罗门抓着他的胳膊，步行来到另一王者面前（图3-2-40）。

故事讲述一切施王因善待国民，引来邻国憎恨攻打，兵败亡国，遁入深山。他在森林中遇到一位老婆罗门，家人身陷囹圄，急求金钱赎命。一切施王流浪之身，无钱施舍。他知道自己正被敌国国王悬赏通缉，即自行捆绑，与婆罗门一同返城，为之换取赏金。

《菩萨本缘经》“一切施品”载：

如我曾闻。过去有王名一切施……常行如是善布施。时邻国人民闻王功德，悉来归化……其余邻国，渐失人民，各生瞋恨，即共集议，当共往讨。作是议已，寻严四兵，来向其国。……一切施王……于尔时便从水窦逃入深山，至稠林中得免怨贼。其地清净，林木种种，华果无量，不可称计。

……尔时怨王得其国已，即便唱令，求觅本王。若有能得一切施王，若杀、若缚，将来至此，吾当重赏，随其所须，一切给与。

……尔时他方有一婆罗门，贫穷孤悴，唯仰乞活。兼遇官事无所恃赖，闻王名字，好行惠施，即从其国来欲造诣，乞求所须。即于中路饥渴疲乏，步息林中……一切施王便以所有众味甘果而奉上之。

既饱满已……婆罗门言：“若欲闻者，我当为汝具陈说之。我本生处去此悬远。薄祐所致，遇王暴虐……曾无毫厘犯王宪制，横收我家，系之囹圄。从我责索金钱五十。若能办者，我当赦汝居家罪戾，若不肯输，吾终不舍。要当系缚，幽执鞭挞。克日下期，当输金钱。家穷贫苦，无由能办。曾闻此国一切施王。好行惠施摄护贫人……我今何时当到其所随意乞求？若彼大王，必见怜愍，能给少多。我家可得全其生命。若不得者，我亦不久当复殒殁。”

……一切施王尔时即起慈悲之心，作如是念：“可愍道士所愿不果，譬如饿鬼远望清水，到已不获，心闷躃地。是婆罗门亦复如是。”复更唤言：“咄婆罗门。汝可起坐，汝可起坐。一切施王即我身是。汝本欲见，今得遇之，何故愁苦……我无钱财，但有方便，可能令汝大得珍宝……我先闻彼怨家之言，居我国已，于大众中唱如是言：若有能得一切施王，若断其命，捡系将来，吾当重赏，随意所须。我从昔来，未曾教人行于恶法，是故不令汝斩我头。但以绳缚，送诣彼王。所以者何？除身之外更无钱财……”

……王即自缚，共婆罗门相

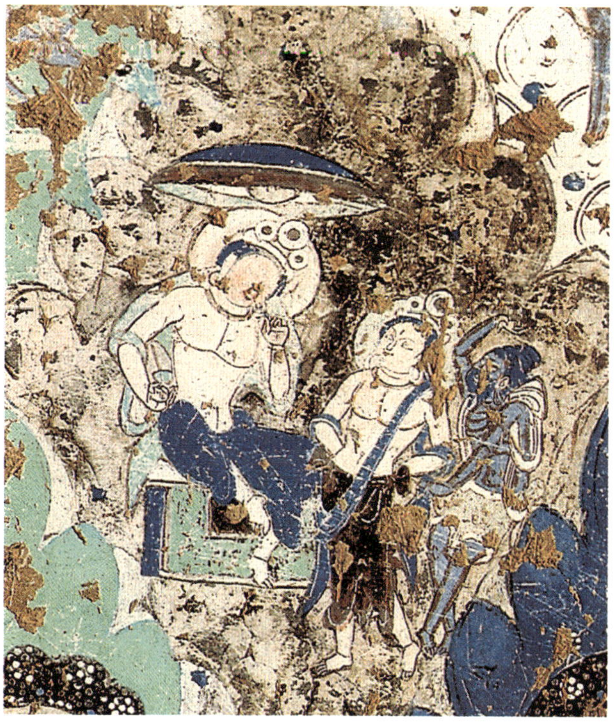

图 3-2-40　一切施王施身，克孜尔第 38 窟

随至城……怨王见已，心即生念："是王年壮，身体姝好，容貌端正，其力难制。是婆罗门年在衰弊，形容枯悴，颜貌丑恶，其力无几，云何能得是王将来？"……时婆罗门闻是语已，即向怨王而说偈言："大王今当知，我实不能缚；是王慈悲故，为我而自来。如以网盛风，是事为甚难；正使天帝释，亦复不能为。"

……尔时怨王闻是语已，从御座起，合掌敬礼一切施王，作如是言：唯愿大王还坐本座。汝是法王，正化之主……一切施王即为怨王广说法要。令其安住于正法中，大以财宝与婆罗门，遣还本土。

一切持王子（须大拏）施子

图像：画树下四人。一王者右手捉住两个童子，左掌向对面的老年婆罗门摊开，作邀请状。老年婆罗门一手捧心，一手向王者摊开，作祈求状（图3-2-41、图3-2-42）。

故事讲述一切持太子乐善好施。他先是将守卫国家的战象施舍给了敌国，遭到本国驱逐，带着妻子和两个孩子入山。在山中遇见老年婆罗门，又将自己的两个孩子施舍与之，充当奴仆。此后，又陆续施舍了自己的妻子和双眼。

同题壁画亦可见斯坦因在南疆米兰佛寺遗址的发现[1]。此本生情节曲折，堪称古代西域佛教壁画中的经典。克孜尔菱格本生中只集中表现太子施子的片段。克孜尔第184窟被揭取的方格本生中亦有此故事。此外，它也在克孜尔第198窟侧甬道券顶出现。克孜尔第81窟侧壁连续绘制了这个故事的多个细节，几乎布满方形石窟的侧壁。可惜壁画大多残损，只有部分内容勉强能够看清。或谓为施舍白象，以及王子将妻携子乘坐马车之情节（参见图5-3-4）。

"太子施子本生"在许多佛经中被提及，太子译名或作"须大拏"，并有单卷本《太子须大拏经》流传。有部所传可见于《根本说一切有部毗奈耶药事》卷十四。以下仅部分摘录《菩萨本缘经》相关内容的前段。

《菩萨本缘经》"一切持王子品"载：

我昔曾闻过去有王，其王有子名一切持，年在幼少形容端正……心常乐施一切众生。

……尔时父王有一白象行莲华上，力能降伏敌国怨雠。以有此象故，令他国不能侵陵。时有边方怨敌之王常作是念："我当云何而设方便，得彼白象？"即遣诸人诈为苦行婆罗门像，往诣王子求索白象。尔时王子见诸大臣生瞋恚心，故乘白象出城游观，欲向一林，即于其路见婆罗门……诸婆罗门复作是言："我等不用钱财珍宝，唯须是象乘之入山，求觅好华，供养诸天已。当令众生若生天上，或入涅槃。王子本愿欲利益他，我亦如是欲利益他。"

尔时王子闻是语已即生悲心……便持白象施婆罗门。自乘一马还欲入城……已到本国，时诸大臣即共集聚，疾至王所，白言："大王今日快善所重白象。王子已持施婆罗门。诸婆罗门得已乘去，今到敌国……臣等敢奏不咎责，王子若能从今已往更不以财惠施于人，则可听住。若不止者，便当摈之远着深山。"

……尔时王子悉以家财布施贫乏，即以两肩荷负二子，携将其妻，往雪山中。王子到已，食果饮水以存性命。

……是时有一老婆罗门，其形丑恶，人所恶见，从远方来。王子见已即命令坐，行水施果，然后问讯。……婆罗门言："……我年朽迈，身力羸损。家贫空乏，困于仆使。

---

1 〔英〕奥里尔·斯坦因著，巫新华、伏霄汉译《斯坦因中国探险手记》卷二，沈阳：春风文艺出版社，2004年，第474页。

图 3-2-41　一切持王子（须大拏）施子，克孜尔第 38 窟

图 3-2-42　一切持王子（须大拏）施子，克孜尔第 8 窟

若欲满我本所愿者，幸可惠施二奴仆使。”

……尔时王子即作是念：“我今当作何等方便，发遣此人？”尔时二子近在不远山中遨戏……尔时菩萨手执二子，授婆罗门，作如是言：“汝婆罗门。我此二子，犹如我命。幼稚无智，未解人语。虽复似人，未有所识。今持相与，以为仆使。恐母来至，可速将去。”

尔时二子回捉父衣，而白父言：“父今何缘？持我兄弟与此恶婆罗门。我等从今永离父母，年既幼小，未有所识。无覆无护，云何能活……且听小住，须我母至，跪拜问讯，辞去不晚。”菩萨答言：“汝等但去，吾与汝母当随汝后。”

时婆罗门将其二子速疾发引。是时二子随路还顾，回视父面，悲号啼哭。菩萨尔时，更复呵心：“汝今不应复更战动，当观受形老死炽然。”子去未远，复立誓愿：“我今舍子，实是难行。愿此因缘得成阿耨多罗三藐三菩提，除诸众生一切系缚。”

跋摩竭提施乳

图像：画一王族女子，持刀自割乳房。对面坐着一位妇人，环抱婴儿（图3-2-43）。

故事讲述佛陀过去为一王后，名跋摩竭提。她路遇一位刚刚分娩的妇女。该女饥饿所逼，欲食幼子。王后劝阻，本意回宫为之取食，无奈妇人过于饥饿，无法等待。王后割下自己的乳房，予以充饥。

《菩萨本行经》载：

尔时世尊重告王（波斯匿王）曰：……自念曩昔过去世时。此阎浮提有城名不流沙，王名婆檀宁。夫人字跋摩竭提。时国谷贵，人民饥饿，加有疫病，时王亦病。夫人自出祠天，街边有一家。夫行不在，时妇产儿，又无婢使，产后饥虚，复无有食，饥饿欲死。便自念言：“今死垂至更无余计，唯当还自噉其儿耳而用济命。”

即便取刀适欲杀儿，心为悲感，举声大哭。尔时夫人欲还宫中，闻此妇人悲声惨切，怆然怜伤，便住听之。而此妇人适欲举刀，欲杀其子，便自念言：“何忍噉其子肉。作是念已，便复啼哭。”

夫人便入其舍就而问之：“何以啼哭，欲作何等？”妇即答言：“无食食之，加复产后身倍虚羸，欲自杀儿，用济其命。”夫人闻之，心为悼愍。语言：“莫杀其子，我到宫中当送食来。”

妇人答言：“夫人尊贵，或复稽迟，或能忘之。而我今日命在呼吸，不逾时节。不如自噉其子，以用济命。”夫人问言：“更得余肉食之可不？”答言：“果得济命，不问好丑也。”

于是夫人即便取刀自割其乳，便自愿言：“今我以乳持用布施，济此危厄。不愿作转轮圣王、天帝、魔王、梵王也。持此功德，用成无上正真之道。”即便持乳与此妇人。适欲举刀更割一乳。应时三千大千世界为大震动。诸天宫殿皆悉动摇。

……于时天帝住夫人前，而便问言：“汝今所施，甚为难及。求何愿耶？”夫人答言：“持此功德，用求无上正真之道，度脱一切众生苦厄。”天帝答言：“汝求此愿，以何为证？”于是夫人即立誓言：“今我所施功德审谛成正觉者，我乳寻当平复如故。”其乳寻时平复如故。天帝赞言：“善哉，善哉，汝成佛不久。”

诸天欢喜，即便现形叹夫人言：“汝今所施得无悔恨以为痛耶？”答言：“我无悔恨，不以为痛。”天复答言：“若无悔恨，以何为证？”于是夫人便立誓言：“我今所施用求佛道无悔恨者，令我女身变成男子。”立誓已讫，应时女身变为男子。时诸天神赞言：“善哉善哉，如汝所愿，成佛不久。”

王及臣民叹甚奇特，欢喜无量。是时国中众病消除，谷米丰贱，人民安乐。却后国王崩亡，群臣共议当更立王。时天帝释来下，语群臣言：跋摩竭提变身化成男子，加有福德，应得为王。诸臣欢喜即拜为王，

图 3-2-43　跋摩竭提施乳，克孜尔第 114 窟

图 3-2-44　阿弥陀加良王施药，克孜尔第 14 窟

人民炽盛，国遂兴隆。

佛告王言：尔时跋摩竭提者，今我身是。而我尔时不惜身，布施如是，现世获报。即变其身成于男子，得绍王位。因是功德，今得成佛，普救一切。

阿弥陀加良王施药

图像：画一辟支佛斜躺。一位王者单膝跪地，左手捧碗，右手持勺，伸向辟支佛（图3-2-44）。

此故事过去解读为“圣友以乳汁施辟支佛”。故事出自《贤愚经》卷八“盖事因缘品”。笔者查对原文，圣友在故事中为一萨薄，其身份与图像中喂养辟支佛的王者不符。故建议将此本生，改定为“阿弥陀加良王施药”。佛陀过去为阿弥陀加良王，生病后，正欲服药。正巧有一辟支佛生病与王相同，前来求医。阿弥陀加良王遂亲自将药持施。如《佛说菩萨本行经》所载：

> 阿弥陀加良王时，病自合药，而欲服之。时有辟支佛，病与王同，来从乞药。王自不服，即便持药，施辟支佛。自作誓愿，使一切病，皆悉除愈。

慕魄太子生埋开口

图像：画一人躺在棺材中。有人以绳索系住棺材，准备下坑安葬。旁边一人高举左手，作惊讶状（图3-2-45、图3-2-46）。克孜尔第184窟侧壁的单幅方格壁画中也绘制了这一主题。

故事讲述佛陀过去为慕魄太子，十几年未曾开口说话。国王请来婆罗门占卜，认为此亡国之兆。国王同意了婆罗门的建议，命人挖好墓穴，欲将太子活埋。在最后一刻，太子开口，道出真相。举国震惊。

单卷本经文有传为后汉安世高译《佛说太子慕魄经》和传为西晋竺法护译《佛说太子墓魄经》。竺法护译《佛说太子墓魄经》载：

> 闻如是。一时佛在舍卫国祇树给孤独园，告诸比丘：昔者……有一太子，字名墓魄，生有无穷之明，端正妙洁，无有双比。父母奇之，供养瞻视，须其长大当为立字。然太子结舌不语，十有三岁。恬惔质朴，志若死灰，意如枯木。目不视色，耳不听音，状类瘖症聋盲之人。于是父母，患而厌之……王即召婆罗门师使相太子。婆罗门言：“……外

图3-2-45　慕魄太子生埋开口，克孜尔第38窟

图3-2-46　慕魄太子生埋开口，克孜尔第17窟

为端正，内怀不祥。危国灭宗，将至不久，不可畜养，宜当生埋，诛而杀之。不除此子，则绝国嗣。”

……王即召国中大臣共议之……一臣言：“但当随师所语，掘作深坑而生埋之。”王即随是一臣所语，即召外阵兵三千余人，使掘地作藏……遂侍太子遂到藏所。时有数千万人，皆随太子往到藏所，皆塞藏户……太子复不得前。于是太子举右手住，而言：“我正不语，而当生埋。我适欲语，恐入地狱。我所以不语者，欲安身避害，济神离苦，是以不语。而信诳诈之言，谓我聋盲，为实瘖痖。”

是时人民闻太子语有绝妙之音，世所希闻，行者为止，坐者为之起，皆言：“太子神圣乃尔。”皆前叩头求恩悔过：原赦我罪。

……王闻太子语，欢欣踊跃。……太子答言：“我曾为国王用行有缺漏故，下入地狱六万余岁，蒸煮剥裂，其痛难忍。当此之时，父母宁能知我地狱苦痛剧不？宁能分取我身上痛不？我厌畏地狱苦，是以结舌不语，十有三岁。冀得免瑕，除去垢秽。出于尘埃之外，不与罪会。”

……王知太子意坚志固，遂听学道。于是太子弃国捐王，入山求道，思惟禅定，寿终即生兜术天上……

佛告阿难：尔时太子墓魄者，我身是也。是时父王者，今阅头檀是也。是时母者，今摩耶是也。是时侍我五仆者，阿若拘邻等是也。是时婆罗门欲生埋我者，今调达是也。

睒子本生

图像：画一婆罗门持壶取水。旁边有一王，纵马持弓，朝他冲来（图3-2-47）。画面上方有一对老年夫妇坐在草舍中。此故事，除了券顶菱格，也在克孜尔第198窟侧甬道的一侧以罕见的券顶方格形式绘出。

故事讲述佛陀过去名为睒子（《杂宝藏经》译为睒摩迦、《六度集经》译为商莫），父母皆盲。一家三口隐居深山，生活全部依赖睒子一人。一天睒子外出取水，被打猎的国王误射将死。他想到父母丧子，亦难存活，心有不甘。他的孝心感动天地。帝释天下来挽救了他的生命。

图 3-2-47　睒子本生，克孜尔第 8 窟

圣坚译《佛说睒子经》载：

时有迦夷国中……夫妇两目皆盲……子年十岁，号曰睒子，至孝仁慈，奉行十善。不杀不盗不淫不欺。

……睒年过十岁……便与父母俱共入山。睒子至山中，以柴草为父母作屋施，置床褥，不寒不热，恒得其宜……睒着鹿皮衣，提瓶行取水，麋鹿飞鸟，亦复往饮，不相畏难。

时迦夷国王入山射猎。王见水边有麋鹿飞鸟，引弓射之，箭误中睒。

睒被毒箭甚痛，便大呼言："谁持一毒箭，射杀三道人？"王闻人声，下马往到睒前……王言："卿是何人？被鹿皮之衣，与禽兽无异。"睒言："我是王国中人，与盲父母俱来学道，二十余年，未曾为虎狼毒虫所害。今便为王箭所射杀之。"

……时王便前以手拔睒胸箭。箭深不可得出。飞鸟禽兽，四面云集，悲鸣呼唤，动一山中。王益怖懅，支节皆动。

睒言："非王之过，我自宿罪所致。我不惜身命，但怜我盲父母，年既衰老，目无所见，一旦无我，亦当终殁。"……王便重言："……若睒命终，我当不复还国，便住山中供养卿盲父母，如卿在时……卿语我父母处。"

……王将数人，诣父母所……伤心涕泣其言："我罪实重。入山射猎，遥见水边有诸群鹿，引弓射之。箭误中睒。道人子睒已被毒箭，其痛甚酷。今故自来，语道人耳。"

父母闻之，举身自扑，如太山崩，地为大动……王即牵盲父母往到尸上。父抱其头，母抱两脚，着与膝上……于是父母俱共誓言："若睒至孝，天地所知。箭当拔出，毒痛当除，睒应更生。"

于是第二忉利天帝座即为动，以眼见此二盲道人抱子号呼，乃闻第四兜率天上。释梵四王从天上来，如人屈伸之顷，来住睒前，以神妙药，灌睒口中。药入睒口，箭拔毒出，更生如故。父母闻睒以死已生，两目皆开。

佛告阿难：诸来会者，宿命睒者，吾身是也。盲父者，阅头檀王是。盲母者，今王夫人摩耶是也。迦夷国王者，阿难是。天帝释者，弥勒佛是。

忍辱仙人（羼提波梨）断手

图像有两种：其一，画一婆罗门仙人坐着，抬起双臂。双掌掉落于地。有一王妃跪在婆罗门仙人前面礼拜，旁边有一王，手持利刃，耀武扬威。其二，仅画王者持剑威胁婆罗门，未画王妃，为其简化图式（图3-2-48、图3-2-49）。克孜尔第184窟侧壁被揭取的单幅方格本生中也包括这一主题。

故事讲述佛陀往昔为羼提波梨仙人在山中修行忍辱之术。适逢国王带着女眷入山游玩。女眷围在仙人身边听法，国王心生嫉妒。他假意试其忍辱，斩断了仙人双手。

《贤愚经》"羼提波梨品"载：

乃往久远无量无边不可思议阿僧祇劫，此阎浮提有一大国……有一大仙士，名羼提波梨，与五百弟子处于山林，修行忍辱。

于时国王与诸群臣、夫人、婇女，入山游观。王时疲懈，因卧休息。诸婇女辈舍王游行，观诸花林，见羼提波梨端坐思惟，敬心内生，即以众花而散其上，因坐其前，听所说法。王觉顾望，不见诸女。与四大臣，行共求之，见诸女辈坐仙人前。寻即问曰："……汝常在此，为是何人？修设何事？"

仙人答曰："修行忍辱。"

王即拔剑而语之言："若当忍辱，我欲试汝，知能忍不？"即割其两手，而问仙人，

图 3-2-48　忍辱仙人断手，克孜尔第 17 窟

图 3-2-49　忍辱仙人断手，克孜尔第 114 窟

犹言忍辱。复断其两脚，复问之言，故言忍辱。次截其耳鼻，颜色不变，犹称忍辱。

……王乃惊愕，复更问言："汝云忍辱，以何为证？"仙人答曰："我若实忍，至诚不虚，血当为乳，身当还复。"其言已讫，血寻成乳，平完如故。

王见忍证，倍怀恐怖……忏悔之后，常请仙人，就宫供养……

佛告比丘：欲知尔时羼提波梨者，则我身是。时王迦梨及四大臣，今憍陈如等五比丘是。时千梵志尘坌我者，今欝卑罗等千比丘是……

虔阇尼婆梨王身燃千灯求闻法

图像有两种：其一，画一王者全身冒出火焰，旁边有一婆罗门手持一灯，一手伸向王者。其二，画一王者全身冒出火焰，旁边有两婆罗门，皆一手持容器，一手置于王者身体（图3-2-50）。

故事讲述佛陀往昔为王，名虔阇尼婆梨。他为闻妙法，答应说法婆罗门的要求——以身上油脂，供燃千灯。

《贤愚经》"梵天请法六事品"载：

又复世尊，过去久远阿僧祇劫，于阎浮提作大国王，名虔阇尼婆梨……遣臣宣令，遍告一切："谁有妙法与我说者，当给所须，随其所欲。"

时有婆罗门，名劳度差，来诣宫门，云："我有法……我之智慧，追求遐方，积学不易……大王今日能于身上剜燃千灯用供养者，乃与汝说。"

王闻此语，倍用欢喜。……是时众人见王意正，啼哭懊恼，自投于地。王意不改，语婆罗门："今可剜身而燃千灯。"寻为剜之，各着脂炷。

……王复白言："唯愿大师，垂哀矜采，先为说法，然后燃灯。我命傥断，不及闻法。"时劳度差便唱法言："常者皆尽，高者必堕；合会有离，生者皆死。"说是偈已，而便燃火。

当此之时，王大欢喜，心无悔恨，自立誓愿："我今求法，为成佛道。后得佛时，当以智慧光明照悟众生，结缚黑闇。"作是誓已，天地大动……时天帝释，下至王前，种种赞叹，复问之曰："……今观王身，战掉不宁，自言无悔。谁当知之？"

王复立誓："若我从始乃至于今，心不悔者，身上众疮，即当平复。"作是语已，寻时平复。

太子昙摩钳求法投火坑

图像：画一王者，双腿膝盖以下陷入一朵巨大的莲花花蕾中，身上冒出熊熊火焰。在他的旁边分别站立着帝释天和梵天（图3-2-51）。

故事讲述佛陀往昔为太子昙摩钳，渴望闻法。帝释天为考验太子虔诚，变化成一位婆罗门，向太子提出传法的条件——太子必须跳入火坑自焚。太子如其所言，投身火坑。他的壮举感动天地，火坑化为一座莲台。

《贤愚经》"梵天请法六事品"载：

又复世尊。过去久远无量阿僧祇劫。此阎浮提有大国王……有太子，字昙摩钳，好乐正法。遣使推求，四方周遍，了不能得。尔时太子求法不获，愁闷懊恼。时天帝释知其至诚，化作婆罗门，来诣宫门，言我知法，谁欲闻者，吾当为说。

太子闻之，即出奉迎……合掌白言："唯愿大师，垂愍为说。"

婆罗门言："学事甚难，追师积久，尔乃得之。云何直尔便欲得闻？理不可也……汝今若能作大火坑，令深十丈，满中炽火，自投于中以供养者，吾乃与法。"

尔时太子，即如其言作大火坑……是时太子立火坑上，白婆罗门："唯愿大师为我说法。我命傥终，不及闻法。"时婆罗门即便为说……

……尔时太子……辄自并身投于火坑。天地大动，虚空诸天，同时号哭，泪如盛雨。实时火坑变成花池。太子于中坐莲花台，诸天雨华，乃至于膝。

图 3-2-50　虔阇尼婆梨王身燃千灯求闻法，克孜尔第 17 窟右券

图 3-2-51　太子昙摩钳求法投火坑，克孜尔第 17 窟左券

毗楞竭梨王求法，身钉千钉

图像：画一人向一王者身上打钉（图3-2-52）。

故事讲述佛陀往昔为王，名毗楞竭梨，一心求法。有一婆罗门学有妙法，不愿相授。毗楞竭梨王为示诚意，依此婆罗门的要求，身上钉满千钉。

《贤愚经》“梵天请法六事品”载：

又复世尊过去世中于阎浮提作大国王，名毗楞竭梨。……王有慈悲，视民如子。尔时大王，心好正法。实时遣臣宣令一切：“谁有经法为我说者，当随其意，给足所须。”

有婆罗门名劳度差，来诣宫门言：“……我之所知，四方追学，劳苦积年……若能于汝身上，�千铁钉，乃与汝法。”

王即可之。却后七日，当办斯事……于时大王语婆罗门：“唯愿大师，垂恩先说，然后下钉。我命傥终，不及闻法。”

时劳度差便说偈言：“一切皆无常，生者皆有苦；诸法空无生，实非我所有。”说是偈已，即于身上斵千铁钉。

时诸小王，群臣之众……宛转啼哭。不识诸方。是时天地六种震动……时天帝释来到王前，而问王言：“大王今者，勇猛精进，不惮苦痛，为于法故。欲何所求？”

……王答之曰：“我之所为，不求三界受报之乐。所有功德，用求佛道。”

天帝复言：“今观王身不能自持，言无悔恨，以何为证？”

王寻立誓：“若我至诚，心无悔恨者，我今身体还复如故。”作是语已，实时平复。

图 3-2-52　毗楞竭梨王身钉千钉，克孜尔第 38 窟

图 3-2-53　勒那阇耶自刎浮尸救五商主，克孜尔第 114 窟

勒那阇耶自刎浮尸救五商主

图像：画大海之中数人。一人横刀自刎，身体横在水面，其余数人捉住他的身体漂浮，另有一人抱住浮木（图3-2-53）。

故事讲述佛陀生前为一萨薄，率诸商人出海，遭遇海难。他自刎而死，以使其余商人抓着他的尸体漂浮。

图 3-2-54　萨薄燃臂当炬，克孜尔第 17 窟

图 3-2-55　萨薄燃臂当炬，克孜尔第 38 窟

《贤愚经》“勒那阇耶品”载：

佛告比丘，过去久远此阎浮提波罗奈国……尔时国中有大萨薄，名勒那阇耶……当于是时，有众贾客劝进萨薄，欲共入海……船即驰去，便于道中卒遇暴风，破碎其船。众人唤救，无所归依，或有能得板樯浮囊以自度者，或有堕水溺死之者。中有五人，共白萨薄：“依汝来此，今当没死，危险垂至，愿见救度。”

萨薄答曰：“吾闻大海不宿死尸。汝等今者，悉各捉我。我为汝故，当自杀身，以济尔厄，誓求作佛。后成佛时，当以无上正法之船，度汝生死大海之苦。”作是语已，以刀自割。命断之后，海神起风，吹至彼岸，得度大海，皆获安隐。

佛告比丘：欲知尔时勒那阇耶者，今我身是。时五人者，拘邻等是。我于先世，济彼人等生死之命。今得成佛，令其五人皆最初得无漏正法。

萨薄燃臂当炬

图像：画一人高举双臂，双掌燃为火炬。两位商人牵着载满货物的骆驼紧随其后（图3-2-54、图4-2-55）。

故事讲述佛陀往昔为萨薄，带领商队夜入山谷。山谷黑暗，且多强盗。商人们恐惧无比。萨薄自燃双臂充当火炬，把大家带出险境。

《贤愚经》“五百盲儿往返逐佛缘品”载：

如是我闻。一时佛。住舍卫国祇树给孤独园。尔时毗舍离国有五百盲人……渐到佛所。佛光触身，惊喜无量。实时两目，即得开明。乃见如来，四众围绕。

……佛告阿难：我非但今日除其冥闇，乃往久远无量劫时，亦为此等除大黑闇……乃昔久远无量无数阿僧祇劫，此阎浮提五百贾客，共行旷野。经由崄路，大山谷中极为黑闇。

时诸商人迷闷愁忧，恐失财物。此处多贼而复怖畏。咸共同心向于天地、日月、山海，一切神祇，啼哭求哀。

时萨薄主愍诸商客迷闷之苦，便告言曰："汝等莫怖，各自安意。吾当为汝作大照明。"是时萨薄即以白氎，自缠两臂，酥油灌之，燃用当炬，将诸商人。经于七日乃越此阍。

时诸贾客感戴其恩，慈敬无量。各获安隐，喜不自胜。

佛告阿难：尔时萨薄岂异人乎？我身是也……尔时五百诸贾客者，岂异人乎？今此五百比丘是也。过去世时以生死力施其光明，今得成佛，亦施无漏慧眼。

善生王子舍肉施父母

图像：画一女子肩负幼子。幼子回身举手，制止后面跟随的持剑者（图3-2-56）。

故事见于《菩萨本生鬘论》、《贤愚经》等。讲述佛陀过去为一王子，名叫善生（又译"须阇提"）。因邻国兵变相袭，随父母逃亡。路上食物耗尽，其父令母担子先行，自己随后悄然拔剑，欲杀妻充饥。王子回头见此，连忙制止。他说服双亲，以己之肉供养。

《贤愚经》"须阇提品"载：

佛告阿难，乃往过去无量无数阿僧祇劫，此阎浮提有一大国……时彼国王。有十太子，各领诸国。最小太子。字修婆罗提致。晋言善住……

时父王边有一大臣……摄正为王，即遣兵众往诣诸国，杀诸太子。此最小者……即便将妇抱儿。相将而去，欲至他国。

时有二道，一道七日，一道十四日。初发惶懅，唯作七日粮调，规侯一人而已。既已出城，其心愦乱，乃涉十四日道。已经数日，粮食乏尽。饥饿迷荒，无余方计。怜爱其子，欲杀其妇，而欲自济，并用活儿。令妇在前，担儿而行，于后拔刀，欲杀其妇。

时儿回顾，见父拔刀欲杀其母，儿便叉手，晓父王言："唯愿大王宁杀我身，勿害我母。"

殷懃谏父，救其母命，而语父言："莫绝杀我，稍割食之，可经数日，若断我命，肉

图 3-2-56　善生王子舍肉施父母，克孜尔第 8 窟

便臭烂，不可经久。”

于是父母……日日割食。其肉稍尽，唯有骨在。

未至他国，饥荒遂甚。父复捉刀，于其节解，次第剥之，而得少肉。于是父母临当弃去。儿自思惟：“我命少在。唯愿父母向所有肉。”……父母不违，即作三分。二分自食，余有一分，并残肌肉眼舌之等，悉以施之，于是别去。

儿便立愿：“我今身肉供养父母。持是功德，用求佛道。”……时天帝释来欲试之，化作乞儿来从其乞。持手中肉，复用施之。即复化作师子虎狼，来欲啖之。其儿自念：“此诸禽兽欲食我者。我身余残，骨肉髓脑，悉以施之。”心生欢喜，无有悔恨。尔时天帝，见其执志，心不移转，还复释身……天帝复言：“我今视汝身肉已尽，言不悔恨，是事难信？”其儿答言：“若无悔恨，我愿当成佛者，使我身体平复如故。”言誓已竟，身即平复。

……时彼国王躬将军马，共善住王及须阇提太子，还至本国，诛灭罗睺，立作本王。

佛语阿难：尔时善住王者，今现我父白净王是。尔时母者，今现我母摩诃摩耶是。尔时须阇提太子者，今我身是。

独角仙人破戒

图像：画一男子，肩负一女（图3-2-57）。

故事讲述佛陀往昔为独角仙人，咒雨至旱。耶输陀罗前世为一淫女，以身色诱，导致仙人破戒，失去神通，成功去除旱灾。仙人因此还俗，肩负淫女出山。

有部脚本，可见于《破僧事》。《大唐西域记》亦载：“……昔独角仙人所居之处，仙人为淫女诱乱，退失神通。淫女乃驾其肩而还城邑。”

《经律异相》“独角仙人情染世欲，为淫女所骑”载：

时波罗奈国山中有仙人……一时上山，值大雨泥滑，其脚不便，躄伤其足，便大瞋恚，咒令不雨……波罗奈王忧愁懊恼，命诸大官集议雨事……是波罗奈国有淫女，名曰扇陀，端正巨富，来应王募。淫女言：“若是人者，我能坏之……我当骑此仙人来。”淫女实时求五百乘车，载五百美女，五百鹿车，载种种欢喜丸，皆以众药草和之。及持种种大力美酒，色味如水，服树皮衣，行林树间，以像仙人，于

图 3-2-57　独角仙人破戒，克孜尔第 17 窟

仙人舍边作草庵住。一角仙人游行见之……将入房中，坐好床褥……女呼共澡洗。女手柔软触之，心动遂成淫欲，即失神通。天为大雨，七日七夜。令得欢乐，饮食七日。酒食皆尽，继以水木果，其味不美，更索前者。答言已尽，今当共取。去此不远有可得处……共出去城不远，女便卧地，言："我极不复能行。"仙人言："汝不能行者，骑我项上，我当担汝。"女先遣信报王："王可暂出，观我智能。"

王见问言："何由得尔？"女曰："以方便力，无所复能。"令住城中，好供养恭，敬之。足其所欲，拜为大臣。住城少日，身转羸瘦。念禅定心，厌此世欲。王问仙人："汝何不乐？"答曰："虽得五欲，常念林间。"王曰："本除早患，何为强夺其志。"即便遣之。既还山中，精进不久，还得五通。

少年解王偈

图像：画一少年与一王者对坐交谈。少年右手持说法印。王者双手合十，礼拜少年（图3-2-58）。

故事讲述佛陀往昔为一少年，名郁多。有一国王贪得无厌，不断攻打邻国。他一统海内，自立为大胜王。帝释天为了试探他的贪心程度，化作一位梵志，告诉他有一富国，可供侵略。大胜王果然备兵装船，将欲出兵，说好带路的梵志却如期未至。大胜王忧愁无比，突然闻识偈言，不解其义。遂以千金求解。少年郁多为王说偈，阐明贪欲与烦恼的关联。

《佛说义足经》"桀贪王经"载：

过去久远。是阎浮利地有五王，其一王名曰桀贪，治国不正。大臣人民，悉患王所为……大臣人民取王弟拜作王，便正治，不枉万姓。故王桀贪闻弟兴将为王，即内欢喜，计言："我可从弟有所乞，可以自活。"便上书，具自陈说。便从王乞一聚，可以自给……如是久远，桀贪生念，便兴半国兵，攻弟国，即胜，便自得故国。复生念："我今何不悉兴一国兵，攻二国、三国、四国。"便往攻悉得胜，复正治四国。复生念："今我何不兴四国兵，攻第五国。"便往攻，即复得胜。是时陆地尽，四海内皆属王，便改号，自立为大胜王。

天帝释便试之，宁知厌足不？便化作小童梵志，姓驹夷，欲得见王……相劳问毕，却谓王言："我属从海边来，见一大国丰乐，人民炽盛，多有珍宝，可往攻之……可益装船，兴兵相待。却后七日，当将王往适。"

……到其日，便大兴兵益装船，不见梵志来。是时王愁忧不乐，拍髀如言："怨哉，我今以亡是大国，如得驹夷不坚获，如期反不见。"

……王处忧未尝止，闻识经偈，便生意而说言："增念随欲，已有复愿，日盛为喜，从得自在。"王便为众人说欲偈意，"有能解是偈义者，上金钱一千。"时坐中有少年，名曰郁多。郁多即白王言："我能解是义……"

王言知意，悉治世地尽，四海内无不至属，是亦可为厌。乃复远欲，贪海外国。……大胜王便上金钱一千，使得供养老母。

佛语诸比丘：是时大胜者，即种稻梵志是也。时童子郁多者，则我身是也。我是时亦解释是梵志痛忧，我今亦一切断是梵志痛忧。

比丘溺水舍板

图像：画大水中漂浮两位比丘。年轻比丘手抱一木板，回望旁边年长比丘（图3-2-59）。

故事讲述两比丘遭遇海难。年轻比丘手抓木板漂浮。另一上座比丘无所捉持，将要

图 3-2-58　少年解王偈，克孜尔第 38 窟

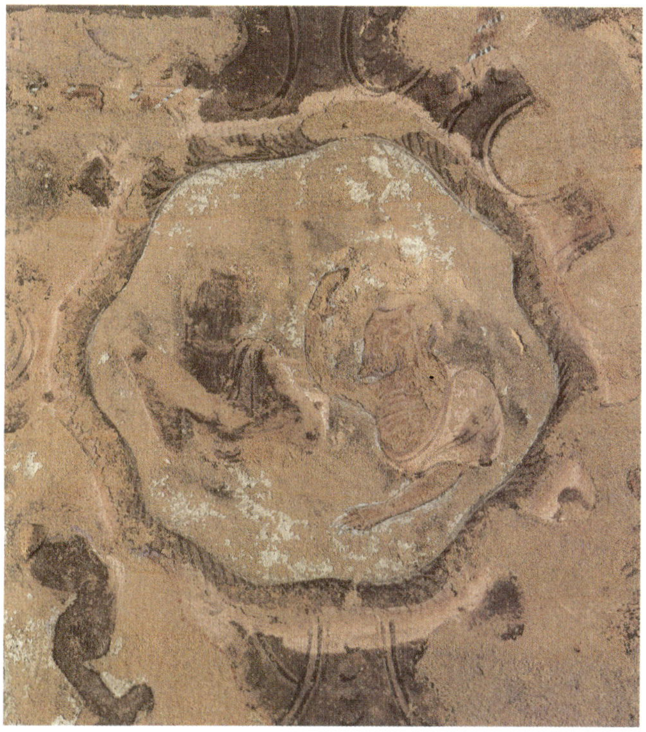

图 3-2-59　比丘溺水舍板，克孜尔第 69 窟

沉溺。年轻比丘想起僧团中“先让上座”的戒律，遂将救命木板让与上座。

《大庄严论经》载：

> 我昔曾闻，有诸比丘与诸估客入海采宝。既至海中，船舫破坏。尔时有一年少比丘捉一枚板。上座比丘不得板，故将没水中。于时上座恐怖惶悸，惧为水漂，语年少言：“汝宁不忆佛所制戒，当敬上座。汝所得板应以与我。”
>
> 尔时年少即便思惟：“如来世尊实有斯语，诸有利乐应先上座。”复作是念：“我若以板用与上座，必没水中，洄澓波浪。大海之难极为深广。我于今者命将不全。又我年少，初始出家未得道果，以此为忧。我今舍身，用济上座正是其时。”作是念已……即便舍板持与上座。既受板已，于时海神感其精诚，即接年少比丘置于岸上。海神合掌白比丘言：“我今归依坚持戒者。汝今遭是危难之事能持佛戒。”

大药寻宝珠

图像：一人持竿站立，竿上有一宝珠（图3-2-60）。见克孜尔第14窟、第114窟（第114窟宝珠壁画被揭取）。

学界一般参考《撰集百缘经》，考此图可能是“顶上有宝珠缘”[1]。过去有一王子，入塔供养，“持一摩尼宝珠，系著帐头，发愿而去”，以此功德，转世为富人长子，头上自然有摩尼珠。他后来皈依佛门，成为佛陀弟子宝珠比丘。

除此以外，笔者认为图像主题也可能是《根本说一切有部毗奈耶杂事》中智臣“大药抬头寻宝珠”故事。大药为重兴王大臣，受封城邑，共治其国。重兴王以一宝珠放在竿头，其倒影映入水中。重兴王声称，能找到宝珠者，即授予宝珠。大臣中唯有大药抬头向

1　马世长《克孜尔中心柱窟主室券顶与后室的壁画》，《中国石窟·克孜尔石窟·二》，北京：文物出版社、日本东京：平凡社，1996年，第191页。

上，发现宝珠。聪明的大药与其余大臣的故事，其实是佛陀与六师外道的前世因缘。

《根本说一切有部毗奈耶杂事》载：

王作是念：我今且欲试诸大臣，谁最有智。即于楼上更竖幢竿，竿头安置光明宝珠。日光辉照，影落池内，与珠不别。告诸人曰："若入池中，得此珠者，我当赐与。人皆入池求不能得。"

大药还报毗舍佉（按：毗舍佉是大药之妻，亦大智慧女子），彼便答曰："可向上望，寻得珠本。"随言而取。王曰："是谁上智？"答曰："是毗舍佉。"王乃与珠，弥更称……

图 3-2-60　大药得竿上宝珠，克孜尔第 114 窟

佛告诸苾刍：汝等勿生异念。往时大药者，即我身是。中兴王者，舍利子是。彼六大臣者，即六师是。我于昔日摈彼六臣，今为三界最尊，现大神通，还驱六师外道。汝等苾刍于善知识，应当亲近。然由智识聪敏，通明一切，内外典籍，终能成就如是盛德，汝当修学。

五、菱格本生——有罗刹类低级神的出现

商主勇战旷野鬼

图像：画一商人和一鬼扭打。商人的头、双手，和一只脚陷入鬼怪的身体之中。其后站立其他惊恐的商人（图3-2-61）。

故事讲述佛陀过去为商主，名为师子。商队在旷野遭遇恶鬼，其余商人恐惧颤栗，唯有商主师子毫无畏惧，战退恶鬼。

《杂宝藏经》"力士化旷野群贼缘"载：

佛言：非但今日，过去世时，亦复曾于迦尸国比提酰国二国中间，有大旷野。有恶鬼名沙咤卢，断绝道路。一切人民无得过者。有一商主，名曰师子，将五百商人欲过此路。诸人恐怖，畏不可过。

商主语言："慎莫怖畏，但从我后。"于是前行，到于鬼所，而语鬼言："汝不闻我名耶？"答言："我闻汝名，故来欲战。"

问言："汝何所能？"即捉弓箭而射是鬼。五百放箭皆没鬼腹。弓刀器仗亦入鬼腹。直前拳打，拳复入去。以右手托，右手亦着。以右脚蹹，右脚亦着。以左脚蹹，左脚亦着。又以头打，头亦复着。

鬼作偈言："汝以手脚及与头，一切诸物悉以着，余人何物而不着？"

商主说偈而答言："我今手足及以头，一切财钱及刀仗；唯有精进不着汝，精进若当不休息。与汝鬪诤终不废，我今精进不休息，终不于汝生怖畏。"

时鬼答言："今为汝等故，五百贾客尽皆放去。"

尔时师子，我身是也。尔时沙咤卢，旷野鬼是也。

图 3-2-61　商主勇战旷野鬼，克孜尔第 178 窟

慈力王施血

图像：画一王者正面端坐，双手左右摊开。两旁各有夜叉，合掌礼拜（图3-2-62）。克孜尔第184窟被揭取的方格本生中包括此图。

故事讲述佛陀往昔为一国王，治下国民富足正直，不惧鬼怪。吸血夜叉无机可趁，无血可食，求祈国王，解其饥渴。国王自行刺脉放血，供其吸食。

《贤愚经》"慈力王血施品"载：

如是我闻。一时佛在舍卫国祇洹中止，尔时尊者阿难于中食后，林间坐禅，而自思惟：如来兴世，甚为奇特。众生之类，皆蒙安乐。又思惟：憍陈如等五尊比丘，种何善本，依何因缘，法门初开，而先得入。法鼓始振，独先得闻。

……佛告之曰：过去久远阿僧祇劫，此阎浮提有大国王，名弥佉罗拔罗，晋言慈力，领阎浮提八万四千小国王。有二万夫人，一万大臣。王有慈悲，具四等心，恒慜一切，未曾懈厌。常以十善，教诲民庶。四方钦慕，王所化治。国土安乐，莫不庆赖。

图 3-2-62　慈力王施血，克孜尔第 38 窟

诸疫鬼辈，恒噉人血气，用自济活。尔时人民，摄身口意敦从十善。众邪恶疫，不敢侵近。饥羸困乏，瘦悴无力。时五夜叉，来至王所。"我等徒类，仰人血气，得全身命。由王教导，咸持十善。我等自是无复饮食，饥渴顿乏，求活无路。大王慈悲，岂不矜慜？"

王闻是语甚怀哀伤，即自放脉，刺身五处。时五夜叉各自持器，来承血饮。饮血饱满，咸赖王恩，欣喜无量。王复告曰："汝若充足，念修十善。我今以身血，济汝饥渴，令得安隐。后成佛时，当以法身戒定慧血，除汝三毒诸欲饥渴，安置涅槃安隐之处。”

阿难欲知，尔时慈力王者，今我身是。五夜叉者，今憍陈如等五比丘是。我世世誓愿，许当先度。是故我初说法，闻便解脱。

《破僧事》中“金刚臂王施血”故事与“慈力王施血”相当。

商主踏母头受热铁轮报（弥兰本生）

图像：画一人头顶圆轮，旁有夜叉监押（图3-2-63）。

故事讲述佛陀往昔为一商主，出海前，打踏母头。出海后遭遇海难，漂流到一银城，与四美女欢娱数载。后又发现金城，与八美女共相欢娱。其后，复与颇梨城十六美女，玻璃城三十二美女共相娱乐。最终，好奇心驱使商主离开玻璃城，进入一座铁城。守城夜叉将他捉住，在他头上安置一个滚热铁轮，是为商主打踏母头的业报。

《佛本行集经》“说法仪式品”载：

时有比丘。欲诣他方城邑聚落……至于中路，逢值劫贼，执捉比丘，以手及脚，打蹋甚困，唯留残命，劫夺衣钵，然后放之……佛复告诸比丘……

我念往昔。此阎浮提内五百商人，是商人中有一商主，名曰慈者，最为导首……尔时彼等五百商人，具办所须入海，拟治舟船及船师价。具办是已，各各安心，受八关斋。既受斋已，各至己家辞别父母妻子眷属。

于时慈者遂诣母所，具谘是事……尔时慈者商主之母，从座而起，抱持慈者而告之曰：“爱子慈者，我不许汝诣于大海而求财也。何以故？我今家内多有资财。无所乏少。”

尔时慈者作如是念：“我母今者不憙于我益当损败。而于今日更不许我入海求财。我于今日必作祸败。”以是因缘，便生瞋恚，遂扑其母，置于地上，打其母头。即从众出，共诸商人行到海岸。既到海已……其船破坏。五百商人悉皆没水，唯有慈者商主一人得活。

尔时慈者……从海涛波落于一渚……少时活命。于后慈者游历彼渚，至于南畔见有一路。遂从彼道，行至少地，便即遥望见一银城……尔时彼城有四妇女，从城而出，端正可憙，观者无厌……尔时慈者遂入彼城，诣向宝殿无男之处，共彼四女以五欲乐，随意欢娱，经历数年……遂复遥见有一金城……有八妇女从城而出，可憙端正，最胜最妙……乃至慈者亦入彼城，升于宝殿，共彼八女，无男之处以诸五欲，具足受乐，共相娱乐。经于数年数百千年……乃复遥见一颇梨城……乃有妇女一十六人从城而出，颜容端正，观者无厌……尔时慈者即入彼城，升于宝殿，共十六女，无男之处具受欲

图 3-2-63　商主踏母头受热铁轮报，克孜尔第 38 窟

乐，以相娱乐，经于数年数百千年……游历渐进，又复遥见一琉璃城，……城中复有三十二女……尔时慈者入彼城中，升于宝殿，共于彼女三十二人，无男之处具受欲乐，经于数年，经数百年数百千年。

……尔时慈者，伺彼诸女睡眠着时，徐徐缓起，下殿而去。出城东门，巡绕彼城，诣到城南，见一道路。见已遂复乘彼而去，须臾遥见有一铁城。其城四面皆各有门……

尔时慈者即入彼城。入彼城已，四门寻闭……见有一人头戴铁轮，其轮赫赤，状如猛火。其火焰炽，甚可怖畏。遂诣彼所，问言："仁者汝是谁也？汝头上轮谁所转也？"……彼人报言："我于昔日以瞋怒故，打蹋母头。以如是业罪因缘故，受大铁轮。如是猛炽，如是赫焰，转在头上。"

……尔时彼城有一夜叉，业守彼城，名婆流迦，在彼城中。时彼夜叉从彼商主瞿频陀边，取其头上炽燃火轮，取已擐著慈者头上。

……佛告诸比丘：汝等比丘于意云何？是时慈者，岂异人乎？勿作异见，即我身是。我以彼时欲入海故，受八关斋戒。以彼业报，因缘力故，得值如是四种宝城，一切诸物，皆悉具足，无所乏少。由于恶心瞋恨因缘，蹹母头故，具足经由六万年岁，受大铁轮炽然之苦。汝诸比丘，因业报应，非虚空受。

克孜尔第212窟（长方形石窟）侧壁以大型壁画的形式绘制了这个故事的多个片段（图3-2-64）。壁画第一幕为母亲请求弥兰不要离家；第二幕为弥兰与其余商主筹备出海事宜；第三幕为弥兰遭遇海难；第四幕为四女在城门口迎接弥兰；第五幕为弥兰在城中享受四女服侍，无比快乐；第六幕为弥兰在铁城中，夜叉将火轮置其头上。

图 3-2-64　弥兰本生，克孜尔第 212 窟

须陀素弥王义服罗刹

图像：画一罗刹背生双翼，空中飞行。罗刹手中抱一王者。下方有一水池，一女子池中抬头张望（图3-2-65）。

故事讲述驳足王嗜食童子肉，被臣民捕获，变身为食人罗刹。须陀素弥王带领宫中婇女出城洗浴，路遇婆罗门乞讨。他允诺洗澡完毕后，回城布施。然而，他在洗浴时被化为罗刹的驳足王劫持。须陀素弥王请求回国七日，兑现回城布施的诺言。罗刹驳足王将信将疑，准其返回。七日之后，须陀素弥王完成布施，慷慨赴死。驳足王受其感召，放还本国，更无害心。

故事于小乘有部文本，可见《僧伽罗刹所集经》（佛陀昔日所作王名，译作"须陀摩"）。《贤愚经》"无恼指鬘品"描述更为详细。故事为佛陀述说其与央掘摩罗（故事见本书第四章佛传故事"央掘摩罗杀佛"）之本生。

图 3-2-65　须陀素弥王义服罗刹，克孜尔第 38 窟

佛告王曰：鸯仇摩罗，不但今日杀此多人蒙我降化。过去世时，亦杀此等，我亦降化。乃复思善。

……过去久远阿僧祇劫，此阎浮提有一大国，名波罗捺。……于时城中人民之类，各各行哭，云亡小儿。展转相问，何由乃尔？诸臣聚议，当试微伺，即于街里，处处安人。见王厨监，扯他小儿，伺捕得之，缚将诣王。具以前后所亡事白……（驳足）王乃答言：是我所教。诸臣怀恨，各自罢去。于外共议，王便是贼，食我等子。啖人之王，云何共治？当共除之，去此祸害……王出洗浴，已到池中。伏兵一时，周匝四合。即围其王，当取杀之。

……王即自誓："我身由来所修善行，为王正治，供养仙人。合集众德，回令今日我得变成飞行罗刹。"其语已讫，寻语而成。即飞虚空……杀啖多人。诸罗刹辈，附为翼从。徒众渐多，所害转广。

……时驳足王即许之言："当取诸王，令满一千，与汝曹辈以为宴会。"许之已讫，一一往取，闭着深山，已得九百九十九王，残少一人，其数未足……值须陀素弥，将诸婇女，晨欲出城，至园洗浴。道见婆罗门，从其乞匃。王语婆罗门："待我洗还，当相布施。"王既到园，入池中洗。

时罗刹王飞空来取，担到山中。须陀素弥，愁忧悲泣……白罗刹王："我不爱身，贪惜寿命……愿见哀愍，假我七日施彼道士，当归就死。"

驳足闻是……寻放令去。王还到国，道士犹在。欢喜供养，施婆罗门。

……时驳足王……坐于山顶，遥候望之。见其顺道，径来越己。既到见之，颜色怡悦，欢喜解释……"大王宽恩，假我七日布施……志愿毕足，虽当就死。情欣犹生。"

……驳足欢喜，敬戴为礼，承用其教，无复害心。即放诸王，各还本国。

……尔时须陀素弥王者，今我身是。驳足王者，今鸯仇摩罗是。

婆罗门求法以身饲罗刹

图像：画一婆罗门从树上跳下。一夜叉凌空飞来，将其抱住，或与之对话（图3-

2-66）。

故事讲述佛陀往昔为一婆罗门。帝释天为试其求法决心，变成一个罗刹来到他的身边，颂读过去佛四言偈语的前半部分。婆罗门知道此偈内藏深义，请求罗刹颂诵后半部分。为此，他许诺罗刹，听完全偈，以身供养，甘为罗刹食用。他听完全偈之后，爬上一棵大树，纵身跳下自尽。将要着地的刹那，罗刹凌空将他接住。

克孜尔第114窟菱格绘一婆罗门在石窟前礼拜夜叉，双手作请求状。学界未予定名，或为同一故事的不同场景——婆罗门请求夜叉诵偈。

北凉昙无谶译《大般涅盘经卷》载：

过去之世佛日未出，我于尔时作婆罗门，修菩萨行，悉能通达一切外道所有经论，修寂灭行，具足威仪，其心清净……我修如是难行苦行时，释提桓因等诸天人心大惊怪……尔时释提桓因，自变其身，作罗刹像，形甚可畏，下至雪山，去其不远而便立住。

是时罗刹，心无所畏，勇健难当，辩才次第，其声清雅，宣过去佛所说半偈："诸行无常，是生灭法。"说是半偈已，便住其前，所现形貌，甚可怖畏。顾眄遍视，观于四方。

是苦行者闻是半偈，心生欢喜……即从座起，以手举发，四向顾视，而说是言："向所闻偈，谁之所说？"

尔时亦更不见余人唯见罗刹……即便前至是罗刹所，作如是言："善哉大士，汝于何处得是过去离怖畏者所说半偈？"……即答我言："大婆罗门，汝今不应问我是义。何以故？我不食来已经多日……今我定为饥苦所逼，实不能说……我所食者，唯人暖肉。其所饮者，唯人热血。自我薄福，唯食此食。周遍求索，困不能得。"

……我复语言："汝但具足说是半偈，我闻偈已，当以此身奉施供养。"……为此罗刹敷置法座……罗刹即说："生灭灭已，寂灭为乐。"

尔时罗刹说是偈已……我于尔时，深思此义，然后处处若石、若壁、若树、若道，书写此偈，即便更系所著衣裳，恐其死后身体露现，即上高树……寻即放身，自投树下。下未至地时……尔时罗刹还复释身。即于空中接取我身安置平地。

……尔时释提桓因及诸天众，顶礼我足，于是辞去，忽然不现。善男子。如我往昔为半偈故舍弃此身。以是因缘便得超越足十二劫，在弥勒前，成阿耨

图 3-2-66　婆罗门求法以身饲罗刹，克孜尔第 38 窟

多罗三藐三菩提。

修楼婆王求法，舍子饲夜叉

图像：画一夜叉，相貌凶恶，抓住一裸体小人正欲吞食（图3-2-67）。克孜尔第184窟被揭取的单幅方格本生中也包括这一主题，画面中心依旧是手持小儿的夜叉，其两侧又另绘有对夜叉礼拜的国王夫妇。

图 3-2-67 修楼婆王舍子饲夜叉，克孜尔第 17 窟

故事讲述佛陀往昔为国王修楼婆，一心求法。为了考验国王，北方天王化为夜叉，告诉他，若得食王后、王子，便可为之宣讲妙法。修楼婆王为求佛法，答应了夜叉的要求。

《贤愚经》“梵天请法六事品”载：

过去久远于阎浮提有大国王，号修楼婆……实时宣令阎浮提内：“谁能有法与我说者，恣其所须，不敢违逆。”募出周遍，无有应者。时王忧愁酸切恳恻。

毗沙门王见其如是，欲往试之，辄自变身化作夜叉，色貌青黑，眼赤如血，狗牙上出，头发悉竖，火从口出，来诣宫门，口自宣言：“……若以大王可爱妻子与我食者，乃与汝法。”

尔时大王以所爱夫人及儿中胜者供养夜叉。夜叉得已，于高座上众会之中取而食之。尔时诸王、百官、群臣见王如是，啼哭懊恼，宛转在地，劝请大王，令舍此事。王为法故，心坚不回。

时夜叉鬼食妻子尽，为说一偈：“一切行无常，生者皆有苦；五阴空无相，无有我我所。”说是偈已……时毗沙门王还复本形，赞言：“善哉，甚奇甚特。”夫人太子，犹存如故。

大施抒海

图像有三种：其一，画一人在大海中舀水。海中冒出一龙（头戴龙冠），手捧宝物。其二，画一人在水边舀水，旁边有一天人相助。其三，仅画一人海中舀水（图3-2-68、图3-2-69、图3-2-70）。

故事讲述佛陀往昔为婆罗门子大施，为救国民，探险入海，于龙王处求得三宝珠。归途中，宝珠被龙神窃走。大施为夺回宝珠，发誓要将大海淘空。他的决心震动天宫，诸天下来帮他一起舀海。龙神无奈，只好将宝珠返还。

《贤愚经》“大施抒海品”载：

如是我闻。一时佛。在罗阅祇耆阇崛山中……时舍利弗及目犍连从坐处起，到阿难前，语阿难言：“世尊志意，欲得于仁以为侍者。”……时贤者阿难……白诸上座：“若

图 3-2-68　大施抒海，克孜尔第 38 窟

图 3-2-69　大施抒海，克孜尔第 14 窟

图 3-2-70　大施抒海，克孜尔第 17 窟

今世尊赐我三愿，我乃堪任为佛侍者。何谓为三?世尊故衣勿与我着。世尊残食莫令我啵。时节进现，随我裁量。赐此三愿，乃能侍佛。”

……佛告舍利弗，乃往过去无数无量阿僧祇劫……于是城中，有一婆罗门，号尼拘楼陀……克诚积报经十二年，其大夫人，便觉有娠……十月已满，便生男儿……为立字号摩诃阇迦樊，晋言大施。

其儿渐大……大施……广行宣令，告语众人：“我今躬欲入海采宝，谁欲往者，可共俱进。我为萨薄，自办行具。”于时国中有五百人闻是令已，佥然应命……望风举帆。船疾如箭。普与众贾，到于宝所……各勤采拾，积着船上。宝足装严，便欲来还。

于时大施，不欲上船。诸人悉集，问其意故。大施答言：“我欲前进至龙王宫，求如意珠。尽我身命，不得不还。”

……尔时大施与众别后，前入于水……龙王日日，供设百味，作诸伎乐，供养菩萨。菩萨便为具足，分别四念处慧，经一月竟，辞当还去。龙王欢喜，解髻宝珠，以用奉上，因而言曰：“大士慈心，普济难及，此志强猛，必至佛道。我愿为作智慧弟子。”菩萨可之。……凡有三珠，系在衣角，即起出城……捉珠求愿：“若今实是旃陀摩尼。当令我身能飞虚空。”求愿已讫，即举其身，便能飞翔出于海外。已度海难，小眠休息。

是时海中有诸龙辈，自共议言：“我曹海中，唯此二珠。其德甚大，难有般比。此人皆能索得持去?可惜此宝，当还摄取。”言议已竟，密解持去。

菩萨眠觉，看珠不在，即自思惟：“此中无人。必是海龙持我宝去。我为此珠经涉遐崄……虽取我珠，吾终不放。会当尽力，抒此海水……若不得珠，终不空归。”思惟已定，即行海边。得一龟甲，两手捉持，方欲抒海……是时首陀会天。遥见菩萨，一身一意，独执勤劳，欲用充济安乐一切……来至其所。菩萨下器，一切诸天尽以天衣同弇水中。菩萨出器，诸天举衣弃着余处，一反抒海，减四十里。二反抒之，减八十里。三反抒之，减百二十里。

其龙惶怖，来到其所，语言止止，更莫抒海。……出珠还之。

……欲知尔时父婆罗门尼拘楼陀者，今现我父净饭王是。尔时母者，今现我母摩诃摩耶是。时大施者，今我身是。银城中龙者，今舍利弗是。琉璃城中龙者，今目犍连是。金城中龙者，今阿难是。时海神者，今离越是。阿难为龙王时，奉事于我，善知时

图 3-2-71 猴王芦苇取水，克孜尔第 17 窟

图 3-2-72 猴王芦苇取水，克孜尔第 188 窟

宜，乃至今日，素自知时。阿难，欲得此三愿者，随从其意。

猴王芦苇取水

图像：画猴子在水池边以芦苇杆吸水。一夜叉探身出水（图3-2-71、图3-2-72）。

故事讲述猴王带领猴群来到池塘边喝水。他发现池塘边只有进去的脚印，没有出来的脚印，推测池内必有妖怪诱捕喝水的动物。如何让猴子安全地喝到池水？聪明的猴王让猴子们取来芦苇，制成长长的空管，吸水解渴。水妖无可奈何。

故事文本见于巴利语佛经故事“芦苇饮本生”[1]。

第三节 菱格因缘

一、菱格因缘——譬喻篇

身刺三百矛喻

图像：佛陀说法。旁边一男子单膝跪地，赤裸的身体上插着矛叉（图3-3-1）。

据《中阿含经》“痴慧地经”，此图主题为佛陀形容地狱之苦而作譬喻——顶生王惩罚盗贼，命人早晨刺盗贼百矛。盗贼不死。复命人中午刺以百矛。盗贼不死。复命人日夕时第三次刺以百矛。彼人受三百矛刺折磨，仍旧未死，但身体败坏破损，无一完整，苦

1 郭良鋆、黄宝生译《佛本生故事选》，北京：人民文学出版社，1985年，第13页。

不堪言。地狱中的折磨比三百矛刺痛苦千万倍。

《鼻奈耶》、《大毗婆萨论》等经中亦可见此譬喻。有部《大毗婆萨论》谓："问：云何苾刍应观识食如三百利鉾。答：假如有人于日初分被百鉾，日中分时亦百鉾，于日后分亦百鉾，如是日日受三百鉾，乃至尽寿。"

图 3-3-1　三百矛喻，克孜尔第 206 窟

盲龟浮木喻

图像：佛陀说法。前景河流中漂浮着一块平板，中间露出一只动物头部（图3-3-2）。

图 3-3-2　盲龟浮木喻，克孜尔第 163 窟

譬喻见汉译《杂阿含经》、《中阿含经》、《泥犁经》等。佛陀劝比丘精进修行，珍惜知遇佛法的机遇。轮回中知遇佛法非常难得，好比海面漂浮着一片有孔的木片。一只瞎眼海龟，一举头，刚好穿过木孔。

求那跋陀罗译《杂阿含经》卷十五载：

> 一时，佛住猕猴池侧重阁讲堂。尔时世尊告诸比丘，譬如大地悉成大海。有一盲龟寿无量劫，百年一出其头。海中有浮木，止有一孔，漂流海浪，随风东西。盲龟百年一出其头，当得遇此孔不？
>
> 阿难白佛：不能，世尊。所以者何，此盲龟若至海东，浮木随风，或至海西、南、北四维，围绕亦尔，不必相得。
>
> 佛告阿难：盲龟浮木，虽复差违，或复相得。愚痴凡夫漂流五趣，暂复人身，甚难于彼。所以者何，彼诸众生不行其义，不行法，不行善，不行真实，展转杀害，强者凌弱，造无量恶故。是故，比丘，于四圣谛当未无间等者，当勤方便，起增上欲，学无间等。
>
> 佛说此经已。诸比丘闻佛所说，欢喜奉行。

猿猴被胶喻

图像：佛陀说法。旁有一猴，四肢触地，作躬身状（图3-3-3）。

譬喻见汉译《杂阿含经》、《大般涅槃经》等经。佛陀告诉比丘，雪山中，有的地方人和猿都不能至，有的地方只有猿猴没有人，有的地方则人兽共居。猎人以胶涂草（《杂阿含经》谓“以黐胶涂其草上”，《大般涅槃经》谓“以黐胶置之案上”），设陷捕猴。聪明的猴子远远躲开。愚蠢的猴子以手触之，即胶其手。遂用另一手求解脱，也被胶粘住。继而用脚蹬，用嘴撕咬，结果手脚口全部被粘，无法移动。猎师至，以杖贯，担负而去。聪明的比丘，以四念处修习，好像聪明的猴子远离陷阱。愚蠢的人被五欲束缚，就好像这只猴子一样，最终被魔控制。

昙无谶译《大般涅槃经》载：

> 善男子，譬如雪山悬峻之处，人与狝猴俱不能行，或复有处狝猴能行人不能行，或复有处人与狝猴二俱能行。善男子，人与狝猴能行处者，如诸猎师纯以黐胶置之案上用捕狝猴。狝猴痴，故往手触之，触已粘手。欲脱手故，以脚踏之，脚复随着。欲脱脚故，以口啮之，口复粘着。如是五处悉无得脱。于是猎师以杖贯之，负还归家。雪山崄处，喻佛菩萨所得正道。狝猴者，喻诸凡夫。猎师者，喻魔波旬。黐胶者，喻贪欲结。人与狝猴俱不行者，喻诸凡夫魔王波旬俱不能行。狝猴能行人不能者，喻诸外道有智慧者，诸恶魔等虽以五欲不能系缚。人与狝猴俱能行者，一切凡夫及魔波旬常处生死，不能修行。凡夫之人五欲所缚，令魔波旬自在将去，如彼猎师黐捕狝猴檐负归家。

图 3-3-3　猿猴被胶喻，克孜尔第 80 窟

系六众生喻

图像：佛陀为一比丘说法。旁边有一猴攀爬，一狗奔跑。头顶有一鸟飞行。佛座前面有一立杆，旁边有奔跑的动物、游蛇以及水中露出头部的动物（图3-3-4）。

图 3-3-4 系六众生喻，克孜尔第 34 窟

譬喻见于汉译《杂阿含经》、《增一阿含经》、《十住毗婆沙论》等经。《杂阿含经》中，佛陀告诉比丘，猴、蛇、狗、鸟等六种不同性情的动物，系于一处，因其运动方向不一，相互牵制，终不能脱。人类的六根——眼、耳、鼻、舌、身、意，就好像这六种动物一样，各有好恶，各有境界。比丘应当精进修行，多住身念处。用身念处系住六根，好像用木桩系住六兽那样。

又《增一阿含经》卷三十二载：

> 一时，佛在舍卫国祇树给孤独园。尔时世尊告诸比丘……云何六入为恶道？眼观此色，若好若丑。见好则喜，见恶不喜。若耳闻声，若好若丑。闻好则喜，闻不好则不喜。鼻、口、身、意，亦复如是。犹如有六种之虫，性行各异，所行不同。若有人取绳缠缚之，取狗、野狐、猕猴、鳣鱼、蚖蛇、飞鸟，皆悉缚之，共系一处而放之。尔时，六种之虫各有性行。尔时，狗意中欲赴趣村中，野狐意中欲趣赴塚间，鳣鱼意中欲趣水中，猕猴意中欲向山林之间，毒蛇意中欲入穴中，飞鸟意中欲飞在空。尔时，六种之虫各各有性行而不共同。设复有人取此六种之虫，系着一处，而不得东、西、南、北。是时，六种之虫虽复动转，亦不离故处。此内六情，亦复如是。各各有所主，其事不同。所观别异，若好、若丑。尔时，比丘系此六情而着一处。是故，诸比丘，当念专精，意不错乱。是时弊魔波旬终不得其便。诸善功德，皆悉成就。如是，诸比丘，当念具足眼根，便得二果，于现法中得阿那含果，若得阿罗汉果。如是，诸比丘，当作是学。

箧盛四毒蛇喻

图像：佛陀对比丘说法。佛座前放着一个打开的箱箧，从中探出四个蛇头（图 3-3-5）。

譬喻见于汉译《杂阿含经》、《大般涅槃经》、《大智度论》、《五事毗婆沙论》等经。据《杂阿含经》，佛陀为比丘作此比喻，说明求取涅槃的过程。有人养育四条毒蛇，盛一箧中。别人警告他：四毒蛇或能杀汝，当作防护。养蛇人恐怖驰走。又有人告诉他，忽有五怨，拔刀随逐。养蛇人遂复驱驰逃亡。人复语言：内有六贼，随逐伺汝，得便当杀。于是养蛇人畏四毒蛇，五拔刀怨及内六贼，逃入一空村。见彼空舍，危朽腐毁。有人告诉他，这个空村当有群贼，来必害汝。是人复逃，来到一条大河旁，见河彼岸安隐快乐。遂取诸草木，缚束成筏，得至彼岸，远离此岸种种怖畏。佛陀告诉比丘：四蛇好比构成世界的四大基本元素——地、水、风、火。装蛇的箧篓好比四大元素构成的血肉之躯。五怨、六贼好比人的五蕴六根，河流者好比人之三爱（欲爱、色爱、无色爱）。此岸多恐怖者，譬喻有身。彼岸清凉安乐者，譬无余涅槃。筏者，譬八正道。手足方便，截流渡者，譬喻精进勇猛。

另据《大智度论》引《佛说毒蛇喻经》，云：

有人得罪于王。王令掌护一箧，箧中有四毒蛇。王敕罪人，令看视养育。此人思惟，四蛇难近，近则害人。一犹叵养，而况于四。便弃箧而走。王令五人拔刀追之，复有一人口言附顺，心欲中伤，而语之言："养之以理，此亦无苦。"其人觉之，驰走逃命。至一空聚，有一善人方便语之："此聚虽空，是贼所止处。汝今住此，必为贼害，慎勿住也。"于是复去，至一大河。河之彼岸即是异国。其国安乐坦然，清净无诸患难。于是集众草木，缚以为筏，进以手足，竭力求渡。既到彼岸，安乐无患。

王者，魔王。箧者，人身。四毒蛇者，四大。五拔刀贼者，五众。一人口善心恶者，是染着。空聚，是六情。贼是六尘。一人愍而语之，是为善师。大河是爱。筏是八正道。手足懃渡是精进。此岸是世间。彼岸是涅槃。度者漏尽阿罗汉。

水流大树喻

图像：佛陀为比丘说法。佛座前有一树木漂浮于河面(图3-3-6)。

譬喻见于汉译《杂阿含经》。佛陀说法时见恒河中漂浮着一棵大树，以此为喻。此大树随波逐流，到达大海以前，它必须不着此岸，不着彼岸，不沉水底，不阂洲渚，不入洄澓。人亦不取，非人不取，又不腐败。比丘在求得涅槃解脱以前亦复如是。

三水器喻

图像：佛陀与一人说法。佛座前陈列三只水瓮(图3-3-7)。

譬喻见于汉译《杂阿含经》。有位外道聚落主问难佛陀：既然佛陀常安

图 3-3-5　箧中四蛇喻，克孜尔第 196 窟

图 3-3-6　水流大树喻，克孜尔第 104 窟

慰一切众生。何故为一种人说法，又复不为一种人说法。佛陀回答：先为一种人说法，好比先选肥沃的田地耕种，复耕次田，最后开垦贫瘠的土地。又好比有三个装水容器，第一个完好不漏，第二个不穿不坏而有渗漏，第三个穿坏破漏。那么自当先以完整者盛水，再持轻微渗漏者盛水。这两个水器都灌满水后，最后才以穿坏破漏之器盛水。“佛告聚落主：如彼士夫不穿不坏不津漏器，诸弟子比丘。比丘尼亦复如是。我常为彼演说正法，乃至长夜，以义饶益，安隐乐住。如第二器不穿不坏而津漏者，我诸弟子优婆塞。优婆夷亦复如是。我常为彼演说正法，乃至长夜，以义饶益，安隐乐住。如第三器穿坏津漏者，外道异学。诸尼揵辈亦复如是。我亦为彼演说正法。”

图 3-3-7　三水器喻，克孜尔第 8 窟

罗睺罗洗佛足喻

图像：佛陀与一比丘对话。佛座前有一倾倒的容器（图 3-3-8）。

罗睺罗在有部经中常译为“罗怙罗”。譬喻如《根本说一切有部毗奈耶》所载：“世尊复以其器倾侧至地，告罗怙罗曰：‘汝见此器倾侧不？’白佛言：‘大德，我已见之。’佛言：‘罗怙罗，若苾刍故心妄语，无有惭耻，亦无追悔。我观如是愚痴之人说为倾侧沙门之法。’”

《破僧事》载，佛陀还家之时，耶输陀罗从一外道女手中购得一枚相爱丸，能令男子爱上女人。她把此丸放在罗睺罗手中，让他持于父亲。罗睺罗持药巡行，走过多人皆不理睬，直接来到佛陀面前，交予药丸。佛陀接过药丸，又将它还给罗睺罗。罗睺罗便

图 3-3-8　罗睺罗洗佛足，克孜尔第 101 窟

自吞服。佛陀起身离去，罗睺罗随佛而行。宫女不放出宫，他便啼哭悲恼，愿随佛去。净饭王及诸眷属见此，无不称奇。佛陀知道罗睺罗当成罗汉，度之出家。将其托付于舍利子门下，成为沙弥。这位年幼的沙弥还保留了淘气的个性，常常戏弄佛陀的拜访者。佛陀听说他的恶作剧后，特意来到罗睺罗修行的温泉林。

《根本说一切有部毗奈耶》载，罗睺罗见佛陀到来，为他准备好洗脚的瓶装水和洗足器。佛陀自行洗足完毕，将洗足器中的水倒掉部分，留下少许，问罗睺罗：洗足器里面只剩一点点水了，你看见没？罗睺罗说：我看见了。佛陀又将洗足器里剩水全部泼掉，问道：不多的余水全部没有了，你看见没？罗睺罗说：我看见了。第三次，佛陀将洗足器倾侧于地，问道：你看见这个洗足器已经倾侧了么？罗睺罗点头称是。最后，佛陀将洗足器倒扣于地，问道：你看见这个洗足器颠覆没有？罗睺罗再次点头。

佛陀告诉罗睺罗：如果沙门不能谨慎言行，反而故意妄语，他身上的善就如同这个洗足器里的水，一点点少去，直至没有。他本人也将如这个洗足器一样，由于善的缺失而倾侧，乃至颠倒。罗睺罗吸取了教训。《佛本行集经》谓佛陀弟子持戒之中，罗睺罗，最为第一（摩诃僧祇师作如是说）。

二、菱格因缘——供养篇

猕猴奉献蜜

图像：佛陀说法。一猴捧钵，跪献佛陀（图3-3-9）。

故事讲述一只猕猴取钵盛蜜，进献佛陀。死后转世为人，皈依佛法，为“最胜蜜”比丘。该比丘以此业报，日日得三钵蜜，供奉佛陀及僧伽亲友。《中阿含经》、《贤愚经》、《大般涅槃经》、《破僧事》、《大毗婆萨论》、《经律异相》等经均有记载。

唐义净译《根本说一切有部毗奈耶破僧事》卷十二载：

> 佛在那地迦村群蛇林中。此时多有诸苾刍钵及世尊钵在于露地。有一猕猴从娑罗林下来而取于钵，诸苾刍等即前打逐。佛告诸苾刍：汝等勿打，任其所取，不畏损坏。
>
> 时彼猕猴至于钵傍，即取佛钵，上娑罗树。须臾之间盛满钵蜜，来供养佛。蜜中有蜂，如来不受。时彼猕猴知如来心，复持蜜钵于一屏处，择其蜂已，还来奉佛。为未净故，佛又不受。猕猴复知佛意，持其蜜钵至清流傍，取水洒蜜，还来供养。佛即便受。
>
> 时彼猕猴既见佛受其蜜，心生欢喜，合掌顶礼。踊跃跳踯，不顾前后，因落井中，遂即命过。当即托生那地迦村清净婆罗门家夫人胎中……名最胜蜜。儿渐长大，因宿业力，便生信心，

图 3-3-9 猕猴献蜜，克孜尔第 38 窟

即往佛所。佛为说法。发心出家，便如法度。既出家已，日日自然感三钵蜜。一钵供佛，一钵供养僧伽，一钵共亲友食。时诸大众咸并生疑，俱往白佛：以何因缘，此最胜蜜苾刍，日日如是有斯蜜应。佛言：此最胜蜜苾刍自作福业。是故日日感斯蜜报。广说如上。

佛告苾刍：汝等昔见有一猕猴从娑罗树下来以一钵蜜供养我不？苾刍白佛言：世尊，我等昔见。佛言：彼猕猴者，即此最胜蜜苾刍是也。由前信心施蜜因缘，故获斯报。

图 3-3-10　贫女难陀一灯供养，克孜尔第 188 窟

贫女难陀供养

图像：佛陀说法，身侧一女子跪地，手捧一盏油灯（图3-3-10）。

故事讲述一贫女，以果腹之食换取燃油，燃灯供佛。诸灯尽灭，唯此灯独燃。《贤愚经》“贫女难陀品”、《经律异相》有载。然克孜尔第171窟此菱格因缘，与“翘足供养”同壁，或亦可能同为本生。佛陀前世为女子，燃灯供养过去佛事可参考《六度集经》“然灯授决经”等。

《经律异相》“难陀燃灯声闻神力共不能灭”载：

佛游在给孤独精舍，波斯匿王供养于佛……周遍燃灯，民人竞看。贫女难陀，居无舍宅，问行路者，知波斯匿王以油千斛为佛燃灯。难陀自责，我以何故独贫如此。即入街里，家家乞丐，得少杂饭。心自念言：我当卖之，以为灯直。卖得一钱，赍诣油家。油家问女持一钱油作何福德。难陀答言：欲为佛燃灯。油主闻之，助其喜踊，持一灯油，即施与之……须臾贫女来到佛所，燃所赍灯当佛之前。今发大愿：……令此光明彻于十方，幽冥恶道悉皆休息。如是便退，至明晨朝。贤者目连历捡诸灯，难陀所灯，光独如故。目连即吹，吹不能灭。便以神力持五恒水浇，亦复不灭。吹以随蓝大风漂不能灭。尽其神力竟不能灭。心怀恐惧。佛告目连：燃此灯者有殷重心，以是之故，灯为常明。

图 3-3-11　阿育王施土，克孜尔第 188 窟

阿育王施土

图像：画佛陀手持一钵，一童子举手向钵（图3-3-11）。学界识别为“小儿以土作麦”（阿育王施土）故事。三名童子在路边玩泥，泥土堆成宫殿、粮仓。一童子见佛陀路过，便以泥土当作粮食施舍。佛陀接受了这一施舍。他告诉阿难，此童子今后将成为阿育王，弘扬佛法。

《贤愚经》“阿输迦施土品”载：

> 一时佛在舍卫国祇树给孤独园。尔时世尊晨与阿难入城乞食。见群小儿于道中戏，各聚地土，用作宫舍，及作仓藏财宝五谷。有一小儿遥见佛来，见佛光相，敬心内发，欢喜踊跃，生布施心。即取仓中名为谷者，即以手掬，欲用施佛……佛即下钵，低头受土。受之已讫，授与阿难，语言：持此涂污我房……佛告阿难：向者小儿，欢喜施土。土足涂污佛房一边，缘斯功德，我般涅槃百岁之后，当作国王，字阿输迦。

长者子客作设会获现报缘

图像：画佛陀说法，对面一人，一手持钵，一手高举，正在激动地向世尊倾诉（图3-3-12）。

霍旭初（1995年）据《杂宝藏经》，将此图识别为“客作设会获现报缘”。一人在富人家做雇工，辛苦工作三年，所获酬劳用来设会，宴请佛陀及僧众。无奈僧众接受食物甚少。佛陀告诉他不用担心，心意已到，心愿必成。

《杂宝藏经》“长者子客作设会获现报缘”载：

> 有长者子，早丧父母，孤穷伶俜，客作自活。闻有人说忉利天上，极为快乐。又闻他说，供养佛僧，必得往生。即问他言，用几许物，可得供佛及以众僧。时人语言，用三十两金，可得作会。便来向市，求客作处。
>
> 市边有一大富长者，雇其客作……三年客作……索三十两金……日月以满……长者问言：汝今得金，用作何事？答言：我欲供养佛僧。长者语言：我今佐汝，及以种种瓮器米面，与汝作食。汝但请佛及以众僧。
>
> 即诣僧房，请佛及僧。佛使众僧皆受其请……正值节日，众人皆送种种饮食往与众僧。众僧食饱，到长者舍。时长者子，手自行食。上座言少着，次第皆言少着，至讫下行。时长者子，啼哭懊恼：辛苦三年，设此饮食，望众僧食。僧不为食。我求生天，必不得生。
>
> 往至佛边……佛言：假使不食汝愿必成，况复少食而不成也。童子欢喜，还来饮食。彼时众僧食讫即还。
>
> 时有五百贾客入海来还入城，募索饮食，时世饥馑，无有与者……时长者子闻有贾客，欢喜与食……最下贾客解一珠与直万两金。最上头者解一珠与直十万两金。五百贾客，人与一珠，与一铜

图 3-3-12　客作设会，克孜尔第 34 窟

盔，与此长者子……主人长者更无男儿，唯有一女，即与童子。如是家业，遂大炽盛，舍卫城中最为第一。

满贤婆罗门遥请佛缘

图像：画佛陀手持一钵。一男子跪地，高举双手，合掌礼拜（图3-3-13）。

霍旭初（1991年）参考《撰集百缘经》，将其识别为"满贤婆罗门遥请佛缘"[1]。婆罗门满贤设宴，遥请佛陀。佛陀赴宴，以钵受满贤及五百徒众献食，钵不能满。惊叹之时，一千比丘忽持满钵食物现身。

图 3-3-13　满贤婆罗门遥请佛，克孜尔第 38 窟

《撰集百缘经》"满贤婆罗门遥请佛缘"载：

> 佛在王舍城迦兰陀竹林。时彼南方有一婆罗门，名曰满贤，财宝无量，不可称计……时婆罗门闻彼亲友叹佛功德，深生信敬，寻上高楼，手执香花，长跪合掌，遥请世尊，作如是言：如来今者实有功德，使我所烧香气馚馥遍王舍城，并所散花当佛顶上于虚空中变成花盖。作是誓已，香花寻至，当佛顶上变成花盖，香烟垂布遍王舍城……佛以神力，隐千比丘，唯现单己，执持应器，至满贤所。
>
> 尔时长者，闻佛来至，将五百徒众，各各赍持百味饮食，奉迎如来……佛告长者：设欲施者，投此钵中。
>
> （满贤）及五百徒众，所赍饮食，各各手自投佛钵中，不能使满。奇哉世尊有是神力，心即调伏。千比丘僧，钵亦皆满，忽然现前，绕佛世尊。
>
> 时彼长者叹未曾有，即便以身五体投地，发大誓愿：持此施食善根功德，未来世中，盲冥众生，为作眼目，无归依者，为作归依……发是愿已，佛便微笑……佛告阿难：汝今颇见富那长者供养我不……于未来世，过三阿僧祇劫，具菩萨行，修大悲心，满足六波罗蜜，当得成佛，号曰满贤。

献花供养

图像：绘一凡夫手持花枝，面朝佛陀，跽坐听法（图3-3-14）。

马世长参考了《撰集百缘经》。据其卷一"王家守池人花散佛缘"所记：波斯匿王皈依后，日复三时，赍持香花，供养如来。一天，送花人给波斯匿王送完花后，自己持一花欲诣市场出售。路值外道及须达长者争相求购，两相竞价，遂至百千两金。送花人感到好奇。当他听闻须达长者述说供养佛陀的利益后，遂放弃千金，自己持花，供奉佛陀。"持所捉花，而散佛上，于虚空中变成花盖随佛行住……佛告阿难：汝今见此守园人不，持此一花散我上者，于未来世过三阿僧祇劫当得成佛，号曰花盛。"

另一图式，如克孜尔第176窟，为一凡夫手持一朵花，举手向佛抛去（部分图像中，

1　中国壁画全集编辑委员会编《中国壁画全集·8·克孜尔·1》，天津：天津人民美术出版社、乌鲁木齐：新疆美术摄影出版社，1992年，图86，图版说明第33页。

图 3-3-14　献花供养，克孜尔第 176 窟

此花朵停驻在佛陀头顶）。霍旭初参考《贤愚经》，将之识别为“花天因缘”[1]。过去有贫者，“恨无供养，即于野泽采众草华，用散众僧”。以此公德生豪富家，生时天雨众华，积满舍内；长大后听闻佛法，逮得罗汉。

《经律异相》转录《采花违王上佛授决号妙花经》，是同一故事的不同脚本。此脚本中没有买主争花之事，而多了国王赦免采花人死罪的情节。国王因采花人没有及时送花，判其死罪。当他得知采花人以花供佛，并得授记后，赦免了他。

> 昔者世尊游罗阅祇时，王使数十人常采好花……（采花人）遥见世尊相好威光，巍巍无量……心自念言……宁弃身命，以华上佛……纵使见害，不堕苦痛，必生安处……佛即授决：后当得佛，号曰妙华……时采花人还归家中，与家二亲、妻子辞别：我命今尽，为王见杀。父母愕然，问何罪咎。诸子具答：王大严急，既违失时，复无有华。必见危命，故辞别耳。二亲闻之，益以愁戚，当奈之何……时王大瞋，见不时来复散众花，遣兵收取。则受王教，反缚入宫，罪当弃市……即白王曰：“人生有死，物成有败，我从无数劫每以非法，不惜身命。今朝采花，值遇世尊。以花供上，稽首归命。知违敕当死，宁以有德而死，不以无德而存”……王大欢喜，疾解众缚，悔过自责。

商主献珠（婆罗门施珠）

图像：佛陀说法。一人跪地，手捧宝珠，面向佛陀（图3-3-15、图3-3-16）。

霍旭初参考《撰集百缘经》，将图像识别为“五百商客入海采宝缘”[2]。商人入海求宝，发愿如果平安返回，就以一半财宝献佛。回家后却吝啬惜财，最后在佛陀启发下，兑现承诺，取宝珠散佛顶上。珠宝于虚空中变成宝盖。克孜尔第101窟相关图像中，佛陀头

1　中国壁画全集编辑委员会编《中国新疆壁画全集·克孜尔·3》，天津：天津人民美术出版社、乌鲁木齐：新疆美术摄影出版社，1995年，图50，图版说明第24页。

2　中国壁画全集编辑委员会编《中国新疆壁画全集·克孜尔·2》，天津：天津人民美术出版社、乌鲁木齐：新疆美术摄影出版社，1995年，图173，图版说明第69页。

顶旋驻一伞盖，与文本颇为匹配。

《撰集百缘经》“五百商客入海采宝缘”载：

佛在舍卫国祇树给孤独园。时彼城中有一商主将五百贾客共入大海。船破还回，昼夜懃加跪拜诸神，以求福佑。第二第三重复入海，船坏如前。时彼商主福德力故，竟不溺水。还达本土，生大苦恼，作是念言：我每曾闻有佛世尊得一切智……我今当称彼佛名号入于大海。若安隐还，当以所得珍宝之半奉施彼佛。

作是念已，即集商人共入大海。称佛名号，大获珍宝，安隐回还。达到家中观其宝物，爱恋贪惜，不肯施佛。作是念言：若减此宝持半与者，自无已许。我今当就持此宝物尽持与妇。当从彼边索少许钱，市易熏陆，持诣祇桓烧香供养。作是念已，如其设计……烧香供养。佛以神力令此香烟叆叇垂布，遍覆祇桓。时彼商主睹斯香烟，深于佛前而自悔责……佛为说法悭贪过恶，心开意解。更取宝珠散佛顶上，于虚空中变成宝盖，随佛行住……佛告阿难：汝今见是商主以惭愧心供养我不……今此商主以供养我故……当得作佛，号曰宝盛。

图 3-3-15　商人施珠，克孜尔第 80 窟

图 3-3-16　商人施珠，克孜尔第 101 窟

克孜尔第171窟菱格因缘内容近似。马世长参考《杂宝藏经》，将之识别为“婆罗门以如意珠施佛出家得道缘”。故事讲述一人持珠，遍诸国土，无能识别宝珠之人。为解开疑惑，波斯匿王及群臣共至佛陀处请教。佛陀说出了宝珠的来历和功能。持珠人将宝珠献与佛陀，他须发自落，法服着身，皈依出家。另外《撰集百缘经》“额上有真珠鬘比丘尼缘”为真珠鬘女和他的丈夫（须达长者之子）求索出家，向佛陀奉献宝珠的故事。结果也是头发自落，法服着身。

《杂宝藏经》记载如下：

佛在舍卫国，尔时南天竺有一婆罗门，善别如意珠。持一如意珠从南天竺至东天竺，遍诸国土，无能别者。如是次第至舍卫国，到波斯匿王所而作是言：谁能分别识此珠者？波斯匿王集诸群臣一切智人，无有识者。波斯匿王共至佛边。佛语婆罗门言：汝识珠名字不？知珠生出处不？知珠力耐不？答言：不知。

佛言：此珠磨竭大鱼脑中出，鱼身长二十八万里。此珠名曰金刚坚也，有第一力耐，使一切被毒之人，见悉消灭。又见光触身，亦复消毒。第二力者，热病之人，见则除愈。光触其身，亦复得差。第三力者，人有无量百千怨家，捉此珠者，悉得亲善。

时婆罗门闻此语已，甚用欢喜。如来真实一切智人。即以此珠奉上于佛，而求出家。

佛言，善来比丘。须发自落，法服着身。为说法要，即得罗汉。

窑师洗佛足

图像：画佛陀侧坐，双足垂下。对面一人跪地，持瓶倒水，清洗佛足。旁边堆垒数个水罐（图3-3-17）。

或谓此故事为罗睺罗洗佛足。然壁画中水罐堆垒之景，与罗睺罗故事无关。一些壁画中，堆垒的水罐位于窑内。莫妮卡·茨茵（2007年）将此图识别为"窑师洗佛"[1]。尼泊尔梵文佛经中可见窑师名字——Brhaddyuti。故事讲述佛陀生病，命阿难去窑师家化缘。窑师带着儿子、妻子一同来见佛陀。他们以油、糖和水奉献佛陀。最后窑师表达了愿望——希望将来成佛，名释迦牟尼，他的儿子成为阿难，他的妻子成为耶输陀罗。莫妮卡·茨茵提到，梵文佛经中描述了用油和水擦拭佛陀，而吐火罗语版本中则发展出清洗佛陀的戏剧化情节。在一个吐火罗语佛经残片中描述了一个神迹。佛陀同意窑师为之清洗，但窑师意识到自己的手因为常年劳动变得冰冷粗糙，怎么可以用这样的手触碰佛陀呢？奇迹发生了。就在他碰到佛陀的瞬间，手变得无比柔嫩。莫妮卡·茨茵最后指出，这一壁画情节只在中亚地区出现，而不见于其他地区的佛教美术，而窑师手变柔嫩的文本，目前亦仅见于吐火罗语佛经。

笔者核对汉译佛经，在《根本说一切有部毗奈耶药事》、《大毗婆沙论》，以及《大智度论》等经中找到这个故事。显然，此故事在说一切有部佛传中十分流行。

《根本说一切有部毗奈耶药事》卷十五摘抄如下：

图 3-3-17　窑师洗佛足，克孜尔第 101 窟

1 Monika Zin, The Identification of Kizil Paintings Ⅱ, Indo-Asiatische Zeitschrift, 11.2007, pp.46—51.

佛告大王，乃往古昔无量劫时，有城名曰毗诃彼地。其城有一陶轮工师。有佛出世，号曰释迦牟尼，证无上正真等正觉，十号具足。亦有声闻弟子，名舍利弗、大目干连，及侍者阿难陀。时释迦牟尼佛正真等正觉，共无量苾刍众俱游行人间，至彼城中。尔时彼佛忽有风患，即告阿难陀曰：汝可往彼陶轮家乞酥油蜜浆。尔时阿难陀闻佛教勅，即往诣陶轮家。在门外立，白言长者。世尊患风强病，今须酥油蜜浆。时陶轮师闻具寿阿难陀所说，即将酥油蜜等，长者共儿相随，俱往佛所。以酥蜜等遍涂佛身，温水沐浴。持沙糖水，奉上世尊。为疗病故，即得痊愈。尔时陶师长跪发愿，说伽他曰："我以苏蜜施如来，愿获广大功德利；种族名号声闻众，悉如今日释迦尊；善能调伏有情类，远离众苦归圆寂。"其陶轮子亦发是言："愿我当来如佛侍者。"

佛告大王：我于尔时初施释迦如来，得证无上菩提。其子者，即阿难陀是。

恒加调璎珞供养

图像：佛陀为一女子说法。女子跪地，双手合十。佛陀头光一侧，飘动着三条带状物（图3-3-18）。

故事见《撰集百缘经》"女人以金轮掷佛上缘"。一女子为佛陀奉献璎珞。佛陀微笑，告诉阿难此女子来世成佛，号曰金轮璎珞。西晋于阗无罗叉译《放光般若经》"摩诃般若波罗蜜恒加调品"亦此故事。女子名恒加调，以璎珞散佛，璎珞"当头上化成四柱宝交露台，严事净如是未曾有……尔时世尊知女人意便笑……佛告阿难：是恒加调弟，当来之世当作佛，号名金华如来无所著等正觉。毕女人身受男子形，后当生于妙乐佛国，于彼国修梵行，是菩萨摩诃萨在所生国常有金华名号"。

《撰集百缘经》"女人以金轮掷佛上缘"载：

佛在王舍城迦兰陀竹林。时彼国中有一商主……入大海中，采其珍宝。其妇……忆望其夫……而作咒言：天若有神不违人愿，使我夫主安隐速还，我今当作金银璎珞以报天恩……未经几时，果如其愿，安隐还家。甚怀欢喜，即造金银璎珞环钏，将诸侍从往诣天祠。路值如来，将诸比丘入王舍城。时彼女人见佛世尊三十二相八十种好，光明普曜如百千日，心怀欢喜，欲以金银璎珞掷散佛上。其从语言，此非那罗延天，遮而不听。时彼妇女不从其教，即以璎珞掷散佛上，于虚空中，变成宝盖，随佛行住。见是变已，深生信敬，五体投地，发大誓愿：我今以此散佛璎珞善根功德，使我来世得成正觉，广度众生。如佛无异。发是愿已，佛即微笑，从其面门，出五色光，绕佛三匝，还从顶入。

尔时阿难前白佛言：如来尊重不妄有笑。以何因缘今者微笑？唯愿世尊敷演解说。佛告阿难：汝于今者见此妇女以金银璎珞散我上不？阿难白言：唯然已见。（佛言：）此妇女者，于未来世不堕恶趣，天上人中受诸快乐，过十三劫成佛，号曰金轮璎珞，广度众生，不可限量。是故笑耳。

图 3-3-18　恒加调璎珞供养，克孜尔第163窟

布施旗幡

图像：画佛陀说法。前坐一王者，手持旗幡（图3-3-19）。

学界将此图识别为“布施佛幡缘”。过去有王造舍利塔，有人作一长幡，悬于塔上。以此因缘，转世生于富人家，初生之日，虚空中有大幡盖，遍覆城上。时诸人众因为立字，名波多迦[1]。

《撰集百缘经》“布施佛幡缘”载：

佛在迦毗罗卫国尼拘陀树下。时彼城中有一长者，财宝无量，不可称计……生一男儿，端政殊妙，与众超绝。初生之日，虚空中有大幡盖，遍覆城上。时诸人众因为立字，名波多迦。年渐长大……将诣佛所，求索出家……得阿罗汉果……尔时世尊告诸比丘：……乃往过去九十一劫波罗奈国，有佛出世，号毗婆尸，教化周讫，迁神涅槃。尔时有王，名盘头末帝，收取舍利造四宝塔，高一由旬，而供养之。时有一人，施设大会，供养讫竟，作一长幡，悬着塔上，发愿而去。缘是功德，九十一劫，不堕地狱畜生饿鬼，天上人中常有幡盖覆荫其上，受天快乐，乃至今者遭值于我，出家得道。佛告诸比丘：欲知彼时作幡者，今此波多迦比丘是。

图 3-3-19　布施佛幡缘，克孜尔第 163 窟

船师渡佛

图像：画佛陀坐在船上。另有一人船头撑篙（图3-3-20）。

此为船师为佛陀摆渡故事，在《撰集百缘经》中有两种：卷二“船师请佛渡水缘”属于“供养因缘类”，强调船师为引佛陀，庄严船舫；卷三“船师渡佛僧过水缘”倾向于

1　部分同类壁画中未见佛塔，又或如克孜尔第192窟菱格，部分壁画佛身背后绘制佛塔似为样式背景。礼拜持幡者为国王。故而怀疑故事另有出处。中国壁画全集编辑委员会编《中国新疆壁画全集·克孜尔·3》，天津：天津人民美术出版社、乌鲁木齐：新疆美术摄影出版社，1995年，图134，图版说明第55页。

"降伏类"，强调市侩船师索钱未果，见其他船师渡佛，复见佛神变，心生忏悔。

《撰集百缘经》"船师请佛渡水缘"载：

佛在舍卫国祇树给孤独园，伊罗拔河边有诸船师，止住河侧。尔时如来将诸比丘，诣彼聚落，欲渡于水，化诸船师。是诸人等见佛来至，各怀欢喜……庄严船舫，待佛及僧……尔时世尊即为如应说四谛法，心开意解，有得须陀洹者，斯陀含者，阿那含者，乃至发于无上菩提心者。

图 3-3-20　船师渡佛，克孜尔第 38 窟，德国藏

伎乐人打鼓作乐

图像：佛陀说法，旁有一人击鼓起舞（图3-3-21）。

此图原识别为"鼓声因缘"[1]，佛陀前世为鼓手，携子出行。其子不听父亲劝阻，一路击鼓作乐，结果引来盗贼洗劫。笔者在《根本说一切有部毗奈耶破僧事》读到另外一段故事——伎乐人为佛陀打鼓作乐，与壁画内容更加符合。

义净译《根本说一切有部毗奈耶破僧事》卷十八载：

当时南天竺国有伎乐人来，将至王所作诸伎乐。王心无乐，默然不对，不与善言。伎儿总去，游行至世尊所，告言：善哉丈夫。心生欢喜，即打鼓作乐。尔时世尊自即放光微笑，出种种光……佛告阿难陀，汝见彼伎儿于我欢喜打鼓作乐不？阿难陀白佛言：我见也。佛复告阿难陀言：此伎儿得辟支佛果，名雅和音。

图 3-3-21　伎人打鼓，克孜尔第 224 窟

1　中国壁画全集编辑委员会编《中国新疆壁画全集·克孜尔·3》，天津：天津人民美术出版社、乌鲁木齐：新疆美术摄影出版社，1995年，图30，图版说明第14页。

三、菱格因缘——奇事篇

女系儿颈入井

图像：佛陀说法。一女子井边站立。她一边抬头张望，一边拖拽着一个井口内的儿童（图3-3-22）。

故事讲述一女子因欲分神，误将小儿系颈入井。佛陀为之说法。《出曜经》、《经律异相》有载。另《根本说一切有部毗奈耶药事》载：

> （佛陀）到其井傍，见一女人执持罐绠，欲来汲水。有一男子于此女人情生染着，其女亦于彼男深生爱重。共行言笑，到于井傍。其女将儿，年尚幼小，随行而至。母观男子，欲取其水，误系儿颈投于井中。儿便命过。时彼女人从生已来，未曾闻说伽他，因系儿死，不觉辩才，诵一伽他曰：我知欲本因，从其分别生。我若不分别，欲从何所起。
>
> 尔时如来随路而至，告阿难陀曰：汝应受彼伽他。此是过去诸佛所说，为在愚夫异生口中，令此伽他不生光耀。如佛所说，我不曾见一切法，如心速疾转动。
>
> 于时女人为其儿死，极生苦恼，礼拜世尊双足。世尊知彼女人意乐随眠，称其根性，而为说法。女闻法已，证预流果。

图 3-3-22　女人系儿颈入井，克孜尔第 171 窟

迦毗梨百头品

图像：佛陀说法。座前河中有一怪鱼，人头鱼身。人头形似比丘，旁边伴有多种动物头部（图3-3-23，并参见图4-5-6）。

此图或识别为“汪水大虫”。故事出自《贤愚经》。城中污水池中有一大虫，形似大蛇而有四足。佛陀说其因缘，此大虫过去世时瞋恚而言骂人噉屎，以此业报今世受苦于屎尿臭处。莫妮卡·茨茵（2010年）撰文指出，此

图 3-3-23　迦毗梨百头品，克孜尔第 163 窟

怪鱼应该识别为“迦毗梨”[1]，即此怪鱼过去世时，曾以百兽骂人，而得此多头怪鱼之恶报。笔者赞同此说。这里补充两点：其一，森木塞姆第40窟穹窿顶条格画中一则立佛条幅应该解读为同一主题，这有助于我们了解龟兹石窟穹窿顶壁画属性。其二，《根本说一切有部毗奈耶》中，此大鱼名“劫比罗”，情节略有差异。

《贤愚经》“迦毗梨百头品”载：

一时佛在摩竭国竹园之中，尔时世尊与诸比丘向毗舍离，到梨越河所……时捕鱼人网得一大鱼，五百人挽，不能使出。复唤牧牛之众，合有千人，并力挽出。得一大鱼，身有百头，若干种类，驴、马、骆驼、虎、狼、猪、狗、猿猴、狐狸，如斯之属。众人甚怪，竞集看之……世尊寻时共诸比丘往至鱼所，而问鱼言：汝是迦毗梨不。答言实是……佛告阿难：谛听谛听，当为汝说。

昔迦叶佛时有婆罗门，生一男儿，字迦毗梨（晋言黄头），聪明博达，于种类中，多闻第一，唯复不如诸沙门辈。其父临终，殷懃约勅：汝当慎莫与迦叶佛沙门讲论道理……父没之后，其母问曰：汝本高朗，今颇更有胜汝者不？答言：沙门殊胜于我……母复告曰：伪作沙门，学习已达，还来在家。

（迦毗梨）奉其母教而作沙门，经少时间，读诵三藏，综练义理……母复告曰：自今已往，若共谈论。傥不如时，便可骂辱……时迦毗梨不忍违母，后日更论。理若短屈，即便骂言：汝等愚騃，无所识别，剧于畜生，知晓何法？诸百兽头，皆用比之。如是数数，非一非二。缘是果报，今受鱼身而有百头。

克服六师外道，树提火中诞生

图像：画佛陀说法，旁边一人手捧一童子。佛陀座前，有一女子躺倒在熊熊火焰之中（图3-3-24）。

《克孜尔石窟内容总录》称之为“树提火生”。有一长者，其妇有孕。六师外道谓之必生女儿，佛陀谓之必生男儿，将有成就。六师嫉恨佛陀。为了诬陷佛陀，他们用毒药害死长者妇，四处宣扬佛陀预言不准。长者按照当地风俗，火葬其妇。佛陀来到现场，命人取出在火中诞生的男童，命名为“树提”。故事见《大般涅槃经》、《经律异相》、《法苑珠林》、《大方广佛华严经随疏演义钞》等。

昙无谶译《大般涅槃经》卷三十载：

我于尔时为众生故往瞻婆城。时彼城中有大长者无有继嗣，供事六师以求子息。其后不久，妇则怀妊。长者知已，往六师所，欢喜而

图 3-3-24　树提火生，克孜尔第 34 窟

1 Monika Zin, The Identification of Kizil Paintings Ⅳ, Indo-Asiatische Zeitschrift, 14.2010, pp.22—25.

言：我妇怀妊男耶，女耶？六师答言：生必是女。长者闻已心生愁恼……尔时长者即与是人来诣我所，头面作礼，右绕三匝，合掌长跪，而作是言：……世尊，我妇怀妊六师相言生必是女，是事云何？佛言：长者，汝妇怀妊是男无疑，其儿生已，福德无比。尔时长者闻我语已，生大欢喜，便退还家。尔时六师闻我玄记生者必男，有大福德，心生嫉妬，以庵罗果和合毒药，持往其家，语长者言：快哉瞿昙，善说其相，汝妇临月可服此药。服此药已，儿则端正，产者无患。长者欢喜受其毒药，与妇令服。服已寻死。六师欢喜周遍城市，高声唱言：沙门瞿昙，记彼长者妇当生男，其儿福德，天下无胜。今儿未生，母已丧命。

尔时长者复于我所生不信心，即依世法，殡殓棺盖，送至城外。多积干薪，以火焚之。我以道眼明见此事，顾命阿难，取我衣来，吾欲往彼，摧灭邪见……我时到已，坐师子座。长者难言：所言无二，可名世尊，母已终亡，云何生子？我言：长者卿于尔时都不见问母命修短，但问所怀为是男女。诸佛如来发言无二，是故当知，定必得子。

是时，死尸火烧腹裂，子从中出，端坐火中。犹如鸳鸯，处莲花台。六师见已，复作是言：妖哉瞿昙，善为幻术。长者见已，心复欢喜，呵责六师。若言幻者，汝何不作？

……尔时耆婆前入火聚，犹入清凉大河水中，抱持是儿，还诣我所，授儿与我。我受儿已，告长者言：长者，是儿生于猛火之中，火名树提，应名树提。

盲儿乞讨

图像：画佛陀说法，听法童子，高举一手。一碗、一拐杖摔落在地上（图3-3-25、图3-3-26）。

《中国新疆壁画全集》考其为“长者贪作盲儿缘”。故事可见于《佛说越难经》、《出曜经》、《经律异相》等经。过去有一财主，十分吝啬。临终时嘱咐儿子，不可将家中财物施舍给其他人。这位吝啬财主死后，托生在一位盲妇腹中。诞生时，天生目盲。由于

图 3-3-25　盲儿乞讨，克孜尔第 186 窟

图 3-3-26　盲儿乞讨，克孜尔第 188 窟

母子皆盲，生活难以为继。其母给盲儿一根拐杖、一个食器，令其乞讨。盲儿来到吝啬财主家，被守门家丁殴打丢入坑中，食物全部被打翻。佛陀与之对话，说出了其前世吝啬，今受恶报的因缘。

《出曜经》载：

昔佛在舍卫国祇树给孤独园，时有长者名曰难陀，饶财多宝……悭贪妬嫉，门合七重，立守门人……虚空上安铁笼疏，恐有飞鸟食啖谷米……唯有一子，名栴檀香。即唤子前，勅告子曰：……所有财宝七珍之具，勿妄费耗，亦莫施与沙门婆罗门。有乞丐者，莫持一钱施与。此诸财宝，足七世父母食啖。

作此教勅已，即取命终。即生舍卫城中处，盲栴陀妇腹中。经八九月出生在外，生盲无目……

是时盲母养儿，年八九岁，堪能行来。母以杖一枚、食器一具，而告子曰：吾今养汝堪能行来，宜求自活，不须住此。吾亦无目，复当乞求以济余命。

此盲小儿家家乞求，渐至栴檀香长者家……时守门人……瞋恚炽盛即前捉手，远掷深坑。寻伤左臂，复打头破。所乞饭食，尽捐在地……时母闻已，匍匐拄杖，到盲儿所，抱着膝上……

尔时世尊告小儿曰：汝是难陀非也？小儿报曰：实是难陀……

须陀耶食母尸乳在冢生长

图像：佛陀说法。身侧有一土丘，内有女子倒仰，一小儿趴伏其胸，手捧女乳（图3-3-27、图3-3-28）。

有学者将此图识别为《撰集百缘经》中“长老比丘在母胎中六十年缘”。一胎儿在母胎六十年，其母死后，胎儿于冢间刨妇产出。莫妮卡·茨茵（2007年）参考了富歇（A. Foucher）所释相关犍陀罗造像，认为此壁画应为须陀耶（Sudaya）故事[1]。故事讲述须陀耶母亲怀孕时被枉杀，死后尸体不腐。须陀耶在坟墓中诞生，得饮母乳三年，长大后爬出坟墓，皈依佛门。汉译经典可见《佛说旃陀越国王经》、《佛说诸德福田经》、《经律异相》等。

沮渠京声译《佛说旃陀越国王经》载：

时有国王，号名旃陀越，奉事婆罗门道。王治国政，辄任用诸婆罗门。王小夫人，特见珍重，时兼娠。诸夫人憎嫉之，以金赐婆罗门，令谮之于王言：此人凶恶，若其生子，必为国患。……王便听用其言，遂见枉杀，便葬埋之。

儿后于冢中生，其母半身不朽。儿得饮其湩。乃至三年，其冢崩陷，儿后得出，与鸟兽共戏，暮即还冢中宿。

儿时年六岁，佛以普慈，念其勤苦，与鸟兽同群，即化为沙门被服，往呼问之……儿报言：我今善恶，终当随道人。佛便将其，到祇洹中……以手摩其头，发堕袈裟自然着身，名为须陀。从佛受尊戒，勤意精进，心不懈怠，七日便得罗汉道……须陀承佛教……往到其国……王言：我年已长，且欲过时。国无续嗣，为之愁忧。道人闻王语，初不应之，独笑而已。王便恚言：我与道人语，初不答我，而反独笑。即欲治杀之。须陀知其意，便轻举飞翔，上住空中，分身散体，出入无间。王见其威神变化，即恐怖悔过言……须陀便以道力，如申臂顷，将王及人民俱到佛所……佛告王言：欲知比丘须陀者，是王昔所用婆罗门言谮，杀兼娠者子也。母死之后，子于冢中生。冢中母半身不朽，

1 Monika Zin, The Identification of Kizil Paintings Ⅱ, Indo-Asiatische Zeitschrift, 11.2007, pp.43—46.

图 3-3-27　须陀耶食母尸乳，克孜尔第 104 窟

图 3-3-28　须陀耶食母尸乳，克孜尔尕哈第 14 窟

得饮其湩。乃至六年，今随我为道，乃致于此。王闻佛言，更恐怖不能自胜……王闻佛说经，意解即得须陀洹道。

鹿头说骷髅（或比丘思女人见其身形腐烂）

图像：画佛陀对一比丘说法。比丘手持骷髅。部分图像在佛座前绘一躺地者被野兽撕咬（图3-3-29）。

马世长参考《分别功德论》，将其定为比丘思女人故事。一比丘在风中获得女子的一缕头发，情欲激荡，他顺水寻觅，却发现一具腐烂不堪的尸体，被狐狼撕咬。《分别功德论》载：

> 昔有比丘作阿练若，常行乞食。于江水边食，食讫澡钵。时上流岸边冢间有新死女人，风吹头发忽然堕钵中。比丘手执此发，谛视之甚妙好……便生想念：此发如是人必妙好，面如桃花色，眼如明珠，鼻如截筒，口如含丹，眉如蚰蜒。作是分别已，便起欲心。顺水寻求，想见颜色，追求不已。见一女人，狐狼已啖其半，身形臭烂，其发犹存。执发比之，长短相似。向者欲想释然自解。

除了上述解释，比丘手持骷髅，或为佛陀与梵志推说骷髅之事。世尊数次取死人髑髅授与鹿头梵志，令其推测尸骨归属。最后梵志不能推说阿罗汉骷髅，皈依佛门，成为比丘。

《增一阿含经》载：

> 尔时，世尊从静室起下灵鹫山，及将鹿头梵志，而渐游行到大畏塚间。尔时，世尊取死人髑髅授与梵志，作是说：……我今问汝，此是何人髑髅，为是男耶，为是女乎。复由何病而取命终？
>
> 是时梵志即取髑髅反复观察，又复以手而取击之，白世尊曰：此是男子髑髅，非女人也……是时世尊复更捉一髑髅，授与梵志，问梵志曰：此是何人？男耶，女耶？是时梵志复以手击之，白世尊言：此髑髅，女人身也……尔时，东方境界普香山南有优陀

延比丘，于无余涅槃界，而取般涅槃。尔时，世尊屈申臂顷，往取彼髑髅来授与梵志，问梵志曰：男耶，女耶？是时梵志复以手击之，白世尊言：我观此髑髅，元本亦复非男，又复非女……未审此人是谁髑髅。世尊告曰：……此髑髅者……是阿罗汉之髑髅也……善哉梵志，快修梵行，亦无有人知汝所趣向处。尔时，梵志即得出家学道……即成阿罗汉。

图3-3-29 鹿头说骷髅，克孜尔第205窟

四、菱格因缘——降伏篇

佛度牛缘

图像有两种：其一为佛陀说法，旁边一牛埋首向佛。其二为佛陀说法，一牛伏地，舔佛陀右手（图3-3-30、图3-3-31）。

佛陀度牛的本行及因缘，汉译佛经中亦有两则，或可分别对应。其一为《撰集百缘经》“佛度水牛生天缘”，《法苑珠林》亦载。佛陀与弟子在路中遇见五百水牛。其中有一恶牛，吼叫着冲向佛陀。佛陀变化出狮子、火坑，驱赶恶牛。恶牛见无路可逃，唯佛足前有地清凉，驰奔趣向。心意泰然，长跪伏首舐世尊足。此水牛闻佛世尊说法后，深生惭愧，死后生天。佛陀述说恶牛因缘，过去有一比丘遭人问难，恼羞成怒，恶骂对方状似水牛抵人。以是恶口业，生水牛中。

其二为《生经》“佛说负为牛者经”。一肥牛将要被人屠宰，遥见佛陀，挣脱奔驰，跪往佛前，流泪哀号。佛陀赎救此牛。牛闻佛法，死后升天。佛说此牛因缘，往昔为人，欠人债务，死后堕此牛中偿债。

西晋竺法护译《生经》“佛说负为牛者经”载：

一时佛游舍卫祇树给孤独园……时远方民将一大牛，肥盛有力，卖与此城中人。城中人买以出之，欲以杀之。在城门中与佛相遇。其主见牛，既大多势，畏犇突故，请十余人将牛共行。牛遥睹佛，心中悲喜。绝靷驰逸，数十人救，救不能制……牛径前往趣佛，屈前两脚，而呜佛足，泪出交横，口自演言：唯然世尊加以大哀，救济危厄……佛言：乃往过去久远世时。有转轮王……时转轮王游观四方，还欲归宫，时见古世一亲亲人而为债主所见拘系，缚在着树……圣王即勅诸臣下到宫与其百两金。臣下言诺，即解债主，得还归家。其人数数诣王宫门，求金不得。债主求之，避不知处，遂在生死，周旋往来无数之劫，不偿所负。至于今世堕此牛中，所债所卖，数千两金。故来归佛，宿缘所牵。

佛语阿难：时转轮王则我身是，其债主者此牛是。佛为圣王，保之为偿。竟不与之，故来归佛，求索债救。

图 3-3-30 佛陀度牛，克孜尔第 32 窟

图 3-3-31 佛陀度牛，克孜尔第 179 窟

佛告牛主：佛为卿行分卫倍偿。牛主不肯，还欲得牛。佛复重告：吾称牛身斤两轻重，与若干斤金……尔乃各罢。将牛到祇洹中。入其中门，观察佛身及圣众形诸菩萨……念佛法众，七日命尽。忽生天上，寻忆自识宿命世尊功德。来还人间，散华供佛，报其恩德，稽首佛足。佛为说经，即发无上正真道意，辄得立在不退转地从无生忍，乃还天上。

梅沙谤佛

图像：佛陀说法，旁边一女子手捧腹部，地上有一钵盂。部分图像，如克孜尔第80窟菱格还绘制了一只白鼠（图3-3-32）。

故事见《佛说兴起经》、《大智度论》、《经律异相》、《大唐西域记》等。一外道女有意破坏佛陀声誉。她在衣服下藏一钵盂，冒充孕妇，四处宣扬与世尊有染。后有一鼠咬断系带，钵盂落地。真相大白，谤佛者堕入地狱。《佛说兴起经》“佛说婆罗门女梅沙谤佛缘经”在讲述谤佛因缘时，佛陀还提到自己过去作恶，堕入地狱之事——“佛语舍利弗：我尔时无故诽谤无胜罗汉，以是罪故，无数千岁在地狱中，受诸苦痛。”

图 3-3-32 梅沙谤佛，克孜尔第 80 窟

《佛说兴起经》“佛说婆罗门女梅沙谤佛缘

图 3-3-33 降伏醉象，克孜尔第 188 窟

图 3-3-34 降伏醉象，克孜尔第 186 窟

经”载：

（佛语舍利弗），多舌童女带杅起腹，来至我前曰：“沙门何以不自说家事，乃说他事为？汝今日独自乐，不知我苦耶。何以故？汝先共我通，使我有娠。今当临月事须酥油，养于小儿，尽当给我。”尔时众会皆低头默然。

时释提桓因侍后扇佛，以神力化作一鼠，入其衣里，啮于带杅，忽然落地。

尔时诸四部弟子及六师徒等，见杅堕地，皆大欢喜，扬声称庆，欣笑无量，皆同音骂曰：“汝死赤吹，罪物何能兴此恶意，诽谤清净无上正真。此地无知，乃能容载如此恶物也。”诸众各说。是时地即为劈裂，焰火踊出，女便堕中，径至阿鼻大泥犁中。

降伏醉象

图像：佛陀说法，旁立一象。地上有一利剑（图3-3-33、图3-3-34）。

姚士宏提及此图有“降伏醉象”和“斗象护鼻譬喻”两种可能。马世长倾向于后者，《克孜尔石窟内容总录》则取“醉象刺佛”之说。笔者也认为“醉象刺佛”更符合壁画内容。故事讲述提婆达多欲害佛陀，驱放一头醉象，鼻卷利剑。佛陀变化神通，将其降伏。《增一阿含经》明确描述了醉象弃剑皈依的情节，且克孜尔第34窟菱格在醉象上方绘制了提婆达多——身穿坦左肩袈裟的比丘[1]。

僧伽提婆译《增一阿含经》载：

一时佛在罗阅城迦兰陀竹园所，与大比丘众五百人俱。尔时王阿阇世有象，名那罗祇梨，极为凶弊，暴虐勇健，能降外怨……时王阿阇世闻提婆达兜教，即告令国中，明日清旦，当放醉象，勿令人民在里巷游行……尔时世尊清旦着衣持钵，欲入罗阅城乞食……王阿阇世即敕象师：汝速将象饮以醇酒，鼻带利剑，即放使走。

1 中国新疆壁画艺术编辑委员会编《中国新疆壁画艺术·二·克孜尔石窟（二）》，乌鲁木齐：新疆美术摄影出版社，2009年，图21。

尔时，世尊将诸比丘诣城门……时彼暴象遥见如来，便走趣向……如来观察暴象不近不远，便化左右作诸师子王，于彼象后作大火坑。时彼暴象见左右师子王及见火坑，即失尿放粪，无走突处，便前进向如来。尔时，世尊便说此偈：汝莫害于龙，龙现甚难遇；不由害龙已，而得生善处。

尔时暴象闻世尊说此偈，如被火燃，即自解剑，向如来跪双膝，投地以鼻舐如来足。

婆罗豆婆遮婆罗门着食水中

图像：画佛陀说法。旁边有一婆罗门持钵倾倒，前方水中冒出火焰（图3-3-35）。

故事讲述一婆罗门施食佛陀。佛陀不受，并声称无人堪受此食，让其倾入无虫水中。婆罗门依法照办，食物倒入水中，导致湖水沸腾。马世长参考《法苑珠林》、《大智度论》，识别出这个故事。在《大智度论》中，该婆罗门“姓婆罗埵逝”。莫妮卡·茨茵（2008年）核对了相关巴利语佛经，婆罗门名作Sundarika-Bharadvaja[1]。笔者发现此名可与汉译《杂阿含经》对应。求那跋陀罗译《杂阿含经》前后三次叙述了这一故事。三次叙事，情节近似，但婆罗门名字不同。其一名“婆罗豆婆遮婆罗门”（盖“婆罗埵逝”异译），其二名“火与婆罗门”，其三以地名之，称呼他“孙陀利河侧”婆罗门。巴利语佛经所载Sundarika-Bharadvaja婆罗门应该是“孙陀利河侧婆罗门”与“婆罗豆婆遮婆罗门”的合写。

求那跋陀罗译《杂阿含经》载：

一时佛在拘萨罗人间游行，宿于孙陀利河侧……时，孙陀利河侧有婆罗门住止，夜起持祠，余食不尽。时至河边，欲求大德婆罗门以奉之。尔时，世尊闻河边婆罗门声。闻已，謦咳作声，却衣现头。时孙陀利河侧婆罗门见佛已，作是念：是剃头沙门，非婆罗门。欲持食还去。彼婆罗门复作是念：非独沙门是剃头者，婆罗门中亦有剃头，应往至彼，问其所生。

时，孙陀利河侧婆罗门诣世尊所而问之言：为何姓生？尔时世尊即说偈言……尔时孙陀利河侧婆罗门转得信心，即持余食，以奉世尊。世尊不受，以说偈得故……孙陀利河侧婆罗门

图 3-3-35　供食出火，克孜尔第 34 窟

1 Monika Zin, The Identification of Kizil Paintings Ⅲ, Indo-Asiatische Zeitschrift, 12.2008, pp.55—57.

白佛言：世尊，今此施食当置何所？佛告婆罗门：我不见诸天、魔、梵、沙门、婆罗门、天神、世人有能食此食，令身安隐者。汝持此食去着无虫水中及少生草地。

时，婆罗门即持此食着无虫水中。水即烟起涌沸，啾啾作声，如烧铁丸投之冷水，烟起涌沸，啾啾作声……孙陀利河侧婆罗门心欲恐怖，身毛皆竖，谓为灾变，驰走上岸，集聚干木，供养祠火，令息灾怪。世尊见彼集聚干木，供养祠火，望息灾怪。见已，即说偈言……尔时孙陀利河侧婆罗门闻佛所说，欢喜随喜，复道而去。

除了婆罗豆婆遮婆罗门倾食水中，值得一提的还有艾曼纽·雷斯布勒所作阐释。壁画水面冒出的尖装物，在他看来是婆罗门手中所持器物的一角，而非火焰。因此他将此图识别为佛陀降伏三迦叶中的一幕。迦叶决心皈依佛陀，把他们从前拜火的祭器全部丢弃[1]。

舞师女作比丘尼

图像：佛陀说法。一半裸女子在佛陀前翩翩起舞（图3-3-36）。

故事见《撰集百缘经》、《法苑珠林》。一舞女佛前放浪嬉笑，不敬世尊。佛陀将之变化为衰老之相。舞女惭愧皈依。佛陀述说舞女因缘。

《撰集百缘经》“舞师女作比丘尼缘”载：

佛在王舍城迦兰陀竹林……时有舞师夫妇二人从南方来，将一美女，字青莲华，端政殊妙，世所希有。聪明智慧，难可詶对。妇人所有六十四艺皆悉备知，善解舞法。回转俯仰，曲得节解。作是唱言：今此城中颇有能舞如我者不？……且歌且舞到竹林中，见佛世尊，犹故憍慢，放逸戏笑，不敬如来。尔时世尊见其如是，即以神力变此舞女如百岁老母，发白面皱……时彼舞女……深生惭愧，前白佛言：我于今者在世尊前憍慢自大，放情纵意。唯愿世尊当见原恕。

尔时世尊知此舞女心中调伏，以神通力变舞女身如前无异……时彼舞女及其父母，即于佛前求索出家。佛即告言善来比丘尼，头发自落，法服着身，成比丘尼。精勤修习，得阿罗汉果。

图 3-3-36 舞师女作比丘尼缘，克孜尔第 8 窟

1 Emmanuelle Lesbre, An Attempt to Identify and Classify Scenes with a Central Buddha Depicted on Ceilings of the Kyzil Caves (Former Kingdom of Kutcha, Central Asia), Artibus Asiae. Vol.61, No.2(2001), p.320.

图 3-3-37　佛度乾闼婆，克孜尔第 171 窟

图 3-3-38　佛度乾闼婆，克孜尔第 196 窟

度善爱乾闼婆王（音乐供养）

图像：佛陀说法，旁边坐一乐师，弹奏箜篌。部分壁画，还在佛座前另绘一箜篌（图3-3-37、图3-3-38）。

故事见于《根本说一切有部毗奈耶杂事》和《撰集百缘经》等。善爱乾闼婆王擅长奏乐，而心存傲慢。佛陀与之比琴，令其折服。不同佛经情节颇有差异。《杂事》卷三十七载，自"兜率观察"开始，每逢释迦大事发生，帝释天都要带领天上的乾闼婆下凡为奏乐。但善爱乾闼婆王喜欢自得其乐，每每拒绝参与。佛陀乃化作乐师，上升三十三天，来到善爱乾闼婆王的宫殿，与之共弹箜篌。"佛断一弦，彼亦断一，然二音声并无阙处。佛又断二，彼亦断二，然其音韵一种相似。佛又断三，断四，彼亦如是。乃至各留一弦，然音声不异。佛便总断，彼亦断之。佛于空中张手弹击，然其雅韵倍胜于常。"善爱乾闼婆王自愧弗如，礼佛听法。《撰集百缘经》中，善爱乾闼婆王并非居住在天上，而是住在佛陀传法的舍卫国祇树给孤独园南边的一座城市（部分图像中有未配置头光的乾闼婆，或因于此）。他听说北城常有五百乾闼婆聚集，遂来竞技，被波斯匿王领至佛陀说法之处。善爱乾闼婆王持一弦琴弹出七种声音。佛陀弹鼓一弦，出千万种声音，令其皈依，并说因缘。

《撰集百缘经》"乾闼婆作乐赞佛缘"载：

> 佛在舍卫国祇树给孤独园。时彼城中有五百乾闼婆，善巧弹琴，作乐歌舞，供养如来……时彼南城有乾闼婆王，名曰善爱，亦巧弹琴，作乐歌舞，于彼土中，更无訓对。憍慢自大，更无有比。闻其北方有乾闼婆善巧弹琴，作乐歌舞……来诣舍卫，欲得见王，致意问讯角试技术……时王然可。至世尊所。佛知王意，寻自变身化作乾闼婆王……时波斯匿王语善爱言：此皆是我作乐诸神，汝今可共角试琴术。时善爱王即便自取一弦之琴而弹鼓之，能令出于七种音声，声有二十一解……尔时如来复取般遮尸弃琉璃之琴，弹鼓一弦，能令出于数千万种，其声婉妙清彻可爱。闻者舞笑，欢娱爱乐，喜不自胜。时善爱王闻是声已，叹未曾有……尔时如来见善爱王除去我慢，心已调伏，还服本形……尔时世尊告诸比丘……乃往过去无量世时。波罗奈国有佛出世，号曰正觉……时彼国王将诸群臣数千万众出城游戏，作倡伎乐，歌舞戏笑。遥见彼佛及比丘僧在于树

下……心怀欢喜。将诸伎女往到佛所，前礼佛足，作乐供养……佛即为王种种说法，发菩提心，即授王记：汝于来世当得作佛，号释迦牟尼，广度众生，不可限量。佛告诸比丘：欲知彼时梵摩王者，则我身是。彼时群臣者，今诸比丘是。皆由彼时供养佛故，无量世中不堕地狱畜生饿鬼，天上人中常受快乐，乃至今者自致成佛。

图 3-3-39　鬼子母，克孜尔第 34 窟

鬼子母皈依

图像：佛陀对一女子说法。佛座前有钵。一儿童从钵中探出上身，合十礼拜（图3-3-39）。

鬼子母故事见于《杂宝藏经》、《佛说鬼子母经》、《经律异相》等经，细节略有不同。在《杂事》中鬼子母写作“诃利底药叉女”。鬼子母好食他人之子。佛陀将鬼子母幼子藏在钵内，使其感受失子之痛。《佛说鬼子母经》提到鬼子母受戒皈依后，成为保护神。学界推测，鬼子母崇拜可能是中国送子观音信仰的雏形。

《杂宝藏经》“鬼子母失子缘”载：

> 鬼子母者，是老鬼神王般阇迦妻。有子一万，皆有大力士之力。其最小子，字嫔伽罗。此鬼子母凶妖暴虐，杀人儿子，以自啖食。人民患之，仰告世尊。世尊尔时即取其子嫔伽罗，盛着钵底。时鬼子母，周遍天下，七日之中，推求不得，愁忧懊恼。传闻他言，云佛世尊有一切智。即至佛所问儿所在。
>
> 时佛答言：汝有万子，唯失一子，何故苦恼愁忧而推觅耶？世间人民或有一子，或五三子，而汝杀害。
>
> 鬼子母白佛言：我今若得嫔伽罗者，终更不杀世人之子。佛即使鬼子母见嫔伽罗在于钵下。尽其神力，不能得取，还求于佛。佛言：汝今若能受三归五戒，尽寿不杀，当还汝子。鬼子母即如佛勅，受于三归及以五戒。受持已讫，即还其子。佛言：汝好持戒。汝是迦叶佛时，羯腻王第七小女，大作功德。以不持戒故，受是鬼形。

五、菱格因缘——过去佛因缘与本行篇

翘足听法（丑陋比丘缘）

图像：画佛陀对一婆罗门说法。婆罗门双手合十，单腿站立，左腿向后翘起（图3-3-40）。

故事讲述过去弗沙佛出世之时，释迦和弥勒供养此佛。释迦翘足七日，便超九劫。马世长释读此图，参考了《撰集百缘经》“丑陋比丘缘”。佛陀有次变化为丑人，以教化

图 3-3-40　翘足听法，克孜尔第 32 窟

图 3-3-41　波塞奇画佛，克孜尔第 34 窟

隐居林中不愿见人的丑人。比丘问其因缘，佛陀讲起过去自己供养弗沙佛的往事。霍旭初（2011年）新撰《龟兹石窟壁画佛学思想研究二题》一文，深入研究了这一主题[1]，所举《大毗婆沙论》、《大智度论》中相关叙述更为详细。《大毗婆沙论》描述释迦往昔见过去底砂佛威仪端肃，赞叹不已，乃至瞻仰尊颜，七昼夜忘记落下一足。需要指出的是，“翘足听法”属性更近本生，构图却与因缘佛传相似。克孜尔第187窟正龛一侧也绘制了这翘足听法之人[2]，如为释迦“翘足听法缘”，则石窟供奉主尊当为过去弗沙佛。

玄奘译《阿毗达磨大毗婆沙论》卷一百七十七载：

> 过去有佛号曰底砂，或曰补砂。彼佛有二菩萨弟子，勤修梵行。一名释迦牟尼，二名梅怛俪药。尔时彼佛观二弟子谁先根熟……如实知释迦所化应先根熟。知已即念：我今云何令彼机感相会遇耶，然令一人速熟则易，非令多人。作是念已，便告释迦：吾欲游山，汝可随去。尔时彼佛……结跏趺坐入火界定，经七昼夜，受妙喜乐，威光炽然。释迦须臾亦往山上，处处寻佛，如犊求母，展转遇至彼龛室前。欻然见佛，威仪端肃，光明照曜。专诚恳发，喜叹不堪。于行无间忘下一足，瞻仰尊颜，目不暂舍，经七昼夜。以一伽他赞彼佛曰：天地此界多闻室，逝宫天处十方无；丈夫牛王大沙门，寻地山林遍无等。如是赞已，便超九劫，于慈氏前得无上觉。

波塞奇画佛

图像：画一比丘站立，双手展开布匹。佛陀正坐，右手持笔，正往布匹落笔（图3-3-41）。

故事讲述释迦前世为波塞奇王，他令画师为过去弗沙佛画像，但画师无法画成佛像诸种妙好。于是弗沙佛亲自落笔，作自画像，成为画家绘制佛像的模版。此故事在《贤愚经》、《释迦谱》、《经律异相》中有载。但需指出，尽管《释迦谱》中注明故事来自《贤

1　霍旭初《龟兹石窟壁画佛学思想研究二题》，《吐鲁番学研究》2011年第2期，第80页。

2　中国壁画全集编辑委员会编《中国新疆壁画全集·克孜尔·3》，天津：天津人民美术出版社、乌鲁木齐：新疆美术摄影出版社，1995年，图100，图版说明第44页。

愚经》，却与慧觉译《贤愚经》情节不同。当画师无法画成佛像时，《释迦谱》、《经律异相》均写作“时波塞奇调和众彩，手自为画一像，以为摸法”。而《贤愚经》则载“时弗沙佛调和众彩，手自为画，以为模法，画立一像。”对比图像，可知慧觉译《贤愚经》更准确。

《贤愚经》“阿输迦施土品”载：

……阿难欢喜，重白佛言：如来先昔造何功德，而乃有此多塔之报？佛言：阿难，专心善听。过去久远阿僧祇劫有大国王，名波塞奇，典阎浮提八万四千国。时世有佛名曰弗沙。波塞奇王与诸臣民供养于佛及比丘僧，四事供养，敬慕无量。尔时其王心自念言：今此大国人民之类，常得见佛礼拜供养。其余小国，各处边僻人民之类，无由修福。就当图画佛之形像，布与诸国，咸令供养。作是念已，即召畫师，勅使图畫。时诸画师来至佛边，看佛相好，欲得画之。适画一处，忘失余处。重更观看，复次下手，忘一画一，不能使成。时弗沙佛调和众彩，手自为画，以为模法，画立一像。于是画师乃能图。都尽八万四千之像，极令净妙，端正如佛，布与诸国。一国与一，又作告下，勅令人民办具花香，以用供养。诸国王臣民得如来像，欢喜敬奉，如视佛身。

如是阿难，波塞奇王，今我身是。缘于彼世画八万四千如来之像，布与诸国令人供养，缘是功德……自致成佛涅槃之后，当复得此八万四千诸塔果报。

比丘燃灯供养

图像：画佛陀说法，一比丘跪对佛陀，其头顶、双肩、双手等处均放燃灯（图3-3-42、图3-3-43）。

学界识别为“梵志燃灯供养”[1]。故事出自《经律异相》“无净念金轮王请佛僧”（出《悲华经》第二卷，又出《寂意菩萨问五浊经》）。过去劫时，有转轮王名无净念，顶戴一灯，肩荷二灯，左右手中执持四灯，其二膝上各置一灯，两足趺上亦各一灯，昼夜供养

图 3-3-42　比丘燃灯供养，克孜尔第 196 窟

图 3-3-43　比丘燃灯供养，克孜尔第 101 窟

1　马世长《克孜尔中心柱窟主室券顶与后室的壁画》，《中国石窟·克孜尔石窟·二》，北京：文物出版社、日本东京：平凡社，1996年，第200页。

宝藏佛。

对此，笔者颇有疑虑。文中头肩荷灯者为转轮王，而壁画中相关人物为一比丘。在笔者看来，《贤愚经》"贫女难陀品"中，比丘燃灯供养故事与图像更为匹配。过去劫时，一比丘因为燃灯供养宝髻佛，授记成为定光佛。而为之提供燃油及灯具的波塞奇王之女，则因此授记为现在佛释迦牟尼。佛说此事，是佛说贫女难陀故事的后续。佛陀向阿难讲述自己以何因缘得受贫女难陀一灯供养。

克孜尔第196窟券顶菱格因缘，不仅在坐佛一面绘制了顶灯比丘，还在另一侧绘制了礼拜佛陀的王女。然多数"比丘燃灯供养"的菱格壁画只画出比丘与佛陀二人，可能是前者的简化形式。

《贤愚经》"贫女难陀品"载：

尔时父王请佛及僧，三月供养。有一比丘，字阿梨蜜罗，晋言圣友，保三月中作灯檀越，日日入城，诣诸长者居士人民，求索苏油灯炷之具。时王有女，名曰牟尼，登于高楼，见此比丘日行入城，经营所须，心生敬重，遣人往问：尊人恒尔劳苦，何所营理？

比丘报言：我今三月与佛及僧作灯檀越，所以入城诣诸贤者，求索苏油、灯炷之具，使还报命。王女欢喜，又语圣友：自今已往莫复行乞，我当给汝作灯之具。比丘可之。从是已后，常送苏油灯炷之具诣于精舍。

圣友比丘，日日经营燃灯供养，发意广济，诚心款着。佛授其记：汝于来世阿僧祇劫当得作佛，名曰定光，十号具足。

王女牟尼闻圣友比丘授记作佛，心自念言：佛灯之物悉是我有，比丘经营，今已得记，我独不得。作是念已，往诣佛所，自陈所怀。佛复授记，告牟尼曰：汝于来世二阿僧祇九十一劫，当得作佛，名释迦牟尼，十号具足。

商主奉食

图像：画佛陀结跏趺坐。旁有一人，面向佛陀，侧身从牛车上取物（图3-3-44）。

艾曼纽·雷斯布勒（2001年）将之识别为商主奉食。他注意到佛陀手上未见钵器，认为这是佛陀在商主奉食之前，为之说法[1]。

据有部佛传，此事发生在四天王奉钵之前。佛陀手上未见钵器，或系剧情本当如此。此后方有四天王奉钵故事。

《众许摩诃帝经》载：

尔时世尊于七昼夜，跏趺而坐入于禅定。当尔之际，亦无有人持食供养。才说偈已，忽有商主，名布萨婆梨迦，将五百量车载诸宝货，欲往他国，经过近地。时布萨婆梨迦，以宿善根力常起思念，云何令我获得善友及妙眷属？忽闻人言：世尊入定七日，不饮不食。作是念言：今佛世尊在乌噜尾罗池侧尼连河边菩提树下，经七昼夜，不饮不食而入禅定，得解脱乐成等正觉。此我善友，当为我益。我今宜速诣彼奉食作最上供养。

发是心已，时有天人以天报通闻知布萨婆梨迦，发如是心。乃观照布萨婆梨迦及一切所将车乘等已，乃先白佛言：今商主布萨婆梨迦，闻佛在此得解脱乐成等正觉，于菩提树下跏趺而坐，入于禅定，经七昼夜不饮不食。彼人定来献食供养。希望果报，求大安乐及利益故。作是语已，隐而不见。

---

1 Emmanuelle Lesbre, An Attempt to Identify and Classify Scenes with a Central Buddha Depicted on Ceilings of the Kyzil Caves (Former Kingdom of Kutcha, Central Asia), Artibus Asiae. Vol.61, No.2(2001), p.333.

于是布萨婆梨迦，与同行亲友，自手办造种种饮食，美妙香洁，品味成已，即专注虔诚，持以奉佛。未至佛所，复作斯念：我今奉食为最上供养，如来必当演说最上之法。而使我等以献食因，得天乐果。作是念已，寻至佛所，即用头面礼如来足。礼已起立，瞻仰而住。

时布萨婆梨迦，白佛言：世尊，我与亲友办种种饮食而来供养，愿佛慈愍，唯垂纳受。尔时世尊许而未受，何以故？佛初成道，未有应器。

图 3-3-44　商主奉食，克孜尔第 34 窟

龙王守护

图像：佛陀结跏趺禅定。蛇形龙缠绕世尊身体数匝后，在佛顶升出龙头。佛陀旁边有一王者合掌礼拜（图 3-3-45）。

故事见《佛本行集经》、《太子瑞应本起经》、《破僧事》、《大唐西域记》等。佛陀降魔成道之际，七日下雨。龙王守护佛陀，覆盖其身，直至雨停，礼拜世尊。

义净译《根本说一切有部毗奈耶破僧事》载：

尔时世尊所患既差，从菩提树下起，往牟枝磷陀龙王池边，坐一树下念三摩地。时此池中合有七日雨下。牟枝磷陀龙王知七日雨下不绝，从池而出，以身绕佛七匝，引头覆佛头上。何以故？恐佛世尊冷热不调，诸蜂蝇等虫恼乱世尊。时此龙王过七日中见雨止已，方解其身，变作天身，顶礼世尊足，白佛言：世尊，于此七日之中颇安隐不？我身粗弊，应无乱恼，愿见欢喜。

图 3-3-45　龙王守护，克孜尔第 8 窟

三十三天说法

图像见克孜尔第171窟，佛陀坐在须弥山上，为一妇人说法（图3-3-46）。

此图国内学界未见解释。或可定名为“三十三天说法”，佛陀上升三十三天，为其转世天人的母亲摩耶夫人说法。《杂阿含经》、《增一阿含经》等均有记载。

《增一阿含经》载：

尔时，世尊不告四部之众。复不将侍者。如屈申臂顷。从祇桓不现。往至三十三天……尔时，天上善法讲堂有金石纵广一由旬。尔时，世尊石上结跏趺坐，遍满石上。尔时，如来母摩耶将诸天女至世尊所，头面礼足，在一面坐，并作是说：违奉甚久，今来至此，实蒙大幸，渴仰思见，佛今日方来。

是时，母摩耶头面礼足已，在一面坐。释提桓因亦礼如来足，在一面坐。三十三天礼如来足，在一面坐。是时，诸天之众见如来在彼，增益天众，减损阿须伦。尔时，世尊渐与彼诸天之众说于妙论……各于坐上，诸尘垢尽，得法眼净。复有十八亿天女之众而见道迹，三万六千天众得法眼净。是时，如来母即从坐起，礼如来足，还入宫中。

图 3-3-46　三十三天说法，克孜尔第 171 窟

佛食马麦

图像有两种：其一见克孜尔第58窟券顶，画佛陀对一商人说法，一马停驻旁边。另一图式见克孜尔第175窟券顶，画佛陀说法，座前一马。佛陀左右两侧各有一人（图3-3-47、图3-3-48）。

霍旭初（2006年）参考《菩萨从兜术天降神母胎说广普经》，将后图识别为佛陀受阿耆达多婆罗门请而食马麦之故事[1]。第一种图式更典型，即表现商人为佛陀提供马麦之景。第二种图式，图中一人身穿类似袈裟的服装，或为比丘，然图像中依稀似有头发，也可能是马商。在他对面是故事的另一主角——宴请佛陀的国王火授，或宴请舍利弗的帝释天。

《药事》为“佛食马麦”图像提供了较好的参考文本。火授王起初筹备供养佛陀，为独享供养之功德，他下令禁止城内百姓为比丘提供食物。命令刚刚下达，国王听信了术士谣言，以为近有凶兆。为能免灾，他接连三个月闭门不出，隐居起来。结果导致比丘入城，无食可乞。恰有商人运五百马入城，遂以马麦供养。佛陀接受了马麦，但舍利弗和目连尊者却受帝释天的宴请离开了僧团。最后，佛陀向阿难讲述了食马麦的因缘。

《药事》载：

1 霍旭初《龟兹石窟佛受九罪报壁画及相关问题研究》，《敦煌研究》2006年第6期，第55、58页。

图 3-3-47　食马麦缘，克孜尔第 58 窟

图 3-3-48　食马麦缘，克孜尔第 175 窟

时世尊……至鞞阑底城。……有婆罗门名曰火授，而作国王。国土丰饶，人民安乐。……尔时世尊默然受彼火授王请。时火授王既见世尊默然受请，心大欢喜。从坐而起，至本宫已，勅诸臣曰："卿等宜应日日广办十八种饭，及诸美味。"复于国中而遍告勅："汝等诸人，夏三月中，不得辄供沙门乔答摩。若辄请者，当断其命。"

王告勅已，夜便睡眠，梦见白帐围绕宫城。梦已惊怖，心生愁恼……时彼国师心生异念……而白王曰："此梦非善……如王所梦，决定失位，或当致死……于一夏三月住幽隐处，勿令人见。若能如是，定不失位，身复不死。"

时火授王闻是语已……勅令："夏三月中一切人民，莫复见我。若辄见者，当断其命。"如是勅已，入于隐处……时阿难陀闻斯语已，往诣佛所，具陈上事。佛告阿难陀："汝今宜可着僧伽胝，将一侍者，往大城中。市陌坊巷，四衢道中，作如是告，谁有信心于三月日能为供给世尊及苾刍僧伽饮食汤药者，今正是时。"

尔时圣者闻佛教已，即便往告，如上具陈。城中长者婆罗门等作如是言："圣者阿难陀，我等各各独能办供……但缘王有严勅，于三月日，不许国内人民辄为奉施上首世尊及苾刍僧伽。若违犯者，罪至于死。"如是遍告，竟无能者。

时有商主从北方来，将五百匹马至此城中……白言："圣者阿难陀自乘智马，每日给料大麦二升，余者一升。世尊颇能食斯麦者，日奉佛二升，余苾刍等各施一升。"……于时具寿舍利弗白世尊言："我多风疾，于三月日不能食麦。"具寿目连复白佛言："我为看侍尊者，亦当随去。"

佛与四百九十八苾刍于此夏安居。具寿舍利弗、目连诣三峯山，而为安止。时天帝释来请二尊者，于三月日，受其供给。

是时商主即以马麦每日奉佛二升，诸余苾刍各施一升。

……时诸苾刍咸皆有疑，请世尊曰："大德，先作何业……食粗马麦。具寿舍利弗及大目连受天妙供？"

佛告诸苾刍：……乃往古昔人寿八万四千岁时，有佛世尊出现于世，号毗钵尸如来……于时亲惠城中有一婆罗门，教授五百童子……时有众多苾刍学无学，于晨朝时，着衣持钵，入王都城乞食。乞得种种微妙香馔，满钵而出。

其婆罗门见已，问曰：苾刍可来，我观钵中乞得何食？是诸苾刍各怀质直，便呈钵食。彼怀嫉妬，便生瞋恚，告诸学生：斯非应供，不堪受此微妙供养，应令施彼极粗横麦。

时诸学生咸共答言：如是如是，如邬波驮耶言合食粗麦。

于彼众中有二童子，心怀净信，有贤德相，作如是言：邬波驮耶，勿出斯语。此真应供，具大尊胜，堪受天供，非论人食。

佛告诸苾刍：于意云何？乃往昔时婆罗门者，岂异人乎，我今是也。五百学生者，此四百九十八苾刍是。其二童子有信心贤善者，今舍利弗及大目连是。

掷石伤佛

图像：佛陀坐在画面中间，在佛陀上方有一比丘，手推巨石（图3-3-49）。

故事见《四分律》、《十诵律》、《大智度论》、《毗尼母经》、《僧伽罗刹所集经》等经。僧团中的调达另立门户。他憎恨佛陀，以巨石砸佛，然未得逞，仅伤佛足。

《十诵律》载：

佛在王舍城耆阇崛山上，钦婆罗夜叉石窟中住。早起着衣持钵，入王舍城乞食。食后还耆阇崛山，入钦婆罗夜叉石窟中坐禅。尔时调达，勤作方便，欲害佛。即雇四恶健人，往上耆阇崛山，共持大石到钦婆罗夜叉石窟上，待佛经行时。佛晡时从石窟出，在石窟前阴中经行。时四恶人共调达推石欲掷佛上。尔时钦婆罗夜叉深敬念佛，见已以两手接石，掷着余处。有碎石迸来向佛。佛欲令众生生厌畏心，及示诸业不失果报。以是因缘故，入定于经行头没现于东方，碎石随去。南西北方，亦复如是。佛尔时没大海水中，碎石亦随。佛复入须弥山中，石亦随逐。到四天王上，石亦随逐。佛从四天王上至忉利天、炎摩天、兜率陀天、化乐天、他化自在天，复至梵众天、梵辅天、大梵天、少光天、无量光天、光曜天、少净天、无量净天、遍净天、阿那婆诃天、福德天、广果天、不热天、喜见天、乐见天、阿迦尼咤天，石亦随逐。尔时世尊，摄神足力，还经行头立。石堕佛足上，伤足上血出，深生苦恼。

图 3-3-49　掷石伤佛，克孜尔第 188 窟

佛以精进力，遮是苦已。而说偈言：非空非海中，非入山石间；非天上地中，可遮业报处；非空非海中，非入山石间；非天上地中，得免宿恶殃。

尔时调达及四恶健人，初作逆罪。佛即仰看。四人怖走，似如人捕。佛唤四人来，为汝说法。寻还佛所……

第四章
侧壁佛传

龟兹艺术中佛传故事的图像志基础仍然由格伦威德尔、勒柯克所奠定。此后，瓦尔德斯密特、施林洛甫等人持续予以关注。慕尼黑大学莫妮卡·茨茵教授延续了施林洛甫的学统，由印度佛教美术转战到了克孜尔。2005—2013年期间，她连续发表系列论文，对克孜尔壁画进行主题识别。她的研究，一方面表明克孜尔壁画中的未知主题仍有破解空间，另一方面也反映出学界现有观点存在偏误。2010年，桧山智美（Satomi Hiyama）对克孜尔第118窟包括券顶在内的四面壁画进行了全新解读[1]。2013年，罗伯特·阿尔特（Robert Arlt）和桧山智美一起重新识别了克孜尔第206窟中两幅有代表性的佛传[2]。他们的研究，代表了海外学界近期在龟兹壁画图像志领域的进展。

中国学者进入较晚，却也成绩斐然。1989年，中日两国联合出版的《中国石窟·克孜尔石窟》受到中外学者高度评价，被视为克孜尔研究新进程的标志[3]。其中丁明夷、马世长和雄西的《克孜尔石窟的佛传壁画》一文整理出克孜尔石窟壁画中62个佛传故事[4]，较全面地反映出克孜尔佛传壁画的面貌，成为国内学界常用工具性文献。但由于西方学界相关研究的汉文翻译进展缓慢，致使国内研究在借鉴西方最新成果方面显得不够及时和充分。双方研究也都存在有待补充和修正之处。

龟兹佛传壁画，通常以方格式构图绘制在石窟侧壁。依据佛陀身份的转变，“佛传”大体可分为两个部分：第一部分是“太子行迹”，主要是释迦从兜率天降下，作为净饭王太子的种种故事。第二部分是“世尊行迹”，即从释迦在菩提树下降魔成道开始，周游印度各国，讲经说法，广纳信众，直至涅槃之事。《克孜尔石窟的佛传壁画》一文整理出的62个佛传主题中，属于“太子行迹”的故事有20个，分别是树下诞生、七步宣言、二龙洗浴、阿私陀占相、参诣天祠、太子试艺、掷象出城、树下观耕、出游四门、宫中娱乐、太子惊梦、出家决定、车匿备马、夜半逾城、犍陟舐足、车匿告别、受出家衣、山中苦行、乳女奉糜、吉祥施草。属于“世尊行迹”的故事有34个，分别是降魔成道、二商主奉食、四天王献钵、诸天朝贺、梵天劝请、初转法轮、观察世间、罗睺罗认父、龙王守护、尼拘陀树神、频婆沙罗王归佛、耶舍出家、富楼那出家、牧女出家、教化兵将、降伏迦叶、舞师女作比丘尼、布施竹园、教化五百苦行仙、六师论道、舍卫城神变、度舍利弗大目犍连、度旷野夜叉、惟楼勒王率兵

1 〔日〕檜山智美《キジル石窟第一一八窟（海馬窟）の壁画主題——マーンダートリ王説話を手掛かりに》，《美術史》vol. 168，2010，pp.358—369.

2 Robert Arlt & Satomi Hiyama, Fruits of Research on the History of Central Asian Art in Berlin: The Identification of Two Sermon Scenes from Kizil Cave 206, Indo-Asiatische Zeitschrift, 17.2013, pp.16—26.

3 〔日〕入泽崇撰，苗利辉译《禅定僧：近来日本学者对克孜尔图像的研究》，《新疆师范大学学报》2005年第2期，第98页。

4 丁明夷、马世长、雄西《克孜尔石窟的佛传壁画》，《中国石窟·克孜尔石窟·一》，北京：文物出版社、日本东京：平凡社，1989年，第185页。

诛释种、须摩提女请佛、罗睺罗命名、为净饭王说法、毗舍佉出家、婆提唎迦继位、升三十三天说法、度善爱乾闼婆、七宝示现、涅槃入灭、焚棺。

“太子行迹”种类占其全部统计佛传故事的三分之一，主题非常丰富。但事实上，龟兹石窟中这类佛传壁画，除去未被其纳入统计的“菩萨兜率天观察”，总数不多。绘制这类主题的石窟，主要集中在几个专门绘制佛传的方形窟中。克孜尔第110窟和第76窟是其主要来源。

克孜尔第110窟是一个长5.45米、宽4.7米的纵券顶方形窟。它是克孜尔石窟中绘制佛陀本行故事最多的一个。壁画主要分布在石窟正壁和两边侧壁的方格中。方格共分三层，传统观点共计壁画57幅。彭杰指出正壁每层6格，两个侧壁每层7格，三壁共有60幅方格佛传[1]。加上正壁上端和前壁门上各有一幅半圆形端面，绘制佛传故事画总数达到62幅。其中许多壁画残损难辨，少数被盗割。余下壁画，根据近年丁明夷（1983年）[2]、中川原育子（1997年）[3]，以及阿尔坎杰拉·桑托罗（Arcangela Santoro, 2003年）[4]的整理，大约有三十余幅得以识别。由于壁画次序比较明确，可推测克孜尔第110窟原来的“太子行迹”和“世尊行迹”约各占一半。

然而，就整个克孜尔石窟群而言，“太子行迹”出现频率不高，“世尊行迹”的绘制则带有普遍性。后者不仅故事主题占据了全部佛传主题的三分之二，而且是典型龟兹石窟中重点表现的主题。很难说这是某种佛教部派属性。但有部传承也确实偏重世尊降魔成道以后的弘法。

把释迦最后身的行迹分为“太子行迹”和“世尊行迹”只是一个相当粗略的划分。有一些故事的归属还有讨论的余地。例如佛陀在树下苦行，尚未成道，其身份应该还是菩萨。但把已经出家的释迦，归属于太子行迹，也似不妥。又例如，佛陀最后涅槃，壁画描述了很多细节，有的情节发生在涅槃之后，且以哀悼者而非佛陀作为主角。这些部分算不算佛传，也还可以讨论。因此，为了更好地介绍龟兹壁画中的佛传，本书将相关壁画按照故事重点进行了划分。在笔者看来，许多壁画围绕一主题而展开。

第一节　太子诞生与成长

一、兜率天观察

释迦累世精进修行，经历无数次轮回，得生兜率天上。他在兜率天宫享受着美妙的福报。然而，快乐的生活并未让他懈怠。天寿将尽之时，释迦决意下降人间，在充满苦痛烦恼的众生当中寻求最终的解脱之道。所谓“兜率观察”，即释迦菩萨在兜率天观察人间，选定净饭王夫妇作为父母。他在兜率天进行了一次说法，宣布自己即将降下阎浮提。《佛本行集经》详细介绍了释迦菩萨的因缘来历，以及降生摩耶夫人胎中的

---

1 〔德〕史密特撰，彭杰译《克孜尔110窟佛传故事画中龟兹文题记的解读》，《新疆文物》2004年第1期，第126页。

2 丁明夷《克孜尔第110窟的佛传壁画》，《敦煌研究》创刊号（总第三期），兰州：甘肃人民出版社，1983年，第83页。

3 〔日〕中川原育子《キジル第110窟（阶段窟）の仏伝図について》，《名古屋大学文学部研究论集》No.13, 1997, pp.91—103.

4 Arcangela Santoro, Gandhara and Kizil: The Buddha's Life in the Stairs Cave, Rivista degli Studi Orientali, 77.2003, pp.116—133.

过程，并以“上托兜率品”近万言讲述释迦菩萨在兜率天发愿说法之事。

克孜尔石窟中有两种不同的“兜率观察”，分别以第118窟和第110窟前壁半圆形壁画为代表。第118窟东壁上方的半圆形端面壁画分上下两层（参见图5-2-2）。上层图像的中心是一位结跏趺坐的赤身菩萨，躯体为白色。他戴着硕大的花冠。在他的两侧各有两位天人。其中有两位正在分别弹奏琵琶、箜篌，一位正在向他头上抛洒花瓣，还有一位戎装天神在他右侧胡跪合掌。格伦威德尔注意到结跏趺坐的菩萨没有头光，解释为菩萨天寿将尽，身失威光[1]。许多佛经描述了这一细节。《佛本行集经》云：“护明菩萨，尽彼天年。尔时护明菩萨大士，天寿满已，自然而有五衰相现。何等为五？一者头上花萎；二者腋下汗出；三者衣裳垢腻；四者身失威光；五者不乐本座。”

菩萨右侧，一天人合掌与之对话。他可能是为释迦（护明）菩萨探察人间的金团天子。《佛本行集经》卷六“上托兜率品”卷下载：“尔时兜率天众之中有一天子，名曰金团，往昔已来，数曾下到阎浮提地。护明知已，告金团言：金团天子，汝数下至阎浮提中。汝应知彼城邑聚落诸王种族一生菩萨，当生何家？”金团天子举荐多人，菩萨都不满意，直到最后，“金团天子复作是言：我为尊者，苦恼愁忧，处处观察，忽然忘失一刹利家。菩萨问金团言。其名云何？金团白言：有一刹利，元本已来，从于大众，平量安立，世世转轮圣王之种，乃至苷蔗苗裔已来，子孙相承，在彼迦毗罗婆苏都释种所生。其王名为师子颊王，其子名为输头檀王，一切世间天人之中，有大名称。尊者堪为彼王作子。菩萨报金团言：善哉善哉，金团天子，汝善观察诸王种家，我亦念在于此家生。我今深心如汝所说”。

桧山智美（2010年）最近提出克孜尔第118窟的这幅壁画可能表现顶生王与其辅助者，此观点值得重视。

克孜尔第110窟四壁共有62幅佛传，门口上方半圆端的“兜率观察”（图4-1-1）作为系列佛传的第一幕，令人联想到有部《杂事》的记载——佛陀涅槃后，摩诃迦叶令人在妙堂殿图绘释迦行迹，也是从兜率天释迦菩萨开始画起的。

第110窟的“兜率观察”和第118窟有所不同，图像没有表现出释迦菩萨天寿将尽而呈现的五种衰相，相反还把他塑造成一个被天人围绕着的威风凛凛的说法菩萨。他交脚正坐，接受诸天礼拜。如《佛本行集经》“上托兜率品”第四所述，“其兜率陀诸天宫殿，光明照耀，自然庄严，更复出于无量无边庄严之事，皆由护明菩萨功德威神力故。大梵天王及大威德阿修罗等皆悉集来兜率天中前后围绕……尔时护明告彼众言：‘我今必下决定无疑，时今已至……汝等一切，合十指掌，观我身体……是故汝等为我莫愁，为我莫苦。’”释迦在兜率天下降之前对诸天人有一次重要的说法，《佛本行集经》载道：“彼大微妙师子高座，菩萨坐上，告于一切诸天众言：汝等诸天，今此一百八法明门，一生补处菩萨大士在兜率宫欲下托生于人间者，于天众前，要须宣畅说此一百八法明门留与诸天以作忆念，然后下生。汝等诸天，今可至心谛听谛受。”菩萨最后以讲述“一百八

1 桧山智美最近对此天宫主神的身份提出了新的看法，认为壁画描述的是顶生王由帝释天宫坠落的故事。顶生王是佛教为王者说教而树立的双面典型，先因善行而获转轮王位，乃至上升天宫，得帝释天分其半座，最后却因不断膨胀的欲望而失去王位。他试图驱赶帝释天，独霸天宫。恶念一动，即堕落凡尘。顶生王故事亦能够解释天宫王者没有头光的现象。但此人跏趺坐，结禅定印。这个姿态的所指高尚而且神圣，很难匹配顶生王天宫落凡时充满邪念的状态。故而笔者仍然赞同格伦威德尔对于此图的解读。〔德〕A.格伦威德尔著，赵崇民、巫新华译《新疆古佛寺（1905—1907年考古成果）》，北京：中国人民大学出版社，2007年，第187—188页；〔日〕檜山智美《キジル石窟第一一八窟（海馬窟）の壁画主題——マーンダートリ王説話を手掛かりに》，《美術史》vol. 168, 2010, pp.358—369；任平山《克孜尔第118窟的三幅壁画》，《敦煌学辑刊》2012年第3期，第127页。

图 4-1-1　兜率观察，克孜尔第 110 窟

法明门”之方式简要概括了佛法的基本理路。此次说法非常特殊。释迦尚未成就如来，却以一种觉悟者的身份出现。他宣讲佛法要旨，时间比鹿野苑要早，可以说是正真的初转法轮，只不过听众限于天人而已。对此，《根本说一切有部破僧事》也做了详细的描述[1]。释迦菩萨对诸天众许诺，下降人间，降伏六师外道，从而拉开了佛法传布的序幕。

二、树下诞生、诸种祥瑞

在梵天、帝释的陪护下，释迦从兜率天降下阎浮提，进入迦毗罗卫城王后摩诃摩耶胎中。王后美貌、聪慧而且贤淑。怀孕之夜，她梦见一头六牙白象飞入自己体内。占卜师认为此梦表明腹中胎儿将成为一代伟人。克孜尔第110窟上层壁画的第一和第二幅壁画分别描述了躺在床上梦见白象的摩耶夫人，以及相师为她解梦的场面。

一日，摩耶夫人前往龙弭袮园。她在园内看见一棵无忧树，芬芳茂盛，即以右手攀彼树枝。释迦从其右胁诞生。帝释天及时化身为一老母，上前接住太子，不令坠地。

1　《根本说一切有部破僧事》载：尔时菩萨作是五种遍观察已，即殷懃三唱，告六欲天，而作是言：“我今从是睹史多天下生人间，于白净王最大夫人胎中为其太子。诞生之后，证常住果。汝等诸天愿欲随我证斯果者，可于人间同我生彼。”于天众中三告是语。尔时诸天闻此语已同声报曰：“善哉，菩萨，知不？彼赡部洲刚强难化，多诸浊乱。外道六师及随外道六声闻等，并诸六定外道之类，遍满其土，深着邪见难可拔济。何谓六师？一者脯剌拏。二者末揭利子。三者珊逝移毗罗胝子。四者阿市多鸡舍甘婆罗。五者脚拘陀迦旃延种。六者昵揭烂陀若提子。何谓六随外道声闻？一者拘达多婆罗门。二者输那陀。三者遮弥。四者梵寿。五者莲实。六者赤海子。何谓六定外道？一者郁多伽啰摩子。二者啰啰哥啰摩。三者善梵志。四者最胜儒童。五者黑仙。六者优楼频螺迦叶若胝罗（唐云有多毛）。如是等外道邪法，教化彼诸众生。贪着邪见难可济度。如何菩萨今欲往彼？今我睹史多宫一一诸天听法之座，纵广正等十二踰膳那。当我在此说法，我等闻已深生信受，能令我等于长夜中安乐利益。”彼时诸天作是语已，菩萨尔时告诸天曰：“汝等诸天，宜各随意作诸音乐。”时彼天众即皆同时作诸音乐，其声沸闹。尔时菩萨即吹大螺。诸音乐响普皆摧息。菩萨尔时复问天曰：“诸音乐中何声为大？”诸天答曰：“螺声最大。”“诸善男子，汝等当知，如大螺声能令一切诸音乐声悉皆摧息，我亦如是。下于赡部洲中，有所说法，能令六师外道、六随声闻外道、六定外道皆悉摧灭，令一切众生得甘露法，皆悉饱满。吹无常螺，令诸外道假常之计皆悉摧灭。吹大空螺，令诸外道执有之见亦皆摧灭。”尔时菩萨说伽他曰：“师子能伏诸猛兽，金刚善摧一切坚；帝释能伏阿苏罗，一切光中日光胜。”

克孜尔第76窟及第175窟呈现了这一主题，两幅壁画内容一致，刚好相互补充对方缺损的部分（图4-1-2、图4-1-3）。以第76窟为例，摩耶夫人右手高举，抓住头顶的树枝。帝释天正接住她肋下冒出的太子。摩耶夫人的左侧绘制了一个裸体男子。男子脚下还清晰地留有几个脚印。这是释迦太子诞生后的第一个圣迹。《佛本行集经》载，菩萨出生时，身体自然白净，无人扶持就能行走说话。他向四个方向各走七步，步步举足，出大莲华。七步走罢，观视四方。口自出言："世间之中，我为最胜。我从今日，生分已尽。"第110窟处理"树下诞生"的方式与第76窟不同。该窟系列佛传的第一幅表现"躺在床上的摩耶夫人梦见白象入胎"，第二幅表现"婆罗门为摩耶夫人解梦"，第三幅表现"摩耶夫人手抓树枝，释迦从右胁诞生"。在第三幅旁边的位置没有表现释迦七步生莲，而是绘制了带着马驹的母马和带着象崽的母象。《佛本行集经》云释迦生时，即有五百释种童、五百马驹、五百白象同日而生。白马和白象是圣洁的动物，它们和释迦同时诞生既为祥瑞，也为后面的故事埋下伏笔。白象后来在迎接释迦的路途中被提婆达多杀死，白马后来成为太子逾城出家的坐骑。

《众许摩诃帝经》描述释迦太子走完七步，诸天人持白伞盖覆菩萨顶。又有诸天降二种雨，或冷，或温，灌顶沐浴。又复空中诸天及龙作天伎乐，空中飘满雨曼多罗花、优钵罗花、俱母那花、奔拏里迦花，及雨沉香、檀香、末香、多摩罗香、上妙衣服等。《大唐西域记》明确记载冷暖二水为空中两龙所吐。克孜尔第99窟和第110窟"二龙浴太子"壁画即表现这一主题。第110窟壁画中，一个裸体小孩站立在画面中央，两龙王将他托举起来，为之沐浴。它们用宽大的蛇头式头盖把他包在中间，从头顶向他喷水。

图 4-1-2　树下诞生，克孜尔第 76 窟

图 4-1-3　树下诞生，克孜尔第 175 窟

克孜尔第175窟壁画“阿私陀占相”描绘占卜师顶礼太子，总结了释迦太子的种种瑞相。净饭王得到太了后，不胜欢喜。他招来相师为太子占相。相师见其三十二好相俱足[1]，预言太子若不出家，必得转轮王位，若能出家，定成正觉。

佛经中对释迦诞生祥瑞的诸种描述并没有在阿私陀仙占相一节结束，一般而言，其后的“参诣天祠”仍然可以归属于诞生系列。迦毗罗卫城附近有一祠堂，供奉名为增长的药叉大神。遵照习俗，净饭王领着释迦前去天祠参诣。增长药叉遥见释迦靠近，赶忙出迎，五体投地，顶礼释迦。《佛本行集经》则提到天祠中一女神像，自行从神坛上下来下迎菩萨。她合掌恭敬，头面顶礼佛足，云：“不应令彼跪拜于我，我应礼彼。何以故？彼所礼者能令于人头破七分。”

《克孜尔石窟的佛传壁画》一文提出，克孜尔第14窟、第189窟和第224窟可能绘制了这一主题[2]。画面绘佛左右各有一天王，一天王手托日月，又或画作骑孔雀或牛的自在天和毗摩天女。此说尚可商榷。因为参诣天祠事件发生之时，释迦太子还是襁褓中的婴儿，由乳母怀抱。壁画中的佛陀却表现为成道以后的佛陀形象。真正绘制了这一情节的是克孜尔第110窟侧壁第六[3]，或第五个画面。第五个画面过去被勒柯克解读为佛母摩耶带着初生的王子乘坐马车回家[4]。然而壁画题记解读出来，写作“这里，菩萨被引导至Sakyavardhana的神庙内，跪在他的脚下”[5]。

三、婚姻与竞技

在一些佛经中，释迦太子和其他童子的竞技原本是对其天赋异禀的颂扬。但在另外一些典籍中，例如《佛本行集经》，把“童子竞技”和“太子婚姻”戏剧性地关联了起来，编排成一个更加整体、宏大的故事。

依照《佛本行集经》，释迦十九岁时第一次成婚。不过《破僧事》、《佛说众许摩诃帝经》均载，因相师预言，释迦太子如在十二岁以前没有出家，即可成为转轮王。净饭王

---

1 三十二相分别是：一太子足下有千辐轮纹毂辐辋三悉皆圆满。二太子手足皆悉柔软如兜罗绵。三太子手足犹如鹅王而有网鞔如真金色。四太子手足诸指纤长。五太子足跟与趺相称。六太子足下平满如香奁底。七太子双腨渐次纤圆如金色鹿王腨。八太子双臂修直如象王鼻垂手过膝。九太子阴相藏密不见亦如龙马及其象王。十太子身诸毛孔各一毛生绀青旋转。十一太子发毛端直上靡严金色身众所爱乐。十二太子身皮薄润尘垢不着。十三太子身皮金色光曜如妙金台众宝装严人天爱乐。十四太子手足掌中颈及两肩七处充满。十五太子肩颈殊妙一一圆满。十六太子双腋之下一一充实。十七太子容仪广大圆满端严。十八太子身相修广端正出过人天。十九太子体相周匝圆满量等诺瞿陀树。二十太子颔臆身之上半威容广大如师子王。二十一太子常有光明面各一寻。二十二太子齿具四十齐平如雪净密根深坚固不动。二十三太子口有四牙鲜白锋利。二十四太子口中一切所食常得上味能正吞咽津液通流永离众病身心适悦。二十五太子舌相广净能覆面轮至发际等。二十六太子梵音洪雅其声振响犹如天鼓言词婉约如频伽音。二十七太子眼睫作青绀色犹如牛王不相杂乱。二十八太子眼睛绀青鲜白红环相间青白分明。二十九太子面轮如天满月。三十太子眉相弯长如天帝弓。三十一太子两眉中间有白毫相右旋柔软如兜罗绵鲜白光净逾于珂雪。三十二太子顶上有乌瑟腻沙金顶之骨高显周圆亦如天盖。

2 丁明夷、马世长、雄西《克孜尔石窟的佛传壁画》，《中国石窟·克孜尔石窟·一》，北京：文物出版社、日本东京：平凡社，1989年，第187页。

3 〔日〕中川原育子《キジル第110窟（阶段窟）の仏伝図について》，《名古屋大学文学部研究论集》No.57，2011，p.95.

4 〔德〕阿尔伯特·冯·勒柯克、恩斯特·瓦尔德施密特著，管平、巫新华译《新疆佛教艺术》，乌鲁木齐：新疆教育出版社，2006年，第214页。

5 〔德〕史密特撰，彭杰译《克孜尔110窟佛传故事画中龟兹文题记的解读》，《新疆文物》2004年第1期，第125页。

命令大臣们速为太子建立宫殿，婚配淑女。

于是城内振铎宣告：太子欲在宫门见释种一切诸女，施予诸宝装饰。诸女皆往求赐。有一大臣之女名耶输陀罗，美丽异常，刚一出现，就吸引了所有路人的目光。释迦将手指上印环脱下来给她。《破僧事》描述这一情节时说，耶输陀罗直接在太子身边就坐，从太子手上取下指环，戴在自己手上，把群臣看得面面相觑。

净饭王派国师去耶输陀罗家提亲。耶输陀罗的父亲对国师说："我们家有个世代相传的传统，唯有身怀绝技之人才能娶到我的女儿。太子在宫廷内长大，耽婳嬉戏。这亲事怕不合适。"净饭王听到回复，默然怅快。太子见父烦恼，遂请召集城内年青人比试技艺，"谁能善通一切技艺，最胜上者，即以此女与其作妻"。于是，耶输陀罗站在高处，五百名释迦种姓青年云集城外小广场，摩拳擦掌。

最先比试的是语文和算术。释迦展示了令人惊讶的文学、书法和心算才能。此后佛经文本使用了大量文字描述弓箭比赛。释迦的主要竞争对手有两个，阿难与提婆达多。此外，《佛本行集经》把婚姻的阻碍者，释迦未来的岳父，也纳入了进来。提婆达多最先打破纪录，射穿了四丛铁鼓，阿难接着射穿了六丛。耶输陀罗的父亲再破纪录，射穿了八丛。轮到释迦出场了，这时发生了意外。太子力气太大，弓一拉就断，一拉又断，乃至无弓可用。净饭王命人取来供奉在祠堂中的狮子颊王宝弓。释迦太子用此弓平胸射出一箭。箭镞洞穿十丛铁鼓，消失于虚空。复射一箭，洞穿七多罗树，箭过堕地，碎为百段。再射一箭，洞穿七铁猪，箭过入地，居然打出一口水井。

克孜尔第110窟"太子试射"表现了太子用力将弓弦拉开的场面。在此画左侧一幅，绘制了两个扭打在一起的人物。右边一幅，绘制了三个挥舞长剑的年青人（图4-1-4）。这两幅画，表现了释迦太子参加的其他比赛。根据佛经，太子射箭竞技后，又在兵刃器

图 4-1-4　太子竞技，克孜尔第 110 窟

具、空手相扑等项口中取得完胜。

净饭王听说儿子竞技第一，非常高兴，命人驾驭国中最漂亮的白象前去迎接。白象在城中碰见了提婆达多。提婆达多生性嚣张，又善嫉妒。他正因输掉比赛，恼怒不已，见白象要去迎接冠军，抓住它的鼻子，弄翻至死。阿难回到城里，见白象尸体阻塞了道路，便抓着白象的尾巴，把它拎到了城内开阔处。释迦回城，见此白象，惊诧不已。担心白象腐烂，污染全城，于是举起白象，掷出城外。

“掷象出城”是佛传中脍炙人口的部分。除了再次证明释迦神力，也强调了释迦太子远胜常人的品格。提婆达多是狭隘自私的典型。阿难心无恶念，众人遇到麻烦时，他能挺身而出，勇于担当，但不及释迦目光恒远。克孜尔壁画“掷象出城”仍然在第110窟。画面清楚地描述了城门口发生的事情，一位童子揪住白象的尾巴，拖动着它。释迦则将白象高高举起，掷往城外。

释迦太子的二妃，《破僧事》译为“乔比迦”，《佛说众许摩诃帝经》译为“娱闭迦”、“虞闭迦”。据说此女在高阁上，被乘车经过的释迦看到。太子惊艳，将手中铁杵搓成了粉末。又说车骑驶过，太子回首观瞻，手执弓箭不觉堕地。净饭王听闻，复为释迦聘娶。

《佛本行集经》谓释迦二妃为瞿多弥。彼女端正无双，乃至提婆达多、阿难、释迦三位王子均意纳娶。这让瞿多弥的父亲非常为难，三个年青人都很优秀，也都极有地位。轻易把女儿许给其中一位，都会得罪另外两位。他思前想后，只有把挑选夫婿的权力让给女儿，好让落选者无话可说。为了让瞿多弥看中自己，提婆达多和阿难两人都将自己仔细打扮了一番。晨朝起来用香汤沐浴，涂脂抹粉，早早来到瞿多弥家上座。瞿多弥看见他们好像看见了装饰妩媚的女子。又见释迦太子，仍然穿着平时穿的常服，自有丈夫之相。她手执持花鬘，遍历大众，将花鬘系在释迦太子颈上。悉达多复将一花鬘绕系瞿多弥颈，说：我今取汝用以为妃。

《佛本行集经》还提到释迦的一位妻子，名为“摩奴陀罗”（隋言意持），并将之列为释迦的第二宫上首，然佛经编撰者对此女不甚了解，谓“唯闻其名，不见现在及往缘事”。此“摩奴陀罗”当为《佛说众许摩诃帝经》中“蜜里誐惹”的异译。她是释迦最晚所娶，故应排在第三。事件发生在释迦太子出游四门之后，这时太子观看过生、老、病、死，生命四相，心生厌世之意。有相师瞻太子面容，急告净饭王，云：今此太子于七日内若不出家，定有转轮圣王之位。此时，蜜里誐惹在房中遥见太子威仪尊重，即兴赞叹，口说偈言：“父得解脱乐，母身亦复然；生此悉达多，愿与我为夫；当成二足尊，圆证涅槃法；名闻遍十方，我今归命礼。”太子听闻此话，心生欢喜，以真珠璎珞抛入窗牖中，正好安着于蜜里誐惹颈项上。净饭王见到此事，立刻以二万宫人围绕蜜里誐惹，将她接入王宫。

《破僧事》对此情节另作阐释。经文将此女名称译为“鹿王”，说她当时在楼中遥见释迦，口说爱语：“安乐乳母生，安乐父能养；彼女极安乐，当与汝为妻。”释迦当时正沉浸在对涅槃的思虑中，故而把鹿王小姐的爱言听成了偈语：“汝最胜人，当思惟寂静涅槃。” 释迦闻此声音，如醍醐灌顶，喜不自胜，即脱下颈上珠璎掷于空中。以威力故，珠璎落鹿王女颈上。

克孜尔第110窟，在太子竞技的前后，描绘了释迦太子和女性在一起的主题，可能反映了他的婚姻情况。在释迦太子出游四门、树下观耕的故事之后，有一幅壁画绘制释迦骑马路过一处楼房，楼房上一女子向他张望的情景，当是描述释迦与妃子鹿王在楼巷间的初遇[1]。

---

1 Arcangela Santoro, Gandhara and Kizil: The Buddha's Life in the Stairs Cave, Rivista degli Studi Orientali, 77.2003, p.117. 也有学者释此壁画为“车匿备马”。丁明夷、马世长、雄西《克孜尔石窟的佛传壁画》，《中国石窟·克孜尔石窟·一》，北京：文物出版社、日本东京：平凡社，1989年，第188页。

如前所述，释迦牟尼有三位夫人，耶输陀罗最为上首。净饭王特为释迦立三宫，其三夫人各有二万婇女，前后围绕，在于宫内。克孜尔第110窟、第76窟绘有太子与夫人在一起的娱乐场面。释迦与耶输陀罗并坐的组像在犍陀罗艺术中十分流行，常和“欲离出家”场景合为一组。新疆克孜尔石窟第118窟正壁壁画“五欲娱乐”（参见图5-2-4），一般也被认为是描绘释迦与三位夫人聚集一堂的景象。画面中心的女性面向太子托起乳房，极具性感。按照龟兹壁画的图像志传统，画家为三位夫人配置了头光。画面外侧的第四位女子没有头光，暗示她只是宫中侍女。

四、出游四门、离欲出家

根据有部的传说，释迦出游四门是发生在他迎娶二妃之后，迎娶三妃之前。《破僧事》、《众许摩诃帝经》未提到出游四门的特殊缘由。《佛本行集经》则强调了作瓶天子的作用。太子在宫内恣意享受五欲。作瓶天子见释迦放逸情荡，为了提醒他早日出家，以神通力令释迦忽然兴意，想出宫游玩。净饭王为了不使太子生厌离之想，敕令国内人民，扫洒清净迦毗罗城，除却一切荆棘秽臭，所有树木以璎珞校饰，道路上禁止老者或病者出现。然而，因作瓶天子的神通所化，释迦外出仍然遇见了老者、病者和死尸。他认识到生命无常，开始思考人生的意义，变得忧郁起来。

克孜尔第110窟以两幅绘画表现出游四门的遭遇。其一画释迦太子乘马车，马车前面是一位瘦骨嶙峋的老人，以及一位半躺于地，全身浮肿的病人。旁边壁画描绘了抬着尸体走开的人群，以及马车上的释迦太子与一僧人交谈。释迦第四次出门遇见了持钵化斋的僧人。经过询问，太子得知，此僧人恒修善行，舍离俗家，故名出家人。他赞叹道：“善哉斯事，善哉斯事……若当如此我亦出家。”在克孜尔第76窟、第99窟和第175窟也绘制了以“出游四门”为主题的作品（图4-1-5）。

图4-1-5　出游四门，克孜尔第76窟

图 4-1-6 树下观耕，克孜尔第 227 窟

《破僧事》在释迦出游四门之后，讲到净饭王为让太子忘却出家之事，令其去视察良田。释迦看见耕田的农民尘土坌身，遍体流汗，手执牛杖，尽皆有血。复见其牛，皮背穿烂，饥渴羸瘦，喘息不止，又被虻蝇唼食脓血。伤口溃烂爬满小虫。释迦游历耕种之所，皆见如此诸苦恼事。他坐在一棵大树下，陷入深思（图4-1-6）。在克孜尔第110窟绘制了释迦坐在树下，旁边耕牛劳作的场景。克孜尔第38窟，前壁大门两侧保留有思维菩萨像，像前画孔雀啄蛇，第123窟同类壁画还在画蛇口中衔一蟾蜍（图4-1-7），应该也属于“树下观耕”之主题——悉达多太子在树下见耕田者开垦土壤翻出虫子，蟾蜍吞虫，蛇吞蟾蜍，孔雀啄蛇，觉察世事之苦，展转往复。《修行本起经》卷下“游观品”第三所载：“太子坐阎浮树下，见耕者垦壤出虫，天复化令牛领兴坏，虫下淋落，乌随啄吞，又作虾蟆，追食曲蟺。蛇从穴出，吞食虾蟆。孔雀飞下啄吞其蛇。有鹰飞来，搏取孔雀。雕鹫复来，搏撮食之。菩萨见此众生品类展转相吞，慈心愍伤，即于树下得第一禅。”

图 4-1-7 思维菩萨，克孜尔第 123 窟

《破僧事》载，释迦太子回到宫内，暗想：我今有三夫人及六万婇女，若不与其为俗乐者，恐诸外人云我不是丈夫。我今当与耶输陀罗共为娱乐（图4-1-8）。耶输陀罗因即

图 4-1-8　宫中娱乐，克孜尔第 110 窟

图 4-1-9　决意出家，克孜尔第 110 窟

怀孕。就在此夜，诸婇女倡伎白天纵情过度，晚上悉皆疲倦，昏闷入睡。或头发披乱，或口流涕唾。菩萨见此，犹如冢间见诸死尸，对五欲娱乐不再留恋。第110窟描绘了这一场

图 4-1-10　夜半逾城，克孜尔第 110 窟

面，耶输陀罗躺在床上，其余女子东倒西歪、抱鼓而眠。释迦太子一个人悄然起身，冷静地巡视着一切，随后转身离去（图4-1-9）。

克孜尔第110窟紧邻着上面的壁画，绘制了接下来的情景。释迦骑着一匹白马，背后有一个黑色皮肤的侍从为他撑举华盖。马蹄下蹬踏着几个神祇（图4-1-10）。人物背景是一座城门，这交代了故事发生的地点。净饭王担心太子出家，派人昼夜守卫城门。释迦太子招来马夫车匿，骑上和自己同一天出生的白马犍陟。车匿不舍太子出家，故意发出大声音，但帝释天为方便太子行动，以神通力令各婇女和守卫者昏睡不觉。梵天帝释天又命令四位天人护卫太子，将马蹄托举，不令出声。如此，释迦骑着白马虚空飞驰，跃出城墙。

离开国都后，释迦向白马和车匿告别。车匿苦劝释迦，述说家人思慕之苦。释迦为表决心，取刀断发，掷虚空中，告车匿曰：汝见我不？形容已毁，心复坚固。车匿无奈作别太子，白马犍陟亦礼吐其舌，舐太子足。克孜尔第110窟在“逾城出家”壁画之后，接着绘制了车匿跪拜，告别释迦，以及白马吻足之景。

第二节　降魔成道　初转法轮

一、降魔成道

释迦入山，得到许多婆罗门修道者的指教，但种种修行未能成就圆满。他辗转来到尼连禅河边，见一胜地，树林美茂，便于此地端坐苦修。由于极少食物，释迦变得骨瘦如柴，丑陋不堪。他的身体严重坏损，毛发都脱落了。有儿童见释迦闭目不动，以草茎穿其耳穴，左右而出。俱作是言：此尘土鬼不得亲近。即以砂石瓦砾抛掷菩萨。释迦苦修出定，知此苦行无法成道。他回想起从前做太子时，曾经在王宫外面的赡部树下快乐地入定，那里清净，远离罪垢。于是离开苦修之地，来到尼连禅河洗浴。为了最后的成就，他要做好准备——清洁自己的身体并尽快恢复健康。但他太过虚弱，在河中虚脱而不能起。幸而河边有棵大树，树枝横于水面。释迦奋力抓住，终于爬回岸边。克孜尔第110窟壁画“尼连禅河沐浴”即画此景。画面一侧，释迦裸身站在河水中央，一只手抓住岸边树枝。画面另外一侧是走上河岸的佛陀。《破僧事》载，当时河岸边有一位女树神看见菩萨虚羸，欲伸手接。菩萨问曰：汝是何身？树神答曰：我是女人。菩萨报曰：我不能触汝。可为我低一树枝，我欲攀出。时彼树神即低树枝，菩萨攀而得出。

克孜尔第110窟紧邻“尼连禅河沐浴”之后描绘“二女献乳粥”故事（图4-2-1）。图像中两位女性向释迦进献食物，另外一侧则站着向佛陀进献食物的男性婆罗门。和女子不同，这位婆罗门有和释迦同样的头光，他可能是引导童女的梵天或净光天子。

《众许摩诃帝经》写道：

尔时菩萨浴尼连禅河水，体羸力弱举步攸艰，岸树垂枝攀而得出，即往西曩野俑聚落之所。其聚落内有二童女，一名难那，二名难那末罗，身色端正心性慈善。顷闻太子在雪山下婆僟啰底河边迦毗罗仙人处学修梵行，具三十二相福德庄严，深心悦慕，愿为匹偶。布施修福，求遂所愿。尔时童女闻尼连禅河侧有苦行仙人，遂发勤诚，欲施乳粥……用玻璃器煮乳糜粥，于乳糜上现莎惹帝迦万字千轮辐相。时有一人见此轮相而自思念：若人得食速证无上菩提之果。即告童女：我今饥渴，当以糜粥而施于我。童女白言：吾作此食施苦行仙人，非汝可取。时天主帝释即自化身为婆罗门，住立女前。女以乳粥欲布施与。婆罗门曰：我不敢受，有世主大人宜应供养。童女复问：世主何人。婆罗门言：去此匪遥有大梵王。童女承言：即诣彼处以粥奉施。大梵王曰：我不敢受，有净光天子最上殊胜，汝宜供养。女复往彼以粥布施。净光天子言：我不敢受。有一菩萨浴尼连禅河，身乏气力，以手攀树，出河岸上，被袈裟衣，将成佛果。若能供养，得大胜利。童女闻已即时驰往，以钵盛粥虔心上献。

尼连禅河附近住有黑龙，名伽陵伽。以先业缘住此河中，双目皆盲。若佛出世，眼即复明，若佛灭后，其眼还盲。黑龙闻地震声，从宫出看，忽见菩萨具三十二相，八十种好，圆光一寻，如千日辉。即说偈言：我昔承佛大威德、令我得睹相好身；必遇牟尼觉道成，见佛端正亦如是。

释迦听闻伽陵伽龙王赞偈，坚定了成道的信心。

图4-2-1　二女献糜，克孜尔第110窟

图 4-2-2　帝释施草，克孜尔第 110 窟

他来到尼连禅河边坚硬的金刚地，准备入定。帝释变身化作樵夫，手持柔软吉祥妙草。释迦见而乞之。帝释前跪，奉施菩萨。释迦在菩提树下欲敷草垫，草自右旋。菩萨见此，复自念云：我于今日证觉无疑。即升金刚座结跏趺，立下誓言：我今于此不得尽诸漏者，不起此座。

克孜尔第110窟连续以两幅壁画表现释迦就座。第一幅分为两个场面：左边画龙王见到释迦，盲眼恢复视觉；右边画帝释伪装的樵夫将吉祥草献与释迦。另一幅画面表现为佛陀和帝释天一同将吉祥草铺在树下，但佛陀仿佛没有察觉到帝释天的存在（图 4-2-2）。

释迦登金刚座，结跏趺，入三摩地。天界魔宫中有二种旗，一名喜相，二名疑相。旗动便有或喜或忧之事发生。释迦在金刚座上入定，魔宫疑相旗开始摇动。魔王大惊，得知太子悉达多求无上觉，心生嫉恨。他变身人形，诈传净饭王书信问讯，云提婆达多入太子宫，恣行非法及杀释种。释迦一听，生起嗔恚。他随即复生“离欲”、“不杀”、“无嗔”三种善念。

魔王试图再次干扰释迦，故意问询：你无凭无据，怎么确信自己能得到无上之智？佛言：你本魔罪之人，就因为供养过一次婆罗门，尚且得到现在的善报。我千百万次舍弃生命，放弃国城、妻子、金银珍宝，就是为了利益众生，求无上智。怎么会得不到呢？魔王说：我以前确实供养过一次婆罗门，得此富贵自在。你可以与我为证。但是你经历三大阿僧祇劫，作出了那么多次牺牲，谁能为你作证？

佛陀展开右手作无畏印，触地而语：“为我证明”。这时地神从地涌出，合掌唱言：魔王，我佛往昔经三大阿僧祇劫，舍无数头目髓脑、国城妻子、金银珍宝，求无上智，真实不虚，汝魔勿疑。

魔王闻之，心怀惊怖。他想出第三个计谋——变化出三位端庄女子（或谓魔王的三个女儿），诈为瞻仰。她们一靠近释迦，就作出种种妩媚。《佛本行集经》描述了她们花样百出的诱态，“或解璎珞掷着于地，或解耳珰，或复还着，或弄婴儿，或弄诸鸟，或复行步顾盼左右，或复嚬呻长嘘叹息，或以脚指傍画于地，或歌或舞，或动腰身，或作意气，或复忆念旧时所行恩爱欲事喜笑眠卧恣态之时，或复现作童女之身，或时现作妇女之身，或复现作新嫁女身，或现中年妇女之身，作如是等示现妇人谄媚惑着种种之事……复以种种五欲之事劝请菩萨。”

释迦看出端倪，以神力将三位魔女变成满脸皱纹、苍老丑陋的妇人。三位魔女自惭形秽，羞赧而退。

魔王恨事不成，统领鬼魅兵将、毒龙猛兽，向释迦展开进攻。佛陀不仅不为魔军所动，反而心生悲悯，入慈心定。这时天神（一说净光天子）在虚空中变出巨大的伞盖保护释迦。魔军武器全部变成美丽的花朵。此时，释迦以神通力升上虚空，身上出水，身下出火，现大神变。他观察魔王及一切众生，前后因缘宿命，无不证知。又复思惟欲界、色界、无色界，苦集灭道四谛行相。如是思矣，无漏智观，成无上觉。克孜尔第80窟和第227窟主室正龛，以及克孜尔第189窟主室左右壁，在坐佛下画了地狱道、恶鬼道和畜生道。丁明夷等人认为图像可能表现了上述情节——释迦在降魔成道过程中对轮回五道的观察。

克孜尔第110窟用了两幅画面再现“降魔成道”。一幅绘制在方格系列佛传“帝释天铺金刚座”之后，图绘释迦坐在金刚座上，与魔王对话。魔王正施展迷惑释迦的第一和第二计谋。释迦左侧有三位美貌的女性，双掌合十，礼拜释迦。她们是魔王实施的第三计谋——化妆成信徒的魔女。被释迦识破以后，她们变成了年迈的老妇。其苍老的形象被画家安排在释迦右侧。

第110窟第二幅“降魔成道”绘制在石窟正壁与券顶相交的半圆形端面上。佛陀安详地坐在中间，四周扑来各种模样恐怖的鬼怪。

作为小乘佛教“八相成道”的基本相仪，释迦“降魔成道”题材在龟兹壁画中极受重视。克孜尔第76窟（2幅）、第98窟、第110窟（2幅）、第175窟、第198窟，以及第205窟“未生怨王故事”局部均有绘制。这个主题还常占据石窟的视觉中心。例如克孜尔第110窟，不仅在方格系列佛传中安排了“降伏三魔女”，还在正壁半圆形端面以大型壁画的方式来表现。

克孜尔第76窟也绘制了类似的两幅降魔，先是“魔女诱惑”，其后是“降伏魔军”。“魔女诱惑”中，释迦像保持了苦行的特征，显得瘦骨嶙峋。其右侧为二位魔女，左侧是三个白发苍苍的老妪（图4-2-3）。霍旭初指出了图像特别之处，三位年青魔女在形象上有所差别。上面两位形态端庄，并有头光，下面一位魔女则赤身裸体，舞姿妙曼。霍旭初研究指出，这幅壁画表现出画稿创造者运用形象手段对佛教义理作了深层次阐释。三魔女中的后面两位，体态端庄，衣冠整齐，并有头光，表示她们尚保持着天女的形态。而前面一身魔女，由于已经开始对释迦进行邪恶的色诱，故而原本表达神性的头光就消失了[1]。

克孜尔石窟中的“降魔图”，除去被德国人掠走的第76窟、第110窟、第198窟壁画，其他壁画保存情况欠佳。现存石窟壁画最清晰完整的是克孜尔第98窟。这是一个中心柱窟，“降魔图”位于该窟主室正壁上方的半圆端。该壁画过去被烟尘熏黑，后经石窟研究所除尘清理，得以显现。画中释迦坐在金刚宝座之上，右手触地。金刚宝座的下方，有一个小人露出半截身体。这是地神涌出地面，为释迦过去无数次舍身作证。佛陀四周，众魔军或拉弓搭箭，或持枪欲刺。远处还有牛头怪兽手持巨石，远远向释迦投掷。在佛陀左手边有一位天人，正自腰际拔出宝剑。另一天人在后面把他紧紧抱住。这是描写魔王波旬欲上前砍杀佛陀，被儿子及时阻拦。同样情节也出现在克孜尔第76窟

1 霍旭初《克孜尔石窟降魔图考》，《敦煌研究》1993年第1期，第11—19页。

图 4-2-3　降伏三魔女，克孜尔第 76 窟

图 4-2-4　降伏魔众，克孜尔第 76 窟

“降伏魔众”图中（图4-2-4）。《佛本行集经》写道：“其魔波旬即拔利剑，手执前趋，欲吓菩萨疾走而进。口中唱言：‘汝释比丘，若安此座敢不起者，我必害汝’……是时魔王长子商主即以两手抱魔王，口如是言：‘父王，父王，愿莫，愿莫。父王会自不能得杀悉达释子，亦不能动此之坐处，兼得无量无边过罪。’”

第96窟“降魔图”除了地神作证和魔子劝阻两个细节以外，在释迦右侧还出现了一位双手合十穿菩萨装的人物（克孜尔第76窟也描述了这两个情节）。通过比对不同版本的佛经，霍旭初提出克孜尔第76窟和98窟的“降魔图”与《过去现在因果经》文本描述较为吻合。第96窟“降魔图”中的这位天人，可能就是该佛经中记载的天神负多。魔军进攻失败时，他在空中成功地说服魔王收兵。

二、初转法轮、耶舍出家

据《破僧事》、《众许摩诃帝经》，佛陀成道时，禅定七昼夜没有进食。有两位商人带领着车队路过，听说世尊在尼连禅河边菩提树下不饮不食而入禅定，便亲手操办了美味贡献佛陀。此时，佛陀手中没有装取食物的容器。四大天王便在各自天部迅速打造了四个精美石钵，同来奉献。佛陀见四天王各献一钵，如取其一，会令其余三者不快。便取四钵，以神力合而为一。

克孜尔第110窟系列佛传在“降魔成道”之后紧接着绘制了“四天王献钵”的场面。佛陀坐在画面中央，其左右两侧共四位天王，人手一钵献与佛陀。佛座前有两名身穿世俗服装的男子，手捧盆、壶，当为供奉食物的两位商人。克孜尔第123窟前壁门上三幅佛传第一幅也为同样主题。

克孜尔第110窟系列佛传在“二商主奉食、四天王献钵”之后所绘壁画，中国学界未曾释读，西方学界提出左边是佛陀和婆罗门，右边是佛陀会见外道，当为“梵天劝请，路遇仙人”故事[1]。佛陀在壁画中出现了两次，一次是和跪着的礼拜者对话。这位礼拜者身穿白袍，配有头光，应该是天上的天人。在画面另外一侧，则画了佛陀和一位站着的男子对话。男子赤身裸体，一只手高高地举起。在龟兹像仪中，这是表现赞叹的姿态。

“梵天劝请”是各部佛传必不可少的内容，在克孜尔中心柱窟正壁龛像两侧也常有表现[2]。“路遇仙人”故事文本可见于《破僧事》和《众许摩诃帝经》。佛陀成道后并未决意传法。佛法过于深奥，唯有智者能够领悟。如果轻易为他人宣说，对方不能理解，不仅佛法虚授，而且徒自疲劳。佛陀决定暂时独自于安乐境界思惟而住。

大梵天王知道佛陀暂无传法之意，十分着急。因为佛陀出世的时间非常短暂，如不尽快传授，世间必将灭坏。故而大梵天来到佛陀面前，请求传法，救济众生。他向佛陀进言道：“众生有的聪明，有的笨，慧根不同，就好像莲花生于水中，或有出水者，或不出水者。如果佛陀不说妙法，都要沉坠。”佛陀受梵王殷勤劝请，默而许之。除第110窟此幅壁画，克孜尔第14号窟和第98号窟主室侧壁也有图像被识别为“梵天劝请”主题[3]。

佛陀传法，需要找到有慧根的弟子。此时，先前曾指导他修行的林中外道均已过世，

1 〔日〕中川原育子《キジル第110窟（阶段窟）の仏伝図について》，《名古屋大学文学部研究论集》No.13，1997，p.100；Arcangela Santoro，Gandhara and Kizil：The Buddha's Life in the Stairs Cave，Rivista degli Studi Orientali，77. 2003，p.117.

2 霍旭初《再论龟兹石窟“梵天劝请”造像》，《龟兹石窟佛学研究》，北京：宗教文化出版社，2013年，第129—143页。

3 丁明夷、马世长、雄西《克孜尔石窟的佛传壁画》，《中国石窟·克孜尔石窟·一》，北京：文物出版社、日本东京：平凡社，1989年，第204页。

他想起自己的五个仆从。释迦早先入山中修行，他的父亲净饭王派来数百侍从。释迦留下了其中五人。他苦行时，他们时常守护供奉，随同修行。佛陀以天眼观此五人在波罗奈国鹿野苑中，便起身前往。在路途中，佛陀遇见了一位外道仙人。

《众许摩诃帝经》写道：

时于路次有一仙人，名乌波諴，相逆而来。时彼仙人忽于路次得见世尊，又见身长丈六，金色晃然，相好端严，殊特超世。惊叹良久，乃作是言："瞿昙瞿昙，睹汝相好，湛然清净。复如金色，非世所同。何因出家，归依何法？谁为汝师。今复何去？"尔时世尊乃说伽陀，答仙人曰："我今无所师，处世独无侣；悟正等菩提，为最天人师。知世间诸法，不染亦不断；具一切智力，当降魔罗军。"

乌波諴仙人言："瞿昙，实如汝言，是佛无疑。"佛言："如是了知，及得漏尽。降伏罪业，故号为佛。"时乌波諴仙人又复问言："瞿昙今往何处？"佛言："往波罗奈国击大法鼓，转大法轮。当说世间未曾有说，亦复宣示过去佛教，当令世间，知法离欲。"佛说是已。彼乌波諴仙人顶礼世尊，随路而去。

《根本说一切有部毗奈耶破僧事》记载如下：

菩提树坐下而起，往诣迦施那国波罗痆斯城。乃路逢一外道，名为亲近。彼见世尊形容，端严清净，色相善好。问曰："具寿乔答摩，诸根端正，清净颜容，皮肤细滑，于何教师而得出家？受谁法教？"

尔时世尊即说颂曰："我今不从师受业，亦无比类同于我；世间所应开觉者，唯我一人善能晓；一切通达超出世，而于诸法无所著；咸皆弃舍证解脱，自然觉悟不从师；既无有人类于我，所以自然觉一切；如来天人大导师，已证一切智力具。"

有两个线索表明壁画与上述文字相互对应。其一，图像中，外道举手颂扬的场面与佛经描述一致。其二，外道仙人与佛陀的对话，是发生在"梵天劝请"与"鹿野苑传法"之间的一个插曲。而第110窟的这幅壁画，刚好在其后紧接着描绘了佛陀坐在五位比丘中间的场面，正是"鹿野苑初转法轮"。

"初转法轮"是佛传不可或缺的主题。龟兹壁画也不例外，除了上述克孜尔第110窟，在克孜尔第38窟、第69窟、第98窟、第189窟、第192窟、第193窟、第198窟、第205窟、第207窟、第224窟均有描绘（图4-2-5）。姚士宏对第69窟门上半圆端的"初传法轮"（参见图5-2-1）做过细致的研究[1]。克孜尔第123窟主室前壁门上壁画也属于这一主题。所有的"鹿野苑初转法轮"图像大抵类似，佛陀持说法印，结跏趺坐。身旁有五位比丘，座前一般描绘相对而卧的两只鹿，暗示事件发生的地点"鹿野苑"。二鹿中间有法轮和三宝标，象征佛法传播。

佛陀的五位仆从在鹿野苑遥见释迦走来，以为佛陀放弃了他的修行志愿，不禁轻慢讥议："今此太子居山苦行，欲成佛道，今乃退志，还寻我等。我等安坐，勿得迎侍。"佛陀对其心事了如指掌，从容地走到他们身边。五人见佛身巍巍，犹如金山，皆起迎侍，或为佛敷座者，或汲水洗足者，或奉上名衣者，或接手扶侍者，侍奉佛陀如同往昔。佛陀安详就坐，告五人曰："苦法我已知，集法我已断，灭法我已证，道法我已修。我以是法乃成佛道。"佛陀为其阐释法理，如是三转十二行法轮。五人悟道后，须发自落，袈裟着身成沙门形。佛陀与其五人成当世第一福田，"佛、法、僧"三宝之名具足。佛陀最初的五位弟子中有被誉为"声闻中第一比丘"的上座憍陈如。

佛陀的第六位弟子耶舍，在佛教史中地位显赫。南传佛教传说耶舍是佛教上座部的创始者。龟兹流行的说一切有部是上座部的主要派别。他在龟兹佛教体系中的地位可

---

1 姚士宏《克孜尔第69窟鹿野苑说法图》，《克孜尔石窟探秘》，乌鲁木齐：新疆美术摄影出版社，1996年，第38—48页。

图 4-2-5　鹿野苑初转法轮，克孜尔第 189 窟

想而知。

《众许摩诃帝经》记载，佛陀初转法轮之后，带着弟子前往嚩啰迦河岸暂住。当时波罗奈国中有富人之子耶舍，家中巨富，广有财宝。家中奴婢皆悉年少多艺，复擅歌舞。有一天，耶舍令诸妓人眷属，鼓动音乐，恣其快乐。舞会白天开始，至夜方息。诸妓乐女困乏昏睡。耶舍半夜巡诸房室，见之身无拘检，仰覆纵横，现露形体，犹如死人。耶舍忽生厌恶，烦恼苦闷。他喃喃自语“我苦我苦”，独自行走出城，从半夜走到天亮，到达嚩啰迦河岸。恰逢佛陀清晨在河岸步行。耶舍遥见佛陀威德端严，乃告之曰：“圣者我苦，圣者我苦。”佛陀即在对岸，以温柔宽慰的言语呼唤他：“善男子，汝来我今此处，安乐无事。”耶舍得闻慈悲之声，即脱宝履渡嚩啰迦河，顶礼佛足。佛陀与耶舍同还游止，敷座而坐，宣说佛法。闻法后，耶舍自愿出家，成为释迦第六位声闻弟子。

克孜尔第110窟在“鹿野苑初转法轮”后，描述了“耶舍出家”的场景。画面一侧绘房间内大床，床上躺着一位女性，一位菩萨装人物坐在床边陷入深思。画面另外一侧，画一菩萨装束的人物，高举左臂，招呼佛陀。在他们的头顶，有一轮弯弯的月牙。

此画主题过去一直未能正确识别。格伦威德尔（1906年）描述如下：“佛陀在黑夜中向一个房子走去，房子里面有一个妇女在床上睡觉，而一个年轻男子坐在她旁边守护她。房子前边站着一个小伙子，似乎在邀请佛陀进来。小伙子的画面损坏严重。”[1]勒柯克（1923年）怀疑此画可能和耶输陀罗的传说有关，并描述道：“仍然不能解释的画面——佛陀由一个浑身珠光宝气的人带领着，在月光下走进　所房了。在这所房子里面

1　〔德〕A.格伦威德尔著，赵崇民、巫新华译《新疆古佛寺（1905—1907年考古成果）》，北京：中国人民大学出版社，2007年，第204页。

有一个妇女躺在床上的形象，他脚下有一个身佩珠宝的裸体女人。”[1]

国内有的学者将克孜尔第163窟主室左壁和第224窟主室右壁的两幅绘画比定为“耶舍出家”，却将第110窟的此幅壁画比定为“罗睺罗认父”[2]。莫妮卡·茨茵（2005年）将其解读为“耶舍出家”[3]。笔者赞同这一观点。此图一侧，男子坐于女子床边的图像，被学界识别为释迦与夫人耶输陀罗，是情有可原的。此场景一般出现在释迦“决议出家”之时，床边男子着装亦貌似释迦太子，但他没有代表神性或王权的头光。由于在文献叙事中，耶舍见诸妓乐睡态邋遢，产生离厌的情绪，与释迦当年“离欲出家”的经历相似，故而画家采用了类似构图，只在细节上略加改动。这是绘画语言的挪用。在此画面另外一侧，和释迦对话的男子依旧没有头光，应该表现耶舍渡河走向释迦的场景。他们头顶的月牙表明事件发生在黎明时分。所有图像线索，无一不与文本记录相合。最后，在说一切有部的传说中，这件事刚好发生在“鹿野苑初传法轮”之后。

第三节 国王信奉

一、降伏三迦叶

在摩揭陀国王舍城的西方，有三位外道，分别是优楼频螺迦叶、那提迦叶和伽耶迦叶。他们是三兄弟，推崇火祭，在当地婆罗门教徒中极有影响。优楼频螺迦叶座下弟子五百，那提迦叶和伽耶迦叶座下弟子共亦五百。大哥优楼频螺迦叶地位最高，受到摩揭陀国王及辅相、一切民众的尊重供养。优楼频螺迦叶初见佛陀，相貌庄严，谈吐不凡，颇为恭敬。但他自恃学问高深，常常暗想：“此沙门有大威德力，虽能如是，然我亦是阿罗汉。其所证应莫超吾。”

有一天，佛陀来到优楼频螺迦叶所处园林论道，日暮借宿。但是房间已满，唯偏僻处有一间空房。优楼频螺迦叶警告佛陀，房内藏有毒龙，不可居住。佛陀说无妨。他在舍内铺草静坐。毒龙忽见释迦，即发嗔怒，作烟雾大火。佛陀亦以神力化作烟雾大火。二火俱炽，龙舍内外火光冲天。毒龙大火无法损害佛陀，自身疲乏，毒火熄灭。佛陀将之收于钵内。是夜，优楼频螺迦叶见龙舍着火，以为释迦遇害。天亮后，见他安然无恙，降伏毒龙，心生佩服。但仍自暗想：“此沙门有大威德力，然我亦是阿罗汉。”

佛陀有一次住在优楼频螺迦叶聚落附近，晚上四天王下凡听法。优楼频螺迦叶夜出观星，见佛住处有四大火聚，便告诉弟子，此大沙门亦事于火。后来他问及此事。佛陀回答说，你昨夜看到的火光，是四大天王听法，发出的身光。优楼频螺迦叶心生佩服。但仍然暗想：“此沙门有大威德力，然我亦是阿罗汉。”

---

1 〔德〕阿尔伯特·冯·勒柯克、恩斯特·瓦尔德施密特著，管平、巫新华译《新疆佛教艺术》，乌鲁木齐：新疆教育出版社，2006年，第216页。

2 理由有三：其一，是将画面一侧房间内菩萨装男子与女性的床上场面识别为佛陀与夫人耶输陀罗，这一点与勒柯克的怀疑一致。其二，是将画面另外一侧与佛陀对话的男子，识别为佛陀与耶输陀罗之子罗睺罗。“释迦怀疑罗睺罗非亲生之子，乃将他置于石上投于水中，结果入水不沉。”其三，是图像上端的月牙，被理解为罗睺罗的标识，罗睺罗出生之时刚好发生了月蚀——罗睺罗阿修王捉食其月，罗睺罗故而得名。丁明夷、马世长、雄西《克孜尔石窟的佛传壁画》，《中国石窟·克孜尔石窟·一》，北京：文物出版社、日本东京：平凡社，1989年，第191页。

3 Monika Zin, The Identification of Kizil Paintings Ⅰ, Indo-Asiatische Zeitschrift, 9.2005, p.29.

图 4-3-1 降伏火龙，克孜尔第 186 窟券顶

佛陀此后常常造访优楼频螺迦叶的修习地。他多次使用神通，终于颠覆了优楼频螺迦叶对己派学术的认识。优楼频螺迦叶带领他的五百门徒全部皈依佛门。为表决心，他令弟子将过去修婆罗门教的法器、用具——事火具、护摩杓、鹿皮衣、树皮衣、净瓶、拄杖、革屣等物，悉数丢弃在尼连禅河中。

优楼频螺迦叶皈依对佛教史影响巨大。他的两个弟弟那提迦叶和伽耶迦叶受他影响，也很快带领五百弟子皈依。过去数人、数十人的僧团，一下子壮大到了上千人。

“三迦叶”是龟兹壁画中最为流行的主题。依据丁明夷等人的统计，克孜尔石窟表现降伏迦叶的题材约有十处，包括第4窟主室左壁、第8窟主室右壁、第98窟主室左壁、第110窟主室左壁、第175窟右甬道外壁、第192窟左甬道内侧壁、第193主室左壁、第196窟主室券顶右侧、第205窟窟门左侧、第207窟主室右壁、第224窟主室右壁。第178窟和第189窟未纳入统计，但壁画局部应该也涉及了同样主题。

上述壁画大抵又可以分为两种图式，一种是表现“降伏火龙”的情景，如方形窟第110窟壁画所示：佛陀坐在龛中，周围有火焰，旁边有人持水罐救火。此类图像亦可见于券顶菱格（图4-3-1）。克孜尔第189窟券顶中心绘佛陀持钵，钵中探出龙头，一般也认为属于这一主题（图4-3-2）。多数克孜尔侧壁壁画则着重表现“迦叶皈依”。此类壁画拥

图 4-3-2 降伏火龙，克孜尔第 189 窟穹顶

图 4-3-3 迦叶神变，克孜尔第 178 窟

有更为醒目的标识：一位身穿百衲衣的中年比丘匍伏在释迦脚下。除此以外，龟兹壁画中的“三迦叶皈依”还常常在说法佛陀的身边绘制其他天众。比较多的情况是帝释天，也有绘制金刚图像的。一般认为，伏地比丘是三迦叶中的大哥优楼频螺迦叶。优楼频螺迦叶和大迦叶的外貌在图像志上走到了一起，这始终是一个疑点，因为根据佛经分析，佛教弟子中的上首摩诃迦叶（大迦叶）并不是优楼频螺迦叶三兄弟中的一位。除了表现百衲衣迦叶的礼拜，图像中还经常在画面上端的背景人群中绘制一位身穿百衲衣的老年比丘，一身三头，或四头（克孜尔第178窟）。除了把他识别为三迦叶的浓缩形式，格伦威德尔也曾识别其为梵天[1]。此多头比丘可能是优楼频螺迦叶现神变的特式。神变的内容，常常是上升虚空，分身出现在东、南、西、北不同方向。《众许摩诃帝经》载，三迦叶皈依之后，以前信奉外道，以迦叶为师的频婆娑罗王十分震惊。佛陀令优楼频螺迦叶展现神通。他“身上出火，身下出水。南方、西方乃至北方皆亦如是。现神变已，忽然之间还来众会”。频婆娑罗王见迦叶神变，心悦诚服，成为虔诚的佛教信徒和供养人。克孜尔第178窟“降伏三迦叶”壁画（图4-3-3）在佛陀左侧绘制了频婆娑罗王的形象。在他的上面，有侍从手捧着他的王冠、宝剑和华盖。《众许摩诃帝经》在描述频婆娑罗王见佛陀的细节中提到了上述物品：“车驾前进，至于城门，王之宝冠又忽破坏……去佛不远，下车徒步，免去伞盖、剑仗之类，使令相随。”

---

1 克孜尔第8窟也绘制了优楼频螺迦叶礼拜释迦的典型场面，其余人物配置略有不同。壁画目前状况欠佳，格伦威德尔笔记描述如下：（画面中心）为面向门壁的佛陀；（佛陀脚下）为身穿百衲衣的比丘，躺在佛陀的脚前。（百衲衣比丘身后）为国王样子的青年，白皮肤，在祈祷。他后边为举华盖者，注视着他。（华盖上面）为四个头的祈祷梵天，（梵天的身后和旁边）为四个天神或菩萨；佛陀的右侧为黑皮肤金刚，头发竖起，右手高举一把扇子，左手执金刚杵。（金刚身后）为六天神或菩萨。〔德〕A.格伦威德尔著，赵崇民、巫新华译《新疆古佛寺（1905—1907年考古成果）》，北京：中国人民大学出版社，2007年，第94页。

图 4-3-4　迦叶神变，克孜尔第 98 窟

库木吐喇第23窟侧壁佛传“三迦叶皈依”，可以通过“优楼频螺迦叶礼拜释迦”进行识别，画面左上端有一比丘头部残缺，但肩部仍然可以识别出火焰。应该是表现迦叶神变的另一形式——“身上出火”。此画佛陀左右各坐一对夫妇，男女均为菩萨装，且有头光。其中一对应该是频婆娑罗王夫妇。另外一对可能是帝释天。佛经讲述，佛陀为了令优楼频螺迦叶心服口服，多次显现神迹，大部分由帝释天实施完成。

《破僧事》写道：

尔时世尊住优楼频螺迦摄修习林中。时迦摄自手造食了已，即往请佛。世尊着衣持钵，就座而坐。迦摄见佛坐已，即取佛钵置诸妙食，自手奉佛。世尊受已，往别处食，至彼须水。时天帝释知佛须水，便至佛所，以指击地，涌泉流现……尔时世尊住于优楼频螺迦摄修习林中。佛得粪扫衣而欲浣濯。念言：“用何物洗？”时天帝释知佛所念，持一大石置于泉边，白言：“世尊，愿见受用。”尔时如来即浣粪扫衣已，复作念云：“用何物晒？”时天帝释观知佛意，往余山中取一方石置于佛前，白言：“世尊，可于此晒。”世尊以衣覆石之上。

克孜尔第98窟主室“三迦叶皈依”（图4-3-4），保留了四个基本要素。伏地礼拜的优楼频螺迦叶，在人群中一身三头的比丘，佛座前面的帝释天，以及手持金刚杵的武士。后者在克孜尔第8窟的同类壁画中表现为黑皮肤金刚形象，可能是降伏迦叶故事中的“夜叉”。《众许摩诃帝经》故事细节与《破僧事》略有不同，讲到帝释天为释迦取洗衣石时，多了“夜叉”的参与。在有部的传说中，例如《杂事》，帝释天治下夜叉也被称为“金刚手大药叉主”。

世尊后时思欲洗衣，云：“何得石而为用耶？”帝释遥知，寻至佛所，白言：“世尊，佛欲洗衣而用石耶？”佛言：“要石。”帝释即令夜叉于大山中取石一块，修令平正，复使光洁，置于池侧。佛即洗衣。洗已欲晒，帝释又令夜叉别取一石置于池岸，佛洗衣竟，就石晒之。迦叶来至，又见池岸忽然有石，乃自惊怪：“池岸先无，今从何来？”……佛即报言：“我欲洗衣，为无石故，即起思念。帝释下来为我安置。我又思念无处晒衣。彼天帝释又安一石。二石所来皆帝释也。”迦叶大叹。

二、大神变、降伏六师外道

频婆娑罗王（萍沙王、影胜王）皈依佛教以后，原来在该国备受尊敬的外道学说地位下降了。外道学者很不满意，他们在路上拦住频婆娑罗王，要求和佛陀公开斗法。佛经记载，在这次著名的斗法中，六位著名学者向佛陀发起了挑战[1]。

在约定好的第七日，佛陀展现了数次神变。根据《杂事》，频婆娑罗王派使者摩纳婆问候佛陀。佛陀即以神变令其速归，使者摩纳婆，犹若鹅王舒张两翼，上升虚空，飞腾回报。时诸大众见其乘空来，叹未曾有。

这时远近方国种种人民悉皆会集，乐观神变。佛陀暂出房外，净洗足已，复入房中就座而坐，入火光定。结果门缝中冒出大火光，乃至整个佛舍全部点燃，火焰冲天。诸外道讥讽议论：这个和尚变神通，害得住舍皆被火烧。频婆娑罗王闻之，默不能答。火光遍烧佛舍，除去尘垢之后，自然熄灭。这时佛舍变得无比清净光明，房屋内外一无所损。频婆娑罗王见之，倍发欢心，便命外道："如来已现神变，你们现在可以表现神通了。"外道们面面相觑，低颜无对。

这时佛陀以右足踏其香殿，令大地六种震动。雪山内五百仙人悉皆惊觉。世尊便放金色光明，从世尊所至五百仙人之雪山，无不明照。时诸仙人既至佛所，听佛陀说法，须发自落，法服着身，瓶钵在手。尔时佛陀与此五百仙人罗汉比丘以及其他比丘，天龙八部前后围绕，回到与外道斗法的住所，于大众前升狮子座。

为了降伏六师外道，佛陀第四次表现了神通。他于座上隐而不现，即于东方虚空中出，现四威仪行立坐卧，入火光定，出种种光，身下出火，身上出水，身上出火，身下出水。如此在东南西北现其神变，返回宝座以手触地。龙王知佛心意，持大如车轮的千叶莲花从地踊出。世尊见已，即于花上安隐而坐。这时佛陀前后左右各有无数形状类似的妙宝莲花自然踊出，于彼花上，一一皆有化佛安坐。

佛陀告诉比丘：你们记住现在所有神变，它们马上就要结束。话一说完，神变皆无。这时频婆娑罗王请外道展现神通。六师暗暗以肘相触，无一人敢为应对。频婆娑罗王再三催促。六师默然缩头，如入深禅。

克孜尔第80窟和第114窟的"降伏六师外道"都绘制在主龛上部与纵券顶相交的半圆形端面上面。壁画构图大体近似，画面中心为举右手持说法印的佛陀。其余人物的图像配置颇有不同。

第80窟"降伏六师外道"把频婆娑罗王画在佛陀的右侧。在他身后是王妃，以及前来听法的天人。六师外道绘制在了佛陀左侧，都是婆罗门装扮，手持水瓶，赤裸上身。在他们的头上，一位身穿武士服装的天神——"金刚手大夜叉主"，或云密迹金刚，从天而降。他手上的金刚杵朝外道喷出火焰（图4-3-5，并参见图5-2-6）。《杂事》在六师外道斗法失败后，描述了他的出现：

> 再三王命（六师），令现神通。时彼六师，还相筑触，同前默尔，缩项低头，如入深禅，竟无酬酢。时金刚手大药叉主作如是念："此六痴物，久恼世尊。须作方便令其改往，更不敢然悉皆逃窜。"作是念已，即放猛风，雨雹交注。彼神通舍随处崩摧。外道邪徒并皆离散，或有惊怖入山穴中，林树草丛，潜藏而住，或入天堂祠室抱腹怀忧。佛神通舍一无倾动。

1 六位挑战者的具体身份带有象征性。佛陀在恒河流域悟道并传法的同时，在该地区也活跃着许多比佛教历史更为久远的思想流派，有的包含了朴素的唯物主义认识，有的倾向于相对论或不可知论，种类繁多，呈百家争鸣之势。它们反映了古代印度哲学的丰富性，同时在学理上成为佛教思想有力的竞争对手。佛教经典对其进行过一些归纳，并在佛传故事中以六个有影响的外道学者作为代表，统称为"六师"。

图 4-3-5　降伏六师，克孜尔第 80 窟

第97窟“降伏六师外道”构图和第114窟类似，在佛陀说法坐像的左侧为外道六师，另一侧为频婆娑罗王和听法天众。赵莉在此壁画中找出两例密迹金刚，一例在佛陀右手边的位置，　手持金刚杵，　手举着拂尘。另外一例密迹金刚出现在外道六师的头顶，可惜壁画损坏严重，无法看清他是否像第114窟那样手持金刚杵，向外道冒出火焰。

赵莉《克孜尔石窟降伏六师外道壁画考析》一文详细分析了克孜尔第80窟、第97窟和第114窟相关壁画。除了对密迹金刚等人物的细节分析，她还注意到第97窟和第114窟的另外一个共同点：两幅大型壁画都在佛陀的头顶并排绘制了七位坐佛（第97窟在七佛之两端，各绘一交脚天人）。一般认为七佛代表了过去六佛和现在佛释迦。赵莉指出，把七佛造像绘制在“降伏六师外道”之中的原因有两个：一是七佛表现了小乘佛教成佛的序列，现世佛释迦牟尼不是贸然而出的，而是继六佛而成道。二是表现过去六佛也在室罗伐城现过大神通，这次降伏六师外道继承了佛教的传统，更显示了佛教的威力[1]。笔者看来，七佛在“降伏六师外道”中的出现也许和《杂事》中关于佛陀大神变所现“莲花化佛”有关。佛经在龙王为佛陀捧出千叶莲花之后，如下描述：

> 世尊见已，即于花上安隐而坐，于上右边及以背后，各有无量妙宝莲花，形状同此，自然踊出。于彼花上，一一皆有化佛安坐。各于彼佛莲花右边及以背后，皆有如是莲花踊出化佛安坐。重重展转上出，乃至色究竟天。莲花相次，或时彼佛身出火光，或时降雨，或放光明，或时授记，或时问答，或复行立坐卧，现四威仪。佛神力故假使童儿亦能现见如来影像。

经文提到化佛在莲花中间安坐，图像中坐佛中间也充满了花朵。佛座样式模糊不清，部分佛座依稀有莲座的轮廓。由于小乘佛教不认为佛陀可以一世并出，所以表现千佛，要么是世尊，要么是过去诸佛，故经文中提到了“或时授记”。

第80窟“降伏六师外道”与第114窟不同，佛座前有一个燃煮的油锅。一个小鬼站在油锅旁，高举双手，望着锅里沸腾的四个人头。德国探险家初到此窟，即对此图留下了深刻的印象，将第80窟命名为“地狱油锅窟”。赵莉对此作了正确的分析：佛陀神变，

1 赵莉《克孜尔石窟降伏六师外道壁画考析》，《敦煌研究》1995年第1期，第153页。

人败外道六师以后，继续显示神通为众人宣示妙法。据《贤愚经》所述，到了最后一天，佛陀以手指地，于是十八地狱一切都现，无量尘数诸受罪人各各自说，我于本时，作如是恶，今受此苦。

克孜尔第114窟“降伏六师外道”绘制在主室前壁门上的半圆端面。端坐在画面中间的坐佛和前面两例壁画略有不同，佛陀肩膀上面冒出火焰，以示神变。六师外道在此画中分布在佛陀两侧，在佛座前面还有一人叩首礼拜。赵莉指出他应该是在六师外道落败后，转投佛陀门下的外道弟子。无独有偶，虽然在克孜尔第114窟“降伏六师外道”中没有绘制七佛图像，但在此壁画下方，紧邻入口上方的门楣处，清楚地保留了七佛坐像的上半部分。

图 4-3-6　牛踏弗迦沙（线描图），克孜尔第 84 窟，任平山绘

三、弗迦沙王的皈依

弗迦沙王故事可见单卷本《萍沙王五愿经》。王舍国频婆娑罗王（萍比沙王）与邻国弗迦沙王书信往来。频婆娑罗王把王舍国有佛的消息告诉了弗迦沙王。弗迦沙王闻之欢喜，请频婆娑罗王写信介绍佛法。但他急欲见佛，未及收到回信，就率众人前往王舍国。半路收到频婆娑罗王书信，云佛陀教人弃家作沙门。弗迦沙王即于当晚群臣睡时，悄然离去，自行削发为僧。

图 4-3-7　牛踏弗迦沙，克孜尔第 192 窟

弗迦沙王于一天夜晚到达王舍国，投宿在一窑家，等待天亮见佛。佛陀以天眼知弗迦沙王翌日命终，乃飞行至此窑家，与弗迦沙同坐一屋。佛便自取草蓐，端坐过夜，弗迦沙亦端坐，安谛寂寞，不动不摇。佛陀对弗迦沙说法。弗迦沙起初不知说法者的身份，因听法得阿那含道，认出佛陀，礼拜皈依。次日，弗迦沙比丘入城，一奔牛角抵杀之。诸比丘展转传闻。佛告诸比丘弗迦沙今转世天上得阿罗汉，命人为之收葬起塔。

除了《萍沙王五愿经》，“弗迦沙”故事亦为《经律异相》所载。

克孜尔壁画“弗迦沙皈依”原位于克孜尔谷内区第84窟正壁的左下角，后被德国人揭走（图4-3-6）[1]。画面左端为一大门，门上有一男一女二人观望。一人持拂尘站立在门口，左边身体缺损，依稀可辨认出袒右袈裟，大概是一个僧人。此情景可对应向窑家求宿之弗迦沙。右侧是佛陀和一比丘对话，比丘合十双手凝听教诲，应该是表现弗迦沙皈依之情节。画面正中为两个比丘对话，右侧比丘右臂高扬。在他们面前有一牛扬起前蹄，踩踏一位比丘。此应讲述弗迦沙被奔牛抵死，以及诸比丘展转传闻弗迦沙死讯（或化作沙门的佛陀与弗迦沙对话）[2]。

克孜尔第192窟侧甬道侧壁在佛陀坐像的旁边也绘有公牛（图4-3-7）。学界一般将此图解释为佛度恶牛[3]。考虑到此牛背向佛陀，牛角抵在旁边一位比丘的右胸上，或亦为弗迦沙故事。

四、优填王造像（三十三天降下）

图像见于克孜尔第189窟侧壁（图4-3-8）。绘一立佛，右下方有一王者，手持椭圆形灰色物品，跪献佛陀。此图国内学界解释为“三十三天降下”。莫妮卡·茨茵（2013年）对此图进行了补充说明，提出手持椭圆形物品的王者（亦在森木塞姆第48窟及菱格因缘佛传中出现）是因思念佛陀而为之造像的优填王[4]。故事属于“三十三天降下”中的一个情节。佛经记载，佛陀上升三十三天，为佛母摩耶说法三月。优填王思慕佛陀，忧患成疾，乃为之造像。当佛陀从三十三天降下之时，迎接佛陀的优填王手持佛像，请佛说法。佛陀向他讲述了建造佛像的种种福德。

图 4-3-8　优填王造像，克孜尔第 189 窟

库木吐喇第50窟方栏佛传中有王者手捧佛像进献佛陀之图像，被识别为这一主题[5]。此外，例如克孜尔第63窟券顶壁画，类似图像

1　新疆文物管理委员会、克孜尔文管所、北京大学考古系编《中国石窟·克孜尔石窟·三》，北京：文物出版社、日本东京：平凡社，1997年，图195，第230页。

2　任平山《牛踏比丘——克孜尔佛传壁画补遗》，《西域研究》2009年第4期，第70—73页。

3　中国壁画全集编辑委员会编《中国新疆壁画全集·克孜尔·3》，天津：天津人民美术出版社、乌鲁木齐：新疆美术摄影出版社，1995年，图136，图版说明第56页。

4　Monika Zin, The Identification of Kizil Paintings Ⅵ, Indo-Asiatische Zeitschrift, 17.2013, p.8.

5　中国壁画全集编辑委员会编《中国新疆壁画全集·库木吐拉》，乌鲁木齐：新疆美术摄影出版社、沈阳：辽宁美术出版社，1995年，图98。

也在克孜尔菱格因缘中有所绘制。多数图像中王者手捧灰色椭圆物体并无清晰的造像轮廓，或许是表现优填王手捧未完成之造像，亦可能手持佛像面对佛陀，故而留给观众造像椭圆形背光的背面。

《增一阿含经》卷二十八载：

是时，波斯匿王、优填王至阿难所，问阿难曰：如来今日竟为所在？阿难报曰：大王，我亦不知如来所在。

是时，二王思睹如来，遂得苦患。尔时群臣至优填王所，白优填王曰：今为所患？时王报曰：我今以愁忧成患……由不见如来故也。设我不见如来者，便当命终。是时群臣便作是念：当以何方便，使优填王不令命终？我等宜作如来形像……是时，优填王即以牛头栴檀作如来形，像高五尺。

是时，波斯匿王闻优填王作如来形，像高五尺而供养……是时，波斯匿王纯以紫磨金作如来，像高五尺。尔时，阎浮里内始有此二如来形像。

……是时，世尊以经三月，便作是念：阎浮里人四部之众不见吾久，甚有虚渴之想。我今当舍神足，使诸声闻，知如来在三十三天。是时，世尊即舍神足。

……是时，目连受四部之教，屈申臂顷，往至三十三天，到如来所……目连白佛言：世尊，四部之众问讯如来，起居轻利，游步康强……唯愿世尊还来至世间，四部虚渴，欲见世尊……目连屈申臂顷，还诣舍卫城祇树给孤独园，往诣四部众，而告之曰：诸贤当知，却后七日，如来当来下至阎浮里地僧迦尸大池水侧。

尔时，四部众闻此语已，欢喜踊跃，不能自胜……尔时，临七日头……自在天子即化作三道金、银、水精。是时，金道当在中央，侠水精道侧，银道侧，化作金树。当于尔时，诸神妙尊天，七日之中皆来听法。尔时，世尊与数千万众前后围绕，而为说法……世尊说此偈已，便诣中道。是时，梵天在如来右处银道侧，释提桓因在水精道侧，及诸天人在虚空中散华烧香，作倡伎乐，娱乐如来……是时，五王及人民之众不可称计，往至世尊所，各自称名：我是迦尸国王波斯匿；我是拔嗟国王，名曰优填；我是五都人民之主，名曰恶生；我是南海之主，名优陀延；我是摩竭国频毗娑罗王。

……尔时，优填王手执牛头栴檀像，并以偈向如来说：我今欲所问，慈悲护一切；作佛形像者，为得何等福？

五、毗舍离王华盖迎佛（佛渡恒河，五百龙身作桥）

图像见克孜尔第189窟侧壁，水面上数条蛇形龙交织成网状。为了避免溅起的水花打湿袈裟，踩踏在群龙身上的佛陀，一手提起袈裟下摆。在他的旁边，是数位手持华盖的王者（图4-3-9）。此图过去学界有两种解释。一种观点认为这是释迦吉祥树下觉悟成道后的一幕，佛陀结束了跏趺禅定，双脚落地，盲龙闻佛陀触地声，恢复视觉而出水[1]。另一解释，认为这是表现佛陀舍卫城神变的一幕。

莫妮卡·茨茵（2013年）将此图定名为“佛渡恒河”[2]。故事讲述一位婆罗门为百姓唾骂，遂领家人变成毒龙，报复当地人民。佛陀受摩竭国阿阇世王之请，蹈龙顶上。龙不得去，乃得降伏。于是，摩竭国中诸疫鬼辈尽皆转移到了毗舍离国，致其人民疫病死者甚多。毗舍离国国王请佛陀为之除灾，但佛陀先受阿阇世王九十日请，时日未尽，他让

1 中国壁画全集编辑委员会编《中国新疆壁画全集·克孜尔·3》，天津：天津人民美术出版社、乌鲁木齐：新疆美术摄影出版社，1995年，图120，图版说明第50页。

2 Monika Zin, The Identification of Kizil Paintings Ⅵ, Indo-Asiatische Zeitschrift, 17.2013, p.8.

毗舍离国就此事请求阿阇世王。考虑到毗舍离国与摩竭国素有怨嫌，佛陀让毗舍离国带给阿阇世王一个消息——阿阇世王弑父之罪，因其向佛陀忏悔而有终结，他入地狱只五百日，即可重新转世。阿阇世王听到这个消息非常高兴，答应使者，请佛陀为毗舍离国去灾。于是，毗舍离国国王、摩竭国国王各命人以五百华盖迎佛。诸天主——帝释、梵王等，亦持五百华盖供养。诸天，诸人民各作船只请佛渡河，诸龙则编织成桥，佛陀变化分身，分别乘坐诸船。最后，佛陀向阿难述说了本生因缘。过去世时，佛陀为转轮王，其子出家成为辟支佛而涅槃。转轮王以大七宝盖覆于塔上，而得善报。

图 4-3-9　五百龙作桥，克孜尔第 189 窟

《菩萨本行经》载：

一时佛在罗阅祇比留畔迦兰陀尼波僧伽蓝，优连聚落有一泉水，中有毒龙名曰酸陀梨，甚大凶恶……时有婆罗门，呪龙伏之……自佛来入国广说经法，人民大小咸受道化，得道甚多，诸龙鬼神皆悉为善，不作恶害。风雨时节，五谷丰贱，更不供给婆罗门所须。

婆罗门往从索之，诸人民辈逆更唾骂，而不与之。时婆罗门心起瞋恚……愿使我作大力毒龙，破火此国……时婆罗门及妇二儿俱愿作龙，死受龙身，有大神力，至为毒恶，便杀酸陀梨龙，夺其处住。便放风雨，大堕雹霜。伤杀五谷，唯有草秸……人民饥饿死者甚多，加复疫病死者无数。

时阿阇世王往至佛所……唯愿世尊大慈大悲，怜愍一切，唯见救护，禳却灾害。佛即可之。尔时世尊明日晨朝，着衣持钵，入城乞食。诣于龙泉，食讫洗钵。洗钵之水，澍于泉中。龙大瞋恚，即便出水，吐于毒气，吐火向佛……尽其神力不能害佛……于是世尊蹈龙顶上，龙不得去，龙乃降伏。……龙及妻子尽受五戒，为优婆塞，慈心行善，不更霜雹，风雨时节，五谷丰熟。

诸疫鬼辈尽皆走去，向毗舍离。摩竭国中，人民饱满，众病除愈，遂便安乐。毗舍离人民疫病死者甚多。闻摩竭国，佛在其中，降伏恶龙，疫病消灭，毗舍离王即遣使者往至佛所……尔时世尊告毗舍离使："我以先受阿阇世王九十日请，而今未竟。汝自往语阿阇世王。"

使白佛言：二国素有怨嫌，我今往到，必当见杀。佛告使言：汝但为佛作使，终无有能杀汝者也……语阿阇世王，杀父恶逆之罪，用向如来改悔故，在地狱中当受世间五百日罪，便当得脱……王闻是语，欢喜踊跃，不能自胜……王即可之……毗舍离王举国臣民，椎钟鸣鼓，作众伎乐，到恒水边迎佛世尊。持五百宝盖，贡上世尊。摩竭国王亦复宣令……以五百宝盖奉上世尊。四天王、忉利天王、上至化、应声天王各各皆与无数诸天……持五百宝盖来，贡上世尊。第七梵天王上至首陀会天……持五百宝盖贡上世尊。毗摩毗罗阿须伦王……五百宝盖来奉上佛。娑竭龙王与无数诸龙眷属……五百宝盖来奉上世尊。合三千盖，唯留一盖，余盖受之……于时诸龙自共编身作五百桥，欲令世尊蹈上而渡。尔时世尊……即便化身遍诸船上。诸天、人民、龙、阿须伦，皆各自见如来世尊独在我船，不在余船。

画面中佛陀提起袈裟，脚踏诸龙，可能是表现其经龙桥从容渡过恒河之景。佛陀降伏恶龙后，皈依的恶龙化作浮桥。佛陀周围持华盖者，应该就是迎接渡河世尊的毗舍离王等人。莫妮卡·茨茵指出，此图和同窟“优填王造像”间隔一扇窗户，不仅位置对称，两幅图像在内容和构图上也具有对称性——窗户右侧毗舍离王华盖迎佛和窗户左侧的优填王持造像迎佛相呼应，同时窗户右侧佛陀踏龙渡河的场面和窗户左侧佛陀脚踏三道宝阶下降相对称。

第四节　度化王亲

一、净饭王（输头檀那）传位

迦比罗城净饭王收到拘舍罗国波斯匿王（胜军王）的书信，谈到释迦得成正觉，普渡众生。净饭王喜出望外，连忙派遣太子昔日好友乌陀夷打听消息。乌陀夷来到室罗筏城逝多林给孤独园佛陀住所，邀请佛陀回乡。他半开玩笑地说：“世尊若不去者，我今强将世尊往劫比罗。”佛陀答应回国，但他对乌陀夷说：除非出家，否则你这个样子不可以作为如来的使者。乌陀夷不敢违背，受具足戒，成为比丘。

佛陀以神力将之送还迦比罗城。净饭王见到剃度后的乌陀夷，得知佛陀外貌与之无异，不禁伤心。乌陀夷告诉净饭王，佛陀回家不住王宫，只住伽蓝精舍。净饭王忙命人在宫殿外营造寺院。他带着诸眷属及大小臣子在河边迎接佛陀，击钹吹贝，广设伎乐，声势浩大。百姓来到河边围观。人们充满好奇，不知父子相见，如何礼拜？若子拜父，则佛法与世俗无异。若父拜子，则不符国礼。

佛陀对此早有准备。他由大目犍连等比丘环绕簇拥着来到河边，为净饭王及百姓现其神变，或身上出水，身下出火，身上出火，身下出水，复于身中放大光明。又率诸弟子同现神通，踊身上升，高七多罗树。最终，净饭王在乌陀夷的引见下，来到佛陀跟前，五体投地，礼佛双足。

克孜尔第206窟佛传壁画“净饭王皈依”在画面中心绘制了国王跪地，双手捧起佛足亲吻的场面。在佛陀右侧为国王夫妇合掌礼佛。在他们的身后站着手持华盖和宝剑的侍从。佛陀的左侧，复画一王者将王冠交给一位黑皮肤的侍从（图4-4-1）。传统观点认为这一场景表现的是“净饭王传位”。

《众许摩诃帝经》讲道，佛陀归国，净饭王将他请入新修的精舍供养。佛陀为了教化净饭王，特意请来帝释天等诸天下凡，变大法会，种种庄严修饰。大目犍连领着净饭王来见佛陀，但法会四门由四天王把守，净饭王因是凡人，不得进入。就在净饭王绝望之时，佛陀以神力，将法会的楼台殿阁乃至垣墙全部变成玻璃，清净透彻，内外相睹，一览无余。他为父亲广说苦集灭道，四圣谛法。净饭王闻法证道，不乐王位，决定将王位传给释种之中的有贤德者。

第206窟佛传壁画在“净饭王传位”的上面，绘制了一黑一白两位僧人。他们可能是故事中反复出现的大目犍连和乌陀夷。壁画上层绘制了佛陀头顶的圆顶建筑，以及两旁的帝释天和持乐天人，或与帝释天等为佛陀准备天人法会相关。

图 4-4-1　净饭王传位，克孜尔第 206 窟

然而关于此图，罗伯特·阿尔特和桧山智美（2013年）提出了全新释读——壁画反映了波斯匿王皈依的场景。波斯匿王造访佛陀住所，他除去了自己的华盖、宝剑、珠宝及王冠。数种不同语言的佛经记载了波斯匿王亲吻佛足之事[1]。由此，两位学者重新阐释了一系列王者亲吻佛足及王者舍弃王冠的图像（壁画涉及克孜尔第38窟、第114窟、第161窟、第163窟、第171窟、第175窟、第178窟、第206窟、第224窟及森木塞姆第42窟）。

二、摩诃波阇波提

方形佛传“姨母皈依”可见于克孜尔第206窟侧壁（已被揭取）。图像以佛陀说法为中心。佛陀右侧有一年轻比丘跪在地上。在他的身后是一位衣着华丽的宫中贵妇，头光表明此女具有王族身份。他们身后站立了四位没有头光的世俗女性（图4-4-2）。和佛陀交谈的年轻比丘，以及在他身后的王族女性，被学界视为佛陀和他恋恋不舍的妻子[2]。

1 Robert Arlt & Satomi Hiyama, Fruits of Research on the History of Central Asian Art in Berlin: The Identification of Two Sermon Scenes from Kizil Cave 206, Indo-Asiatische Zeitschrift, 17.2013, pp.16—26.

2 中国壁画全集编辑委员会编《中国新疆壁画全集·克孜尔·2》，天津：天津人民美术出版社、乌鲁木齐：新疆美术摄影出版社，1995年，图85，图版说明第35页。

图 4-4-2 难陀和摩诃波阇波提，克孜尔第 206 窟

这种可能不能排除。但笔者更倾向于将佛陀身后的女性看作佛陀的姨母摩诃波阇波提。井上豪（2014年）谈到了这一观点[1]。

释迦出生后不久，生母摩耶夫人就去世了。摩耶夫人的妹妹波提夫人（又译为摩诃波阇波提、摩诃钵剌阇钵底、波阇波提、大爱道、大世主、瞿昙弥、乔答弥等）抚养释迦太子长大。太子出家，波提夫人哭瞎双眼，至佛陀回家相见才又重见光明。

《杂事》记载，佛陀成道后，回到劫比罗城。波提夫人听法后，带领五百释种妇女请求出家为尼。如是三请，佛皆不许。波提夫人遂于门外站立啼泪。阿难见之不忍，问佛缘故。佛陀告诉他说："若许女人为出家者，佛法不久住。譬如人家，男少女多，即被恶贼破其家宅。女人出家，破坏正法，亦复如是。又复阿难陀，如作田家苗稼成熟，忽被风雨霜雹所损。女人出家，损坏正法，亦复如是。又复阿难陀，如甘蔗田成熟之时，遭赤节病，便被损坏，无有遗余。若听女人出家，损坏正法，不得久住，速当灭尽，亦复如是。"阿难再次恳请佛陀，希望能够念及姨母哺乳养育之恩，大发慈悲。佛陀最终准许波提夫人为尼，为此特意制定了"八尊敬法"等多种戒律。

摩诃波阇波提出家为尼，打破了僧团拒绝接纳女性的最初定制，在佛教史中意义重大。佛陀甚至明确说道：梵行因女人出家而不得久住。图像中的女性，一共五位，可能代表了最初出家为尼的释种五百妇女，前面的阿难正为摩诃波阇波提向佛陀恳请。

1 〔日〕井上豪《キジル石窟仏伝図壁画における女人供養図の主題》，《佛教藝術》vol.333，3.2014，p.64.

三、耶输陀罗

图像见克孜尔第171窟主室侧壁（图4-4-3）。画面中央为交脚佛陀。他脸部左转，右手摊开，对左侧一位女性说法。该女子赤裸上身，乳房丰满，身披美丽的瓔珞和头饰。她一手上举，一手弯曲，身体微旋。她一心展现迷人的身姿，而对佛陀的言语心不在焉。在她身边有一位交脚而坐的侍女。她黑色的皮肤外面穿着蓝色外套。为了突出了前者撩人的姿态，侍女两掌朝舞女分开，仿佛正向佛陀（同时也向壁画的观众）进行说明：快看我的女主人，她是那么美丽。

传统观点认为这幅壁画讲述了舞师女作比丘尼的故事。据《撰集百缘经》卷八，佛陀在王舍城迦蓝陀竹林时，遇到一位叫作青莲花的舞女，擅舞且傲慢。即使在佛陀面前，她仍然放逸戏笑。最终，佛陀将其变成一位白发老妪，令她觉悟皈依。考虑到图像中的舞女拥有头光，这是天人或者王族身份的标识，笔者以为上述观点有待商榷，这幅壁画也许是讲述了佛陀和其夫人耶输陀罗的故事。

释迦成道归国。耶输陀罗想让自己的丈夫回心转意。她将自己打扮得娇艳无比，并于佛前歌舞，试图重新唤起佛陀情欲。世尊遂现神变，为诸宫女说法。他为教化耶输陀罗，向众人述说了他和耶输陀罗的前生因缘。佛陀后来专门为耶输陀罗说四圣谛法。耶输陀罗闻之，证预流果。她皈依佛门，勤进修习，最后证阿罗汉果。

耶输陀罗舞诱世尊之事，在《破僧事》中有详细的描述：

> 尔时耶输陀罗作是念：罗怙罗父若入宫时，我应设诸方便承事供养，令不出宫。作是念已，耶输陀罗与乔比迦、弥离迦遮等六万美人，各各严饰种种庄具，熏种种妙香，皆悉办讫。尔时世尊于晨朝时着衣持钵，与诸苾刍围绕侍卫，为调伏有情故，入王宫内。时耶输陀罗等三夫人与六万婇女，作诸音乐倡伎歌舞，整理衣服，蛊媚妖艳，在世

图4-4-3 耶输陀罗迎佛，克孜尔第171窟

图 4-4-4　耶输陀罗投地，克孜尔第 84 窟

尊前止，欲令染着。

克孜尔第171窟相关壁画所绘之舞女，有头光，配有侍女，与耶输陀罗的王后身份一致。她舞姿妩媚，体态娇艳，亦与佛经记述相符。壁画在佛陀右侧绘制了两位比丘，他们代表了在场听佛陀讲述耶输陀罗因缘的僧众。佛经写道：

时诸苾刍皆疑白佛言：世尊，何故耶输陀罗因欢喜团于佛，世尊生于染着？佛言：诸苾刍，此耶输陀罗非于今生欲因欢喜团而染着我，曾于过去先有是事……

克孜尔第84窟、第178窟和第163窟的侧壁佛传中，另有类似壁画，被解释为"长寿女"和"吉祥慧女"（图4-4-4）。画像一般在佛陀左右画出三位裸女，均有头光。在笔者看来，也可识别为释迦的妻子。关键在于躺在地上的女子是谁。说一切有部传说，佛陀不为耶输陀罗美色所动，安详为旧宫女眷说法。诸女闻法后多得预流果。只有耶输陀罗，因为染心深重，未获于果。她见色诱不成，便作种种美味饮食，持奉世尊。佛陀坦然受之。耶输陀罗见释迦不念旧情，心灰意冷，跳楼自尽。《破僧事》载："耶输陀罗，既见佛知，心便息念，更不寻求，即升七重高楼，不惜身命，遂投于地。佛以神力接不令损。" 图像中躺地女子，当为其投地之状。如是，则图像中在佛陀左右或坐或站的两位女子当为耶输陀罗的异时同图（又或为释迦的另外两位妻子）。克孜尔第178窟似乎将此主题分为了两个片段。但由于两个图像片段并没有保持读图程序的联系性，其内容还可商榷。

第五节　度化众生

一、穆谛迦的因缘

克孜尔第206窟另有一幅佛陀说法图（图4-5-1）与"耶输陀罗听法"图颇为近似。

图像描绘一位王族女子坐在佛陀右侧听法。她半裸着身体，端庄地交脚而坐。佛陀左上方的内容非常特别，描绘了一位背朝佛陀，被牛角抵触的女性。克孜尔第110窟、第160窟侧壁佛传也绘制了同一主题。

国内学界将此图释读为“舞师女作比丘尼”，或“佛陀为释迦族女说法”。西方学界近来依据梵语和藏文佛经，认为壁画描绘了穆谛迦（Muktika）公主及其前世因缘[1]。

师子国的穆谛迦公主因出生时天降珠雨得名。她听说释迦传教之事，遣人传信，成功地向世尊求请了一张画像。穆谛迦公主前世是摩诃那摩的婢女。她曾经随摩诃那摩夫人听佛说法。夫人派遣她将自己的随身首饰放回家中（或谓其受命回家取来首饰）。这位婢女心中想着听法之事，匆匆赶路，中途遭牛抵触而死。因其心念佛法，转世成为公主。

图 4-5-1 穆谛迦因缘，克孜尔第 206 窟

二、庵没罗女献苑

克孜尔石窟侧壁方格佛传中，还有一类女子听法图像，与耶输陀罗相仿（图4-5-2）。唯独女子头上没有王族头光，释为“庵没罗女献苑”较为合理。庵没罗女所献之苑是佛陀常驻传法之所，在佛教史上颇为重要。克孜尔第110窟系列佛传中当绘有此事，然壁画已漫损不清。

《杂事》载：

> 佛及僧众渐至城所住庵没罗林。时此城中有一女人，颜容端正，众所知识，名庵没罗，是此林主。闻世尊至住我林中，着妙衣璎，而自庄饰。命诸女属共相随从，乘驾宝车，诣世尊处。既至林所，便即下车，徒步而进。

图 4-5-2 庵没罗女献苑，克孜尔第 186 窟

1 Robert Arlt & Satomi Hiyama, Fruits of Research on the History of Central Asian Art in Berlin: The Identification of Two Sermon Scenes from Kizil Cave 206, Indo-Asiatische Zeitschrift, 17.2013, pp.21—26.

尔时世尊于无量百千苾刍众中而为说法。尔时世尊遥见女已，告诸苾刍：彼诸女众欲来至此，汝等应当系念思惟，勿生异想……是时女众来诣佛所，顶礼双足，退坐一面。尔时世尊为说妙法，示教利喜，默然而住。时庵没罗女从座而起，合掌恭敬，白佛言：世尊，唯愿哀愍，与诸苾刍明日就宅，受我微供。世尊默然。知佛受已，顶礼双足，奉辞而去。

三、须摩提女

据吴支谦译《须摩提女经》，有一长者名阿那邠池。其女名曰须摩提，信奉佛教。尔时满富城中，有满财长者，见须摩提女光颜万姿，求为儿媳。满富城中有个传统，如果聘娶外国女子，当以酒肉供养六千外道梵志。于是满财长者在儿子的婚礼上大宴群师，并命须摩提女向诸外道行礼。须摩提受佛教诲，不愿礼拜外道。外道不满，散布言论，威胁诛杀满财家族。

满财长者躲在高楼上，不敢出户。均头沙弥正好路过，他飞身上楼，询问缘故。满财见之，惊讶不已。小沙弥有如此神通，老师一定更加厉害。于是下楼，礼拜须摩提女，恳请引见她的佛教老师。

须摩提女以香油涂身，登上高楼，遥向如来请愿。佛陀知道须摩提女为外道逼迫，即令弟子各现神通，往满富城为之解难。

先是乾绪，以神通力，携万斛大釜、百斛大杓，飞临彼国。满财遥见，问须摩提女：“这是你的老师？”须摩提回答：“此非我师，是僧中伙夫乾绪。世尊欲来，派他执锅先行。”

接下来是均头沙弥，变化成五百华树。他在树上结跏趺，飞向彼国。满财问须摩提女：“这是你的老师？”须摩提回答：“此非我师，此是舍利弗最少沙弥，名字均头。”

接下来，是佛陀的其他弟子，各现神通，一一飞到。各部佛经对出现的弟子神通描述不一。大藏经两部不同版本的《须摩提女经》亦有差别。其一记载显现神通的弟子有：周利盘特伽比丘乘坐五百狮子，佛子罗云（罗睺罗）比丘乘坐五百金翅鸟，须菩提比丘乘坐五百象王，大目犍连比丘乘坐七宝山，大迦叶比丘乘坐五百大龙。另一部《须摩提女经》记载了更多比丘神通。除了携带锅具的伙夫乾茶（乾绪），变成五百花树的均头沙弥，还包括变出五百头青牛的般特比丘，变出五百孔雀的罗云比丘，变出五百金翅鸟的迦匹那比丘，变出五百条龙的优毗迦叶比丘，变出琉璃山的须菩提比丘，变出五百白鹄的大迦旃延比丘，变出五百只老虎的离越比丘，变出五百狮子的阿那律比丘，变出五百匹马的大迦叶比丘，变出五百六牙白象的大目犍连比丘。

每次比丘神通到达，都令满财长者钦佩不已，误以为是须摩提女的老师。佛陀最后到来。他身色金光，虚空腾赫。阿若拘邻在右，舍利弗在左，阿难在后执拂，千二百弟子前后围绕。“如来最在中央，及诸神足弟子，阿若拘邻化作月天子，舍利弗化作日天子。诸余神足比丘，或作释提桓因，或化作梵天者，或化作提头咤、毗留勒、毗留波叉、毗沙门形者，领诸鬼神。或有作转轮圣王形者，或有入火光三昧，或有入水精三昧，或有放光者。或有放烟，作种种神足。是时梵天王在如来右，释提桓因在如来左，手执拂。密迹金刚力士在如来后，手执金刚杵。毗沙门天王手执七宝之盖，处虚空中，在如来上。恐有尘土，坌如来身。是时般遮旬，手执瑠璃琴，叹如来功德。及诸天神，悉虚空之中，作倡伎乐，数千万种，雨天杂华，散如来上。”

满富城中百姓聚集在楼下，和满财长者、须摩提女一起见证了诸种神迹。佛陀为大众说法，令须摩提女得法眼通，城中人民全部皈依了佛教。

图 4-5-3　须摩提女迎来伙夫乾绪，克孜尔第 205 窟

图 4-5-4　须摩提女缘，克孜尔第 224 窟

须摩提女请佛故事，是本节中的孤例。它没有绘制在石窟侧壁，而是全部绘制在克孜尔石窟券顶的中脊。第178窟、第198窟、第205窟和第224窟有此壁画（图4-5-3、图4-5-4，并参见图1-3-9）。第178窟壁画被德国人记录并揭取，其余现存洞窟均有破损，其中第224窟壁画保存内容较多。龟兹画家选择众比丘空中显现神通的故事高潮予以表现。画面开始一端绘制须摩提女于高楼上持香灯请佛，然后是佛陀诸弟子显神通从空中应邀而来舍卫城，伙夫携锅铲，均头沙弥乘花树，罗云乘孔雀，伏毗迦叶乘龙，如是等等，最后为立佛释迦现神变。克孜尔第178窟和198窟相关壁画中，画家没有直接描绘佛陀，仅绘出他的头光和身光，以示佛陀神变，金光炫目。

学界对龟兹壁画“须摩提女请佛”作过考证[1]，相关故事在《增一阿含经》、《佛说三摩竭经》、《佛说给孤独长者女得度因缘经》和吴支谦译《须摩提女经》等许多佛经中均有记载。赵莉（1997年）在《克孜尔石窟“须摩提女请佛缘”壁画考略》一文中做了较为深入的分析[2]。她仔细对比了克孜尔壁画中的神变内容，提出第224窟“须摩提女请佛”壁画脱落部分恰好是三个情节的面积，这样从须摩提女上高楼请佛至最后佛的出现，总共十四个情节，除了须摩提女和佛，剩下的就是佛的十二位弟子。这与《须摩提女经》中所载人数相等，且弟子们除了出场次序不太一致，其各自所乘之物也与经本吻合。可是，为什么要将此图绘制于券顶中脊？赵莉和廖旸都推测这种布置可能是弘扬佛法，压制外道的需要，它背后隐含着王室以护持正法者自居的心态[3]。赖文英（2012年）则认为，“须摩提女请佛”壁画可以用像观、法身观、生身观的念佛禅法予以解释，它的出现透露出念佛思想的转变[4]。笔者不反对上述观点，但考虑到龟兹画家常常在天相图中绘制身上冒出火焰的神变佛陀或高僧，必须考虑“须摩提女请佛”故事替代天相图的前提。在笔者看来，这个故事和神变僧人一样，都是试图通过表现“神通”，劝诱观众皈依佛法，获得现证。

四、龙王问偈、大迦旃延皈依

据《杂事》，昔日兜率天宫有偈颂云：“何处王为上，于染而染着；无染而有染，何者是愚夫；何处愚者忧，何处智者喜，谁和合别离，说名为安乐。”在无佛出世之时此偈涵义无人能解。北方多闻天王从兜率天抄回本宫。有一位药叉名叫金光，在北方天王处见此偈颂，告诉了他在得叉尸罗国的好朋友伊罗钵龙王。伊罗钵龙王一直等待佛陀出世，苦于没有消息。他化作人形，周游列国，手持装满黄金的宝盒，口中唱言：“若有能解此颂义者，我与金箧而为供养。”

历经周折之后，伊罗钵龙王见到了摩伽陀国著名学者那剌陀仙。那剌陀仙允诺答疑。他拜访佛陀后，为龙王解答了偈颂。伊罗钵龙王确证了佛陀出世。他寻访到佛陀，问道听法。

克孜尔第206窟侧壁佛传“龙王皈依”描述了龙王问佛故事（图4-5-5）。画面中间为交脚坐佛，身体微微右偏。在他的对面，一对男女龙王（顶上冒出数身蛇头，这是龙王

1 丁明夷、马世长、雄西《克孜尔石窟的佛传壁画》，《中国石窟·克孜尔石窟·一》，北京：文物出版社、日本东京：平凡社，1989年，第195页。

2 赵莉《克孜尔石窟“须摩提女请佛缘”壁画考略》，《新疆文物》1997年第2期；后收入《龟兹文化研究（三）》，乌鲁木齐：新疆人民出版社，2006年，第385—391页。

3 廖旸《克孜尔石窟壁画分期与年代问题研究》，中央美术学院博士学位论文，2001年，第72页。

4 赖文英《克孜尔石窟须摩提女故事画的图像思维及其影响》，《现代视野下的龟兹文化发展与变迁暨第六届龟兹学术研讨会论文提要》，2012年，第34页。

图 4-5-5　龙王问偈，克孜尔第 206 窟

的标志图案），双手合十，恭敬听法。他们脚下，一条巨大的蛇形动物从水池中探出前身。此蛇形动物，其实是龙王现出的原形。《杂事》讲到伊罗钵龙王起初化身为转轮王前去鹿林拜访佛陀。佛陀识破了龙王的伪装，请他恢复原形。《杂事》描述龙王回复本形后的相貌。它广长无量，头枕婆罗痆斯城，尾在得叉尸罗国（相去有二百驿）。由先恶业，头上生一大树，被风摇动，脓血皆流。沾污形骸，臭秽可恶。蝇蛆遍其身上昼夜唼食，令龙王自惭形秽，不愿被人看见。

此故事也经常绘制在克孜尔券顶菱格中。森木塞姆第40窟穹窿顶条幅立佛中也绘制了这个故事（图4-5-6）。学界过去将之识别为“贤面受毒蛇身缘”[1]，此说应该放弃。正如莫妮卡·茨茵（2011年）注意到的[2]，壁画中蛇形龙王的头上长出一棵大树。此外，也许是为了表现巨龙身体的长度，画家故意没有把它身体余部绘制完整，仿佛留给观众想象，龙王前身礼拜佛陀，尾端还留在另一国度。

龙王害怕自己积怨太多，担心现出原形将遭众人迫害。世尊令金刚手在旁护持。《杂事》云：“尔时世尊告金刚手曰：汝可护此龙王，勿令损恼。时金刚手受世尊语已，便为守护，随后而行。”此金刚手绘制在佛陀左侧，与龙王相对的位置上。他表现为一个身穿戎装、手持金刚杵的虬髯大汉。

在金刚手的上方，壁画描绘了三位比丘。其中两位在窃窃私语，另一位面向画外，高举右手。前者之中，可能包括了为伊罗钵龙王解答偈颂的学者那剌陀仙，他在龙王闻法后，立即皈依了佛门，成为释迦座下十大弟子之一，论义第一的大迦旃延。

《杂事》写道：

> 尔时那剌陀仙人诣世尊所，顶礼佛足，退坐一面，而白佛言：世尊先所许者我已作讫，欲于如来善法律中出家修学。佛言：善来苾刍，听汝出家，可修梵行。闻是语已，须发自落。如曾剃发已经七日，法衣着身，瓶钵在手……时诸苾刍见那剌陀既出家已，诸同梵行者不知云何唤其名号，以缘白佛。佛言：此苾刍姓迦多演那，应将此姓即以为名。

至于那一位黑色皮肤、昂首向外的比丘，由于其右手端壁画残破，具体身份无法识别。笔者推测有两种可能：其一是代表见到龙王原形后无比惊恐的僧众；其二是代表龙王前世因缘。伊罗钵龙王前世为迦叶佛座下比丘。他禅定时，被落到额头的树叶所激怒，折其树叶，瞋心毁戒，命终之后堕此龙中。大树生于头上，脓血流出，多有诸虫。可

1　中国壁画全集编辑委员会编《中国新疆壁画全集·克孜尔·3》，天津：天津人民美术出版社、乌鲁木齐：新疆美术摄影出版社，1995年，图48。

2 Monika Zin, The Identification of Kizil Paintings V, Indo-Asiatische Zeitshcrift, 15.2011, pp.65—67.

图 4-5-6　多鱼头本生及龙王本生，森姆塞姆第 40 窟

惜壁画残缺，无法判断昂首比丘手捉树叶与否。只能在此留下疑问。

壁画中，龙王身后随行的龙女，在佛经中也有记载。据《佛本行集经》，商佉龙王有女。名曰常分，端正美丽举世无双。伊罗钵龙王求解诵偈之时，以金银等并及龙女，持用布施。那剌陀仙人（大迦旃延）为之解惑，龙王当以龙女与之。告之曰：仁须几多金银珍宝，随意所须，从我索之。我当与仁。而此龙女，仁无所用。所以者何？此之龙女，口一出气，能令世人作于灰土。大迦旃延回答龙王道：我不用金银珍宝，亦复不用龙王之女。何以故？我今佛边，闻诸偈已，即于诸欲生厌离想。

五、白狗吠佛、鹦鹉摩牢兜罗子恚佛

故事见克孜尔第189窟侧壁（图4-5-7）。图像中心是佛陀说法，对面有一武士（头部壁画残损）仗剑而来。佛座前面还有一只白狗，蜷身而卧。此壁画，国内学界未见定名。壁画应描述鹦鹉摩牢兜罗子恚佛之景，即“白狗吠佛”因缘故事中的一幕。

“白狗吠佛”故事《经律异相》有载。《中阿含经》和《佛说鹦鹉经》中有详细的描述。佛陀入空户乞食，白狗吠佛。佛陀止白狗吠。房屋主人鹦鹉摩牢兜罗子回家后发现白狗闷闷不乐，气急败坏，骂佛，恚佛。佛陀告诉他，白狗是他父亲转世，知其财宝埋藏处。鹦鹉摩牢兜罗子在佛陀指导下，回家问询白狗，发掘出家传宝藏，最后皈依。图像所绘白狗卧在华丽的卧具上，佛经对此有所描述。持剑武士应当理解为鹦鹉摩牢兜罗子恚佛之状。

求那跋陀罗译《佛说鹦鹉经》载：

> 彼时世尊晨起着衣服……游舍卫分卫时，到鹦鹉摩牢兜罗子家。彼时鹦鹉摩牢兜罗子出行不在，少有所为。彼时鹦鹉摩牢兜罗子家有狗名具，坐好褥上，以金钵食粳米肉。白狗遥见世尊从远而来，见已便吠。

彼世尊便作是言：止，白狗，不须作是声，汝本吟哦（梵志乞食音）。于是白狗极大瞋恚，不欢喜。下床褥已，至门阈下依，而伏寂然住。

后摩牢兜罗子还舍已，见白狗还下床褥，依门阈，寂然伏，忧戚不乐。见已，问边人……于是鹦鹉摩牢兜罗子于世尊便有瞋恚不乐，遥骂世尊，遥诽谤世尊，遥恚世尊……彼时鹦鹉摩牢兜罗子来诣世尊所……彼鹦鹉摩牢兜罗子再三白世尊曰：此瞿昙，白狗本是何等亲属？（佛答：）汝摩牢已再三问，当说之。此摩牢，白狗前所生，是汝父名兜罗。

图 4-5-7　鹦鹉摩牢兜罗子恚佛，克孜尔第 189 窟

于是鹦鹉摩牢兜罗子于世尊倍增上瞋恚不乐，骂世尊，恚世尊，诽谤世尊……（佛陀曰：）汝摩牢，我所说若不信者。汝摩牢便可还家，到已语白狗作如是言"……彼白狗本生时是我父兜罗者，当示我父遗财。汝本藏举，我今不知处。"此摩牢，彼白狗当示汝本父遗财汝所不知。

于是鹦鹉摩牢兜罗子……离世尊还至家。到已，语白狗作如是言：此白狗，若本生时是我父兜罗者，当还上床褥坐。彼白狗便还上床褥坐。

此白狗，本生时若是我父兜罗者，当于金钵中食粳米肉。彼白狗便于金钵中食粳米肉。

此白狗，本生时是我父兜罗者，白狗当示我本父遗财，汝本藏举，我今不知处。于是彼白狗下床褥已，至本卧处。到已，于本卧处床四脚下，以口足爬地，令鹦鹉摩牢兜罗子大得钱财。

白狗吠佛故事，在菱格因缘中常见（图4-5-8、图4-5-9）。克孜尔第205窟菱格因缘中绘出持剑而立的鹦鹉摩牢兜罗了。《中国新疆壁画全集》论及"白狗吠佛"在克孜尔石窟中的表现，但只以此释读克孜尔第179窟一幅菱格因缘。部分壁画中白狗卧于佛陀前面，作委屈状。部分壁画中，白狗卧于佛陀身侧华丽的卧具之上，其下有一钵盂。有学者将此故事识别为《经律异相》中所载"弊狗因缘"，认为佛陀左右分别描绘了狗及杀狗者。然弊狗因缘故事中，与狗分食的乞食沙门才是故事主角，杀狗者并不重要。故此解释与壁画不合。艾曼纽·雷斯布勒（2001年）谓之"白狗因缘"[1]，当更合理。

1 Emmanuelle Lesbre, An Attempt to Identify and Classify Scenes with a Central Buddha Depicted on Ceilings of the Kyzil Caves (Former Kingdom of Kutcha, Central Asia), Artibus Asiae, Vol.61, No.2(2001), p.336.

图 4-5-8　白狗因缘，克孜尔第 179 窟

图 4-5-9　白狗因缘，克孜尔第 205 窟

六、央掘摩罗杀佛

央掘摩罗拜一梵志为师。师母恋其俊美，欲与结欢，被央掘摩罗拒绝。她愤恨不已，遂向丈夫诬陷。师父为惩罚央掘摩罗，故意教他杀人取手指一支为鬘，杀一千（或云一百）人方能成道。央掘摩罗持刃四处杀戮，百姓逃避求助佛陀。央掘摩罗最后还差一人够满千数，其母在前，遂欲害母。这时世尊来到央掘摩罗处，央掘摩罗舍其母而执剑杀佛，但竭力奔走终不能触到佛陀。世尊与之对话，央掘摩罗心即开悟，弃剑稽首，皈依佛门。

西晋竺法护译《佛说鸯掘摩经》载：佛念指鬘若害母者……便忽然住立其前。时鸯掘摩见佛舍母，如师子步，往迎世尊。心自念言："十人百人见我驰进不敢当也。吾常奋威，纵横自恣。况此沙门独身而至。今我规图必剿其命。"即执剑趣佛，不能自前，竭力奔走，亦不能到。则心念曰："我跳度江河解诸系缚，投捭勇猛曾无匹敌，重关固塞无不开阖。而此沙门，徐步裁动，我走不及。殚尽威势，永不摩近。"……于是世尊为指鬘颂偈，而告之曰……于是指鬘，心即开悟，弃剑稽首，自投于地。"唯愿世尊，恕我迷谬。兴害集指，念欲见道。侥赖慈化，乞原罪舋。垂哀接济，得使出家受成就戒。"佛则授之，即为沙门。

央掘摩罗杀佛故事在佛教文学中颇流行，仅单独成卷的汉译佛经就有三部——西晋月氏国三藏竺法护译一卷本《佛说鸯掘摩经》、西晋沙门法炬译一卷本《佛说鸯崛髻经》、刘宋天竺三藏求那跋陀罗译四卷本《央掘魔罗经》。此外《杂阿含经》、《增一阿含经》、《经律异相》、《四分律》、《贤愚经》等经均有收录，《大唐西域记》也有记载。玄奘造访室罗伐悉底国时，见到了在央掘摩罗皈依处所建大塔[1]。不同佛经的"央掘摩罗"故事有细节差异。但无论叙事如何变化，央掘摩罗持剑追佛是故事的高潮。龟兹壁画中，婆罗门拔剑杀佛正是描绘这一场景。

1 〔唐〕玄奘、辩机著，季羡林等校注《大唐西域记》，北京：中华书局，2004年，第487页。

龟兹菱格因缘也绘制了这个故事。如克孜尔第188窟壁画:佛坐于金刚座上,其左侧一婆罗门持剑砍佛。根据霍旭初的统计,此故事出现在克孜尔第8窟、第32窟、第80窟、第163窟、第171窟、第175窟、第188窟、第196窟和第224窟。此外森木塞姆石窟的第1窟和第44窟也绘有此故事[1]。作为主室侧壁之大型佛传,央掘摩罗故事仅见于克孜尔第84窟正壁的左上方(图4-5-10)[2]。画面中间偏左的位置绘制立佛,其右下方有三个人物形象,一人跪地顶礼佛;一人仗剑杀向佛陀;一人胡跪举手。除了布裙颜色有明显差别,三人装扮相同。此三人其实是央掘摩罗的三种状态。求那跋陀罗译《央掘魔罗经》描述央掘摩罗皈依时写道:“尔时央掘魔罗即舍利剑,如一岁婴儿,捉火即放,振手啼泣。时央掘魔罗舍鬘振手,发声呼叫,亦复如是,如人熟眠,蛇卒啮脚,实时惊起,振手远掷。……尔时央掘魔罗,如离非人所持,自知惭愧,血出遍身,泪流如雨。譬如有人为蛇所螫,良医为呪,令作蛇行,央掘魔罗宛转腹行三十九旋亦复如是,然后进前,顶礼佛足。”央掘摩罗弃剑振手,恰好可与画面右侧胡跪举手的人物对应。央掘摩罗舍弃指鬘,顶礼佛足的形象则被描绘于佛陀足下,头上冠鬘此时已然消失。

图 4-5-10 央掘摩罗杀佛,克孜尔第 84 窟

七、行乞婆罗门颂杖皈依

故事见于《经律异相》中“老乞婆罗门诵佛一偈,儿子还相供养”:

> 尔时世尊入舍卫城。时有异婆罗门,年老根熟,执杖持钵,家家乞食。世尊告曰:汝何以尔?答言:瞿昙,我有财物,悉已付子,为其取妻,然后舍是,持钵乞食。佛复告曰:汝能于我法受诵一偈,还为儿说。答佛能受。尔时,世尊即说偈言:
>
> 生子心欢喜,为子聚财物;复为娉娶妻,而自舍出家;边鄙田宅儿,违负于其父;人形罗刹心,弃舍于尊老;老马无复用,则夺其面麦;子少而父老,家家行乞食;其杖为最胜,非子离恩爱;为我防恶牛,危险地得安;能却凶暴狗,扶我暗处行;避深坑空

1 霍旭初《从龟兹壁画看说一切有部佛陀生身“有漏”思想》,《西域研究》2009年第4期,第65页。

2 德国慕尼黑大学莫妮卡·茨茵教授在2001年发表的The Unknown Ajanta Painting of the Angulimala Story一文中,对多种央掘摩罗图像进行了较为深入的分析。此后在2006年出版的德文著作Mitleid und Wunderkraft. Schwierige Bekehrungen und ihre Ikonographie im indischen Buddhismus中继续探讨了这一主题。Monika Zin, The Unknown Ajanta Painting of the Angulimala Story, South Asian Archaeology, paris, 2001, pp.705—713; Monika Zin, Mitleid und Wunderkraft. Schwierige Bekehrungen und ihre Ikonographie im indischen Buddhismus, Wiesbaden: Harrassowitz, 2006, p.117.

图 4-5-11　婆罗门持杖乞讨，克孜尔第 84 窟

井，草木棘刺林；凭杖威力故，跱立不堕落。

时婆罗门从佛受偈，还家至门。先白大众，听我所说。然后诵偈如上。其子愧怖，即抱其父，还将入家，摩身洗浴，覆以衣被，立为家主。时婆罗门作是念：我今得胜族姓，是沙门恩。我经所说，若为师者，如师供养。我今持上妙衣，至世尊所，面前问讯。白佛言：愿受此衣，哀愍我故。世尊即受，更说种种法，示教照喜。

《经律异相》谓此故事出自《佛为老婆罗门说偈经》，此经名亦见于唐代静泰撰《大唐东京大敬爱寺一切经论目》（《众经目录》）卷三）。可见这个故事曾有单卷本经文流传。故事讲述佛陀见老婆罗门乞讨，知其被儿子抛弃，乃授之偈诵；老婆罗门回家，在大众前朗诵所学偈语，夸赞手杖可以依赖。其子惭愧难当，迎父回家供养；老婆罗门感激世尊，礼佛听法。

相关壁画原位于克孜尔第84窟（图4-5-11）[1]，后被切割为两块，运至德国。画面中心绘制三个婆罗门。右侧佛陀画像已经完全残损，但从其左足位置判断，应当是一尊立佛。一婆罗门坐在凳子上，抬起右手正向佛陀讲述着什么；此即乞讨婆罗门向世尊讲述自己的遭遇，学习释迦所授偈诵。在他的背后，画此婆罗门右手拄着长长的拐杖，左持一碗，对两个年青婆罗门振振有辞。上面复绘三个年青婆罗门议论纷纷。这些年青婆罗门都戴着耳环，以及精致的项圈、臂钏、手镯等装饰物，应属于比较富裕的阶层。他们与持碗的年长婆罗门形成了鲜明对比。此即描述老婆罗门回家在大众前朗诵偈语。拐杖是故事的关键。偈诵中有大量假借称颂拐杖以讽刺不孝子孙的言语，如“子少而父老，家

1　中国壁画全集编辑委员会编《中国壁画全集·8·克孜尔·1》，天津：天津人民美术出版社、乌鲁木齐：新疆美术摄影出版社，1992年，图123，第113页。

家行乞食；其杖为最胜，非子离恩爱”云云。画面下端绘此婆罗门跪在地上，双手接捧佛足，代表了老婆罗门的皈依。

八、解救野冢小儿

壁画位于克孜尔第84窟侧壁（图4-5-12）。画面绘一裸体男子被捆绑在长竿上，佛陀站立在他前面，脚下一堆枯骨。他们前方，有一同样装束之男子正步行离开，他的左手与佛陀（壁画残缺）右手相牵。此故事国内学界未见考证，西方学界格伦威德尔（1920年）拟定为“花祭本生”，阿尔坎杰拉·桑托罗1995年撰文提出的“佛陀与男孩”故事与之吻合[1]。

图 4-5-12　解救野冢小儿，克孜尔第 84 窟

汉译佛经中，此故事见于《杂譬喻经》二卷本（失译）。过去有兄弟二人。其父临终时，嘱托长子照顾年幼的弟弟。父亲死后，长兄之妻为了独占家产，屡屡劝说丈夫除去其弟。兄始不肯，数语不已，兄便随之。他将年幼的弟弟带到墓地深处，将他捆绑在树干上。由于不忍亲手杀死弟弟，欲使虎狼恶鬼害之，他对弟弟说：“你多次冒犯我，现在让你在这个地方整夜思过，明日再来接你。”说完离去。

须臾日暮，四面传来野兽鸣号。弟弟心中恐惧，仰天叹息。佛陀见之，正坐三昧，身体放大光明，照亮冢间，去除黑暗。又放一光，照耀小儿，所缚即缓，不再疼痛。佛陀第三次放出光明。小儿在此光照耀下，身体温暖，饥饿消除。随即，世尊顺着三道光明，来到冢间。小儿向佛告白：“愿我作佛，脱一切危，如佛今日。”即发无上正真道意。

小儿听佛说法，得不起法忍，对佛陀说：“虽然我的兄长有恶念，违孝害我。但我恰恰因此见佛，断生死苦。所以我应该回到哥哥身边，报答他的恩情。”佛陀以神足携之，飞往兄家。兄妇见之，惭惧无颜。小儿即语兄曰：“你虽然缚我冢间，我今日得道，皆兄恩也。”遂为兄嫂说法，使其觉悟。

九、拄蛤牧牛人听法因缘

图像绘佛陀说法，旁边一人手拄木棍，站立听法（图4-5-13）。木棍下压着一只蛤蟆。部分图像杖下蛤蟆绘制不甚清楚，容易识别为其他故事。如第80窟券顶的相关菱格

1　Arcangela Santoro, On the so-called Puppharatta-Jâtaka, Kizil, Schatzhöhle B, Silk Road Art and Archaeology (Kamakura), Ⅳ.1995/96, pp.217—229.

因缘，绘佛陀说法，左侧一人手拄红色大木棒。有学者考其为“贫人施佛燋木”故事[1]。但图像中，木棒下压有蓝色物体，当为蛤蟆。故《克孜尔石窟内容总录》采纳“牧牛人拄蛤听法”之说。本文亦从此说。“拄蛤听法”故事以牧牛人为主角，可能在一些画面中蛤蟆绘制比较模糊，或有蛤蟆被省略的情况。

故事讲述佛陀说法时，一牧牛人以杖支地，误杀蛤蟆。蛤蟆因闻佛法而去世，死后升天。《药事》、《善见毗婆沙》、《法苑珠林》、《经律异像》、《天尊说阿育王譬喻经》等经有载。

图 4-5-13　拄蛤听法，克孜尔第 77 窟

《药事》载：

尔时有一牧牛之人，名曰欢喜。去佛不远，遥听佛说，倚杖而立。时有虾蟆，亦在河边。牧牛人杖遂柱隐背上，皮肉穿穴。虽遭此苦，心生是念：“我若作声，欢喜牧人必为散乱，听法为难。”由是忍受，于世尊处，发殷净心，因即命过，生四天王宫。

时牧牛人掷杖一边，诣世尊处，顶礼佛足，在一面立，合掌恭敬，白言：“大德，我今不乐彼此岸住……唯愿世尊许我于善说法律中而为出家，并受近圆，成苾刍性，净修梵行，奉事世尊。”

佛问牧人曰：“汝今牛群岂可不须付彼本主耶？”答言：“不付。”

“何因缘故而不分付？”答曰：“诸牛各有犊子在于主边。其母牛等恋念犊故，时至自归。所以不付。唯愿世尊，但令许我于善说法律中，而为出家，并受近圆，成苾刍性，净修梵行。”

佛言欢喜：“汝今且待须臾。其此牛群虽知住处，然汝先已受他牛主衣服饮食，不应如是。”

于时欢喜，便礼佛足而去，高声唱言：“我有大怖畏，甚大怖畏。”疾疾而走。同牧

1　《撰集百缘经》“贫人拔提施佛燋木缘”载：佛在舍卫国祇树给孤独园。时彼城中有一贫人，名曰拔提，为他守园。用自存活，每于一日，担一燋木，入城欲卖，值城门中，见一化人，语贫人言：“汝今若能持此燋木用与我者，我当施汝百味饮食。”时彼贫人闻化人语，心怀欢喜，即便以木授与化人。化人答曰：“汝今持木随我从来。共诣祇桓，当与汝食。”时彼贫人，即相随逐，到祇桓中见佛世尊……前礼佛足，即以燋木，奉施世尊。世尊受已，插着地中。佛以神力，令此燋木须臾之间枝条生长，花果茂盛，团圆可爱，如尼拘陀树……贫人见已，心怀喜悦，即便以身五体投地，发大誓愿：“以此施佛燋木功德使我来世得成正觉，广度众生，如佛无异。”发是愿已，佛即微笑……彼贫人者，以信敬心施我燋木善根功德，于未来世经十三劫，不堕地狱畜生饿鬼，天上人中，常受快乐，最后身得成辟支佛，号曰离垢，广度众生，不可限量。

牛者数有百人，见彼怀惧……亦随彼走。有余牧牛人及牧羊人，并刈草采柴，在路见者，咸随彼走……皆逐欲至所住聚落……

复于异时，其欢喜牧人牛付主已，与五百人，来诣佛所……佛既见已，告言欢喜："汝与五百同来此者，皆悉许得于善说法律而为出家。"

……是时虾蟆得生天已，即便观见，舍虾蟆身，得生四天王宫……是时虾蟆天子，以天容仪庄严身首，于中夜分，来诣佛所。琼伽河侧，光明照耀，以天妙花，散如来上，顶礼佛足，对面而坐，听佛说法。于时世尊观知虾蟆天子，根性随眠，意乐差别，说如是法。于四圣谛，令其开悟。彼闻法已……顶礼佛足，辞还天处。

是诸苾刍初夜后夜，悉皆觉了，夜见其光而生疑念……时诸苾刍咸皆有疑，请世尊曰："牧牛欢喜及五百人先作何业，为牧牛者于佛教中，而为出家，断诸烦恼，证阿罗汉果？虾蟆天子先作何业，生在虾蟆，见真谛理？"

佛告诸苾刍：……乃往过去……有佛出世，号迦摄波如来……其牧牛欢喜，彼佛教中而为出家，具通三藏，为大法师……往时五百弟子者，今五百放牧人是。由彼诸人于往昔时，迦摄波如来弟子声闻众中，出麁语故，五百生中常为放牛……

其虾蟆天子，亦于迦摄波如来教中出家，而常习定……初夜端坐，摄心欲定。持诵苾刍悉皆讽诵，声能障定。彼既闻声，心不能摄……有怀瞋毒，便起忿恚，作如是语：而此迦摄波教中苾刍，从暮至晚，出虾蟆声……作斯恶语，由斯业故，五百生中为虾蟆身。

十、摩醯提利嫁女

图像见克孜尔第14窟侧壁（图4-5-14），菱格因缘亦有所绘。图画一婆罗门拉着一位女子来到佛陀跟前。霍旭初参考《增一阿含经》，识别为"摩醯提利以女奉佛缘"。婆罗门摩醯提利有一女儿，十分美貌。他试图将此女奉献给佛陀，佛陀拒绝了他的好意，并述说了女性的种种恶法。

《增一阿含经》"马王品"载：

一时，佛在罗阅城迦兰陀竹园所，与大比丘众五百人俱。尔时彼城中有婆罗门，名曰摩酰提利，善明外道经术，天文地术，靡不贯练。世间所可周旋之法，悉皆明了。彼婆罗门女，名曰意爱，极为聪朗。颜貌端正，世之希有……是时婆罗门即将此女至世尊所。前白佛言："唯愿沙门受此玉女。"

佛告婆罗门曰："止，止，梵志。吾不须此着欲之人。"

图 4-5-14　摩醯提利以女奉佛，克孜尔第 14 窟

时婆罗门复再三白佛言："沙门，受此玉女。方比世界，此女无比。"

佛告梵志："已受汝意。但吾已离家，不复习欲。"

尔时，有长老比丘在如来后执扇扇佛。是时，长老比丘白世尊言："唯愿如来受此女人。若如来不须者，给我等使令。"

是时，世尊告长老比丘："汝为愚惑，乃能在如来前吐此恶意。汝云何转系意在此女人所。夫为女人有九恶法。云何为九？一者女人臭秽不净。二者女人恶口。三者女人无反复。四者女人嫉妬。五者女人悭嫉。六者女人多喜游行。七者女人多瞋恚。八者女人多妄语。九者女人所言轻举。"

西晋释法炬译《佛说优填王经》单卷本也提到了这个故事。情节与《增一阿含经》颇有差异。婆罗门之女被佛陀拒绝后，被优填王纳为王妃。王后因此失宠而遭迫害。优填王下令射杀笃信佛法的王后。此时奇迹发生，百数箭矢环绕王后三周，回到优填王面前。优填王见此情景，惊异万分，遂请佛陀说法。佛陀讲述了警惕女子魅惑的道理。

《佛说优填王经》载：

一时佛在拘深国，王号曰优填。拘深国有逝心，名摩回提，生女端正华色，世间少双。父睹女容一国希有……乃自将女诣佛所，稽首佛足，白佛言："大人勤劳教授，身无供养，有是麁女，愿给箕帚。"……佛言："惑哉肉眼。吾观之从头至足无一好耶……昔者吾在贝多树下，第六魔天王庄饰三女，颜容华色，天中无比，非徒此论，欲以坏吾道意。我为说身中秽恶，即皆化成老母形坏，不复惭愧而去。今是屎囊，欲何所恋，急将还去，吾不取也。"

逝心闻佛所说，忽然惭耻，无辞复言。又白佛言："若仁不取者，更以妻优填王，可乎不？"佛不答焉。逝心即送女与优填王。

王获女，大悦，拜父为太傅。为女兴宫，伎乐千人以给侍之。王正后师事佛，得须陀洹道。此女赞之于王。王惑其言，以百箭射其后。后见箭不惧，都无恚怒。一意念佛慈心，长跪向王。箭皆绕后三匝，还住王前。百箭皆尔。

王乃自惊畅然而惧，即驾白象金车，驰诣佛所。未到下车，避从步进，稽首佛足，长跪自陈……佛说如是。优填王欢喜，即以头面着地，白佛言："实从生以来，不闻女人之恶乃尔。男子，悖乱随之堕罪。但不知故，不制心意。从今已后，终身自悔，归命三尊，不敢复犯。"为佛作礼，欢喜而去。

第六节 涅槃前后

一、涅槃荼毗

佛陀于娑罗双树下涅槃。帝释天、梵天从天界下来颂悼。众比丘见佛陀逝去，捶胸顿足，悲号不已。尊者阿尼卢陀宽慰大家，当善观诸无常事。拘尸那城城邑中的人民得到阿难传信，知佛陀入灭，纷纷来到双树涅槃处追悼。阿难告诉众人，依照世尊嘱托，佛陀遗体当按照安葬转轮王的方法火化荼毗（图4-6-1、图4-6-2，并参见图5-3-26）。所谓转轮王法，"以白迭絮先用裹体，次以千张白迭周遍缠身，置金棺中，盛满香油，覆以金盖积栴檀木及海岸诸香。以火焚燎后，将牛乳浇火令灭。有余舍利盛以金瓶，于四衢大道建窣覩波。周匝围绕悬缯幡盖，涂末烧香，奏众伎乐，恭敬供养设大施会"。

荼毗过程中发生了三件灵异之事。第一件事，佛陀遗体入殓后，金棺无法举动，不知何故。主持仪式的阿难请教尊者阿尼卢陀。阿尼卢陀告曰："此是诸天作如斯意。欲令

图 4-6-1　荼毗，克孜尔第 205 窟

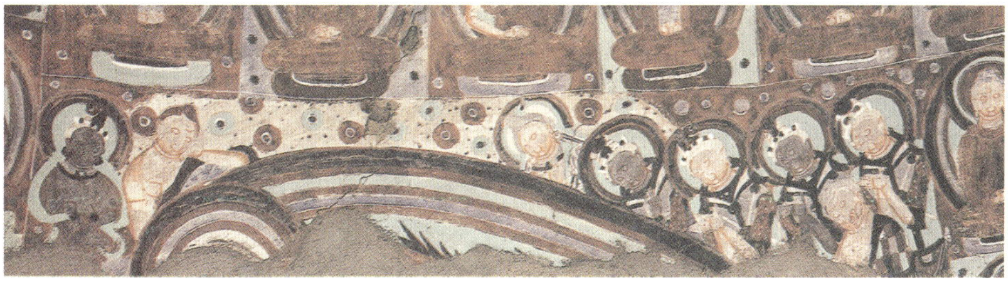

图 4-6-2　荼毗，克孜尔第 189 窟

壮士及诸人民，女持幢幡，男捧尊舆。威仪整肃，翊从如来。我等诸天共持华彩，烧众妙香，奏天伎乐，广陈供养。”阿难遂安排人民仪导，顺应天意。此时，百千万种天宫伎乐一时俱奏。诸天下来，和城中百姓一起将佛陀金棺护送至荼毗之地。

第二件事，众人于金棺置香油、香木（参见图1-2-5），却无法点燃火焰。阿尼卢陀复告阿难陀，大迦叶想瞻仰佛陀遗体，亲观荼毗，此刻正在赶来的路上。众人于是等到大迦叶到来，打开香木、金棺，解开缠绕遗体的白迭织物。大迦叶瞻仰了佛陀遗容，又头面礼足。之后重新入殓，所有香木自然火起。

第三件事，世尊火化后，城中人民本想依照转轮王法，用牛乳浇熄火焰。未及倾倒牛乳，火积中忽然生长出四棵大树，一棵金色乳树，一棵赤色乳树，一棵菩提树，一棵乌昙跋树。树乳自动流出，熄灭全部火焰。

龟兹石窟中心柱窟的末端即后甬道部分往往多绘制佛陀涅槃及荼毗事迹。许多石窟的后甬道留有涅槃台，说明佛陀涅槃也会以雕塑和绘画的组合方式呈现。涅槃图大同小异，基本上以侧卧佛陀为主体，周围人物会因不同情节有所变化。后来赶到且顶礼佛足的大迦叶常常被绘制在涅槃图像的一侧，或触摸佛足（图4-6-3，并参见图5-3-26），或瞻仰佛容。克孜尔第38窟涅槃图比较特殊，礼佛足者为阿难而不是大迦叶，有待解释。

克孜尔第76窟系列佛传壁画按照时间顺序绘制了涅槃和入殓。但许多情况下，龟兹

图 4-6-3 大迦叶礼佛足，克孜尔第 107 窟

画家会把焚棺茶毗和佛陀涅槃融合在一个图像中（例如克孜尔第4窟）。比丘们礼拜世尊的同时，佛陀身体或金棺上下燃起熊熊火焰。宫治昭注意到这种画法似乎是龟兹地区特有的方式，犍陀罗的同类雕塑总是把涅槃和茶毗分开表现的[1]。天人是涅槃图的上方最常绘制的主题，有时表现飞天手赞叹、供养（如克孜尔第47窟、第48窟、新1窟后甬道券顶），他们手持华盖、花盘空中飞翔；有时表现为天人哭天抢地，举哀之态。库木吐喇第16窟则在世尊周围描绘了陷入哀思的比丘（参见图5-3-27）。

《杂事》用夸张的笔墨描写了民众悲痛欲绝的场面，谓之“或有闷绝宛转于地，椎胸大唤，身体战栗，不能自持”。在克孜尔第224窟的荼毗图中，画家生动地描绘了不同的悲痛之态（图4-6-4）。

克孜尔第161窟穹窿窟顶、第38窟后甬道涅槃图，画家在世尊身体上方绘制了四天王及梵天、帝释天。《杂事》明确记载了梵天、帝释天在世尊涅槃后降临唱颂。虽然《杂事》没有提及四天王在涅槃中的表现，但他们实为帝释天之下属，被其他经文写作者又或画家添加进去也很正常。《佛所行赞》中就明确提到了四王同八部诸天在涅槃时出现赞叹之事。一般认为，《佛所行赞》思想上受说一切有部的影响比较大。

克孜尔第47窟后甬道在涅槃图的一角，绘制了数名僧人，有的僧人肩上冒出火焰，虚空飞行。僧人神变的图式，可能是一种符号，用以描述那些在僧团中特别有影响力或资历的比丘。《杂事》明确记载了当大迦叶赶到荼毗地点瞻仰世尊容貌时，连同其本人在内，共有四大耆宿声闻在场——阿若憍陈如、阿难、十力迦摄波、大迦叶（摩诃迦摄波）。这些人物在故事中的出现，一方面增强了灵异事件的可信度和感染力，另一方面强化了后来僧团结集经典，传承佛法的“合法性”。

1 ［日］宫治昭著，李萍，张清涛译《涅槃和弥勒的图像学》，北京：文物出版社，2009年，第429页。

图 4-6-4 涅槃与荼毗，克孜尔第 224 窟

上述壁画中，克孜尔第224窟涅槃图内容最为复杂。图像在佛陀头部上方画了站立的阿难，下方画了一位站立的女性，佛床下还画了一个禅定者。同样内容亦绘于克孜尔第179窟后甬道。画面讲述了佛陀涅槃荼毗过程中的另外两段插曲——最后一次分别为外道和亲人说法。

首先是善贤（音译苏跋陀罗、须跋陀罗）先身入灭事迹。《杂事》记载，当初佛陀自兜率天下降，诞生人间，在拘尸那城生长出一棵乌昙跋树。此树能够感觉并表现出佛陀肉身的健康状况。佛陀成道、弘法时，大树枝荣叶茂，开满鲜花。佛陀慈心悲悯，或林中苦修时，此树便现枯萎之相。佛陀临近涅槃时，身体有恙，乌昙跋树形色枯萃。此树附近居住着一位德高望重的外道，名叫善贤，见树枯萎，感知佛陀即将入灭，急忙赶到佛陀休息处，欲求佛陀解答疑惑。阿难因佛陀病重，阻拦善贤。佛陀以神通力听见阿难与善贤的争执，特意允许善贤近前提问。这是佛陀最后一次为外道说法。善贤闻法，即证阿罗汉果。他不忍见佛涅槃，当即礼拜佛陀，退坐一面，先行禅定涅槃。克孜尔第179窟涅槃图中，佛床前面禅定之人就是经典中描述的善贤，他也是佛陀在世时最后皈依的弟子。“善贤先身入灭”的形象在犍陀罗石刻中常被表现，亦见于克孜尔第38窟涅槃图中（图4-6-5）。

第224窟涅槃佛陀足旁站立的女子是佛陀的生母——从忉利天下降的摩耶夫人。故事内容可见于北齐昙景翻译的《摩诃摩耶经》。该经又名《佛升忉利天为母说法经》，分上下两卷。上卷讲述佛母摩耶夫人生下释迦后不久命终，转生忉利天上。故未能在人间

图 4-6-5 苏跋陀罗皈依，克孜尔第 38 窟

经历佛陀出家、悟道及传法之事。佛陀成道后，专门上升忉利天为摩耶说法。下卷讲述摩耶在忉利天做五恶梦，知佛陀在拘尸那国娑罗双树间入涅槃。遂领天女降下，垂泪悲恼。尔时世尊复活，以大神力，令棺盖自开。佛陀从棺中合掌而起，宽慰母亲，再次为之阐明佛法。

克孜尔第179窟侧甬道外壁，绘有佛陀持钵，从天宫宝阶走下来的场面。马世长认为它可能属于这个故事的前半部分——佛陀在忉利天为母亲说法三月，返回人间的场面。此图式在印度佛教美术中已经成形，称为“三道宝阶降下”[1]。除了第179窟，克孜尔第4窟、第98窟、第178窟、第224窟均绘有这一情节。

二、未生怨王闷绝复苏与八王分舍利

八王分舍利也是龟兹中心柱窟最常出现的题材，多配置在后甬道的中心柱一侧，亦即“涅槃图”的对面。《杂事》记载，佛陀涅槃后，拘尸那城人民依照转轮王安葬之法，用金瓶收取舍利，迁入城中安妙堂，幡花音乐，广陈供养。其他七国听说佛陀涅槃，纷纷求请多余舍利，带回本国供养。拘尸那国不允，引来各国派兵攻打。为了平息战争，推广佛法，拘尸那城有一位名叫“突路拏”的婆罗门出面，将佛舍利平分八份，分给诸国。

克孜尔第8窟和第224窟较好地保留了八王分舍利的图像（图4-6-6，并参见图5-3-5）。第8窟八王分舍利图位于后室前壁，画面中心为一手捧舍利盒的婆罗门盘腿而坐。身边王者数人，其中八位手捧舍利盒。诸王外围是高大的城墙。画面下部是前来争抢舍利的将士，手持武器战旗，骑着战马战象。

根据《杂事》记载，从拘尸那城分走其余七份舍利者，分别是遮洛迦邑、部鲁迦

1 马世长《克孜尔中心柱窟主室券顶与后室的壁画》，《中国石窟·克孜尔石窟·二》，北京：文物出版社、日本东京：平凡社，1996年，第216页。

图 4-6-6　八王分舍利，克孜尔第 8 窟

邑、阿罗摩邑、吠率奴邑、劫比罗城诸释迦子、薜舍离栗姑毗子，还有摩伽陀国的未生怨王。其中最后一位未生怨王（又译作“阿阇王”）比较特别，他是频婆娑罗王之子，杀父囚母，继承了王位。后来皈依佛法，才得解脱浑身恶疮之苦。未生怨王本来亲自带兵开往拘尸那城，路途中因为思念佛陀，从战象背上晕厥跌落，无奈骑马回国。后来指派得力下属“行雨大臣”领兵前往拘尸那城成功分得舍利。这并非未生怨王的第一次晕倒。在佛陀涅槃之后，八王分舍利之前，未生怨王已经因为世尊离去，悲痛欲绝，多次昏死。《杂事》为此专列一节，详细描述了前后过程。

释迦涅槃，引来大地震动，天鼓齐鸣。大迦叶在王舍城竹林园中，见天地异象，入定观察，得悉世尊离去。这时未生怨王信根初发，倾心佛教。大迦叶知道，如果他突然听此消息，必呕血而死，特命行雨大臣做好医护准备，再向未生怨王依次陈说。于是，按照大迦叶的嘱咐，行雨大臣在城中妙堂殿依次图画佛传。从释迦菩萨昔在兜率天开始画起，依次画其作象子形托生母腹、踰城出家、苦行六年坐金刚座、菩提树下成等正觉、婆罗痆斯国为五比丘传法、于室罗伐城为人天众现大神通、三十三天为母摩耶广宣法要、三道宝阶下赡部洲、于僧羯奢城人天渴仰、于诸方国在处化生、至拘尸那城娑罗双树北首而卧入大涅槃。画完佛陀一生行迹，行雨大臣准备了八个大容器放在堂侧。前面七函装满生酥，第八函装满牛头栴檀香水。

行雨大臣邀请未生怨王参观园林，将之引入妙法堂中，依次观画讲解。未生怨王看到最后一幅画面——释迦侧卧娑罗双树间，便问是否所画释迦涅槃，是时行雨默然无对。王见如是，知佛涅槃，果然如大迦叶所预见的，嚎啕闷绝。行雨大臣按照事先准备的方法，将大王装入第一个生酥函中。未生怨王醒来复昏厥，遂再浸泡。如此反复，直至第八次浸泡在牛头栴檀香水中，未生怨王才真正恢复。

未生怨王闻佛法闷绝复苏壁画，在克孜尔第4窟、第98窟、第101窟、第178窟、第193窟、第205窟、第219窟和第224窟均有出现。多数绘制在进入后室入口甬道内侧。其中以第205窟保存较好，绘制最为精彩（图4-6-7）。画面中心描绘一婆罗门与王者夫妇侃侃而谈。画面另外一侧，王者泡在大水缸中，露出半截身体，无比激动。婆罗门站立在他

图 4-6-7　未生怨王复苏，克孜尔第 205 窟

对面，手上展开一匹白布。白布上清晰地勾勒着释迦诞生、降魔、初转法轮、涅槃四幅图像。持画者应该就是向未生怨王展示佛画、讲述圣迹的行雨大臣。泡在水缸中的王者，双手高举，自然是晕厥复苏的未生怨王。在他身后，还依次放着好几个大缸。最后一个大缸的边上有一牛头，暗示大缸所盛为牛头栴檀香水。大缸的下方，画了倾倒的华盖和断裂的大山，是为未生怨王预感佛陀涅槃，所做噩梦。

三、第一次结集

未生怨王对于佛教有特殊的意义。正是在他的资助下，佛教僧团在世尊涅槃后，前往摩伽陀国进行了第一次三藏结集。克孜尔第114窟后室、第178窟和第224窟出口侧甬道外壁绘制了这一主题（图4-6-8）。

第178窟所绘“第一次结集”分为三个部分，一端为一年长比丘，肩扛白色长杆，一手持物敲击。其上方，两位僧人朝他飞行而来。另外一端为一青年比丘坐在其他比丘中间说法。在这两个部分中间，则是青年比丘礼拜年长比丘的图像。此图较为具体地展现了第一次结集时充满戏剧性的过程。

《杂事》记录了第一次结集一波三折的过程。佛陀入灭，舍利子和大目连亦均过世。时有多劫长寿诸天，见佛涅槃，又见诸圣悉皆灭度，遂生讥议，谓世尊所说正法皆不结集，岂令正教成灰烬？大迦叶知此天意，遂操办结集事宜。

由于佛陀当年在摩伽陀国菩提树下成道，加之摩伽陀国未生怨王热心佛教，供养充足，僧众从各地启程，陆续前往彼处聚集。接下来产生了一个问题。参与结集的比丘本应具有阿罗汉果位，那些烦恼尚未断绝的有学僧人是没有资格加入讨论的。阿难常年侍奉佛陀，在释迦身边时间最久，在僧团中享有崇高的声誉，却是众大德中唯一仍处学

图 4-6-8　第一次结集，克孜尔第 224 窟

位的比丘。

大迦叶欲用呵责之法调伏阿难，故唤阿难："汝宜出去。今此胜众不应共尔同为结集。"阿难闻是语，如箭射心，举身战惧。大迦叶于是当众数落阿难八种过错。

阿难被诘，悲叹忧恼，离开僧众，去其他聚落作夏安居。他极加勤勇，常为四众而说妙法。时有村中童子而为侍者，观察阿难是有学得离欲，乃作偈语："可依树下幽闲处，一心当念涅槃宫；师今谨慎务勤修，不久必归圆寂路。"阿难倍受鼓舞，便于中夜断尽诸漏，证得阿罗汉果。阿难来到结集处参加大会。在大迦叶的主持下，由阿难陈述，首先结集了经藏阿含。复次，由邬波离讲述，结集了律藏。

第178窟所绘"第一次结集"中，肩扛长杆的年长比丘应该是结集的主持者大迦叶。其手持锤子敲击长杆，乃僧团报时或集会，敲击发声之物，名叫揵槌、揵稚或揵锤。《杂事》中专门讲到，大迦叶令年龄最小的尊者圆满敲响揵稚，召集诸位尊者。壁画只画了拿揵稚的大迦叶，应当是强调其主持结集的身份。佛陀涅槃后，人心惶惶。许多高僧大德纷纷独自涅槃。大迦叶召集僧众，有四百九十九个大阿罗汉从诸方来云集就座，只有尊者牛主未到。圆满以神通力来到牛主身边，邀其赴命结集。但牛主因佛陀离世，决心入寂。他口诵佛偈后，即升虚空，现十八变，放种种光，化火焚身而取灭度。具寿圆满持牛主衣钵，回到五百比丘结集处。大迦叶得知牛主入灭，复令大众，坚定意志，专心结集，莫入涅槃。对于第一次结集，大迦叶实是功不可没的。

第178窟壁画"第一次结集"的中间部分，年青僧人礼拜年长比丘，对照经文，应该是大迦叶呵责阿难八罪过。画面另外一端画，年青僧人坐高台上，为其他僧人说法。应该是阿难得阿罗汉果后，回到结集处，讲述阿含经藏的场面。

第五章
壁画、文化与社会生活

第一节　图像与教派

一、克孜尔壁画的小乘属性

依据汉地旅行家们的可靠描述，小乘佛教在公元三至七世纪的龟兹极为强势，其中又以说一切有部为主流。除了依据相关文献，古代文献反映的情报得到了龟兹考古的支持。

西方学界分析了新疆考古所获各类佛经，认为“出自新疆塔里木盆地北道的写本所包含的内容较之塔里木盆地南道的喀什、和田写本，完全是另一种内容的佛教文献……大约在公元1000年左右（按：当指公元一千纪内）曾有小乘佛教传入吐鲁番及库车一带，主要流派有一切有部和根本说有部，主要是一些梵语和吐火罗语写本，而在和田出土的大乘佛教写本主要是用梵语和于阗塞语写成”[1]。塔里木盆地北道出土的大部分梵文写本都属有部经典，大乘写本很少。大致说来，德国于库车一带收集的梵文写本差不多都是有部的阿含及小乘派作品[2]，吐火罗语佛教文本也几乎全部属于有部[3]。也有学者注意到龟兹地区存在小乘法藏部的痕迹，由于目前无法将壁画在小乘部派间作出区分，法藏部在龟兹的影响缺乏实证。

说一切有部可能在公元前三世纪孔雀王朝阿育王在位时期脱离自上座部。“此时阿育王所面对的佛教已经分裂成为了至少五个部派。上座部宣称他们当时取得了阿育王的崇信，但一切有部也声称引导阿育王进香的近护属于一切有部，然后，一切有部记载了一次分裂，皇帝作出决定反对他们，他们被驱逐到罽宾”[4]。罽宾和犍陀罗的说一切有部从此发达起来。这两个地区为有部在北方的发展提供了动力。它同时也解释了克孜尔壁画中蕴藏着的犍陀罗元素。

龟兹壁画在图像学领域有待开拓的空间还有很多。就目前学界所掌握的情况而言，典型的克孜

1 〔苏联〕榜迦德·列文、沃罗巴耶娃·吉斯雅托夫斯卡雅撰，王新青、杨富学译《新疆发现的梵文佛典》，《吐鲁番学研究》2008年第2期，第101—117页。

2 杨福学《西域敦煌宗教论稿》，兰州：甘肃文化出版社，1998年，第164页。

3 〔法〕乔治·让·皮诺撰，廖旸译《库木吐拉新发现的吐火罗语题记：佛教发愿故事》，新疆龟兹学会编《龟兹文化研究》第一辑，香港：天马出版有限公司，2005年，第85页。

4 〔英〕渥德尔著，王世安译《印度佛教史》，北京：商务印书馆，2000年，第14、249—250页。

尔壁画围绕释迦本生本行和涅槃展开布局，并未超越小乘佛学之内容[1]。尽管库木吐喇石窟较晚时期的汉风壁画反映了典型的大乘信仰，克孜尔壁画中的一些因素也还存在争议，但鼎盛时期的龟兹本土艺术带有小乘属性。这一观点，经过学界不懈努力，逐渐成为共识。

姚士宏（1983年）研究了“阿阇世王”壁画，认为绘制阿阇世王、八王分舍利和结集三藏等故事的克孜尔中心柱窟左右甬道和后室图像全按照《根本说一切有部毗奈耶杂事》的内容来布置[2]。宫治昭研究克孜尔涅槃图像后，也指出了这一点[3]。贾应逸（1993年）通过比较克孜尔与莫高窟的涅槃图，认为莫高窟涅槃图内容来自大乘涅槃经典，克孜尔涅槃图则与小乘《佛般泥洹经》有较多吻合[4]。而《佛般泥洹经》又可相当于《有部毗奈耶杂事》卷三十五至卷三十九等五部之别译。

姚士宏（1990年）研究了克孜尔中心柱窟券顶菱格。他首先通过阿阇世王故事中表现大地震动的场景，论证了券顶菱格对于山峦大地的所指。其次，讨论了克孜尔早期和中期券顶壁画在菱格中绘制本生和因缘故事的原因。这种独特图像，不仅在龟兹，也一度在焉耆、巴楚和吐鲁番一带流行。小乘说一切有部盛行是这些地区的共同特征。考虑到有部（又称“说因部”）坚持累世修持，重视因缘，姚士宏提出：本生因缘壁画在上述地区的流行，应是这一部派思想在艺术中的具体反映[5]。在此基础上，笔者的《克孜尔中心柱窟的图像构成》（2007年）一文进一步分析了这些菱格山峦构建的“佛教宇宙观”与三世因果的“佛教时间观”相关联的哲学特征。有部佛教“有漏”、“无漏”、“有为法”、“无为法”的核心观念蕴藏在克孜尔中心柱窟营造的佛教世界中。券顶兜率天和天相图旁边的菱格山峦即代表须弥山，也代表五趣轮回存在的世界。本生因缘和菱格山峦结合使得这种针对地理景观的描述具有了时间性，从而构成对佛教现实世界的属性说明：一切法虽然实体恒有，却因“作用”而有过去、现在、未来的变化，故而法性无常。因此，人类存在的世界是一个因果报应、充满苦恼的世界。但也正是由于因缘作用，人类可以通过八正道，走向摆脱苦恼的彼岸。这样一来，石窟内的上下结构形成了对从“有漏”到“无漏”的理论说明，劝说人们从充满苦难的世俗世界走入石窟佛门。中心柱窟主室，代表“有为法”的世界。涅槃属于摆脱因果作用的“无为法”，这一题材被固定在中心柱窟后室。

丁明夷（1986年）通篇梳理克孜尔两个中心柱窟——第175窟和第178窟壁画主题，认为克孜尔本生壁画主要依据西域编纂的《贤愚经》和说一切有部经、律；佛传类壁画主要依据《佛本行集经》，其中有关摩提女请佛、教化善爱乾闼婆、升三十三天说法、三道宝阶降下等故事又主要见于《根本说一切有部毗奈耶》[6]。此后，在1989年为《中国石窟·克孜尔石窟》第一卷撰写的文章中，丁明夷、马世长和雄西合力将此研究成果完善

1 李瑞哲《小乘佛教根本说一切有部经律在克孜尔石窟壁画中的反映》，《敦煌学辑刊》2006年第1期，后收入新疆龟兹学会编《龟兹学研究》第一辑，乌鲁木齐：新疆大学出版社，2006年，第213页。

2 姚士宏《新疆克孜尔千佛洞的阿阇世王题材壁画》，《1983年全国敦煌学术讨论会文集——石窟·艺术编（上）》；后收入《龟兹文化研究（三）》，乌鲁木齐：新疆人民出版社，2006年，第420页。

3 〔日〕宫治昭撰，贾应逸译《克孜尔石窟涅槃图像的构成》，《新疆文物》1989年第2期；后收入《龟兹文化研究（三）》，乌鲁木齐：新疆人民出版社，2006年，第403页。

4 贾应逸《克孜尔与莫高窟的涅槃经变比较研究》，新疆龟兹石窟研究所编《龟兹佛教文化论集》，乌鲁木齐：新疆美术摄影出版社，1993年，第239页。

5 姚士宏《克孜尔菱格画的象征意义及其源流》，《新疆艺术》1990年第1期；后收入《龟兹文化研究（三）》，乌鲁木齐：新疆人民出版社，2006年，第487页。

6 丁明夷《克孜尔175、178号窟题材考释》，《向达先生纪念论文集》，1986年；后收入《龟兹文化研究（三）》，乌鲁木齐：新疆人民出版社，2006年，第616页。

图 5-1-1　五趣轮回，克孜尔 175 窟

并扩大。他们编订出克孜尔石窟中六十二个佛传故事，发现这些题材大多见于汉译《根本说一切有部毗奈耶破僧事》和《佛本行集经》，而有关佛涅槃的许多事迹则仅见于《根本说一切有部毗奈耶杂事》[1]。他们还发现克孜尔第175窟壁画“佛陀观察世间生死轮回之状”，没有描绘大乘佛教通常所说的“六道轮回”，而体现了小乘的“五趣”（五道轮回）之说（图5-1-1）。

霍旭初（1993年）注意到克孜尔降魔图更多取自小乘佛经。他对照文本，较为详细地分析了图像中佛陀降魔的前后细节，并提出降魔图在克孜尔石窟中占据主要位置的原因。大小乘佛教都将释迦牟尼一生分为八个阶段，称为八相成道。但大小乘对八相的理解并不统一。小乘八相如《四教义》卷七，分别是：下天、托胎、出生、出家、降魔、成道、转法轮、入涅槃；而据《大乘起信论》，大乘佛教宣说之八相分别是：下天、入胎、住胎、出胎、出家、成道、转法轮、入灭。小乘八相有“降魔”，大乘没有。可见“降魔”在小乘佛法中更受重视[2]。霍旭初2006年发表《龟兹石窟“佛受九罪报”壁画及相关问题研究》一文，讨论了克孜尔石窟中反映佛陀受难的壁画主题，包括“旃遮婆罗门女系木盂作腹谤佛”、“提婆达多推山压佛伤足大指”、“毗楼璃王兴兵杀诸释子佛时头痛”、

1　丁明夷、马世长、雄西《克孜尔石窟的佛传壁画》，《中国石窟·克孜尔石窟·一》，北京：文物出版社、日本东京：平凡社，1989年，第216页。

2　霍旭初《克孜尔石窟“降魔图”考》，《敦煌研究》1993年第1期；后收入《龟兹文化研究（三）》，乌鲁木齐：新疆人民出版社，2006年，第438—441页。

"受阿耆达多婆罗门请而食马麦"、"六年苦行"、"入婆罗门聚落乞食不得空钵而返"。大小乘存在对于"佛受九罪报"的对立观点。小乘有部认为佛陀受"九罪报"之苦是"业力"所致，还认为佛陀"生身有漏"，克孜尔壁画中的上述题材可能是有部提倡对佛陀开展"阿毗达摩"，有部譬喻师据此进行通俗教化的反映[1]。2009年，霍旭初又发表了《从龟兹壁画看说一切有部佛陀生身有漏思想》一文，继续探讨这一问题。文章指出，部派佛教中的大众部和分别论者中的一说部、说出世部等主张佛无漏说，而说一切有部主张佛陀法身无漏，肉身（生身）则有生死、苦乐和烦恼。业报轮回，同样可以体现在佛陀身上。他们主张用八世间法——"利、衰、毁、誉、称、讥、苦、乐"，来考察佛陀生身的各种有漏事迹。龟兹壁画中所涉及的佛受罪报主题也常常在《阿毗达磨大毗婆沙论》等有部论书中被例举，这进一步确认了说一切有部作为当地主流思想的存在[2]。在近期的研究中，霍旭初不仅在"无比女生贪"壁画中再次看到了佛身有漏的小乘主题，还通过对壁画"释迦菩萨超越九劫"的讨论，识别出龟兹石窟中"唯礼释迦"的思想[3]。佛陀在过去佛弗沙佛前翘足七日供养，是释迦牟尼前世行菩萨道的重要事件，其中又潜藏了小乘佛教不同于大乘信徒的弥勒观。此外，霍旭初（2011年）指出克孜尔壁画中龟兹比丘的着装符合有部比丘的着装规定，可印证龟兹僧团的部派属性[4]。

赵莉（1995年）分析壁画"降伏六师外道"时，注意到该主题在克孜尔体系中的两个特征。其一，三幅图像均以石窟内部的视觉焦点呈现。强调这一主题，可能起因于当时龟兹特殊的文化背景——小乘和大乘的斗争加剧。其二，三幅壁画皆与七佛图像构成了一种对应关系。七佛表现了小乘佛教成佛的序列——现世佛释迦牟尼继六佛而成道。由于过去六佛也在室罗伐城现过大神通，释迦牟尼显现神通，降伏六师，可以说是继承了佛教的传统，更显示了佛教的威力。因此，"降伏六师外道"与七佛图像相结合的意义在于：图像通过阐释过去佛到现在佛、未来佛的一佛系列，对大乘佛教主张十方有无限佛的"多佛观"作了有力的驳斥与抵制[5]。

李崇峰（2003年）提出：克孜尔壁画"帝释窟说法"这一画塑题材所据原典，应该是小乘教派信奉的《长阿含经》。而后室每窟必画或塑的涅槃图像以及与之相关的荼毗焚棺和八王分舍利等又都与汉译《长阿含经·游行经》内容吻合。他进一步就克孜尔中心柱窟壁画的整体结构进行了推测："克孜尔中心柱窟侧壁及窟顶所绘因缘佛传，即从菩提树下成道开始，历经梵天劝请、二商主供养、初转法轮、耶舍出家、迦叶和频婆娑罗王皈依等，是与《长阿含经·游行经》叙述释迦牟尼最后游行相照应的另一种佛传形式；而这种把最初弘法和四众教团成立之事汇集在一起的就是《四众经》。换言之，主室侧壁和窟顶的因缘佛传壁画可能是据《四众经》绘出的。至于《大本经》中毗婆尸等七佛内容，在克孜尔中心柱窟中也是习见的题材。因此，从某种意义上说，克孜尔中心柱窟几乎是小乘佛典《长阿含经》的完整变现。"[6]

姚律（2010年）对于克孜尔部分绘塑结合、并列佛像的石窟是否属于大乘多佛信仰表示怀疑。在《克孜尔石窟69窟：一个反映小乘有部"逢事诸佛"的中心柱窟》一文中，

1 霍旭初《龟兹石窟"佛受九罪报"壁画及相关问题研究》，《敦煌研究》2006年第6期，第54—63页。

2 霍旭初《从龟兹壁画看说一切有部佛陀生身有漏思想》，《西域研究》2009年第4期，第61—69页。

3 霍旭初《龟兹石窟壁画佛学思想研究二题——说一切有部菩萨观、佛陀观探微》，《吐鲁番学研究》2011年第2期，第79—87页。

4 霍旭初《龟兹石窟壁画僧衣考》，《敦煌研究》2011年第1期，第1—7页。

5 赵莉《克孜尔石窟降伏六师外道壁画考析》，《敦煌研究》1995年第1期；后收入《龟兹文化研究（三）》，乌鲁木齐：新疆人民出版社，2006年，第422页。

6 李崇峰《中印佛教石窟寺比较研究——以塔庙窟为中心》，北京：北京大学出版社，2003年，第196页。

她首先论证了克孜尔中心柱窟第69窟主室左右侧壁各六身残缺立像为佛像。其次依据石窟左右对称的空间关系和侧壁壁画燃灯佛供养，论证了这十二尊佛像是释迦以前的过去六佛。在她看来，这刚好反映了小乘有部发展到晚期以后在理论上的变化。部派佛教时期，说一切有部的修习不以成佛为目的，而是追求个人自我解脱，以“灰身灭智”，证得阿罗汉果位为究竟。小乘佛教进入新的发展阶段，受大乘佛教影响也开始追求成佛。但与大乘不同，小乘认为从菩萨到成佛，要在修习诸波罗蜜多后，修习九十一劫相报业，方得圆满。姚律谈到：“虽然《大毗婆沙论》和《俱舍论》讲了要逢事数以万计的佛，实即是逢事释迦牟尼佛以前六佛，即毗婆尸佛、尸弃佛、毗舍婆佛、拘楼孙佛、拘那含佛、迦叶佛，修习六佛相报业。所谓修习相报业，就是通过反复礼观六佛身相，感得佛所具有的特殊容貌……可以说69窟主室两侧壁与前壁各贴塑的六身立佛，正是小乘有部用来供信巡礼瞻仰、积集六佛相报业之像。”[1]

关于克孜尔石窟中的小乘属性，相关研究还有很多。需要特别指出的是，克孜尔壁画的小乘属性不仅体现在壁画的故事性主题，以及图像构成反映出的佛学主旨，也在于克孜尔壁画未曾表现的内容。在汉地、吐蕃，及其他有浓郁大乘属性的石窟中（包括库木吐喇汉风洞窟在内），充满了名目繁多的菩萨和佛像。不仅观音、文殊、普贤等菩萨信仰得到极大推崇，未来佛弥勒、东方药师佛、西方阿弥陀佛等其他佛像也普遍成为礼拜对象。除了在义理上更加强调性空的主张，大乘佛教在世俗宗教的层面以多神教的面貌出现。而克孜尔石窟的图像系统仅仅强调对释迦牟尼佛的歌颂。克孜尔壁画中出现最多的菩萨，就是降魔成道以前的释迦牟尼，而不是什么其他神祇。这反映出小乘佛教和大乘佛教对于礼拜偶像的根本分歧。

二、龟兹壁画的大乘因素

国内较早提出克孜尔壁画为大乘题材的学者是杨芊（1979年）。在他看来，壁画内容以表现当时盛行的大乘佛教经典为主。宿白（1980年）表达了不同见解，认为克孜尔壁画不同于敦煌和吐鲁番石窟艺术，主要是小乘教派的特征，反映了接近原始佛教所主张深山苦修，以自身解脱（涅槃）的目的。朱英荣（1987年）在《新疆克孜尔千佛洞壁画中的大乘内容》一文中，综合参考了两方面的意见。他一方面放弃了过去笼而统之的观点，较为客观地指出“龟兹基本上是一个小乘佛教国家，但是也流行过大乘佛教”，另一方面则试图从克孜尔石窟中甄别出带有大乘属性的内容。在他看来，克孜尔石窟中的大乘因素体现在《供养图》、《布施图》、《千佛图》、《文殊普贤像》、无画窟、宫殿画、经变画、妇女画、禅宗窟等九个方面[2]。在随后发表的《密教与克孜尔千佛洞密教画》（1992年）一文中，他提出克孜尔第17窟壁画中的“摩诃毗卢遮那佛像”和克孜尔第178窟壁画中的“摩利支天”、“那罗延天”应该属于密教。考虑到北京大学考古系的碳十四测定将克孜尔第17窟定为465年前后，而阎文儒对克孜尔第178窟的断代大约也相当于公元四五世纪，作者认为这三件作品的年代应该在公元五世纪，这时鸠摩罗什弘扬的大乘佛教（包括密教）在龟兹产生影响[3]。上述论点中的部分见解逐渐被学界放弃，一些本

1　姚律《克孜尔石窟69窟：一个反映小乘有部“逢事诸佛”的中心柱窟》，《新疆艺术学院学报》2010年第2期，第19—23页。

2　朱英荣《新疆克孜尔千佛洞壁画中的大乘内容》，《龟兹文化研究（三）》，乌鲁木齐：新疆人民出版社，2006年，第278—284页。

3　朱英荣《密教与克孜尔千佛洞密教画》，《龟兹文化研究（三）》，乌鲁木齐：新疆人民出版社，2006年，第291页。

应深入讨论的美术现象，未能充分展开[1]。另外一些观点，例如千佛图像的大乘属性，霍旭初（1997年）[2]、杨波（2010年）[3]等学者进行了更为深入的讨论。而卢舍那佛像的问题则持续成为中国佛教美术研究的一个热点。

毗卢舍那（或译“毗卢遮那”），在佛学中代表了佛陀的真实属性，但具体所指，不同佛经亦颇有差异。比较流行的观点是把“毗卢舍那”视为释迦牟尼佛的法身、“卢舍那”视为释迦牟尼佛的报身、释迦牟尼为其应身；或把毗卢舍那佛视作佛的受用身，释迦牟尼佛则是化身。总之，在学理上毗卢舍那应该是释迦牟尼的一种“义格”，而并非释迦牟尼之外的其他神祇。一些佛经不把毗卢舍那和卢舍那作出明确区分。亦有佛经指出：此二者都是报身佛之称号，意为“光明遍照”或“光明照”。“毗”是遍的意思。卢舍那和毗卢舍那，只是旧译（刘宋佛驮跋陀罗译《华严经》六十卷本，又称“六十华严经”）和新译（唐实叉难陀译《华严经》八十卷本，又称“八十华严经”）的译法不同。

“毗卢舍那”或“卢舍那”起初主要是一种学理概念。可是作为世俗宗教的方便，佛教美术常将其再现为某种单独的佛像样式。古代卢舍那造像的形态并不统一。其中有一类造像，常常在佛陀袈裟上绘制出丰富的内容。二十世纪三十年代日本学者松本荣一在对敦煌绘画的研究中，依据《华严经》，将其定名为卢舍那佛。此类造像在和田、龟兹、敦煌乃至山东均有发现，龟兹壁画因而也被纳入讨论。吉村怜（1959年）谈道：“大乘佛教很早就在塔里木盆地流行，并且长期保持着隆盛。这一地区广泛分布的佛像可以看作是前述人中像的直接源流……历来的学说认为，进入6世纪之后才开始造卢舍那佛像。我的看法是，人中像是卢舍那法界人中像的略称，是特殊形态的卢舍那像。这样就可以把造像提前一个多世纪，即可以追溯到5世纪初。”[4]

此后，许多学者就造像属性提出异议。何恩之、宫治昭、霍华德、大原嘉豐等人都反对将克孜尔石窟此类造像定名为卢舍那像。宫治昭认为，克孜尔第13窟和第17窟的此类造像属于宇宙主释迦——“释迦佛超越性的形象”[5]。这里有一个壁画编号上的错误。德国人掠走的一幅“卢舍那佛”壁画（MIK8868）过去误传出自克孜尔第13窟，这个说法一度也为国内出版物（《中国石窟》、《中国壁画全集》）沿袭。后经赵莉2006年核对，相关

1 除了图像识别可能有误，主要问题在于一些壁画主题，例如供养图、布施图、宫殿画等，很难在宗教属性上予以明确归属。一些带有大乘属性的壁画因素完全可能在小乘佛教图像中出现。佛教吸收婆罗门教神祇的历史早于密教，“那罗延天”不仅在密宗里面有，大乘、小乘乃至阿含藏中均有提及。说一切有部经、藏、律中也多次提到。很难把此神祇简单地归属于哪一个流派。

2 霍旭初注意到克孜尔大像窟第47窟左甬道右壁上方有克孜尔唯一的并坐三佛图像，其后室两侧及左右通道原有多身立佛并列，这种方式不太符合小乘佛教诸佛不能并出的观念。后室佛涅槃像的头、身光中分化出无数的佛体，可能是大乘佛教的佛身观念。大小乘佛教在佛身问题上有不同的理解。小乘认为佛陀肉身寂灭，法身不灭。但小乘说的法身，是指“五分法身”——戒、定、慧、解脱、解脱知见。大乘的法身就非常复杂，有多种“法身”之说，且出现了“法身”造像。因此在他看来，公元四世纪下半叶第47窟和旁边的第48窟（也是大像窟且内甬道内绘十方佛）作为克孜尔大像窟的出现，与鸠摩罗什在龟兹弘扬大乘有直接关系。霍旭初《鸠摩罗什大乘思想的发展及其对龟兹石窟的影响》，《敦煌研究》1997年第3期，第50—58页。

3 杨波探讨了晚期克孜尔石窟出现的千佛壁画。通过比较其他地区的千佛图像，他认为克孜尔石窟的千佛壁画尽管是龟兹本地风格，仍属于大乘主题。它受周边大乘佛教文化影响，如印度、中原和于阗等地，但哪种影响更大不得而知。考虑到库木吐喇千佛壁画数量多于克孜尔石窟，杨波进一步提出，虽然龟兹本地人中出现了大乘佛教的性质，但此时大乘佛教在龟兹属于支流，没有形成高潮。杨波《晚期克孜尔石窟大乘佛教探析》，《昌吉学院学报》2010年第1期，第32—35页。

4 〔日〕吉村怜著，赵琼译《天人诞生图研究》，北京：中国文联出版社，2002年，第9页。

5 〔日〕宫治昭撰，贺小萍译《宇宙主释迦佛——从印度到中亚、中国》，《敦煌研究》2003年第1期，第31页。

图 5-1-2　卢舍那像，克孜尔第 17 窟左甬道

图 5-1-3　卢舍那像，克孜尔第 17 窟右甬道

壁画应该出自第17窟右（西）甬道外侧壁[1]。

克孜尔第17窟是一个典型的中心柱窟。东甬道外侧壁现存同类佛像壁画一躯。如果回到石窟原始状态，两幅所谓的“卢舍那像”应左右对称绘制在两个甬道口。两幅壁画均有不同程度的破损。左甬道的卢舍那像为一样式独特的立佛，其身光和头光中布满坐佛（图5-1-2）。立佛的胸部，绘制了三列佛和天人坐像。腿部圆圈中绘制了供养者形象。两个膝盖有法轮图案，膝盖中间，有一小人坐在釜瓮中。佛像双臂还绘制了护法者。右上臂可识别出交脚而坐的四臂阿修罗。

右甬道的卢舍那像造型与左甬道卢舍那像类似，也是一位背光中布满佛像的立佛（图5-1-3）。此壁画于二十世纪初被德国探险队揭走，德国学者对佛像身体细节有较为细致的描述[2]：

> 颈部有一条珍珠项链。胸部三列画像最上面一排有五个小的坐佛形象。第二排为四个带有身光的人物形象。其中一个坐在一个较宽的座位上。他们身后有一排低矮的建筑物。最下面一排是最宽的一排，四个人物以自然的姿态坐在椅子上。所有人物都带有身光，并且坐在一座宫殿前。在右侧的深色的弓无法解释。这些人物形象中，靠外的两个身穿长衣，而中间的两个则身穿略微短一些的衣服。右大腿上，在一个卷云状花纹边框中，画有一个面向内侧的跪着的崇拜者形象。在左大腿上，则有一个面向内侧，交脚站立，戴着一条漂浮的头巾的崇拜者的形象。在小腿之间，人们看到两个栩

1　赵莉《德国柏林印度艺术博物馆馆藏部分克孜尔石窟壁画所出洞窟原位与内容》，《龟兹文化研究（三）》，乌鲁木齐：新疆人民出版社，2006年，第131页。

2　〔德〕阿尔伯特·冯·勒柯克、恩斯特·瓦尔德施密特著，管平、巫新华译《新疆佛教艺术》，乌鲁木齐：新疆教育出版社，2006年，第497—499页。

栩栩如生的小人物形象。其中一个激动地举着手，这应该是一个饿鬼形象。在左上臂内侧，有一个卷云状花纹边框装饰，里面有一个蹲着的人物。在二头肌部分有一个较大的边框装饰，其中有一个交脚坐着的男人形象，他戴着一个条头饰并高举双臂。

在新疆，发现了多件此类特征的佛像。格伦威德尔在焉耆七个星佛寺遗址（硕尔楚克）看到了另外一件无头佛像[1]，从保留的身体特征上判断应该也属于同类佛像。佛像胸部有在天宫中的神祇，腿部则有椭圆形图案中的供养者，两个膝盖均为以人头像为中轴的法轮。和克孜尔第17窟卢舍那佛不同的是，此像背光没有画千佛，而是画成碧波荡漾的水面，水面浮起一些水生动植物和龙神的形象。德国学者因此将此像误判为龙神。廖旸（2001年）怀疑此佛光中的水面，可能是华严经典中描述的莲花藏世界海[2]，如“六十华严”之“卢舍那佛品”所载：“当知此莲华藏世界海，是卢舍那佛本修菩萨行时，于阿僧祇世界微尘数劫之所严净，于一一劫恭敬供养世界微尘等如来，一一佛所，净修世界海微尘数愿行。佛子当知，有须弥山微尘等风轮，持此莲华藏庄严世界海。最下风轮名曰平等，彼持一切宝光明地。次上风轮名种种宝庄严，持清净光宝地。次上风轮名功德势，持密宝地。次上风轮名曰宝焰，持日不坏宝地。次上风轮名普庄严，持具足宝光明地。次上风轮名离垢清净平等，持宝华焰地。次上风轮名曰方行，持一切真珠地。次上风轮名曰一切年，持一切时一日半月一月一年。次上风轮名普持势，持一切须弥山地。次上风轮名庄严光明，能持一切有。如是次上，有须弥山微尘等风轮。最上风轮名胜藏，持一切香水海。彼香水海中有大莲华，名香幢光明庄严，持此莲华藏庄严世界海。此世界海边有金刚山周匝围绕。”

在克孜尔，除了第17窟的两例壁画，外国探险家还在克孜尔“最大洞窟”（第60窟）中发现了一节毗卢舍那造像的右臂残件。手臂曾经镀金，靠近肩膀的位置是日神的中亚样式——人形日神穿着盔甲，裹着头巾，正面端坐在日轮中。日轮内部装饰了放射的光线雕刻，以及细小的连珠纹圈饰。日轮的边上，留有奔马浮雕的痕迹。类似巴米扬壁画和其他一些中亚图像，日神被表现为驾驭马车的形式，图式起源可以追溯到泛希腊时代，中亚地区对希腊艺术的吸收。这只断臂在日神下面的雕刻是两个在椭圆形光晕中的人物，学界将其识别为信徒或供养人。手臂外侧的人物保留略为完整，他赤裸上身，裹着头巾，双手合十，站立在莲台之上[3]。

龟兹库木吐喇第9窟甬道外壁的卢舍那像展示了更多细节（图5-1-4）。佛像肩膀绘制了护法者，胸部绘制了两排菩萨人物，其下方为宇宙中心的须弥山，耸立在绿色的大海中央。须弥山前方有一奔马在海面飞驰。大海下方有两个椭圆形画面，残损严重无法识别。其下，在大腿位置的袈裟上则绘制了举手合掌的供养人物。画面的最下方，绘制了火焰中的人头。此外，在佛像手臂处还可以识别出三头六臂的阿修罗形象。

大原嘉丰（2006年）提出应该用“法界佛像”作为相关壁画的特征描述，这个含义模糊的名称可以为将来的学术争论作准备。他注意到霍华德对吉村怜的批评——以吉村怜为代表的许多学者都过度强调华严系统，忽略中亚也存在小乘法界佛像[4]。李瑞哲（2009年）也提出克孜尔第17窟、第123窟佛像头光和背光中有小佛像排列的类似佛像

1 〔德〕A.格伦威德尔著，赵崇民、巫新华译《新疆古佛寺（1905—1907年考古成果）》，北京：中国人民大学出版社，2007年，第370—371页。

2 廖旸《克孜尔石窟壁画分期与年代问题研究》，中央美术学院博士学位论文，2001年，第42页。

3 〔印度〕查娅·帕塔卡娅，许建英译《中亚艺术》，许建英、何汉民编译《中亚佛教艺术》，乌鲁木齐：新疆美术摄影出版社，1992年，第189页。

4 〔日〕大原嘉丰撰，丁淑君译《法界佛像考察研究》，敦煌研究院信息资料中心编印《信息与参考》，2010年，第228—248页。

（图5-1-5）是表现小乘佛教的法身思想[1]。

尽管他们的见解非常值得重视，认为此类佛像属于“卢舍那佛”的观点更为主流。其有力证据来自时间略晚的阿艾石窟。一幅高108厘米的“卢舍那佛”绘制在这个方形洞窟的右侧壁。作为数身并排站立佛像中的一躯，他碧绿色的头光旁边留有清楚的墨书题记——“清信佛弟子寇庭俊敬造卢舍那佛”。佛像胸部袈裟上绘制“菩萨天宫说法”，其下为“双龙盘绕的须弥山”。须弥山下画有一匹奔马。奔马下面的袈裟上似乎有其他绘画，但被佛像腰际缠绕的围裙挡住了。余下画面在大腿处从围裙下摆外露出，为两组作供养状的人物，被识别为武士及世俗人物，其身份尚可讨论。在佛像臂膀、胳膊的袈裟上从上往下，依次绘制了护法神、阿修罗和白象等图像。

将库木吐喇第9窟和阿艾石窟的卢舍那相互参照，我们大体可以了解这种造像在龟兹地区的表现规范，即在佛像体表绘制出六趣轮回的场面，以象征卢舍那佛的“光明遍照”。佛像胸部的菩萨形象与须弥山顶天宫生活的天人形象相关，因此这些人物和须弥山一起代表了天界的存在。须弥山下有阎浮提，是生畜和人类生活之所。画面下端的火焰人头代表了地狱中受惩罚的饿鬼。两臂上的阿修罗原本是被天界驱逐的神衹，所以阿修罗又名“非天”。他在画像中的存在代表了六趣轮回中的阿修罗趣。

除了上述在身体布满小像的类型，西方学者也提出龟兹壁画中存在另外一类卢舍那佛形象——以佛光中布满千佛为特征。刘松柏（2006年）因此将龟兹地区出现的卢舍那佛形象总结为两个大类。前述数例卢舍那佛，身体上绘制六趣图，可称为“毗卢遮那”。其意取自“八十华严”所云：“佛身充满诸法界，

图 5-1-4　卢舍那像，库木吐喇第 9 窟

1　李瑞哲《克孜尔石窟第17、123窟中出现的化佛现象——兼谈小乘佛教的法身问题》，《敦煌研究》2009年第2期，第37—44页。

图 5-1-5　克孜尔第 123 窟壁画（上）及揭取部分（下）

普现一切众生前，如来一一毛孔中，一切刹尘诸佛坐。”另一类别的佛像出现在库木吐喇第38窟中心柱窟正壁，作为主尊的塑像现已不存，但主尊背光处尚余二十余个化佛[1]。在他看来，尽管此类尊佛像有近似于毗卢遮那的属性，但和大乘显教华严系统的毗卢遮那有所区别，属于密教中的摩诃毗卢遮那佛（大日如来）。库木吐喇第38窟此尊像依据“大日经”（《大毗卢遮那成佛神变加持经》）建造，他和前面塑造的四佛造像（东方宝

1　玛扎巴哈石窟第12窟侧壁立佛身光内也有许多小立佛像，主龛留下的头光和身光中也绘有小立佛像。此类造像亦可见于台台尔石窟第16窟。

幢如来、南方开敷花王如来、北方鼓音如来、西方无量寿如来）共同构成了五佛大悲藏胎藏界曼荼罗王密坛道场[1]。

作为汉地佛教艺术西向传播的直接结果，在阿艾石窟和库木吐喇汉风洞窟中出现毗卢舍那佛是很自然的事情。唐朝军队于公元七世纪攻克龟兹以后，在当地设立安西大都护府并大量驻军。大规模汉地移民又一次在龟兹成为新的常驻人口。阿艾石窟的汉文题记，是他们将汉地佛教反向传播到西域的最好证明。此卢舍那佛右侧下方有“己巳年二月十五日”的题刻，似乎为游人所为。己巳年可推定为公元825年或更早的789年。壁画绘制的时间自然应该更早一些。刘松柏将其推定在八世纪中叶。将卢舍那奉为主尊的华严宗佛教刚好在略早的时代——公元七世纪末，为唐朝政权所推广。

图 5-1-6　库木吐喇第 75 窟壁画

“密宗”在库木吐喇的存在也不是没有可能[2]。然而龟兹壁画中的密教属性，单凭几尊位置相对边缘的卢舍那像和千手观音很难予以确证。刘松柏也注意到，库木吐喇石窟体现了密宗和阿弥陀之净土宗融合的迹象[3]。在此方面，证据除了阿艾石窟，其实还有库木吐喇第75窟。正壁画巨幅禅定僧人，旁边分别绘制地狱、畜生、人趣及须弥山天宫图像（图5-1-6）。禅定僧人腹部有宝珠（或谓钵），其中放出数道墨线，分别与旁边的五趣及天宫图像相连。禅定僧人的下方留有十六行汉文题记，依稀识录为[4]：

1　刘松柏《龟兹毗卢遮那佛造像与大乘佛教》，新疆龟兹学会编《龟兹学研究》第一辑，乌鲁木齐：新疆大学出版社，2006年，第235页。

2　刘松柏梳理了三个龟兹密教传播的流程：首先，原始密教大约在公元二至三世纪形成。早期在汉地传播佛教的西域僧人许多兼有原始密教使用咒术的特技。四世纪在汉地建康游方的帛尸梨密多罗和在洛阳活动的佛图澄均善持咒术，帛尸梨密多罗是龟兹世子，翻译了《大孔雀王神咒》、《孔雀王杂神咒》。佛图澄也被认为与龟兹有关。五世纪鸠摩罗什翻译的经典中也包括了密宗系的《大金色孔雀王经》和《陀罗尼法门六种动经》。这说明龟兹曾经在早期形态的密教东传过程中施加过影响。但早期龟兹佛教美术中没有留下相关的痕迹。第二个过程得益于教义严整、仪轨完备的印度密教在七世纪发展成熟。到了公元八世纪，密宗佛教开始持续地向汉地和西藏传播。在此过程中印度高僧达摩战涅罗（唐言“法月”）在龟兹停留，并教授弟子利言（或译为地战湿罗，字布那羡）。后经安西节度使吕休林推荐，达摩战涅罗于开元十八年（730年）与弟子利言一同东行，开元二十年到达长安，进奉《大威力乌枢瑟摩明王经》等经卷。又由利言译出《普遍智藏般若波罗蜜多心经》一卷。可见在印度密宗东向传播时，也在龟兹产生了一定影响。第三个过程，汉地佛教在公元八世纪，因善无畏、金刚智、不空翻译印度真言乘之密典，创立了真言宗。和大乘显宗佛教的西传过程类似，真言宗也可能随着反向移民运动传播到了龟兹。

3　刘松柏《库车古代佛教的观世音菩萨》，《敦煌研究》1993年第3期，第43页。

4　马世长《库木吐喇的汉风洞窟》，新疆维吾尔自治区文物管理委员会、库车县文物保管所、北京大学考古系编《中国石窟·库木吐喇石窟》，北京：文物出版社，1992年，第211—212页；贾应逸、吕明明《库木吐喇第75窟研究——兼述供养人的族属》，《龟兹学研究》第四辑，乌鲁木齐：新疆人民出版社，2012年，第205—206页。

……………………无量观门
□□界三千大千世界□□□□
………………作圣四大比行
………悉□□□□使起浊身尘
………………无意识界意识
………………昏□□□□□
……轮皆次问分为□□放□□
………………广量□□旁□□
……………………意想有更为
……………白色白光势及水轮
……识下汎入洛水铁成水轮□
…………金黄色黄光变成金轮
…金轮想道自身□□□唵□□
………火轮焚烧不净罪□那之
…………若见自身身骨即念是
…………无常无我□□□不□

学界一般认为此窟正壁图像为地藏及六趣。但首先，禅定比丘没有头光。其次，笔者认为榜题文字与伯希和所获敦煌文书（P2649V）一致[1]，此窟图像其实是僧人禅定观想的再现。P2649V文书讲述了一种带有陀罗尼特征的观想，从轮想至五趣观想，乃至观想西方极乐世界。开篇由风轮、水轮、金轮观想进入对自身的观想："……金轮上至自身坐处，想自身坐金轮上，自身坐地安置'唵'字为种子，变成火聚焚烧不净，四大刹那之间变成灰烬一杷净。"

石窟正壁所绘禅定僧人，其身边出现地狱、人间及须弥山天宫之景，并由曲线连至僧人腹部宝珠，均符合文书所述，"在汝身中，从顶至胸是色界廿八天。从胸至小腹想六欲天、须弥山大海四洲。从此至足想三恶道众生也……先小腹想一乳海，海中想一阿字为种子，从阿字想一金莲花至脐。花中亦安阿字为圆满坛，坛安白色缚字为种子，变成月轮大毗楞迦宝珠。从月轮宝珠放千道清净光注入乳海，及注霜雪流入乳海。乳海即冷。其冷乳六注八热地狱炎火皆灭尽……又其乳想人道中流注至王臣，下至贫富，庶民等悉皆饱满。又放千万道光，照贫富等离苦解脱，生极乐国。"

文书中对五趣世界的观想与毗卢遮那的法身世界相互关联，同时以往生西方极乐世界为主旨。可知库木吐喇反映出后龟兹时代的宗教特点主要是汉地显宗，同时夹杂陀罗尼。后者在唐代河西地区极其流行并常常体现出针对显宗偶像的兼容性。

然而，阿艾石窟卢舍那佛与克孜尔第17窟的类似造像存在三点区别。

1. 克孜尔第17窟壁画年代，一般认为在公元六世纪（又传德国柏林印度艺术博物馆根据第17窟标本所做碳十四测年，将其定在237—320年）。壁画年代与阿艾石窟相距较远。

2. 克孜尔第17窟壁画总体布局和选材仍然保持了浓郁的小乘特色。甬道两边左右对称的卢舍那佛像，是作为个案出现在中心柱窟图像系统之内的。即便图像反映了大乘佛学对小乘的干预，这种情况也应该与后来阿艾石窟、库木吐喇石窟中的卢舍那佛有所区别。阿艾石窟中卢舍那佛与药师佛并列于西方净土之一侧。

3. 佛像身体上绘制人物，是克孜尔第17窟"卢舍那"像和阿艾石窟卢舍那像的共同

1 林世田、申国美编《敦煌密宗文献集成（上）》，北京：全国图书馆文献缩微复制中心，2000年，第370—374页。

特征。其微妙差异则在于前者作为佛像，却表现出菩萨身披璎珞的局部特征。这一奇特的样式有悖于佛教美术的普遍图式——佛像身穿袈裟，菩萨身着璎珞。

廖旸认为克孜尔第17窟的卢舍那像可能与克孜尔流行的弥勒信仰有关，提出毗卢舍那原作太阳光明，似与弥勒的词源“太阳神”有关。又“六十华严”中提到：“尔时毗卢遮那藏妙宝莲华髻转轮圣王者，岂异人乎，今弥勒菩萨是。”可见此名亦为弥勒前世转轮王之名。故而第17窟出现的法界人中像恐亦视作法身佛毗卢遮那、弘法者毗卢遮那、救世者弥勒的前身转轮圣王毗卢遮那的同构。在她看来，这既解释了卢舍那佛像不尽着佛装的造像特征，也解释了其在甬道中朝向主室前壁“弥勒”画像的特殊布局[1]。

针对上述现象，彭杰（2006年）在《克孜尔第17窟卢舍那佛像的补证》一文中提出另一种解释。早在佛驮跋陀罗于公元421年将华严经定型化的“六十华严”译出以前，一些所谓《华严经》“单品”的别译本或节译本就已经出现。如东汉时大月氏人支娄迦谶所译《兜沙经》、三国支谦所译《佛说菩萨本业经》、西晋竺法护所译《渐备经》、东晋时鸠摩罗什所译《十住经》等皆属此类。将克孜尔第17窟卢舍那像与各部佛经进行比对后，彭杰进一步支持了台湾学者赖鹏举早先提出的论点——在众多华严类经典中，对佛像身体上出现景物的描述文字，与壁画在细节上最为接近的并不是“六十华严”，而恰是鸠摩罗什所译的《十住经》[2]。《十住经·法云地》论述菩萨修行的最高境界时，描述道：“是时菩萨坐大莲花上，即时足下出百万阿僧祇光明，照十方阿鼻地狱，灭众生苦恼。两膝上放若干光明，悉照十方一切畜生，灭除苦恼。脐放若干光明，照十方一切饿鬼，灭除苦恼。左右胁放若干光明，照十方人身，安隐快乐。两手放若干光明，照十方诸天阿修罗宫殿。两肩放若干光明，照十方声闻人。颈放若干光明，照十方辟支佛。口放若干光明，照十方世界诸菩萨身，乃至住九地者。白毫放若干光明，照十方得位菩萨，一切魔宫隐蔽不现。顶上放百万阿僧祇三千世界微尘数光明，照十方诸佛大会。”这些关于身体各部放出光明，遍照世界的叙述，基本上与卢舍那佛像身体各部画像相对应。而这也刚好解释了立佛颈戴项圈的由来。项圈是一种常见的菩萨饰件，它暗示该佛是由菩萨阶层修行而来的[3]。

不同于廖旸将甬道图像与主室前壁弥勒相关联的解读，彭杰更多地考虑卢舍那像和后室涅槃主题的关系。佛陀涅槃前最后一次告诉阿难等弟子皈依佛法的重要性。而卢舍那佛像身上绘出佛教法界诸相，显然是以“法身”形象出现的具体表现，正是佛法的象征。两身卢舍那佛立像的脚下均绘有正在礼敬的比丘形象，是佛遗训的图像化表现[4]。

苗利辉、吴立红（2012年）也认为《十住经》和克孜尔第17窟立佛的关系密切。他们提出，中心柱窟第17窟和第123窟主室券顶绘本生、主室侧壁绘佛传，甬道口的两尊立佛应该是体现了说一切有部的菩萨修行阶段，后室涅槃图像则是菩萨修行的最后境界。因此，克孜尔第17窟壁画的总体布局仍然与小乘有部思想相一致，但是壁画内容中也可

1 廖旸《克孜尔石窟壁画分期与年代问题研究》，中央美术学院博士学位论文，2001年，第42页。

2 赖鹏举《丝路佛教的图像与禅法》，中坜：圆光佛学研究所，2002年，第92页。

3 彭杰《克孜尔第17窟卢舍那佛像的补证》，《龟兹学研究》第一辑，乌鲁木齐：新疆大学出版社，2006年，第316页。

4 彭杰《克孜尔第17窟卢舍那佛像的补证》，《龟兹学研究》第一辑，乌鲁木齐：新疆大学出版社，2006年，第318页。

以看到大乘法身观念的影响[1]。

上述观点反映了不同程度的折中解释——克孜尔壁画中存在某种大小乘佛法的调和意图，又或小乘向大乘转变的过渡状态。

三、半圆形端面的兜率天菩萨

克孜尔石窟前壁门上半圆端常常绘制一躯说法菩萨，两侧听法天人环绕。学界一般将其识别为在兜率天宫补处的未来佛弥勒。和带有个案特点的“卢舍那像”不同，“兜率天说法图”是克孜尔中心柱窟图像构成的基本元素，其主题不仅关系到壁画自身，也关系到石窟整体壁画的组合关系。正确阐释这一图像，对于理解龟兹壁画的宗教属性而言至关重要。

绘制了“兜率天说法图”的克孜尔中心柱窟有第17窟、第27窟、第38窟、第97窟、第100窟、第155窟、第171窟、第179窟、第196窟、第205窟、第224窟（图5-1-7、图5-1-8、图5-1-9、图5-1-10）[2]。此外方形窟第110窟也在同样位置绘制了这一主题。图像中的说法菩萨皆为交脚坐姿。作为半圆形构图的壁画，同类作品在人物组合、位置经营、菩萨

图 5-1-7　兜率天说法图，克孜尔第 17 窟主室券顶及前壁

1　他们认为，卢舍那佛的名字出现于集华严思想大成的《华严经》，但没有任何记载表明当时唯习小乘的龟兹国曾经流行卢舍那佛思想。如《华严经感应传》所载：“龟兹国中唯习小乘，不知释迦分化百亿，现种种身云，示新境界，不信华严大经。”龟兹鸠摩罗什的译经中也没有出现卢舍那佛的称谓。龟兹地区发现的华严类经典，仅限于《十住经》。《十住经》集中说明了华严经中菩萨“十地”位次。龟兹可能存在大小乘僧人杂居的情况。另一方面，小乘说一切有部也有菩萨之说，重视未成佛以前的世尊及本生。苗利辉、吴立红《克孜尔石窟繁盛期佛陀信仰》，《龟兹学研究》第五辑，乌鲁木齐：新疆大学出版社，2012年，第276—293页。

2　克孜尔60个中心柱窟中的27个洞窟前壁毁坏，难以判断形制。如果只关注前壁上方的半圆形区域，则中心柱窟的前壁可分为两种：壁画类和开龛类。后者只有2例，前者则有31例，占了绝大多数。也就是说，中心柱窟现存94%的前壁门上半圆形平面内以壁画装饰，其中“兜率天说法图”图像配置最为稳定。

图 5-1-8　兜率天说法图，克孜尔第 38 窟前壁

图 5-1-9　兜率天说法图，克孜尔 171 窟主室券顶及前壁

图 5-1-10 兜率天说法图，克孜尔第 224 窟前壁，德国藏

装饰、天宫背景等几个方面也大体一致，唯说法菩萨手印有两种：其一，如中心柱窟第38窟和方形窟第110窟前壁画像，双手合在胸前，结说法印。另外一种，如中心柱窟第17窟、第171窟、第224窟前壁，左臂垂放在左膝上，手持水瓶，单举右臂——右手拇指和食指指尖相触。

学术史上一度有人提出“交脚坐”和“持净瓶”是弥勒菩萨带有标志性的相仪。这个颇具争议的观点来自对犍陀罗和汉地菩萨造像的观察。犍陀罗雕刻中的弥勒菩萨常常手持净瓶，而汉地北魏的弥勒菩萨，常常呈现头戴宝冠、交脚而坐的姿态。克孜尔石窟的兜率天菩萨似犍陀罗雕刻那样持瓶，又似北魏弥勒菩萨那样交脚戴冠，故而也被视作弥勒菩萨形象由犍陀罗向汉地过渡的中间形态。

鉴于龟兹地区奉行小乘有部，而弥勒菩萨又在龟兹壁画中较为普遍，二十世纪九十年代前后的研究者很自然地推导出小乘有部崇拜“一佛一菩萨”的派别特征。此观点因为石窟内出现过去佛系列而被加强。有学者据此进一步提出，弥勒在龟兹石窟中的表现，属于小乘过去、现在、未来的“七佛一菩萨”崇拜。

在此基础上，相关学者也对弥勒菩萨在克孜尔的个案形式进行了阐释。克孜尔第114窟是一个典型的中心柱窟，其壁画配置却很特别。和绝大多数中心柱窟以龛像为主尊不同，中心柱正面壁龛中绘制了一躯菩萨，禅定印，结跏趺坐（图5-1-11）。作为取代佛陀的主尊，此菩萨像必然具备足够的尊格。其造像特征亦与克孜尔前壁常见说法菩萨近似，因此也被定为弥勒。贾应逸（2006年）提出：第114窟可能是公元四世纪后半叶，鸠摩罗什在龟兹推行大乘佛教时的遗存[1]。李瑞哲（2006年）将之与克孜尔第58窟和第63窟一同纳入考量，认为这种配置的出现意味着随着摩尼教救世思想的渗透，弥勒信仰在龟兹有上升趋势[2]。

对汉地影响深远的弥勒信仰是否因此经过龟兹向东传播？为此，季羡林在《弥勒信仰在新疆的传播》一文中列举了克孜尔石窟中的兜率天菩萨，并分析了库车、焉耆出土的弥勒文书。吕德斯（H. Luders）解读的克孜尔文书中有五件愿文涉及弥勒，愿文内容相似。季羡林转译了其中几则：

1 贾应逸《克孜尔第114窟探析》，《新疆师范大学学报》2006年第4期，第10页。

2 李瑞哲《龟兹弥勒说法图及其相关问题》，《敦煌研究》2006年第4期，第19—23页。

为弥勒为首的诸大士菩萨启请，使他们迅速获得正等觉。

布施沐浴水的巨大完整的功果，我没有能力说出。佛陀本人将会告诉你。在将来，弥勒家族将会告诉你那无量的功果。

由于布施了食品，愿以弥勒为首的诸菩萨迅速得到神通力。

图 5-1-11 克孜尔第 114 窟正壁

鉴于以上愿文反映出僧侣对弥勒成佛的关注，结合焉耆地区发现的《弥勒会见记》剧本，季羡林谈到：“弥勒信仰在新疆传布虽然相当广，但是，我认为，传布最集中的地区还是龟兹和焉耆。”[1]

尽管涉及了图像和文献两方面的证据，克孜尔石窟中的弥勒图像与弥勒文献反映的弥勒信仰之间是否对应，季羡林似无意展开论述。另一方面，他也明确指出他所论述的弥勒信仰，带有救世主特征，属于大乘佛教。

大乘佛学的起源一直众说纷纭。有人说它大概萌芽于公元前一世纪，另一些人则认为它出现于公元一世纪[2]。其历史晚于小乘佛学数百年，后来又和小乘佛学并行发展，相互争斗了好几个世纪。大乘佛学继承了许多部派佛教的理论，当然也发展了许多有特点的哲学命题，但和小乘佛学的区别，最引人注目的一点在于大乘信徒狂热的菩萨崇拜使得他们走在了不同于小乘的道路之上，他们批评小乘佛学以个人涅槃为第一目的是一种自私的表现。传统学说则把获得罗汉果位乃至涅槃，看作佛陀思想的实现。这种分歧可以上溯到佛教团体的第一次分裂，上座部坚持认为阿罗汉应该完全摆脱人性的弱点，而大众部认为这个标准应当适当放宽。说一切有部在上座部的基础上发展其理论，做了一些修正，他们把成就罗汉分成不同的等级。通过积累获得不同等级的罗汉果不断进步，最终成就涅槃。大乘佛教则利用了大众部提供的契机，降低罗汉标准的后果就是佛陀与阿罗汉被分开对待，他们声称成就佛陀必须经过比罗汉道更高一层的菩萨道。从修行方法的角度，对不同层次问题的逐渐觉悟，最后达到最高层次，大乘热衷的“菩萨—佛陀”的道路，造成了宗教行为的直接转变。通过一系列“菩萨崇拜”的造神运动，大乘佛教营造了新的崇拜理念和崇拜对象。而对于晚期说一切有部而言，“菩萨”通常特指世尊成佛的途径。

关于这一点，义净《南海寄归传》卷一讲得非常明白，“大乘小乘，区分不定……考其致也，则律检不殊，齐制五篇，通修四谛。若礼菩萨，读大乘经，名之为大；不行斯事，

1 季羡林《弥勒信仰在新疆的传播》，新疆龟兹学会编《龟兹文化研究》第一辑，香港：天马出版有限公司，2005年，第25—29页。

2 〔英〕渥德尔著，王世安译《印度佛教史》，北京：商务印书馆，2000年，第327页。

号之为小"[1]。可见小乘佛教没有大乘佛教属性的菩萨崇拜，到唐代依旧如此。

以史学的眼光看，弥勒菩萨与泛指的大乘菩萨又有区别。他既是兜率天的菩萨，同时也是授记的未来佛，因此弥勒的身份既不同于世尊，也不能简单地归于观音、普贤等大乘菩萨之列。他是菩萨中比较特殊的一位，因其未来佛的身份，弥勒信仰的形成似乎比其他菩萨崇拜要早。

松本文三郎把相关的弥勒经典分为五类：一、佛在王舍城耆崛山对弥勒说法，弥勒只以普通佛弟子身份出现。在这里，作为未来佛的弥勒思想尚未显现，对其净土的记述也还没有出现。二、弥勒为舍利弗说缘起法，弥勒作为比舍利弗等级高的佛弟子。这时弥勒作为佛弟子的身份虽然还没有消失，但居于舍利子和佛中间，已经取得了讲述佛法的权力。三、佛对弥勒说法，后转向阿难述说弥勒本生和本愿。这时开始出现了弥勒成为未来佛的记述，但叙述比较简单。此时兜率往生和弥勒信仰并没有成立，因为从讲述弥勒成佛因缘的内容来看，其目的并非宣传弥勒信仰，而是通过弥勒来反衬释迦的伟大，赞叹释迦佛虽然比弥勒晚四十劫发心却不惜牺牲生命，布施精进，于现世成道的事情。四、佛对弟子详细讲述弥勒事迹，描述弥勒净土庄严。弥勒作为佛弟子的身份消失，只以未来佛身份出现。所谓"弥勒六部经"等均属此类。这些经文或记述弥勒净土的庄严，或者鼓吹兜率往生的思想，弥勒以未来佛的身份显现。释迦佛也不再对弥勒说法，而是对其他弟子讲述对弥勒的信仰和往生弥勒净土的必要性。五、密藏经典，佛对弥勒说诸恶趣，求陀罗尼法。它们是弥勒思想大成以后为了附加陀罗尼经文而产生的东西，可能产生自公元七至八世纪或八至九世纪。

通过对37部弥勒经典的梳理，松本文三郎在《弥勒净土论》一书中将杂乱无章的弥勒经典整理出上述五大类别，并且指出这五类弥勒情报大致勾画了大乘佛教制造弥勒崇拜并使其逐渐丰富的顺序。他经过仔细推敲，认为弥勒信仰不仅在佛陀时代没有，而且在佛灭后三百年，到阿育王结集时都还没有出现。关于弥勒的经典原来有两种，虽然不能说彼此全然无关，但必须说一种是从原始佛教传来的，另一种则是大乘教徒继承前者以后，发展创作的结果[2]。小乘佛教原有的弥勒是作为佛陀的弟子，而大乘佛教则创造了作为未来佛的弥勒，最后这些思想不同程度的混合物反过来影响到了小乘佛教，并攙入了原始佛教典籍阿含经中，造成一定程度的混淆——阿含各篇弥勒之差别。

就这样，松本文三郎整理出弥勒信仰发端、发展的过程。其中值得注意的一点是，许多小乘佛经也会讲到"未来佛弥勒"，但并不等于宣讲弥勒崇拜。小乘说一切有部的各部阿含经，律和论藏便是如此，其中固然有确认弥勒未来作佛的文字，但并没有出现上述大乘弥勒经典中的第四类和第五类篇章。

那么，龟兹壁画中的弥勒菩萨，应该用大乘还是小乘的眼光去看呢？这就产生了不同见解。美国学者何恩之（Angela Falco Howard）注意到大乘弥勒信仰与龟兹地区小乘文化的矛盾，为了较好地阐释克孜尔石窟壁画中的兜率天菩萨，她强调弥勒菩萨并非礼拜对象——"克孜尔石窟中只有一个菩萨固定地出现，这就是所谓的'弥勒兜率天宫说法'，在那里他等待着成为释迦牟尼的继承者而降临人世。这样，弥勒菩萨就作为释迦牟尼的从属，而不是作为一个独立的礼拜形象。"[3]李瑞哲也认为龟兹弥勒崇拜，是小乘佛教自身发展的结果[4]。

1 〔唐〕义净著，王邦维校注《南海寄归内法传校注》，北京：中华书局，1995年，第20页。

2 〔日〕松本文三郎著，张元林译《弥勒净土论》，北京：宗教文化出版社，2004年，第108、129、144页。

3 〔美〕何恩之撰，赵莉译《克孜尔石窟壁画分期与年代新论补证》，《新疆文物》2004年第2期；后收入《龟兹文化研究（三）》，乌鲁木齐：新疆人民出版社，2006年，第93页。

4 李瑞哲《龟兹弥勒说法图及其相关问题》，《敦煌研究》2006年第4期，第19—23页。

另一种观点则偏向于认可弥勒信仰在当地的影响，即龟兹可能存在一种融合了大乘思想的小乘佛学。日本学者宫治昭谈到，克孜尔石窟反映小乘系释迦信仰的同时，也属于一种包括弥勒信仰在内的释迦信仰[1]。一些国内学者也持有类似看法。如史晓明曾提出，龟兹佛教大小乘混杂，石窟造像并非唯礼释迦[2]。李进新、杨波等人也认为“克孜尔石窟内体现的弥勒信仰没有一点大乘色彩是说不通的”，图像可能是弥勒上升和弥勒净土信仰的反映[3]。

佛教发展到晚期，的确出现了一些部派既修大乘，也修小乘。如《大唐西域记》卷十一载僧伽罗国阿跋邪祇厘住部：“僧伽罗国……佛教至后二百余年各擅专门，分成二部：一曰摩诃毗诃罗住部，斥大乘习小教；二曰阿跋邪祇厘住部，学兼二乘，弘演三藏。”此外，正如学界注意到的，回鹘文哈密本《弥勒会见记》（1067年抄写）也应引起重视。根据德国藏本，此剧本的回鹘文本可能于九世纪至十世纪之间出现。哈密本时间虽然较晚，却提供了更为直接的证据将弥勒信仰与说一切有部相关联。书中多次提到其翻译过程最初由一位萨婆多部学者完成——“精通（阿毗达摩）《顺正理论》和（其他）经论的圣月菩萨大师从印度语制成吐火罗语、智护大师又从吐火罗语译成突厥语的弥勒会见记。”[4]这至少说明了公元九至十世纪，弥勒信仰对丝路北道说一切有部的征服。

如果今后有新的证据说明大部分克孜尔石窟信众确实是弥勒信仰的持有者，那么公元五至七世纪龟兹有部在教义上做了让步。这在目前仍然只是多种假设之一。文献显示，直到公元七世纪，龟兹说一切有部的高僧仍然对传为弥勒亲自著述的《瑜伽论》嗤之以鼻。当时玄奘法师路过龟兹，询问有无此经。有部大德木叉毱多反问道：“何用问是邪见书乎？真佛弟子者不学是也。”玄奘极为不满，回答说：“《婆沙》《俱舍》本国已有，恨其理疏言浅非究竟说，所以故来欲学大乘瑜伽论耳。又《瑜伽》者，是后身菩萨弥勒所说。今谓邪书，岂不惧无底枉坑乎？”[5]观念对立的二位学者旋即展开了辩论。

木叉毱多向玄奘推荐了一些有部论藏，云：“此土《杂心》《俱舍》《毗婆沙》等一切皆有。学之足得不烦西涉受艰辛也。”《杂心》指《杂阿毗昙心论》，《俱舍》指《俱舍论》，《毗婆沙》指以《大毗婆沙论》为主的各类论书。公元前200年左右，迦多衍尼子编写的《发智论》成为有部的基本教义之书。公元100年前后，有部在迦腻色迦的赞助下举行了一次结集以稳定教义，产生了以注解《发智论》为形式的《大毗婆沙》（印顺认为大约公元150年顷[6]）。《大毗婆沙》的编著者声称他们的论书弥补了契经中遗失的理论[7]。其卷五十三云：“问：‘若尔契经所说当云何通？如契经说，佛赞慈氏成佛事时，会中有学未离欲者，闻已发愿：使我见彼胜妙事已乃般涅槃。’答：彼丰资缘未触重苦暂发此愿。若触重苦，即便厌离一切有生，作是念言：设有是事能如怖鸟速飞于空，我亦今时速趣灭度。”文中“慈氏”，即“弥勒”的异译。又同书卷第一百八云“谓世尊说弥勒当来成佛时事，有诸学者作是念言：‘愿我当见彼成佛事乃般涅槃。’故佛告言：‘汝等今者，有诸资

1 〔日〕宫治昭撰，贺小萍译《宇宙主释迦佛——从印度到中亚、中国》，《敦煌研究》2003年第1期，第31页。

2 史晓明《从“唯礼释迦”到“崇尚千佛”——兼论鸠摩罗什对克孜尔石窟的影响》，《克孜尔石窟艺术论集》，乌鲁木齐：新疆美术摄影出版社，2008年，第36页。

3 李进新、杨波《试探龟兹的弥勒净土思想》，《沙雅与龟兹——“塔河文明与龟兹文化”论文集》，北京：中国文化出版社，2011年，第231页。

4 耿世民《回鹘文哈密本〈弥勒会见记〉研究》，北京：中央民族大学出版社，2008年，第436—437页。

5 〔唐〕慧立、彦悰著，孙毓棠、谢方点校《大唐大慈恩寺三藏法师传》，北京：中华书局，2000年，第26页。

6 印顺《说一切有部为主的论书与论师之研究》，北京：中华书局，2011年，第180页。

7 〔英〕渥德尔著，王世安译《印度佛教史》，北京：商务印书馆，2000年，第318—319页。

具少时适意故爱后有，若乏资缘为苦所逼便于诸有都不爱乐！尔时应修此无常想，永尽诸漏而般涅槃，是故不应贪爱后有。’故为学者说此契经。”这两段文字（亦见于《阿毗昙毗婆沙论》）清楚表明了说一切有部对弥勒崇拜的否定。从这个角度来说，何恩之的推论更为合理。

上述两种观点尽管存在分歧，对于壁画图像志的认识却很一致，即将主室前壁的天说法菩萨识别为弥勒。施林洛甫则提出此菩萨应识别为释迦最后一次降下人间之前在兜率天之事迹[1]。笔者观点与之接近。在笔者看来，弥勒菩萨的图像可能在部分龟兹石窟中出现，且作为一种唤醒知识的手段，兜率天菩萨的所指可以在释迦和弥勒之间转换。尽管如此，大部分龟兹石窟以小乘有部佛学为主旨，其图像构成偏重由佛传引导出的譬喻。

释迦菩萨天宫说法的相关造像在古代南印度、犍陀罗和汉地佛教雕刻中不乏表现。虽各地造像颇有差异，但释迦菩萨形态特征始终与当地美术中释迦太子形象一致。如前所述，克孜尔壁画中较为明确的兜率天释迦有两例。一例在方形窟第118窟侧壁的半圆形端面，为了强调菩萨天寿将尽的五衰之相，菩萨没有配置头光[2]。

另一图例出现在克孜尔第110窟。第110窟是克孜尔石窟中绘制佛陀本行故事最多的一个。窟内壁画主要分布在石窟正壁和两边侧壁的方格中。方格共分三层，正壁每层6格，两个侧壁每层7格。这样三壁共有六十幅方格本行故事。加上正壁上端和前壁门上各有一幅半圆形壁画，故事总数达到62幅。“兜率天说法图”位于前壁门上的半圆形端面。整个石窟中62幅故事，其中61个佛传故事讲述释迦从出生到涅槃的故事。门上半圆端壁画解读为释迦菩萨兜率天观察，与世尊一生的叙事脉络完全吻合。这幅图像的重大意义在于，其图像内容，以及图像在石窟中的位置都与典型的克孜尔中心柱窟——第38窟的兜率天说法菩萨相似。

在原始佛教中，世尊“兜率观察”的重要性胜过弥勒。他在最后身下降人间以前，正是在兜率天作五种观察，选择了净饭王和摩耶夫人做其父母。他告别天界时，为诸天人说法，宣告了将要诞生于人间的决定。此时，释迦身为兜率天宫的天子，许多佛经直接用“菩萨”称呼。此外，也有佛经将其称作护明菩萨、护明大士、罔明菩萨、能仁菩萨等等。可见“菩萨”这个词在小乘典籍中开始就有，但意义和大乘有所不同。包括有部所传佛经在内，许多典籍是用菩萨来指称成就如来之前的释迦及其所有前世往生，也有个别经典用菩萨来称呼佛陀。因此有部在其成立初期对“菩萨”的概念并无讨论的热情，直到《阿毗达磨大毗婆沙论》才就《法智论》的寥寥数语展开论述，乃至佛教学者怀疑其“不免有摄取大乘法以庄严自宗的嫌疑”[3]。《大毗婆沙论》引用契经的言论来定义菩萨，说“齐何名菩萨……如契经言，有一有情，是不愚类，是聪慧类，谓菩提萨埵”，随即又害怕这个标准过分简单，以至于产生实非菩萨而自诩为菩萨的状况，继而又有“要至修习妙相业时，乃于菩提决定，趣亦决定，是故齐此方名菩萨。复次修妙相业时，若人若天共识知彼是菩萨，故名真菩萨”云云。

有部对于菩萨是肯定和赞美的，但这些赞美都和世尊的“坚定”、“精进”紧密相连。《大毗婆沙论》认为菩萨依旧会起情欲和恶念，否则坚忍就没有意义了。又有关于菩萨的讨论，“问菩萨为入灭尽定不？”世友认为菩萨不能入，“契经说，为圣者定故，若菩萨能入者，亦应名异生定”。人德为此辩解，说“菩萨不能入灭尽定，以诸菩萨虽伏

1 Dieter Schilingloff, AJANTA-Handbook of the Paintings(Vol.Ⅰ), New Delhi, 2013, pp.306—307.

2〔德〕A.格伦威德尔著，赵崇民、巫新华译《新疆古佛寺（1905—1907年考古成果）》，北京：中国人民大学出版社，2007年，第189—190页。

3 印顺《说一切有部为主的论书与论师之研究》，北京：中华书局，2011年，第187页。

我见，不怖边际火，不起深坑想，而欲广修般罗若，故于灭尽定心不乐入，勿令般若有断有碍故。虽有能而不现入，此说菩萨未入圣位。”姑且不论大德（或谓此大德即法救）的认识是否与大乘菩萨观趋于一致，议题本身足以说明“菩萨”在佛教信徒认识中的差距。它无疑在小乘论师内部引起了分歧。也正是源于讨论这一问题的热情，“问何故（释迦）菩萨于睹史多天（兜率天）受天趣最后异熟”，为说一切有部《大毗婆沙论》津津乐道[1]。

第二节　僧团与政权

一、龟兹僧团与龟兹王族

克孜尔出土梵文残卷中有一条龟兹斋僧通告写道：

> 因此，我布告周知：这一位施主，这位檀越布施的物品美丽、妙绝、慷慨、灿烂、宏大、纯净、清洁、繁多、量大、伟大；他本人具备睿智、深谙人生、谦虚、谦退的品质；集众道德于一身；具备知耻和诚惶诚恐；为因陀罗和其余最高神灵所呵护；他向高贵的僧伽布施花样繁多的、洁净、味美、量大的饭食和饮料。由于这个美妙绝伦的布施而获得的功德，希望能帮助这些施主们坠入奇妙的天宫，包括大梵天的、因陀罗的、毗湿奴的……阎摩的、婆楼那的、财神的以及其他诸神的天宫，帮助他们得到三重的灵悟。这一族中的既逝者，愿他们也能满足宿愿。那一些流转于五趣中的生物，愿他们在四食中得到真知。所应施予的，愿都能均衡地施予到人。

通告将施主夸耀了一番，宣告了他向僧人施舍饮食的事实，并祝愿此功德为他获得来世的善报。原始佛教戒律比较严格，比丘不接受货币、贵重金属和奢侈品，衣食等基本生活资料多应来自施舍。目前发现的多件斋僧通告，反映了龟兹僧人广泛的受施物品，包括种类繁多的食物、饮料、甜品（糖蜜、蜜、甘蔗、葡萄、冰糖）、辛辣品（姜、黑胡椒、长胡椒、罗望子）、浴水和沐浴水罐。通告反映出龟兹王室是龟兹僧团最大的资助者。新疆龟兹研究院所藏一片龟兹文木简也提到了同类情报——龟兹王给了食物，（寺院）支出了鲜奶6瓶、酸奶2瓶[2]。

石窟建造的功德主与斋僧施主身份一致。克孜尔石窟题记和出土文书解读后，人们发现，功德主涉及龟兹王族及其眷属，也包括追随国王或怀有政治诉求的官绅。正如库木吐喇窟群区第23窟（德国探险队原编号第19窟）供养人壁画所表现的那样，不同身份的供养人按照官职大小排列。站在首位的是有头光的王者，其身后站立着没有头光的男女[3]。人物身边留有些许题记，表明他们是国王的御前将军和侍从官。吕德斯（Heinrich Lüders）分析了龟兹文书中僧人为功德主的祈祷方式：大库车国王放在首位，其次是各类护法神，国王女眷，再次是大库车王下属的地方小王（阿克苏王、和阗

1　霍旭初《克孜尔第110窟再解读——说一切有部“最后身菩萨”思想探索》，《龟兹石窟佛学研究》，北京：宗教文化出版社，2013年，第88—89页。

2　新疆龟兹研究院、北京大学中国古代史研究中心、中国人民大学国学院西域历史语言研究所《新疆龟兹研究院藏木简调查研究简报》，《文物》2003年第3期，第34页。

3　〔德〕A.格伦威德尔著，赵崇民、巫新华译《新疆古佛寺（1905—1907年考古成果）》，北京：中国人民大学出版社，2007年，第47—49页。

图 5-2-1　鹿野苑说法图及龟兹王，克孜尔第 69 窟

王、尉迟吐鲁番王），大臣和高级侍从[1]。

龟兹王室捐建石窟的行为带有普遍性。供养人图像中，有头光的王族极为常见。克孜尔第205窟，供养人题记写有“龟兹王……”和“龟兹王后斯瓦亚姆普拉布哈像”（参见图2-1-2）。比对出土的龟兹王及王后名单，可知男子为公元六世纪末七世纪初的龟兹王托提卡（Tottika）。国王资助开凿石窟，可以为自己或先王获取功德。克孜尔第69窟国王像龟兹文榜题“儿子为苏伐那·勃驶（苏伐勃駃）功德造寺”（图5-2-1），把这个目的讲得非常明白。壁画打破供养人与佛传故事分离的传统图式，将供养人绘制在鹿野苑说法的场景之中。国王夫妇由僧人引导着，仿佛要加入听法比丘的行列。为了强化这一效果，画家精心调整了人物位置。引导国王的比丘，肩膀被一位在鹿野苑听法的佛陀弟子遮挡住了。这样一来，在视觉上，现实中的供养人嵌入了最初皈依佛门的“先知者”行列。

同时为个人和国家命运祷告，在北魏以来的汉地造像运动中非常普遍。愿文中包含对自己和眷属的祷辞，也同时涉及对国家和君王的祝愿。为国君祈福而开凿大型石窟是一种国家行为，龟兹可能存在类似情况。吕光攻打龟兹时，为了瓦解对方，鼓励己方士气，有意散布言论——夜梦金象飞越城外，“此谓佛神去之，胡必亡矣”。可见龟兹之战中存在一种情绪，龟兹乃神佛庇佑之地。这是龟兹作为中亚佛教中心，虔诚供养的文化优势。故而龟兹王城门外立二佛巨像护城。通过造像或斋僧等供养活动，可以获取神佛对国家的庇佑。许多龟兹僧人的日常工作，乃至部分龟兹石窟的开凿动机可能也属于这种将国王功德与国家福祉相关联的祈福。

1　〔德〕阿尔伯特·冯·勒柯克、恩斯特·瓦尔德施密特著，管平、巫新华译《新疆佛教艺术》，乌鲁木齐：新疆教育出版社，2006年，第603页。

龟兹王族不仅在财物上积极支持龟兹佛教，许多王室成员还深谙佛法，乃至出家为僧为尼。玄奘在《大唐西域记》中记载他和龟兹高僧因佛经内容争执不下，当时已经出家的王叔智月恰逢在场。他善解经论，为之作证。《高僧传》也提到鸠摩罗什的母亲以公主身份出家为尼：

什在胎时，其母自觉，神悟超解，有倍常日。闻雀梨大寺名德既多，又有得道之僧，即与王族贵女、德行诸尼，弥日设供，请斋听法。什母忽自通天竺语，难问之辞，必穷渊致，众咸叹之……顷之什母乐欲出家。夫未之许。遂更产一男，名弗沙提婆。后因出城游观，见冢间枯骨异处纵横，于是深惟苦本，定誓出家。若不落发，不咽饮食。至六日夜气力绵乏，疑不达旦，夫乃惧而许焉。以未剃发故，犹不尝进。即敕人除发。乃下饮食。次旦受戒，仍乐禅法。专精匪懈，学得初果。什年七岁，亦俱出家……时龟兹国人以其母王妹，利养甚多。

一些龟兹佛寺如剑慕王新蓝、温宿王蓝，寺名暗示其与王者有直接关联。他们可能是有国王直接捐建或供养的佛寺。龟兹王宫可能包含有小型佛堂。《出三藏记集》所录“比丘尼戒本所出本末序”还专门提到周边地区贵族女性在龟兹出家的情况，云“阿丽蓝（百八十比丘尼）；输若干蓝（五十比丘尼）；阿丽跋蓝（三十尼道），右三寺比丘尼统，依舌弥受法戒。比丘尼外国法不得独立也。此三寺尼，多是葱岭以东王侯妇女，为道远集斯寺”[1]。

显然，王族热衷于舍身佛门，非为龟兹独有，实在西域蔚然成风。而龟兹作为中亚佛教中心，成为周边小国贵族女性出家的兴聚之地。龟兹考古出土的比丘尼戒本，以及龟兹石窟的供养人壁画中发现大量女尼形象，从侧面反映出女性佛教信徒在龟兹亦颇具实力。吕明明推测克孜尔两组洞窟（第112—115窟和第11—13窟、第24窟）为两所尼寺[2]。

龟兹佛教的发达，一方面得益于龟兹历代国王的崇奉，另一方面也与龟兹佛教高僧辈出、僧团对社会影响力极大相关。玄奘亲身经历了这一情况。《大唐大慈恩寺三藏法师传》载：“王请过宫，备陈供养，而食有三净。法师不受，王深怪之。”从时间判断，这位盛情款待玄奘的龟兹王可能是苏伐叠。玄奘到龟兹的时间是公元629年。史料记载贞观四年（630年），苏伐叠遣使献马，太宗赐以玺书，抚慰甚厚。玄奘在《大唐西域记》中生动地描绘了龟兹王积极参与法会的情景。“上自君王，下至士庶，捐废俗务，奉持斋戒，受经听法，渴日忘疲。”

龟兹僧团倚仗其对社会生活的文化影响，也一定程度地把握着政治权力。玄奘写道：“（龟兹）常以月十五日晦日，国王大臣谋议国事，访及高僧，然后宣布。”

有一条龟兹斋僧通告从侧面反映出僧侣阶层在意识形态方面享有极高权力[3]：

我布告周知：这位大施主，他通过同善人们的交往而增强了自己思想意识的充沛和晶莹澄澈。这一位龟兹大君，称呼他的名字可以得到解脱，同所有的流转于五趣中的众生一起，用无可指摘的饮食取悦于这个如来佛的声闻僧伽，其中有一些人，在学习、牢记和专研经、律、论的手段方面极有经验，他们是伦理道德及其他善舞的宝库，一心想消泯爱与恨，他们是……声闻教义的承担者。

通告一方面盛赞龟兹大君向僧团提供饮食，另一方面则强调这位大施主在思想方面的进步得益于他与善人们的交往。施主通过供养比丘获得了精神上的回报。通告表明，僧侣阶层是社会意识形态的控制者。比丘们作为社会“伦理道德及其他善舞的宝

1 〔南朝梁〕僧佑撰，苏晋仁、萧链子点校《出三藏记集》，北京：中华书局，2003年，第410页。

2 吕明明《龟兹尼寺初探》，《敦煌研究》2007年第1期，第55—60页。

3 季羡林《龟兹研究三题》，《龟兹学研究》第一辑，乌鲁木齐：新疆大学出版社，2006年，第10页。

库”，以一种极高的姿态接受供养，作为回报，他们回馈龟兹大君佛法教义，并为之树立良好的社会声誉。作为宗教权威，龟兹僧人们关于美好未来的诠释，令布施者深信不疑。

显然，在龟兹社会的文化机制中存在着僧团和功德主（供养人）两大人群。他们各有所持，又相互影响。两个集团的统治者建立了一种相互制约，又相互合作的依存关系。僧团在龟兹社会中享有较高地位。他们对龟兹王室的辅佐以互惠为条件，国王须以佛教立国且勤于布施来满足僧人的精神和物质要求。作为文化权力和政治权力的不同拥有者，两个阶层共同维护着其在龟兹地区的统治。

僧团和供养人的这种关系，或直接或间接地反映在龟兹壁画遗存中。作为施主获取功德的重要手段，石窟图像构成不仅致力于展现龟兹本地佛学教派的基本思想，也包含了对石窟预设观众——龟兹王室及其他功德主布施佛寺的鼓励和期许。

二、克孜尔第118窟

克孜尔第118窟，德国学者起初将其命名为“海马洞”。其石窟形制和壁画构成在龟兹石窟群中颇为特殊。石窟位于谷内区，主室平面呈长方形（纵深3.75米，宽4.88米，高4.04米），窟顶为罕见的横券顶。除了拥有窟门和露台（或谓前室），窟门两侧各开了一扇窗户，并曾配有木制门窗。这样的建筑形制，并非龟兹石窟寺常规，称为“石室”或更妥当。它可能为龟兹王者祈愿所建，又或“石室”本身就为有王族身份的佛教信徒使用。

第118窟壁画遗存主要在主室正壁和券顶。左右侧壁上方半圆端原来都有完整的精美壁画，后被揭取。根据德国探险家格伦威德尔的考察笔记和资料照片[1]，我们仍然能够了解这两幅壁画的面貌。东壁半圆端壁画分上下两层。上层图像是释迦“兜率观察”（图5-2-2）。下层图像，画面中心是一位白色身躯的人物躺在床上。四位侍女坐在

图 5-2-2　降兜率，克孜尔第 118 窟东壁半圆端

1 Albert Grünwedel, Altbuddhistische kultst tten in Chinesisch-Turkistan, BERLIN, 1912, p.111, Fig.243.

图 5-2-3　克孜尔第 118 窟西壁上部半圆端

床头。三位天人飞身来到床尾。另有一位天人在床上方虚空飞翔。人物背景中绘制了立柱，说明故事发生在宫殿建筑之内。笔者认为，所描绘内容可能是作瓶天子、帝释天、梵天，及诸天为助释迦出家而下降王宫的场景[1]。净饭王担心释迦出家，为其配备了各种伎乐婇女。天子们唯恐释迦沉迷于五欲娱乐，特意在梦中提醒他在兜率天许下的诺言。可能为了强化身处肉欲中的状态，画家对人物做了特殊处理，再一次未予配置头光。克孜尔壁画中，根据人物不同状态，对头光进行微妙处理的同类案例可见霍旭初对“变形三魔女”的相关分析[2]。

第118窟内，与“兜率天降下”相对的西壁半圆端，壁画中心是一黑色身躯的天人（图5-2-3）。他惬意地半跏趺坐在宫殿正中，两侧各有五位天人。其中一位天人正胡跪在他的右脚边，合十双掌与他交谈。宫殿位于一座大山上。宫殿之下、大山之巅，日、月环绕。数条“蛇形巨龙”紧紧盘束山腰。大山四周是一片水域，有水禽、海螺等水生动物。两位“人形龙神”捧着奉献宝盒在水中露出上身。画面中的大山，就是佛经中常常讲到的须弥山。格伦威德尔注意到，“它位于大海之中……这个海的边线延伸到背壁和门壁上。由此可知，须弥山被想象为所有画面的中心。也就是说，进入此窟的参观者在拱顶上就看到这个大海，于是这大海就成了所有画面的前景”[3]。据此，格伦威德尔提出此画面经由券顶菱格，与对面东壁半圆端壁画构成一个整体，它围绕东壁半圆端的“降兜率”故事展开叙事：“众神知道兜率天菩萨下凡之事，下层天界的金刚、龙王都聚集而来，称赞菩萨的这种决心，因为这会给尘世送去一个解放者。”

《佛本行集经》“上托兜率品”的记载：

> 尔时护明菩萨大士天寿满已，自然而有五衰相现……时兜率天见彼护明衰相现已，出大音声，呜呼呜呼，共相谓言：苦哉苦哉，护明菩萨，不久应当舍离于此兜率天

1 任平山《克孜尔第118窟的三幅壁画》，《敦煌学辑刊》2012年第3期，第128页。
2 霍旭初《克孜尔石窟〈降魔图〉考》，《敦煌研究》1993年第1期，第11—19页。
3 ［德］A.格伦威德尔著，赵崇民、巫新华译《新疆古佛寺（1905—1907年考古成果）》，北京：中国人民大学出版社，2007年，第187—188页。

宫，退失威神，我等今者何可得住？是时彼处兜率天众唯闻哭声。诸天宫殿，声响相接。此声乃至上色界顶……从兜率下及修罗宫。呜呼之声，其音遍满，处处唯闻不久堕落。是时诸天，闻此声已，阿迦腻咤、他化自在色欲天等，并各下来，至兜率天。夜摩诸天、四天王天，闻此声已，皆悉集聚，上兜率天如是。乃至龙王，夜叉、乾闼婆，阿修罗、迦楼罗、紧陀罗、摩睺罗、伽鸠盘茶、罗刹等地居诸天，属色欲界诸天摄者，皆悉飞腾，上兜率天，集聚一处。

菩萨将从兜率天降下的消息四处传开，上至色界天顶的天人，下至大海深处的龙王等其他下界的神灵听到消息，都来到须弥山上的天界，聚集在菩萨周围。画面下端的龙王半探出身，捧出宝物，是“龙王赞叹”的传统样式，在犍陀罗美术中并不罕见。在格伦威德尔看来，龙王和其他神祇一起，都是为对面半圆端壁画中的菩萨而显身的，此观点可以在《施设论》中找到文献证据。这部早期有部论藏专门讲到了释迦菩萨兜率天降下时龙王的表现。龙王听到菩萨降神的消息，心中欢喜而从水中跃起，盘旋游泳，造成大地震动[1]。

格伦威德尔仔细描述了须弥山上所坐主神的形象：这位黑肤色的大神“佩戴着天神通常戴的装饰，头的四周有头光，但他的尖耳朵是一种标志，表明他是低等级的天神”。

不同尊格的神灵均可在龟兹壁画中找到实例。一般来说，佛陀拥有头光和身光；而帝释天、梵天、天王、天人、龙、护法修罗等神众则只有头光，没有身光。凡人之中，国王也有头光，无身光。佛陀、帝释天、梵天、天人，虽然形貌装饰均有差异，但面相基本正常。而其他一些尊格较低的神众，常常表现出异于常人的体貌特征。例如龙神的背后常常升起蛇头。凶神恶煞通常也表现出半人半动物的狰狞面目，进攻世尊的夜叉也是如此。它们的形象可以在各类“地狱”、“降魔”场景中确认，正如格伦威德尔和勒柯克所观察到的，它们都长着动物般的耳朵。基于画中人物的这一特征，格伦威德尔将须弥山上的天宫神像解释为下层天界之神，不乏合理之处。但他提到的金刚向来是身穿盔甲的武将装束，与壁画不合。且下界之神坐在须弥山上天宫殿中的主位，完全违反尊格，在降兜率的故事文本中未找到确切描述。

除了药叉、金刚、天王，长耳尖的特征是否可以用来表现更高等级的天神？天界诸神中，魔王波旬最为特殊。魔王一般和其他恐怖骇人的魔军一起，在降魔变图像中为观众所熟知。佛教中的魔王其实属于天部，是比“兜率天”更高天界——“自在天”上的天人。

依《长阿含经》和《大楼炭经》所载，忉利天宫在须弥山上，其上有兜率天、梵迦夷天等诸天，其上复有魔天。魔天宫殿也是非常豪华美丽的，“其宫广长二十四万里，宫壁七重，栏楯七重，刀分七重，行树七重，周匝皆以七宝”。也有佛经谓魔王本身即为欲界第六天之主。如《大智度论》云：“魔王常来娆佛，又是一切欲界中主。夜摩天、兜率陀天、化乐天皆属魔王。复次……一切欲界魔为主。”

魔王为自在天之主，应该为有部所接受。故而《根本说一切有部毗奈耶破僧事》有句云“魔王复告曰：然我一度祠会，得欲界自在天主。”《大毗婆沙论》在降魔成道一节，也讲到佛陀于菩提树下誓言成道，大地震动，惊扰了他化自在天宫，这才引来魔王滋扰。

1 《施设论》（《大正藏》第26册，第517页）载：又问，何因菩萨，最初于兜率天宫殁已，降母胎时，一切大地皆悉振动。答：龙威力故。以诸龙王得闻菩萨大士大威德者兜率天宫殁已，降神母胎，乃从水中跳跃而出，心生欢喜，适悦庆快，乘空盘旋，往返游泳，乐欲瞻睹菩萨圣相。龙出水故，水即大动。以水动故，大地振动。又复菩萨决定当成如来应供正等正觉，已勤为众生宣说出要离生善法，是故上鼓于风，中摇于水，下振于地。

图 5-2-4　五欲行乐，克孜尔第 118 窟正壁

“（菩萨）诣菩提树下手自敷设……坐已便发坚固誓言：我若于此不尽诸漏，证得无上正等菩提，誓当不起。尔时大地、大海、诸山六种震动如海轻船逐浪高下，乃至他化自在天宫皆悉震动，犹如猛风吹芭蕉叶。魔王惊慑，观动所因。”

龟兹壁画中较为完整的“降魔图”可见第98窟前壁上端的半圆端。佛陀右侧为天人及魔军，左侧有一天人拔剑向佛，是为魔王波旬，如《佛本行集经》中云“时魔波旬从其腰间拔一利剑，手执速疾走向菩萨”。这时，魔王长子商主从后面抱住父亲予以劝阻[1]。魔王父子，赤裸上身，头戴花冠而有头光，大体与其他天人无异。画家特意为第118窟天宫主人画出长耳，可能意在表示他作为魔王——自在天之主的特殊身份[2]。如前所述，兜率天下降的消息不仅向下传达到大海深处的龙王和阿修罗处，也上传天界之顶，乃至他化自在色欲天等各自下来云集。

克孜尔第118窟主室正壁是一铺场面宏大的方形壁画，描绘了一位王者坐在众多妃子中间（图5-2-4）。他的三位王妃梳着各种迷人发式，娇艳且极具肉感。她们的头光使得她们和旁边的女仆相区别。此画主题有三种解释。格伦威德尔在《中亚古佛寺》一书中提出图中所绘为天臂城善觉长者接见输头檀王（即净饭王）派来求亲的使节，在他旁边的年轻女子是他的女儿摩耶——世尊的生母[3]。宫治昭指出此说缺乏文献上的依据，

1　张丽香《从印度到克孜尔与敦煌——佛传中降魔的图像细节研究》，《西域研究》2010年第1期，第58—65页。

2　除了魔王，笔者认为此尖耳天王亦可以考虑作为阿修罗王，指示一种和“兜率降”属性相反的“天宫坠落”。莫高窟第428窟绘有阿修罗坐在须弥山上之图像。任平山《克孜尔第118窟的三幅壁画》，《敦煌学辑刊》2012年第3期，第131—133页。

3　Albert Grünwedel, Altbuddhistische kultstätten in Chinesisch-Turkistan, BERLIN, 1912, p.112；〔德〕A.格伦威德尔著，赵崇民、巫新华译《新疆古佛寺（1905—1907年考古成果）》，北京：中国人民大学出版社，2007年，第190页。

无法证明[1]。桧山智美推测它可能表现顶生王拥有转轮王位[2]。第三种意见可见于吴焯、姚士宏的考证[3]，认为这是"宫中娱乐"，即宫女们娱乐释迦太子而太子生厌、欲离出家之事，壁画主旨在于借"释迦舍世出家"的圣迹来宣传佛教的禁欲主义。第三种观点似更合理。画面中心的女性面向王者托起乳房，表明二人应该是"男女关系"而非"父女关系"或"母子关系"。另外，壁画两侧各有一组身穿龟兹人服装的人物画像。一边是一比丘和一个画师；另一边是手持燃香的男女，他们应是捐资营造并装饰石窟的供养人。如果画面中心的王者不是世尊释迦而只是他的外祖父，我们很难解释这些供养人的动机。

正壁"宫中娱乐"和左右侧壁半圆形壁画的组合在龟兹石窟中仅此一例，非常别致。尤其正壁图像充满色情意味。过去学界认为方形窟一般作为佛寺讲堂使用，然《根本说一切有部毗奈耶杂事》卷十七所说"于讲堂处画老宿苾刍宣扬法要"，在讲经堂正壁大场面地绘制这样的壁画显然极不合适。除了佛寺，龟兹王宫装饰也大量采用佛教装饰。故而《出三藏记集》所录"比丘尼戒本所出本末序"写道："拘夷国，寺甚多，修饰至丽。王宫雕镂立佛形像与寺无异。"[4] 如果壁画的"预设观众"为龟兹国王，情况就另当别论了。正壁的大壁画描写了与宫廷生活相关联的一幕，尽管它取自佛传故事，宣讲禁欲，但它仍然可以作为一幅由宗教题材"转义"为世俗题材的作品悬挂在国王宫寝。

克孜尔第83窟正壁壁画（图5-2-5）和第118窟在某些方面非常相似。壁画主题已考定为"优陀羡王故事"[5]。姚律仔细比对了《杂宝藏经》卷十"优陀羡王缘"、《佛说杂藏经》、《根本说一切有部毗奈耶》中的相关故事，认为后两部佛经记载与壁画更为接近，故事宣扬王者出家，反映了龟兹小乘佛教主张出家修道高于世俗之乐的主张[6]。

义净在《根本说一切有部毗奈耶》中，将优陀羡王译作"仙道王"。故事讲述仙道王（优陀羡王）与萍沙王（频婆娑罗王）的交往，逐渐开始热衷学习佛法。他不仅自己常听高僧讲经，还专门请比丘尼入宫为后妃讲法。一天，仙道王弹奏音乐，夫人"月光"翩翩起舞。仙道王突然感知夫人七日后即将命终，不胜伤感。月光夫人获得仙道王的允许，在最后时日出家为尼。前世功德，使其死后轮回进入天界。当仙道王再次见到返回人间的天人月光时，心结打开，终于不再留恋尘世，出家为僧。

克孜尔第83窟的这幅壁画以仙道王观舞为中心。他看出王后七日后即将命终，陷入

1 〔日〕宫治昭《キヅル第一様式のヴォールト天井窟壁画（上）——禅定僧・山岳構図・弥勒の図像構成》，《佛教藝術》vol.180，每日新聞社，1988，p.81；〔日〕宫治昭著，李萍、张清涛译《涅槃和弥勒的图像学——从印度到中亚》，北京：文物出版社，2009年，第354页。

2 桧山智美对克孜尔第118窟的解释是整体性的。她认为左右侧壁半圆端壁画，讲述的是顶生王和帝释天并坐之景。同时提出正壁方形佛传可能表现顶生王在人间的宫中生活。画中王者旁边的女性手捧双乳，表示顶生王诞生时，宫中婇女自然流出乳汁。石窟券顶壁画则表现了世界初劫时，不同人类出现的历史。〔日〕檜山智美《キジル石窟第一一八窟（海馬窟）の壁画主題——マーンダートリ王説話を手掛かりに》，《美術史》vol.168，2010，pp.358—369.

3 吴焯《关于克孜尔118号窟"娱乐太子图"》，《龟兹文化研究》第三辑，乌鲁木齐：新疆人民出版社，2006年，第598—600页；姚士宏《也谈克孜尔第118窟壁画内容》，《克孜尔石窟探秘》，乌鲁木齐：新疆美术摄影出版社，1996年，第209—215页。

4 〔南朝梁〕僧佑撰，苏晋仁、萧链子点校《出三藏记集》，北京：中华书局，2003年，第410页。

5 中国壁画全集编辑委员会编《中国壁画全集・8・克孜尔・1》，天津：天津人民美术出版社、乌鲁木齐：新疆美术摄影出版社，1992年，图119，图版说明第46页。

6 姚律《对克孜尔石窟83窟仙道王故事画宗教含义的再认识》，《新疆艺术学院学报》2010年第4期，第8—13页。

图 5-2-5 优陀羡王故事，克孜尔第 83 窟

哀思，头部无力地垂向一边。画面一侧绘制了两幅出家剃度的场面。根据服装，下面的剃度者为女性，应该是月光夫人。上面的剃度者为男子，是后来出家的仙道王。

"优陀羡王故事"和"宫中娱乐"都包含了双重隐喻，其一是以诸婇女为代表的五欲娱乐，其二是可以随心五欲的王权。第118窟侧壁半圆端壁画尽管内容有别，也都围绕"欲望"与"天界"，以及"王者"与"天界"的关系展开叙事。说一切有部讲轮回五趣，分别为地狱趣、鬼趣、傍生（动物）趣、人趣、天趣。其中最好的是天趣。但天趣又有欲界六天和色界无色界诸天的分别。欲界六天也和其他四趣一样，都有食物、淫欲、睡眠欲三种欲望。六天以上又有诸梵天等色界诸天。生活在色界诸天的天人，虽然也是色身，但没有五欲。此外，还有无色天，连色身也没有。在有部看来，无色天的有情生命是一种精神状态的存在[1]。

《俱舍论》对欲界诸天淫欲描述如下：

> 论曰：唯六欲天受妙欲境。于中初二依地居天，形交成淫，与人无别。然风气泄，热恼便除，非如人间有余不净。夜摩天众，才抱成淫；睹史多天，但由执手；乐变化天，唯相向笑；他化自在，相视成淫。毗婆沙师作如是释，六天皆以形交成淫。

魔王波旬，如前所述，其实是欲界六天恶行的代表。"天上魔王，见菩萨清净无欲，精思不懈，心中烦毒……念是道成，必大胜我。欲及其未作佛，当坏其道意。"所有的恶

1 何石彬《〈阿毗达磨俱舍论〉研究——以缘起、有情与解脱为中心》，北京：宗教文化出版社，2009年，第115页。

行都来自欲念生出的烦恼，佛教理论因此把魔王当作世尊离欲的符号性对象。《大毗婆沙论》云：“菩萨于是复审思惟，魔党何缘起斯恶事。知起恶事皆缘五欲，躭着五欲皆由烦恼。既厌烦恼遂尽诸漏，证得无上正等菩提。故欲次第降伏魔怨。”可能正是因此，画家在描绘天宫主人时，特意选取了长耳特征的魔王来暗示其本质。在这幅壁画对面的半圆端，则刚好是这一意义的反面。菩萨从兜率天下降，在帝释天的帮助下克服五欲诱惑，最终取得了正果。

由此，图像叙述在石窟中构成了特殊的逻辑。侧壁的两幅壁画作为正面和反面的譬喻，正壁壁画突出龟兹僧团为观画者设定的主题——断除世俗欲望。仅就图像的语言效果而言，“宫中娱乐”传递出的信息彰显而非掩盖了色欲。禁欲主义的主题需由图像的背景知识——文本性解读来完成。石窟两侧半圆端壁画具有一种注释作用。作为正壁图像的上下文，它们对正壁壁画的意义进行了锚定和扩展，加强了说教功能。

佛教对于人类欲望的消极态度贯彻于所有佛传之中，为什么克孜尔第118窟偏偏从中选此三段。在笔者看来，除了绘制佛传、积累功德，壁画也试图在精神上鼓励并指示龟兹王族。所选入的三幅壁画在宣讲佛教教义的同时，也为预设观众的“情感代入”有所设计。故事主角都具有王者身份。菩萨兜率天降下，本来可以成为转轮王，但他在帝释天的帮助下修成正果。另一方面则是与菩萨为敌的魔王。魔天是人间国王恶行的诱惑者。故《经律异相》有云，“时有天魔，迷惑王心，使还宫内耽荒五欲：一者宝饰，二者女乐，三者衣食，四者荣利，五者色欲”。因此克孜尔第118窟的图像构成，不仅为某一龟兹王族的宗教道路提供了索引，也可以为其在现实世界中的社会地位进行诠释——由对“欲望”的舍弃，具体到对“王权”的舍弃。

强敌环绕，在夹缝中生存的龟兹，政局、人事变幻不定。身为绿洲小国的君主，龟兹国王一样会有欲望烦恼。在拥有权力的同时也面对失去权力的忧虑，他们当中产生厌世或悲观情绪的人，想必能在这类故事中找到情感的共鸣。

《佛本行集经》“劝受世利品中”有一段经文为佛陀与频头娑罗王（频婆娑罗王）的问答。频头娑罗王询问佛陀：“仁今壮少。正在盛年。端正无双。身体微妙。堪当嬉戏游纵之时。今者何为发如是意，行作沙门，厌离王宫？”又复频头娑罗王欲供养佛陀，邀请世尊共治王国，半分王座。谓“仁今若为爱敬父故，不取王位，舍出家者，我今请仁在我境界，受于五欲，种种所须。当随仁意，须财与财，及诸婇女。若佐助我，我当与仁分国半治。可居我境，受我王位”。

世尊遂向频头娑罗王阐述佛法云：“我今求道，止为怖畏生老病死。以是义故，欲求解脱，故受此形。亲族眷属，实可爱恋，可敬难舍，流泪满面，啼泣懊恼，或为我故。舍于命者，我已弃背，来至此处。然其世间五欲之事，贪惜染着，多因不善。”此后，世尊为之例举自己断除五欲，离宫出家的故事。“我在本宫，多饶五欲。已能弃舍六万婇女。出家入山……我今惊畏烦恼之，故舍出家，欲求寂定涅槃真实。假使我得帝释天宫，意亦不乐，况复人间粗弊果报。”

上述经文表明，佛陀舍弃王位而以寂灭为乐的故事，有时是有针对性的。它们为频头娑罗王所关注，而世尊也乐于向国王讲述。没有证据表明克孜尔第118窟的壁画设计参考了这部佛经，但正如“世尊离欲出家”之事在佛陀为国王说法时被举例一样，典故的含义，乃至类似佛陀为频头娑罗王讲经的角色关系，被“代入”了石窟壁画与石窟观看者的关系。

两种关系存在于魔王和佛陀的组合中。一种是魔王和佛陀的斗争；另一种是帝释天和佛陀之间，王权服从并辅佐佛教精神领袖。而王者最终将投身于摒弃欲望的修行者行列，如《中阿含经》卷三十三“释问经”结尾处帝释的志愿：“我于此命终，生于人间。彼若有族，极大富乐，资财无量，畜牧产业不可称计，封户食邑种种具足……生如是族已，成就诸根。如来所说法律，有得信者。得信已，剃除须发，着袈裟衣……”对于龟兹王族而言，能够立刻效仿佛世尊，舍身出家，固然是好的选择；能够在世俗生活中效仿帝释天，支持当地佛事，也能建立功德，获得好的果报。

桧山智美提出，克孜尔第118窟石窟券顶壁画（参见图1-3-6）表现了世界初劫时，人类变化和分化的历史。笔者关于中心柱窟券顶壁画的一些想法与之不谋而合。现在看起来，克孜尔第118窟可能为中心柱窟券顶壁画提供了雏形。

世界初劫的传说在法藏部《长阿含》中位于全部经文的结尾，但在相当于说一切有部长阿含的《根本说一切有部毗奈耶破僧事》和《佛说众许摩诃帝经》中，却位于全书卷首。《佛说众许摩诃帝经》一开卷，大目连就描述了天地欲成之时的地理景观。“尔时大地大水所生满虚空中，犹如大海风吹波浪”，后来大地突然变黑，世间出现日月星曜及诸种病恼。

> 世界坏时，彼诸众生命终之后，而得往生遍静天中。生彼天已，诸根圆满身相端严，众苦不生，身心适悦。色相光明，腾空自在。以天甘味而为饮食，寿量长时无中夭者。尔时大地大水所生满虚空中。犹如大海风吹波浪，如煎熟乳其水清凉，为彼后时一切众生所食清净最上地味……当尔劫坏，众生生遍静天者，以彼天中福寿俱尽，舍遍静天，生于人间。所生之身亦如天界，身相端严，诸根无缺，妙色广大，自有身光，恒常照曜。长寿喜乐，腾空自在。于其尔时，无日月星辰，无岁数月时等。亦无男女众生之相。出生地味以为饮食。如是地味甘美细妙，有情食已，而生爱着。于其后时，贪味转盛，忽令身体而得沉重，所有光忽然不见。于是世间普皆黑暗。尔时有情见是世间普皆黑暗，种种惊惶，心生忧恼。由是世间出现日月及星曜等，始分昼夜及其时候。如是有情，寿命长远，无诸病恼，于其地味贪着多者，色相损减而获丑恶；贪着少者，其身色相恒自端严；如是随心分别二相，黑白果报。

许多早期人类文化在追述世界起源时都涉及了对灾难的记忆。但《佛说众许摩诃帝经》开篇便以“退化论”的眼光来讲述世界灾难，目的有两个。第一是通过这个神话来解释人类痛苦的起源，如地面食物引发人类产生贪念，进而产生衰老丑陋、男女差别、情爱怨恨等等[1]。佛学要义在于苦、集、灭、道，对“痛苦”的认知是走向觉悟的开始。第二个目的更为直接，就是用此神话引入释迦家族的王族谱系。世界灾难最后发展到随着众生贪爱的增长，本来自然长出的香稻都消失不见，需要人工耕种。于是人类开始贪占田地，相互竞争，产生了盗贼。这时就需要贤德之人出来分配田地，调伏不依法者，于是又诞生了田主、王者[2]。顺着王者一代一代往下叙述（其中包括人类早期历史中的转轮王

---

1 《佛说众许摩诃帝经》卷一：贪着多者，色相损减而获丑恶……尔时食于香稻，渐觉腹内有所妨碍，而即思惟云何除去。作是念已，即生二根，男女差别形相各异。尔时有情于色香味展转爱着，于自亲爱而以香花衣服种种供养，复以软言慰喻欢喜令彼忻庆。若有众生于己非爱，即便轻毁种种呵责，或以瓦石互相斗打行不善行。

2 《佛说众许摩诃帝经》卷一：众生贪爱增故，所有香稻亦没不见。是故今者求此稻种住于田野，广施勤力方得成熟。虽生稻米，其米渐小，于是众生贪着地利，广占田野竞多种植，而行非法生贼盗想，于他田种复行偷盗。时有一人见是偷米，如是一遍二遍乃至三遍，而告言曰：汝自有米何不自用，云何于他而行偷盗，从今之后勿更盗米。贼闻是言犹不改过，复于后时又行偷盗。前人复见而责之曰：前已诫汝勿行偷盗，何故此时又亦作贼。即集多人共以责断。复于彼时，于众人中拣一具福德者立为田主，均分田土各令平等，有不依法者令彼调伏。田种若熟，输其少，分以赏田主。如是田主受行戒行，安慰世间，依法决断，合调伏者即便调伏。

顶生王），一直讲到释迦的父亲净饭王。这时佛经叙事切入释迦在兜率天作五种观察[1]，从过去世成劫之初，一直观察到净饭王和摩耶夫人，这才有后面兜率天下降、白象入梦、树下诞生等佛传本行。

三、佛传壁画中的国王与帝释天

相较而言，主室、甬道及后室的侧壁壁画比券顶菱格显得更为重要。作为石窟壁画的主体，侧壁佛传不仅单幅面积大于菱格，其人物内容、绘制精细程度均较券顶菱格壁画烦琐。这意味着观看一幅侧壁佛传需要更多的时间。

克孜尔侧壁主要表现佛陀最后身之行迹。如前所述，佛陀可分为"太子行迹"和"世尊行迹"两个部分。从释迦牟尼诞生到逾城出家为太子行迹，降魔成道至涅槃荼毗为世尊行迹。多数克孜尔侧壁不表现太子行迹，只绘制佛陀降魔成道以后的传法故事。其中固然包含了部分佛传文本中具有标志性的重大事件，如初转法轮、涅槃等等。但是，正如图像构成将涅槃图和阿阇世王故事连为一体，许多重要事件总是伴随表现着佛陀与国王的特殊关系。例如"降伏迦叶"，图像中身穿百衲衣、顶礼佛足的老年比丘非常醒目。学界一般将其识别为佛陀最早接纳的外道优楼频螺迦叶。然而考虑到画面一端固定绘制出听佛说法的王者，也有学者提出，图像并非表现三迦叶皈依，而是皈依后的优楼频螺迦叶遵从佛旨，为频婆娑罗王献大神变的场景。笔者赞同这一解释。事实上，佛传壁画"降伏六师外道"，亦是如此。壁画重点不仅在于佛陀降伏六师，也在于国王亲眼目睹了佛陀的威力。

国王作为壁画主角，使故事主旨发生了转移。"三迦叶"和"六师外道"主要针对那些抱有敌意或持有疑虑的修行者——他们一旦皈依就会成为僧团的重要成员。阿阇世王、频婆娑罗王所指示的对象则是世俗权力的拥有者。皈依的国王，未必成为比丘，但他将为僧团传播佛法提供有力的行政和物资支撑。

侧壁壁画主题多数为佛传文本所津津乐道。它们也传达了小乘佛教的基本义理——苦集灭谛，将对未来的积极，融入到对现世生活的消极理解当中。但正如券顶菱格所表现的那样，这样的话题非常丰富，侧壁大型方格佛传只能有针对性地进行为数不多的筛选。这样，选择哪一些主题，或依据什么来进行选择，就变得十分关键。

无论频繁描绘，还是偶然出现，克孜尔侧壁佛传大约可以分为三种类型。第一类故事与王室贵族无甚关联——例如频繁出现的"降魔成道"，偶然出现的"拯救坟地小儿"；第二类故事主角为王室成员——例如频繁出现的"净饭王皈依"（或"波斯匿王皈依"）、"姨母出家"、"耶输陀罗之死"、"穆谛迦因缘"，以及不常出现的"弗迦莎之死"；第三类故事，王室成员作为某一事件的见证者，图像在主要位置绘制前来听法的国王，例如频繁出现的优楼频螺迦叶神变，及偶然出现的侧壁佛传"降伏央偊摩罗"。"降伏央偊摩罗"虽然没有将听法国王绘制在故事中，但紧邻故事，单独绘制了佛陀对

1 《佛说众许摩诃帝经》卷二：时释迦菩萨在兜率天宫，欲生人间，作五种观察。一观种姓。菩萨思惟，若婆罗门吠舍首陀，种姓非上，非我所生。若刹帝利，我即当生。以彼时人重富贵故，若生下姓，人所不重，今为摄化众生，令彼归依，是故当生刹帝利家。二观国土。若其国土最上殊胜，有上味甘蔗香美稻米肥力大牛，无诸贫乞及斗诤事。如是国土，名为中国，我即往生。恐彼有情而兴毁言：菩萨过去修大胜因，云何于今却生边地。三观时分。若有增劫八万岁时，有情根钝，智慧愚劣，非为法器，是故不生。若于减劫百岁之时，虽近五浊，彼时众生根姓猛利，机器成熟，是故菩萨即乃下生。四观上族。若净饭王自过去世成劫之初，众许王后子孙相继，至净饭王俱是轮王之族，是故菩萨即往受生。五观母身。若是女人智慧甚深福德无量，诸相端严持戒清洁，过去诸佛同与受记，我即受生。今见摩耶具上功德，复是王种，即乃生彼。

图 5-2-6 克孜尔第 80 窟主室正壁及左右甬道

国王说法之景。此似为主流图式的一种变体。我们不仅看到了佛陀降伏央倔摩罗，也看到了佛陀如何向作为听众的国王阐释这些事件。壁画“弗迦莎之死”也是如此。

第二类图像和第三类图像，数量众多，在克孜尔侧壁佛传中十分流行。图像的选取很难说是为了方便比丘禅定，也未必仅仅是为了表达某种佛学奥义。在笔者看来，如果说佛陀对净饭王、频婆娑罗王等国王的说法，针对了现世中的王者，世尊对妻子耶输陀罗和姨母波提夫人（大爱道）的说教，则很好地针对了龟兹佛教信徒中另一重要人群——王室中的女性。立足于本派佛学，在佛传中针对赞助人多变而又原则一致的说教才是此类图像绘制的关键。

除了听闻佛法的国王形象，“帝释天”也是克孜尔佛传中最常绘制的角色。他常常出现在侧壁佛传的上端，也频繁出现在中心柱窟主室正壁龛像两侧。有时候，形象一致的王者和帝释天同时出现，需要依据其所处位置及周边人物，才能予以分辨。以壁画保持较好的第80窟主室正壁为例（图5-2-6）。此窟龛像上方半圆端壁画绘制“降伏六师外道”，佛陀右侧坐着频婆娑罗王（影胜王）[1]、王妃及供养天人。“降伏六师外道”下方是佛龛，佛龛左手侧为壁画男女乐师（通常认为是乾闼婆[2]），右手侧为一对有头光的菩

1 见《根本说一切有部毗奈耶杂事》卷二六。影胜王即频婆娑罗王，玄奘译为影坚，义净译为影胜。
2 霍旭初《龟兹乾闼婆故事壁画研究》，《敦煌研究》1990年第2期，第26—33页。

萨装男女天人——帝释天及其眷属。大概因为帝释天和频婆娑罗王都具有指向国王的含义，二者形象、装扮完全一样。频婆娑罗王是历史上最早接纳佛教的明君。帝释天是天上的王者，他同时也为“转轮王”——理想的佛教国王设立了条件。许多经典记述了佛陀在成就如来以前，在梵天帝释和转轮王之间轮回的经历。《大毗婆沙论》提到世尊曾经三十六反作帝释天，于无量世作转轮王[1]。因此帝释天也可以被看作转轮王上生到天界以后的一种自我身份的变化，这取决于转轮王在世时获得何种功德。

国王成为转轮王的条件也许苛刻，方法却十分简单，就是作大布施，义无返顾地在物质和舆论上支持佛教。《阿毗昙毗婆沙论》云：“三业者，谓施、定、戒。施者是布施福业……以布施福业报故，作转轮圣王……云何布施福业？若以物施沙门、婆罗门，乃至灯明，是名布施福业。”古代印度及西域佛教国家盛行一种称为“无遮大会”的法会仪式，其主要内容就是国王带头参与并组织布施供养活动。仪式通常连续数日，且规模庞大，甚至出现过数年国库财富全部施尽的情况[2]。龟兹王亦曾热衷于此，《大唐西域记》载龟兹城西门外大立像前专门为举办无遮大会建造了会场[3]。国王作大布施，组织布施大会和各种讲经法会，希望以此功德成为转轮王，这在有部《阿毗昙毗婆沙论》卷十四明确提到：“我今当修福业自作亦教他作，施设长斋、般阇于瑟、讲经法会等，以种种饮食充足多人，发如是愿，使我为王至转轮位。”

布施沙门，积累功德，可以使施主在五趣轮回中成为人趣和天趣的王者，这就在命运不定的国王、佛教转轮王和三十三天天主“帝释”之间建立起一种命运上的关联。在帝释和转轮圣王两种身份之间轮回，勤于布施乃至舍身，精进不怠，可以被理解为成就如来的准备阶段。

关于石窟主龛两侧的帝释天，学界有两种观点，其一是“梵天劝请”[4]，其二是“帝释窟说法”[5]。“梵天劝请”讲述释迦成道后自在行住，并未立刻决心传法。梵天恐佛法不传，世间坏灭，故请求佛陀说法[6]，这才有后面鹿野苑初转法轮的故事。克孜尔部分洞窟正壁龛像两侧有梵天和帝释成对出现的情况，如第100窟，但就“梵天劝请”故事而言，梵天是故事主角，何以在第80窟龛像两侧见不到梵天的身影？

“帝释窟说法”可见于《中阿含经》“大品释问经第十八”。帝释天邀五结乐子挟琉璃琴拜访在鞞陀提山因陀罗石室中修行的佛陀，为佛奏乐并听闻佛法。故事的主角是帝释天和音乐神，梵天只在故事结尾现身赞叹了几句。“帝释窟说法”从图像上看比较

1 《阿毗达磨大毗婆沙论》：世尊说：苾刍当知……世界坏时，生极光净；世界成已，生空梵宫，作大梵王，威德自在……三十六反作天帝释，于无量世作转轮王，具四种兵成就七宝，以法御世亦号法王。

2 霍旭初《无遮大会考略》，《考证与辨析——西域佛教文化论稿》，乌鲁木齐：新疆美术摄影出版社，2002年，第151—152页。

3 〔唐〕玄奘、辩机著，季羡林等校注《大唐西域记校注》上卷，北京：中华书局，2000年，第61页。

4 新疆龟兹石窟研究所编《克孜尔石窟内容总录》，乌鲁木齐：新疆美术摄影出版社，2000年，第93页；中国壁画全集编辑委员会编《中国新疆壁画全集·克孜尔·2》，天津：天津人民美术出版社、乌鲁木齐：新疆美术摄影出版社，1995年，图159，第140页；霍旭初《再论龟兹石窟“梵天劝请”造像》，《龟兹石窟佛学研究》，北京：宗教文化出版社，2013年，第129—143页。

5 最先由德国学者格伦威德尔提出，后来亚历山大.C.索伯、姚士宏、宫治昭等学者均持此观点。李崇峰2000年有专文考证。可参考李崇峰《克孜尔中心柱窟主室正壁画塑题材及有关问题》，巫鸿主编《汉唐之间的宗教艺术与考古》，北京：文物出版社，2000年，第203—209页。

6 《佛说众许摩诃帝经》第七：（世尊）自在行住无诸系着，不云说法亦不生心。是时娑婆世界主大梵天王，知于世尊不云说法亦不生心，而作斯念若如是者，世间灭坏，何以故，如来应正等觉出于世间，如优昙钵花时乃一现。今不说法自取法乐，当令一切有贪欲者乐邪法者不觉不悟，云何世间而不灭坏？我今往彼伸其劝请。

符合第80窟主龛两侧壁画内容。此外，主龛周围壁画保存较好的石窟中，还有第58窟、第63窟、第92窟、第99窟、第126窟、第159窟、第175窟、第178窟、第179窟、第186窟、第206窟的龛像两侧绘帝释天和般遮翼。

无论是“梵天劝请”还是“帝释窟说法”，图像背后都存在不变的主题。首先，主龛两侧的壁画都作用于陪衬龛像。其次，都反映出请佛陀说法的愿望。多数情况下，克孜尔中心柱龛侧壁画偏重于帝释天，其属下乐神为佛陀演奏，可以视为帝释天对佛陀的供养。音乐供养是佛教供养的重要形式，如宋法天译《分别善恶报应经》云：“若复有人以妙音乐供养佛塔，获于十种胜妙功德。何等为十？一身相端严；二见者欢喜；三音声微妙；四言辞和顺；五肢体适悦；六离瞋恚；七庆喜多闻；八崇贵自在；九命终生天；十速证圆寂。”

龛像胁侍偏重于帝释和乾闼婆（般遮翼）的现象似乎可以支持“帝释窟说法”的观点。问题在于“帝释窟说法”在佛传故事中的重要性远逊于“梵天劝请”，在印度和中亚发现的“帝释窟说法”造像也不能证明存在一种将此主题作为礼拜中心的传统。克孜尔石窟为什么要选择这一情节作为礼拜的对象？

宫治昭考虑到故事发生时释迦正在山中禅定，故而认为这是由于克孜尔石窟服务于僧人禅定的缘故[1]。笔者更乐于从帝释天对于石窟功德主（尤其是龟兹国王）的示范作用上来解释。把帮助释迦弘扬佛法的帝释绘制在受人礼拜的龛像两侧，暗含了对龟兹国王及其他功德主赞助佛寺的鼓励和期许。礼拜佛陀的同时也肯定了他们护持佛法、作大布施的功绩，希望此功德能被帝释所观察，或祝愿功德主进入人间和天上王者的轮回。

克孜尔中心柱窟内，作为礼拜偶像的佛陀尊像都置于中心柱面朝主室大门的佛龛之中。现存尊像无一遗存，但从佛龛大小判断，这些造像体积不大。观察那些保存情况较好的佛龛，会发现许多佛龛龛壁平整，并无台座雕塑遗迹。这说明主尊造像原来没有和石窟墙壁连为一体。否则，即使造像被破坏，也应在龛内遗留台座痕迹。这类痕迹我们常常能在那些于地面起塑立像的龟兹石窟中看到。一些佛龛内壁不乏精美的壁画背光，也应该是龛内无像时所绘。绘制完成后，放入佛像，背光遂成为其背景。这种在龛内放置可移动小型尊像的方式何以在克孜尔盛行？推其原因，可能和龟兹地区举行布施法会的特殊需要有关。

唐玄奘在《大唐西域记》中记载龟兹城每年秋天都要举办法会，且生动地描绘了法会仪式的内容：

> 每岁秋分数十日间，举国僧徒皆来会集。上自君王，下至士庶，捐废俗务，奉持斋戒，受经听法，渴日忘疲。诸僧伽蓝庄严佛像，莹以珍宝，饰之锦绮，载诸辇舆，谓之行像，动以千数，云集会所。[2]

如玄奘所载，龟兹法会时，各寺请出佛像，装饰以珍宝锦绮，一路游行，云集至特定的法会场所，受人礼拜供养。这个仪式叫作“行像”。行像时，游行的佛像动以千数。自然，只有方便搬运的中小型佛像才能适应这种需要。

音乐供养是佛教法会的主要仪式之一。《隋书》卷十三《音乐志》载梁武帝操办无遮大会，专门为大会配备了佛教音乐。云：“帝既笃敬佛法，又制《善哉》、《大乐》、《大欢》、《天道》、《仙道》、《神王》、《龙王》、《灭过恶》、《除爱水》、《断苦轮》等十篇，名为正乐，皆述佛法。又有法乐童子伎、童子倚歌梵呗，设无遮大会则为之。”唐玄

---

1 〔日〕宫治昭《キジル第一様式のヴォールト天井窟壁画（下）——禅定僧·山岳構図·弥勒の図像構成》，《佛教藝術》vol.183，每日新聞社，1989，pp.30—34.

2 〔唐〕玄奘、辩机著，季羡林等校注《大唐西域记校注》上册，北京：中华书局，2000年，第61页。

奘抵达龟兹时，在龟兹国王和有部高僧木叉毱多的陪同下，亲眼目睹了龟兹城郊的“行像”仪式，说当时有数千僧人“作乐而往”[1]。

克孜尔石窟龛像两侧绘制帝释天和音乐神，展现出和法会仪式类似的意识形态。显然，理想中供养佛陀，获取功德的方式，经由三藏记述并传播，在壁画以及供养佛像和僧人的现实仪式中被再现。

石窟佛传壁画不仅赞叹了佛陀传法的行迹，也展示了佛陀时代的躬身护持佛法的明君。龟兹王公贵族造寺、斋僧，正是效仿这些佛传中的楷模，放弃现实中的利益，施舍僧众，以此赢得来世的幸福。他们通过壁画，凝听佛陀对净饭王、频婆娑罗王的教诲，修正自己的行为，并强化对美好未来的想象。作为僧团与王室关系的延伸，壁画与供养人之间建立了一种自我判断的引导机制。

第三节　文化与风物

一、农牧工商

《晋书》云：“龟兹国……人以田种、畜牧为业。”可见古代龟兹人主要从事农业和畜牧业。《旧唐书·龟兹传》亦载：“龟兹国，即汉西域旧地也。在京师西七千五百里。其王姓白氏。有城郭屋宇，耕田畜牧为业。”除了说明龟兹人从事农、牧，也特意强调其地有城郭屋宇，以示龟兹与草原部落不同，是以定居人口为主的城市文明。

龟兹绿洲属于大陆性温带干旱气候，日照丰富，但降水量较少，空气干燥，昼夜温差、季节温差都很大。龟兹北面的天山海拔较高，山区降雨十分丰富，在天山南麓形成一条条溪流，最后汇集成渭干河和库车河。这两条河流弥补了龟兹地区降雨少、蒸发量大的不足，为河流下游的扇形冲击地带来了充足的灌溉用水。龟兹绿洲从而具备了农业生产的良好条件。

库车地区出土的石镰、石铲、碾磨石器和陶器表明，在新石器或铜石并用时代，人类已在这里从事农业生产[2]。新疆最早出现的作物是小麦。小麦种植最早出现于西亚的新月沃地。新疆考古发现的原始麦粒距今四五千年，种植技术可能是经中亚进入新疆地区的印欧人种传入的。但也有学者提出，这些小麦品种来自新疆本地野生小麦。粟（小米）比小麦更晚出现在新疆。后来汉朝军队在龟兹一带屯田，又带入了东方的农耕技术和作物。这样到了公元六世纪前后，龟兹绿洲的农产品变得十分丰富。《隋书·龟兹传》记载：“龟兹国，都白山之南百七十里……土多稻、粟、菽、麦。”稻子生长要求水量高于粟、麦和菽（豆类）等耐旱作物，因此对于龟兹农业而言，稻子耕种成为主产业，意味着灌溉技术及相关水利工程的飞跃发展。

《新唐书·西域传上》谓：“龟兹……横千里，纵六百里。土宜麻、麦、粳、稻、蒲陶（葡萄）。”可见除了作为主粮的麦、粳和稻，作为制衣原料的麻、水果类的葡萄也是龟兹主要农产品。麻的种植，意味着龟兹纺织业的发达。考古工作还发现这个时期棉花已在包括龟兹在内的新疆地区广泛种植，棉布、棉衣也都开始制作和使用。汉地棉花直到元代才开始大规模种植。葡萄种植标志着龟兹基本粮食需要之余，农业朝着果业的

1 〔唐〕慧立、彦悰著，孙毓棠、谢方点校《大唐大慈恩寺三藏法师传》，北京：中华书局，2000年，第25页。

2 黄文弼《新疆考古发掘报告（1957—1958）》，北京：文物出版社，1983年，第107页，图版76—79。

方向发展，以满足人民较高形态的生活需要。根据玄奘的见闻，当时龟兹不仅多葡萄，也盛产石榴、梨、苹果（柰）、桃和杏子等。《大唐西域记》载："屈支国，东西千余里，南北六百余里。国大都城周十七八里，宜糜、麦，有粳、稻，出蒲（葡）萄、石榴，多梨、柰、桃、杏。"

如《晋书》所述，畜牧是龟兹人除务农之外的另一种生存方式。龟兹北部山区降水量充足，牧草丰美，应该是龟兹牧业的主产地。但龟兹牧业在农业周边地区的展开，规模应小于天山以北及蒙古草原的游牧部落。此外，农耕地区的家畜养殖为日常劳作和交通提供畜力，也为城市居民供应食肉，比重应也不小。

图 5-3-1　孔雀，克孜尔第 77 窟

龟兹生畜以马、牛、骆驼、羊、驴为主。《魏书·龟兹传》载龟兹盛产"良马"和"犎牛"。龟兹骆驼（橐驼）也很多。万度归攻克龟兹后，"大获驼、马而还"。马和骆驼是龟兹名品，常常作为龟兹朝贡之物。如《魏书·高祖纪上》载："太和二年（478年）……秋七月戊辰，龟兹国遣使献名驼七十头。……九月丙辰，曲赦京师。龟兹国遣使献大马、名驼。"一些贡品记录表明，进贡的名驼，常常是无峰驼或单峰驼。《宋会要辑稿·蕃夷·龟兹》也有回鹘龟兹朝贡白羊和大尾羊的记录。汉代龟兹王绛宾因为喜欢效仿汉朝生活方式，被讥讽为非马非驴的骡子。可能汉代龟兹已有驴、骡。今天，毛驴为当地农民所常用。

除了畜牧，龟兹还有狩猎资源。《魏书》记载，龟兹"土多孔雀，群飞山谷间，人取养而食之，孳乳如鸡鹜，其王家恒有千余只云。"孔雀是具观赏性的动物。龟兹人捕获野生孔雀，予以饲养，既获取食物，也丰富了日常娱乐。

龟兹壁画中，孔雀常常作为装饰性主题绘制在券顶菱格之中（图5-3-1）。放牧和狩猎图像则是龟兹"岩画"通常表现的主题。"岩画"对于石窟往往是破坏性的，是龟兹石窟废弃后，游人、牧人在石窟壁面刻画的图像。其中，克孜尔第95窟"岩画"为成群的马、羊、鹿，及少数骑射者。史晓明（1985年）统计出清晰的形象约90余幅。在这些畜牧及狩猎场景旁边，还刻有龟兹文题记，皮诺（1994年）认为题记大意为金花王之后的年号与国王的名字[1]。

由于牲畜在龟兹经济中扮演了重要角色，畜牧文化在龟兹文化中占有较重要的地位。唐段成式《酉阳杂俎·镜异》记载龟兹国的节日，云："龟兹国，元日斗牛、马、驼，为戏七日，观胜负，以占一年羊马减耗繁息也。"然而，龟兹壁画的绘制者没有体现出对于放牧文化的兴趣。克孜尔第227窟"树下观耕"绘制了一位农民高高扬起鞭子，驱牛犁

1 史晓明、王建林《克孜尔岩画研究》，乌鲁木齐：新疆美术摄影出版社，2008年，第27、95页。

地。尽管是佛传主题，壁画生动地呈现了龟兹农民挥汗如雨的劳动景象。类似情节也绘制在克孜尔第175窟的“五趣轮回”图像中（参见图5-1-1）。图中二牛抬杠的犁地方式与河西魏晋彩绘砖画的劳动场面非常相似。但耕牛背部高高隆起（图5-3-2），完全不同于汉地黄牛和水牛，而是《魏书》中记载的龟兹“犎牛”。犎牛产于印度。似乎古代龟兹成功引进并养殖了这一品种。第175窟“五趣轮回”在与“犎牛犁地图”相对称的位置还绘制了两位农民锄地的场景。五趣轮回图代表了佛教对五大生命类别（天、人、牲畜、饿鬼、地狱）的基本分类。龟兹画家选择了耕牛代表牲畜，用锄地者代表人类，暗示出龟兹人以农民身份作为自我认同。作为古老而发达的绿洲城市文明，龟兹以农业定居人口为立国之本。

图 5-3-2　五趣轮回图局部，克孜尔第 175 窟

粮食生产与人口增长互动，为其他产业的发展提供了可能。人口集中，加上有效的组织和动员能力，可以为社会稳定、经济发展提供军事保障。在此基础上，龟兹不仅产生了较高水平的商业文明，也推动了手工艺、冶炼工业和文化产业的成长，最终发展出城市文明的高级形态。

图 5-3-3　器具加工，克孜尔第 118 窟

考古学界在龟兹地区发现多处冶炼遗址。文献记载也表明当地自汉代以来，就是西域重要的金属冶炼、铸造产地（图5-3-3）。《汉书·外戚传》记载：“龟兹国……能铸冶，有铅。”《魏书·西域传》则提到龟兹盛产铜、铁和铅。《新唐书》强调了龟兹出黄金。玄奘的笔记印证了史书的情报，并提及龟兹土产中还包括金属“锡”。《大唐西域记》卷一云：“屈支国……土产黄金、铜、铁、铅、锡。”库车地区的考古调查发现了许多铜铁冶炼遗址。其中，阿格乡的提克买克冶炼遗址时间较早，是西汉时期纯铜原料冶炼之所。阿格乡的可可沙炼铁遗址和贝的力克炼铁遗址时间略晚，大约在魏晋至唐代。阿艾石窟附近的阿艾炼铁遗址，年

代待定（有学者认为唐代阿艾石窟与之有关），分布面积约38万平方米。东遗址长1000米，宽50—200米。西遗址长约700米，宽约400米，堆积厚度大约4米[1]。类似的金属冶炼遗址在拜城县也多有发现。龟兹境内有那么多冶炼场所，其产量究竟有多大呢？北魏郦道元《水经注》卷二引用两则晋朝文献："释氏《西域记》曰：屈茨北二百里有山，夜则火光，昼日但烟。人取此山石炭，冶此山铁，恒充三十六国用。故郭义恭《广志》云龟兹能铸冶。"[2]冶炼的发达和金属锻造加工相互关联。铜器通常用于制造各类生活用品、宗教偶像、钱币及日常装饰。铁器则是农具和兵器的首选。宋真宗咸平四年（1001年）二月，大回鹘龟兹国单于遣使奉表，贡品包括宝刀、宾铁、剑、甲等兵器。宋仁宗天圣八年（1030年）龟兹国遣使供奉"金镀铁甲"，说明此类贡品蕴含了中亚地区精美的金属装饰工艺。《旧唐书·高宗纪下》载："龟兹王白素稽献银颇罗。"

在铜铁矿遗址炼渣堆积中，出土了陶罐、陶缸等容器，以及大量陶器残片。其中陶制吹风管和导流管数量惊人。显然，大规模金属冶炼除了要求得天独厚的矿物资源，还须得到发达的制陶业支持。

史前时代龟兹地区已经出现以三角形和菱形为装饰的彩陶。一些学者认为这类图案是龟兹石窟券顶菱格的文化原型。然而汉唐时期，龟兹陶器装饰与史前陶器有较大差别。这一时期陶器中有一种大型陶缸，较为特别。黄文弼在龟兹城哈拉墩遗址中发掘隋唐时期的此类陶缸数十个[3]。陶缸尺寸不一，高度从85厘米至150厘米不等。在沙雅乌什喀特古城中出土的陶缸高达162厘米，陶缸口径42厘米，缸围350厘米。缸体上有五个墨书汉字"薛行军监军"，下端有一直径1厘米的小孔。类似大缸在龟兹壁画中也有反映——阿阇世王浸泡在大型水缸中（参见图4-6-6），从侧面反映了龟兹人对于大型容器的认识。

大型陶缸的出现说明了两方面的情况：其一，大型陶器制作难度较大，龟兹制陶业的专业化程度可见一斑。其二，成批出土的大陶缸意味着某种广泛存在的中型存储。水和粮食可以使用陶器。但它们无法解释大型陶缸在龟兹文化中的特殊性。黄文弼推测，它们是盛酒浆或腌菜之类的容器。

龟兹酿酒业很发达。《晋书·吕光传》载："（龟兹）胡人奢侈，厚于养生，家有蒲桃酒，或至千斛，经十年不败。"《旧唐书·龟兹传》亦载龟兹"饶蒲（葡）萄酒，富室至数百硕。"库车出土大陶缸，或单独出土，或集中摆放，缸口有封泥，可能正是龟兹贵族富室储酒所用。《大唐大慈恩寺三藏法师传》描述玄奘在龟兹所受热情款待，"行华已，行蒲桃（葡萄）浆。于初一寺受华受浆已。次受余寺亦尔。如是展转，日晏方讫"。可见龟兹盛行以葡萄浆待客，寺院僧侣亦不例外。

由于龟兹拥有畜牧和棉麻种植，当地可能发展出较发达的皮革和纺织业。《魏书·西域传》说龟兹"出细毡……麖皮、氍毹"。一些考古证据则表明龟兹也存在丝、麻、棉布制品。北宋天圣八年（1030年），回鹘龟兹进贡了一种名为"花蕊布"的纺织品。

桑蚕养殖技术始于中国，但很早就传播到了新疆。高昌哈拉和卓88号墓出土文书中多次出现"丘慈锦"一词，学界推测其为一种具有龟兹特色的丝织品[4]。一张北凉承平八年（450年）的买婢卷写明，一名25岁婢女的交易价格为三张半"丘慈锦"。另外一张承平

1 新疆维吾尔自治区文物局编《新疆维吾尔自治区第三次全国文物普查成果集成·阿克苏地区卷》，北京：科学出版社，2011年，第60—66页。

2 〔北魏〕郦道元《水经注》，杭州：浙江古籍出版社，2001年，第19页。

3 黄文弼《新疆考古发掘报告（1957—1958年）》，北京：文物出版社，1983年，第103页。

4 苏北海《丝绸之路与龟兹历史文化》，乌鲁木齐：新疆人民出版社，1996年，第326页。

五年（447年）的举锦卷则对一张产自高昌的“丘慈中锦”进行了描述，这张黄色的“丘慈中锦”长九尺五寸，宽四尺五寸[1]。可见龟兹人不仅赋予了某种丝织产品强烈的本土特征，且将这种文化特征传播到了周边同类产品的效仿地。鉴于其高昂的价值，龟兹锦必然制作精良。

绢匹作为除货币之外的贸易媒介，在中国古代并不罕见。吐鲁番买婢卷中还有以“丘慈锦”作为贸易违约金的情况，“……券成之后，各不得返悔。悔者罚丘慈锦七张入不悔者”。但由于相关记录较少，丘慈锦在中亚贸易中所起作用目前还很难评估。龟兹考古发掘收获了大量钱币。金属币——尤其是方孔铜钱在龟兹非常普遍。玄奘所见亦是如此。《大唐西域记》云龟兹国“货用金钱、银钱、小铜钱”。金钱和银钱在中亚诸国中比较流行。方孔铜钱意味着和汉地贸易的紧密关联。汉地铸造的汉唐铜钱，在龟兹常有发现。其中又以五铢钱对龟兹影响最深，到南北朝时，五铢钱仍然在龟兹通行，使用年限竟比汉地更长久。龟兹人民不仅大量使用汉地五铢，也自行铸造。当地出土了数种铜钱，同时铸有汉字“五铢”和龟兹文两种文字。此外，一种无文字、体小量轻的方孔铜钱也在库车一带大量出土。一般认为这种轻薄的龟兹小铜钱类似汉地剪边钱，是当地经济恶化的产物。

《魏书·西域传》列举的特产名单中还提到龟兹多出“铙沙、盐绿、雌黄、胡粉、安息香”等物。同书也记载有太和二年（478年）龟兹国遣使献贡，敬奉珍宝甚众。早期贡品名单皆简略，具体内容不得而知。但回鹘龟兹发往汉地的贡品名单较为详细，涉及玉鞍勒、玉越斧、玉带、团牌、琉璃器、琥珀、真珠、鍮石鉼、硇砂、乳香、花蕊、胡黄连等各类金玉制品、宝石和香药。此外，龟兹僧人也以佛教圣物进贡。北宋咸平六年（1003年），龟兹国僧义修贡献了梵夹菩提印叶、念珠、舍利。乾兴元年（1022年），龟兹国僧华严自西天至，以佛骨、舍利、梵夹为献仁宗。正如这些舍利、梵夹可能来自西天而非龟兹，很难说龟兹朝贡名单中的每一物品均为龟兹原产。龟兹可能得益于丝路枢纽之地位，成为许多西方货物（例如安息香）在中亚地区的集散地。《资治通鉴》卷二一三记载，公元726年突骑施在安西龟兹进行的一次贸易，“以马千匹”。

龟兹存在娼妓业。《魏书·西域传》载“俗性多淫，置女市，收男子钱入官”。一同被商业推动的，还有宗教、歌舞伎乐等文化产业和服务业。发达的商业同时也会对社会管理提出要求。龟兹制定了一些有利于商业发展的政策，同时统治者也从繁荣的商业中获取利益。据《魏书·西域传》，龟兹“其刑法，杀人者死，劫贼则断其一臂并刖一足。税赋准地征租，无田者则税银钱”。

关于龟兹生产、经济活动的情报，主要来自古代史料和考古报告。苏北海《丝绸之路与龟兹历史文化》（1996年）一书中对此有较详细的归纳。近年来学界对龟兹语（吐火罗B语）文书的解读，为之提供了许多重要补充。通过分析龟兹木简及对账单等材料，庆昭蓉指出，乳、酥（奶油）、酪（酸奶）是龟兹的主要畜产品，且常为寺院使用。龟兹僧人不仅可以食肉，在夏日农忙季节，还会发放羊给劳动者食用[2]。此外，唐代龟兹还可能存在以小麦和钱币抵付税收的寺院经济[3]。

和文献材料相比，龟兹壁画在此方面提供的线索极为有限。毕竟石窟壁画主要围绕宗教活动展开，且大部内容还保留印度及犍陀罗之图式。因此，即便壁画涉及与上述主题相关的图像，亦需小心甄别。

龟兹壁画中有一些表现旅途商队的场面，尽管属于佛教故事，也融入了一些龟兹人

1 国家文物局古文献研究室编《吐鲁番出土文书（一）》，北京：文物出版社，1981年，第187、181页。

2 庆昭蓉《从吐火罗B语词汇看龟兹畜牧业》，《文物》2013年第3期，第63—64页。

3 庆昭蓉《唐代“税抄”在龟兹的发行》，《北京大学学报（哲社科版）》2012年第4期，第137—140页。

图 5-3-4 须大拏本生，克孜尔第 81 窟

的生活经验。部分商人形象带有鲜明的现实主义特征。在这些壁画中，货物主要由马、骆驼、驴子和牛等牲畜负载。史书记载，前秦吕光攻克龟兹返回河西之时，调动了两万多匹骆驼运载各类珍宝。龟兹以西的商路，情况亦当如此。吐鲁番阿斯塔那墓葬中出土的一张文书残片记录了从弓月城（位于今新疆伊宁县）运往龟兹的二百七十五匹绢，牲口涉及两头骆驼、四头牛和一头驴[1]。龟兹壁画中也有许多牛车、马车，多数只是简略地表意，只有克孜尔第81窟壁画"须大拏施子本生"中马车细节略多（图5-3-4）。壁画中绘制车具是为了展现相关故事情节，其受印度图本的影响亦须鉴别。龟兹固然有畜力拉动的车辆，限于路况复杂，这种车乘应无法胜任远距离交通。

印度阿旃陀石窟壁画中的船体结构非常复杂。中亚河道不能通行大型船舶，湖沼之地多用独木舟。当地人对船只的理解影响到了图像。一些壁画试图表现印度洋上满载而归的货船，但画家对于船帆等复杂构造没有概念。他们试图让笔下的船舶看上去豪华一点，就是把独木舟的船首画成龙头装饰[2]。

两则龟兹传说反映了龙在龟兹历史文化中扮演的重要角色。

《酉阳杂俎·诺皋记上》载：

古龟兹国王阿主儿者，有神异，力能降伏毒龙。时有贾人买市人金银宝货，至夜中，钱并化为炭。境内数百家皆失金宝。王有男先出家，成阿罗汉果。王问之，罗汉曰："此龙所为。龙居北山，其头若虎，今在某处眠耳。"王乃易衣持剑默出。至龙所，见龙卧，将欲斩之，因曰："吾斩寐龙，谁知吾有神力。"遂叱龙，龙惊起，化为狮子，王即

1 新疆维吾尔自治区博物馆《吐鲁番阿斯塔那——哈拉和卓古墓群清理简报》，《文物》1972年第1期，第13页。

2 叶梅2010年的会议发言总结了龙头在克孜尔壁画的船舶、旗帜、棺木、项圈，以及库车出土木雕龙头等物品中的表现，讨论了印度、汉地和龟兹文化交流造成的影响。叶梅《浅谈克孜尔石窟壁画中所反映的龙形象》，《汉唐文明下的龟兹文化学术研讨会论文提要》，乌鲁木齐：新疆龟兹学会，2010年，第00页。

乘其上。龙怒，作雷声，腾空至城北二十里。王谓龙曰："尔不降，当断尔头。"龙惧王神力，乃作人语曰："勿杀我，我当与王乘，欲有所向，随心即至。"王许之。后常乘龙而行。

《大唐西域记》卷一也记载了和龙有关的传说：

（龟兹）国东境，城北天祠前有大龙池。诸龙易形，交合牝马。遂生龙驹，𢤱戾难驭。龙驹之子，方乃驯驾。所以此国多出善马。闻诸先志曰：近代有王，号曰金花，政教明察，感龙驭乘。王欲终没，鞭触其耳。因即潜隐，以至于今。城中无井，取彼池水。龙变为人，与诸妇会。生子骁勇，走及奔马。如是渐染，人皆龙种。恃力作威，不恭王命。王乃引构突厥，杀此城人。少长俱戮，略无噍类。城今荒芜，人烟断绝。[1]

《大唐西域记》关于龙的传说分为三个部分。其一，是解释龟兹地区多出善马，马体内有龙的基因。其二，是龟兹国王降龙，使其成为自己的坐骑。这个故事，《酉阳杂俎》讲述了更多细节。《大唐西域记》成书比《酉阳杂俎》更早，玄奘说他参考了以前的相关史志，很有可能是龟兹本地文献。文中写明"近代有王"，可见传说发生的时间不会太过久远。第三个龙的传说讲述龟兹王屠杀龟兹地区的龙种。因为有突厥人的介入，所以时间应该更近。

二、城市、建筑、家居

中国早期史书多对龟兹都城有所描述。《汉书·龟兹国传》载："龟兹国，王治延城，去长安七千四百八十里……东至都护治所乌垒城三百五十里。"《晋书·四夷传》载："龟兹国西去洛阳八千二百八十里，俗有城郭，其城三重，中有佛塔庙千所……王宫壮丽，焕若神居。"《梁书·诸夷传》载："太元七年，秦主苻坚遣将吕光伐西域。至龟兹，龟兹王帛纯载宝出奔，光入其城。城有三重，外城与长安城等，室屋壮丽，饰以琅玕金玉。"《魏书·西域传》载："龟兹国，在尉犁西北，白山之南一百七十里，都延城，汉时旧国也……其王姓白……所居城，方五六里。"《大唐西域记》卷一载："屈支国，东西千余里，南北六百余里。国大都城，周十七八里。"

龟兹境内迄今遗存些许城池，大小不一。一些土砖建造的城池，只有一道城墙。从城内出土物分析，可能是汉军屯田驻扎之所。龟兹王城与之不同，分内外三重，由夯土（或夯土和土坯结合）建造。学界一般认为龟兹汉、唐都城所在，即今库车旧城的皮朗古城遗址。也有观点认为魏晋以后龟兹都城"伊罗卢"一度迁到了今沙雅县乌什喀特古城[2]。

依据二十世纪上半叶黄文弼的考察，皮朗古城北墙全长2075米，墙垣夯筑，夯层厚6—12厘米。墙体残高3.8米，宽8—16米，墙外无马面（墙体每隔一段距离向外鼓出的墩台），士兵站在城墙马面上，可以多方位打击来犯者。东墙全长1608米，残高7.6米，宽15米。墙垣每隔40米有一长宽各4.8米之马面。南墙全长1809米，仅存两段。西墙完全消失，或许是逼近渭干河河岸、经河水长期冲刷所致。整个龟兹都城外墙周长大约7公里[3]。

城市规模常随政治经济发生变化，城墙也会因为战事毁坏或重建。龟兹王城可能在更晚时期被扩建和毁坏过。总体看来，史料记载与考古调查出入不大。另一方面，由于新的城市文明矗立在龟兹王城之上，史料描述中那些用琅玕金玉装饰的，无比壮丽的龟兹建筑不复存在。据《晋书·吕光传》，吕光攻克龟兹，见其王宫奢华宏伟，大为惊

1 〔唐〕玄奘、辩机著，季羡林等校注《大唐西域记校注》上卷，北京：中华书局，2000年，第57—58页。

2 李鹏海《龟兹都城今何在》，《沙雅与龟兹——"塔河文明与龟兹文化"论文集》，北京：中国文化出版社，2011年，第86—98页。

3 黄文弼《新疆考古发掘报告（1957—1958年）》，北京：文物出版社，1983年，第54—55页。

图 5-3-5　八王分舍利，克孜尔第 224 窟

诧，以至对龟兹破国颇有感慨。“（吕）光入其城（龟兹），大飨将士，赋诗言志。见其宫室壮丽，命参军京兆段业著《龟兹宫赋》以讥之。”

龟兹壁画“八王分舍利”中有龟兹人笔下的城门和城墙装饰（图5-3-5）。城墙上有齿状排列的三角形墙垛，即所谓“女墙”。有的壁画会画出墙体外侧凸起的马面。壁画中的马面，有方形和圆形两种。另据《大唐西域记》卷一，龟兹王城门处还有具备守护功能的巨型佛像。“（屈支国）大城西门外，路左右各有立佛像。高九十余尺。”[1]非常可惜，龟兹壁画主要是故事性的，未能反映这一特征。

“八王分舍利”壁画通常在城门内画一婆罗门手持陶罐或舍利盒，里面装着准备分配的佛舍利。婆罗门下方或身后，有一巨大的圆顶建筑，它是一座覆钵形窣堵波（佛塔）。这种构图，一方面反映了相关故事情节，另一方面应也符合龟兹城内的视觉经验。

《晋书·四夷传》清楚地讲到龟兹城郭“中有佛塔庙千所”。也就是说，佛教活动的中心，不是在类似克孜尔或库木吐喇石窟群这样的山区，而是在都城之内。事实上，这些佛寺塔庙参与构建了城市的繁华。

据《出三藏记·鸠摩罗什传》，公元四世纪中叶，“时龟兹僧众一万余人”。一万多僧众是什么概念？班固《汉书·西域传》称龟兹国“户六千九百七十，口八万一千三百一十七，胜兵二万一千七十六人。”如果这个汉代数据到四世纪没有发生大的变化，那么此时龟兹僧众人数大约是总人口的八分之一，龟兹兵力的一半。当然这只是一种假设。人口结构会因战争产生较大波动。公元五世纪中叶，龟兹抗拒北魏万度归的军队时，只能派出三千人的队伍了。《出三藏记》记载或有偏差。然《大唐西域记》是比较可靠的文献。玄奘亲闻初唐时期的龟兹“伽蓝百余所，僧徒五千余人”。这时的寺院和僧人数量似乎大为减少。但对于一个西域绿洲城市而言，这仍然是超级庞大的规

1 〔唐〕玄奘、辩机著，季羡林等校注《大唐西域记校注》上卷，北京：中华书局，2000年，第61页。

模。《隋书·龟兹传》说“龟兹国……胜兵者数千”，僧众和兵力比例非常接近。又《旧唐书·西戎传·龟兹国》记载，公元七世纪中叶，阿史那社尔大军攻打龟兹时，“遣伊州刺史韩威率千余骑为前锋，右骁卫将军曹继叔次之，西至多褐城，与龟兹王相遇。及其相那利、将羯猎颠等，有众五万，逆拒王师”。如果此处所云“有众五万”是指五万龟兹士兵，则数字变化太大，无法解释。笔者认为，它应该指的是龟兹王退守多褐城之总人口，其中包括从龟兹都城中撤出的人员。数字上比西汉龟兹都城总人口八万多人略少。当时龟兹都城人口数量应该距此不远。

无论如何，出家人在龟兹人口比例中确实占有非常大的比重。这在以宗教立国的地区是完全可能的。缺乏安全感的情绪需要安抚，理论研究产生出强大的文化号召力等等，许多因素都可以促成当地的宗教狂热。玄奘亲身经历，“有高昌人数十，于屈支出家，别居一寺，寺在城东南”[1]。可见来自周边地区的僧众选择到龟兹修行。宗教移民无疑加大了僧众在人口结构中的比重。

僧团日常住宿，祈祷念经，以及百姓宗教活动，都需要大量寺院。当时寺院规建以佛塔作为中心，故称“塔庙”。古代龟兹城内一定佛塔林立，成为城市的标志性景观。

许多龟兹佛寺遗址，如苏巴什佛寺（库车县阿格乡）、坦塔木佛寺（拜城县克孜尔乡）、莫腊吐尔佛塔（新和县渭干乡），都留有佛塔建筑。但这些佛塔残损非常严重。龟兹壁画中留有大量佛塔图像，可与佛塔遗址相互参照。

据学界统计，克孜尔石窟绘有佛塔的石窟有23个，即第7窟、第13窟、第17窟、第34窟、第38窟、第43窟、第80窟、第97窟、第107A窟、第114窟、第129窟、第163窟、第171窟、第172窟、第175窟、第176窟、第184窟、第186窟、第188窟、第192窟、第193窟、第205窟、第227窟[2]。壁画中的佛塔，内置舍利盒（图5-3-6）或佛像（图5-3-7）。其结构主要由基坛、方形或圆形塔身、覆钵形塔顶以及塔顶上面矗立的装饰物——相轮塔刹，四个

图 5-3-6　克孜尔第 13 窟佛塔

1 〔唐〕慧立、彦悰著，孙毓棠、谢方点校《大唐大慈恩寺三藏法师传》，北京：中华书局，2000年，第25页。
2 杨淑红《克孜尔石窟壁画中的佛塔》，《新疆师范大学学报》2006年第2期，第30页。

图 5-3-7　克孜尔第 38 窟佛塔

图 5-3-8　克孜尔第 186 窟佛塔图像

部分所构成。

克孜尔壁画有三种不同的塔基样式。其一为平叠式，如第171甬道壁画所示，塔基为数层体量等大的建筑单元垒高而成。其二为须弥台式，如克孜尔第17窟、第38窟甬道佛塔壁画，塔基中间层比上下层小，从而形成上下鼓出，中间束腰的形式。其三为阶梯式，如克孜尔第186窟甬道壁画，塔基前建有台阶。苏巴什西寺大塔塔基外观上与之近似。

以桑奇大塔为代表，早期印度佛塔的主体是一巨大的覆钵形建筑，周围环绕着布满雕刻的栏楯。后来由此发展出的佛塔，加强了塔基在建筑外观上的重要性，但塔的主体——塔身及其半球型的圆顶始终是不可分割的一个整体。克孜尔佛塔壁画却表明龟兹人理想中的佛塔与上述形式差异极大：佛塔主体部分带有居室属性，它常常被表现为一种容纳舍利盒或佛陀的可开放空间，配有立柱和拱形门楣，部分佛塔（如克孜尔第38窟和第186窟甬道壁画所表现）还为之配备了可以开合的门户（图5-3-8）。与此同时，原始佛塔的覆钵型因素从塔身中分离了出来，成为具有独立结构特征的装饰性元素。将塔顶与塔身隔断的是一种华丽的须弥座式束腰（有时候这种束腰被表现为两个半球体顶部上下对靠的夸张样式）。它原本作用于强化佛塔顶部的视觉效果，因为过度装饰，原始佛塔中的覆钵型被分解了。

佛塔覆钵形态消失的另一原因，是塔顶上方各种装饰物对视觉焦点的争夺。克孜尔壁画清楚地描绘了塔顶上面的平头、轮竿、相轮等物。塔刹的最顶端为“三宝标”。飘扬的经幡通常系在塔刹顶端的轮杆或三宝标上。相轮是塔刹部分的主体。七重或更多的圆形相轮层层叠叠，在覆钵顶上形成一个高耸的圆锥体。相轮周边悬挂风铃。

作为一种建筑物，在佛塔上面层层叠叠的圆形相轮，其实是模仿了华盖装饰之仪仗。《根本说一切有部毗奈耶药事》讲述了佛陀往昔以伞盖供养佛塔的故事。“佛告……我于昔时，将以伞盖供养缘觉窣堵波塔。由此福业，我昔已获二千五百转轮王位。复由彼业，今证无上正觉，于其顶上，咸持二千五百天人百辐伞盖。”显然在早期佛教理念中，伞盖是供养佛塔的一种附加物，而非佛塔的一个建筑单元。克孜尔壁画“八王分舍利”中，城门后面的覆钵佛塔就没有伞盖，它或许正是来自龟兹人对早期印度佛塔的正确理解。但悬置伞盖很快成为一种定制，《根本说一切有部毗奈耶杂事》云：“佛告长者：若为如来造窣睹波者，应可如前具足而作。若为独觉，勿安宝瓶；若阿罗汉，相轮四重；不还至三；一来应二；预流应一；凡夫善人，但可平头，无有轮盖。”随着伞盖设计的制度化，人们开始在修建佛塔时一并筑刻石质伞盖。如此，伞盖不仅成为一个佛塔的建筑单元，也具有了露盘、轮相、轮盖等多种称谓。

制作石刻相轮会消耗较多劳动，这使得佛塔显得更加珍贵庄严。它还比其他软性材质更为坚固耐久，因此更加胜任佛塔的纪念性需要。但随着相轮变得大而笨重，仅依靠中间立杆支撑，很难稳固。这样，佛塔又发展出在覆钵上以立柱支撑相轮边缘的样式。这种佛塔，在克孜尔第171窟甬道壁画以及库木吐喇很多佛塔壁画中得以表现。

图 5-3-9　克孜尔第 99 窟正壁

龟兹石窟常常以绘画，又或绘画和石窟建筑相结合的方式，再现木构建筑的视觉效果。龟兹石窟有三种装饰性屋顶——券顶、套斗顶和穹窿顶。对建筑结构的绘画性模仿常常在这三种窟顶和墙体的结合部展开。石窟开凿者有时在这里凿出叠涩，画家则为叠涩图绘了木材雕刻的装饰纹样。

图 5-3-10　克孜尔新 1 窟建筑图案

券顶是龟兹中心柱窟和许多方形窟的常见形制。一些洞窟，如克孜尔第99窟在开凿石窟时就有意复制了木制椽枋结构（图5-3-9）。另一些洞窟，则在相关位置（券顶和主室交接处）用充满立体感的壁画予以表现。一般而言，椽枋上面画有突出墙面的阳台，阳台背后是由拱或立柱支撑的拱形建筑。圆形立柱配备有华丽的柱头和柱基。有的柱头（如克孜尔新1窟壁画所表现）表现为两片叶子对称涡卷起来的样子，一朵覆莲将之与柱子相连接（图5-3-10）。这种柱头似乎综合了古希腊科林斯柱头、艾奥尼柱头和佛教美术的特征。也有的柱头（如库木吐喇谷口区第21窟壁画所表现）圆厚敦实，在保留多立克柱头特点之外，又赋予华丽纹饰（图5–3–11）。

为了表明柱子上面，或柱子中间的拱形建筑是天宫而非人间，壁画常常描绘出带有头光的天人在露台探出半截身体，他们一边演奏，一边愉快地打量着下面的世界——佛陀在那里传法（图5–3–12）。露台通常有间隔性凸起，如克孜尔第38窟所表现的那样。第77窟露台缺乏这种表现，但在立柱之间，仔细描绘了栅栏的复杂外观。

克孜尔新1窟及紧邻的第69窟，壁画椽头的前端出现了兽面纹（参见图5–3–10）。一般认为，这类兽面装饰源自中原文化[1]。也有学者提出此纹样是以牛头形象呈现的龙纹，它们是国王供养石窟的特殊象征[2]。同类兽面纹也在库木吐喇谷口区第20窟（新1窟）的穹窿顶下方出现。

券顶仅仅是在侧壁和窟顶的结合部位模仿建筑。而龟兹石窟中的套斗顶，例如克孜尔第167窟（图5–3–13），在整个窟顶模仿木构屋顶。阿富汗巴米扬石窟也有此类石窟。勒柯克注意到类似木制建筑在一些民族地区仍被使用。他将这种套斗顶称为“灯笼”窟顶，并将之与一种中亚突厥地区特有的客厅式房屋相关联。“波塔（Botta）在亚美尼亚发现了这种结构的原始样式，我自己在克什米尔信德河河谷一家农民的房子里，看到了一个类似的，也许更加原始的此种屋顶。”[3]他同时指出了这种套头顶被误读的情况。套斗顶在克孜尔是通过石窟建筑予以结构性复制的。但在东方，吐鲁番和敦煌地区的石窟仅仅通过壁画的方式在屋顶绘制出藻井的平面形式。那些习惯住在两坡顶建筑下的居民对套斗式建筑一无所知，结果将之演变成了一种装饰性的花纹。

克孜尔石窟群、库木吐喇石窟群、森木塞姆石窟群、克孜尔尕哈石窟群中局部带有穹窿顶的石窟41例（套头顶含小穹窿者未计）。穹窿顶石窟在侧壁上端表现建筑特征的壁画也不罕见。库木吐喇谷口区第21窟侧壁上端绘制了一排立柱。部分穹窿顶石窟可能效仿了佛塔的内部空间[4]。但穹窿顶区域的壁画属性比较暧昧，既不像券顶那样明显地表现出山峦上的天空，也不像套斗顶那样带有明显的建筑特征。少部分“多角穹窿”介于套头顶和穹窿顶之间，可视为一种穹窿顶的变体。多数穹窿顶建筑形制近似，只在叠涩上略有变化。库木吐喇窟群区第34窟是龟兹石窟中穹窿顶壁画保存最完整的石窟之一。穹窿顶中心是一直径约50厘米的莲花，莲花中心是一个直径约20厘米的赭色莲心，莲心外周绘四重侧视的卷瓣莲叶（图5–3–14）。以莲花为中心，向外绘出12个梯形条幅画面，每个条幅之内绘有一身天人。各条幅间均有2厘米宽的饰带，上绘联珠纹。条幅下方绘三圈纹样，由上而下为一列5厘米高的矩形纹，上绘联珠纹，其下是一列20厘米高的三角形垂帐纹，再下的底沿是一列平行四边形鳞纹。各纹样间均有一条1厘米的色带间隔，色带上用墨线绘小圈[5]。

大部分龟兹石窟的穹窿顶没有完整壁画遗存，但遗留壁画的总体特征表明，库木吐喇窟群区第34窟的穹窿顶壁画在龟兹石窟中具备一定的代表性。在留有壁画的穹窿顶中，顶心绘制了莲花者8例，比例很高。穹窿顶留有条幅者数量更多，达17例（多数条幅中绘有人物）。穹窿顶边缘留下锯齿垂角边纹（即《库木吐喇石窟内容总录》所云三角形垂帐纹）者9例，穹窿顶边缘留下垂带纹（《总录》称为“立柱纹”）者6例，仅次于

1 李丽《克孜尔第69窟年代试析》，《唐研究》第九卷，北京：北京大学出版社，2003年，第427—455页。

2 史晓明《克孜尔石窟第69窟的龙图像》，《敦煌研究》2012年第4期，第19页。

3 〔德〕阿尔伯特·冯·勒克科著，赵崇民、巫新华译《中亚艺术与文化史图鉴》，北京：中国人民大学出版社，2005年，第48、49、197页。

4 任平山《对库木吐喇窟群区第34窟穹窿顶图像的思考》，《龟兹学研究》第五辑，乌鲁木齐：新疆大学出版社，2012年，第326—362页。

5 新疆龟兹石窟研究所编《库木吐喇石窟内容总录》，北京：文物出版社，2000年，第150页。

图 5-3-11　库木吐喇谷口区第 21 窟建筑图案

图 5-3-12　克孜尔第 100 窟天宫建筑

图 5-3-13　克孜尔第 167 窟套头顶

图 5-3-14　库木吐喇窟群区第 34 窟穹窿顶

莲花。

克孜尔第76窟和第67窟穹窿顶上密布翎毛图案，代表了穹窿顶壁画的另一类型（图5-3-15，并参见图1-3-1）。它们较好地解释了壁画和伞盖的关联。《摩诃僧祇律》云："盖者：树皮盖，多罗叶盖，多梨叶盖，竹伞盖，迭伞盖，孔雀尾盖，如是等种种能遮雨日者，皆名伞盖。" 可见华盖有时用孔雀翎毛制作。《根本说一切有部毗奈耶杂事》亦载："（世尊）令诸苾刍应持伞盖，若不持者得越法罪。六众苾刍闻许伞盖，便以金等四宝而为其柄；及余种种紫矿画饰；以孔雀尾而作上覆。"这正好解释了克孜尔第76窟和第67窟穹窿顶上密布翎毛图案的来源。古代龟兹盛行小乘有部，境内亦盛产孔雀。当地佛教信徒完全可能用孔雀翎制作伞盖，并将这一理念融入石窟壁画之中。

条幅人物在穹窿顶上构成的伞盖，固然不如孔雀尾伞盖那么直观，但以莲花为中心形成的法轮图案，其实是华盖和相轮的普遍纹饰。表象不同但属性一致的图符时常在文化传播中固着在一起。莲花和法轮，充斥佛教美术中的圆形。它们不仅作为伞盖的装饰图像，也成为了伞盖作为建筑形式的装饰物。圆形边缘的锯齿垂角代表了三角形布片（图5-3-16）。这些布片通常分布在伞盖乃至旗帜的边缘以增强华丽效果。部分穹窿顶壁画沿着圆轮的边缘，描绘有类似立柱的图案（图5-3-17）。现在看来，把它们称为垂带纹更为妥当。和三角垂帐属性类似，应该将它们视为伞盖边缘的流苏[1]。尽管在龟兹伞盖图像中没有出现类似垂带，但在垂帐中间悬挂其他垂饰的华盖式窟顶并不罕见，例

1　任平山《龟兹壁画中的画柱、悬饰、雕栏》，《中华文化画报》2012年第4期，第109—115页。

图 5-3-15　克孜尔第 67 窟穹窿顶

图 5-3-16　库木吐喇谷口区第 20 窟穹窿顶

图 5-3-17　克孜尔第 135 窟穹窿顶

如时间较晚的吐鲁番吐峪沟第44窟穹窿顶和柏孜克里克第20窟侧壁顶端的垂帐[1]。

在龟兹壁画中，这种由三角纹垂帐纹间隔的垂带纹并不只在穹窿顶边缘出现，也出现在克孜尔第171窟后室涅槃图中[2]。它们被仔细地布置在涅槃卧台的外侧，容易让人误认为是支撑床榻的立柱。勒柯克指出，佛床下的垂条图案应该和旁边的三角垂帐纹属于同类。“床边上挂着地毯，边缘有三角形的缀物，在它们之间的地毯下缘则有较宽的条带，这是一种在当地最受人喜爱的装饰。”[3]龟兹佛床以披挂地毯为样式，其属性由床头挂毯轻轻掀起的一角所揭示。

三角垂帐和垂带的组合纹样，不仅仅作为一种挂毯的替代物出现在佛陀的床边和可能象征伞盖的穹窿顶壁画中，也出现在了克孜尔石窟侧壁的底端。如克孜尔第38窟所示，此纹样以完全相同的方式绘制在大型佛传壁画的下沿。它可能仍然保持了某种程度的仿真性意指。一些克孜尔中心柱窟（如第47窟、第60窟、第69窟）在侧壁底端保留着略高于地坪的基台，主要供台上立像使用。有理由相信这种沿墙展开、高于地坪的平台在当时的地表建筑中被广泛使用。俄国人造访焉耆七个星佛寺时，许多大型寺院塑像即立于此类平台之上[4]。通过在墙壁下端装饰出具有一定高度的色带，石窟寺在视觉意义上依旧保持了在台基之上安置佛像的习惯。德国考察队在吐木休克东部遗址火烧寺，

1　中国壁画全集编辑委员会编《中国壁画全集·新疆·6·吐鲁番》，沈阳：辽宁美术出版社、乌鲁木齐：新疆人民出版社，1990年，第15、93页。

2　赵莉《德国柏林印度艺术博物馆馆藏部分克孜尔石窟壁画原位核对》，新疆龟兹学会编《龟兹文化研究》，香港：天马出版有限公司，2005年，第303页。

3　〔德〕阿尔伯特·冯·勒柯克、恩斯特·瓦尔德施密特著，管平、巫新华译《新疆佛教艺术》，乌鲁木齐：新疆教育出版社，2006年，第501页。

4　〔俄〕C.M.杜丁著，何文津、方久忠译《中国新疆的建筑遗址》，北京：中华书局，2006年，第15页。

发现过一种用石膏浮雕塑造的三角垂帐和垂条，两厘米厚[1]。它们模拟了一种“非平面性的”、凸出于墙壁的室内台基。这种在室内沿墙做出高于地坪台面的建筑形式中世纪已在中亚流行，直到二十世纪仍然可见于新疆民居。

克孜尔第38窟另一个有趣之处是，在其侧壁的三角垂帐纹饰带下方更接近地面的位置，还压着一条白色和绿色相互填充的连排条纹色带。三角垂帐纹的绘制意图比较明显，即一种华丽挂毯的垂饰效果。这种连排竖条构成的色带在仿真性上则比较模糊，亦可见于克孜尔第8窟底部。国内学界一般亦称之为“立柱纹”色带[2]。勒柯克也认为，这类栅栏状边饰源于某种古伊朗艺术中的石栏[3]。

然而这种石栏式连排平行条纹饰带——多数以绿色或赭红，与黄色或白色的颜料组合绘制，不仅出现在建筑的结构性部位，也出现在一些非力学区域。在克孜尔第83窟，它作为一种特殊的分界，出现在墙壁的中间部分——大型故事壁画“仙道王”的上端[4]。墙壁上，连排条纹并非完全竖直排列。色带沿着画框边缘向下垂直曲折了一段。把连排条纹视为“立柱”或“栅栏”无法解释色带的这种走向。它应该代表了框梁、横楣之类布满雕刻工艺和材质特征的边框构件。

德国人在库木吐喇石窟采集到一片用彩陶仿造的“窗栅”残件，“残件或许是一块护壁板的剩余部分，或许是一扇转动的木制窗栅上的”[5]。这种在日常生活中被实际运用的雕刻纹饰在龟兹壁画的再现中，由于充满了三维立体的逼真感觉，容易清楚地被识别。正如德国人在克孜尔彩色地面窟（第7窟）甬道中所看到的景象，“使人感到吃惊的是彩色地面画面边缘的极其精美的彩绘装饰，因为它表现了一种类似横梁的建筑设施。在它之上的两个横梁之间，有一种手风琴式的彩绘条带。正像我们在西藏西部一些富裕的家庭的房屋中常见到的，在墙上紧靠屋顶的地方所绘的那种图案一样”[6]。

在笔者看来，前述连排竖条色带可能是这种手风琴式栏板雕刻的简化图案。如德国人自克孜尔219窟所揭壁画（图5-3-18）[7]，栏板色带绘制在石窟侧壁的底端，位置雷同，且意图一致——都试图模拟台基的侧面装饰。栏板图案主要由两种颜色的色带组合而成，此特征和连排竖条色带完全一致。栏板图案和连排色带的唯一区别是栏板图案在竖条的上下两端加上深色三角形色块（参见图5-2-5）。这些三角色块代表了栏板的暗部切面，从而使得条纹具备了三维效果。而如克孜尔第83窟壁画所示，我们可以在很多连排竖条色带的局部发现这样的三角色块。就这一点而言，这些连排条纹色带看起来似乎是栏板图案缺乏最后一道工序的未完成品。又或者，这是由于某些最后涂抹的三角色块使用了容易褪色的颜料，较难保存所致。

---

1 〔德〕阿尔伯特·冯·勒柯克、恩斯特·瓦尔德施密特著，管平、巫新华译《新疆佛教艺术》，乌鲁木齐：新疆教育出版社，2006年，第296页。

2 新疆龟兹石窟研究所编《克孜尔石窟内容总录》，乌鲁木齐：新疆美术摄影出版社，2000年，第14、48页。

3 〔德〕阿尔伯特·冯·勒柯克、恩斯特·瓦尔德施密特著，管平、巫新华译《新疆佛教艺术》，乌鲁木齐：新疆教育出版社，2006年，第420页。

4 新疆维吾尔自治区文物管理委员会、拜城县克孜尔千佛洞文物保管所、北京大学考古系编《中国石窟·克孜尔石窟·三》，北京：文物出版社，1997年，图193，第229页。

5 〔德〕阿尔伯特·冯·勒柯克、恩斯特·瓦尔德施密特著，管平、巫新华译《新疆佛教艺术》，乌鲁木齐：新疆教育出版社，2006年，第293、332页。

6 〔德〕阿尔伯特·冯·勒柯克、恩斯特·瓦尔德施密特著，管平、巫新华译《新疆佛教艺术》，乌鲁木齐：新疆教育出版社，2006年，第500页。

7 中国壁画全集编辑委员会编《中国新疆壁画全集·克孜尔·2》，天津：天津人民美术出版社、乌鲁木齐：新疆美术摄影出版社，1995年，第62页。

图 5-3-18　克孜尔第 219 窟壁画局部，德国藏

除了上面提及的几种纹饰，龟兹壁画中还可以见到其他种类繁多、变化丰富的纹饰。史晓明、张爱红《克孜尔壁画装饰图案》（1996年）一书，通过线描临摹的方式对各类装饰纹样进行了梳理[1]。纹饰基本元素包括圆点、圆形、方形、菱形、三角形、鳞叶纹、曲波纹、环曲形等。形式元素本身存在变化。不同元素的组合及其在画面中的不同分布，构成了种类繁多的图案。此外，植物纹样也十分流行。十字叶纹常常和方形或菱形结合，组成装饰带的基本单元（图5-3-19）。由菱形分割的画面，既有雕刻装饰的立体感，也带有强烈的几何特征。与之类似，莲花图案也常常和圆轮外形组合，作为装饰性元素被使用。另外几种植物纹样风格迥然不同。充满变化的忍冬纹或卷草纹在装饰带上连续构图，带有强烈的运动感（图5-3-20、图5-3-21）。唐代库木吐喇壁画流行带有汉地艺术特征的团花纹（图5-3-22）和卷草纹（参见图1-3-22）。和前期克孜尔卷草纹相比，后者立体感更加强烈，叶片边缘前后卷曲，如波浪般翻滚，有时候让人觉得绚丽有余而典雅不足。此纹样常常用来装饰那些设色风格相反的大铺经变画。

图 5-3-19　克孜尔第 67 窟纹饰

1　史晓明、张爱红《克孜尔壁画装饰图案》，成都：四川美术出版社，1996年，第53、101、108页。

图 5-3-20　克孜尔第 207 窟纹饰

图 5-3-21　克孜尔第 123 窟纹饰

图 5-3-22　库木吐喇第 45 窟团花纹

图 5-3-23　克孜尔第 207 窟金刚神及藤木坐具

图 5-3-24　克孜尔第 38 窟快目王本生中的坐具

总体而言，克孜尔纹样大约有三类：部分纹饰，常常从属某一建筑构建，可以理解为对龟兹特殊建筑装饰的模仿。另一些纹饰则带有软性装饰的特点，它们常常出现在华盖、地毯、垂幔和服装中。第三类纹样的材料属性不太明确，常作为画框装饰，可能更多地属于绘画艺术本身。这三种石窟纹样并没有明确的宗教含义，完全可能运用在龟兹民居和王宫建筑中。

德藏克孜尔第207窟金刚神所坐坐具为一个扁扁的长方体。坐具的边缘是捆扎固定的双股藤条，立面菱形米花图案模仿了某种编织工艺（图5-3-23）。整个坐具应以苇篾固定藤框制成。藤座的上面，隐约可以看见软垫的一角。由于坐具高度只及小腿的一半，坐在上面的人常常采用叉腿或盘腿的姿态。大概由于生活中普遍使用这类较矮的坐具，“交脚坐”成为龟兹人生活及图像坐姿的常态。

龟兹壁画中，类似克孜尔第207窟这样直接表现藤木质地的坐具并不多见。多数坐具——主要有“圆形座墩”和“方形座椅”两种（图5-3-24），以织毯覆盖。

圆形座墩，或称为“筌蹄”，壁画中通常出现在户外山野等环境中，又或在室内使用者为相对次要的人物，例如来访的听法者。座墩的制作，是用藤篾捆扎出一个鼓形墩，上面罩上一块垫布（垫布和座墩中间可能还有圆垫之类的填充物），垫布下端用绳子捆绑，固定在座墩上。座墩下半部分是裸露的，苇篾编织的图案和第77窟扁方形座具大抵相同。但在许多壁画中，这些具象性表现方式被画家用一些简化草率的图案所代替。

藤框式坐具生产成本低，在平民阶层中较常使用。但有时候王后也坐这种座墩，所以它的主要优势仍然在于轻便适用。方形座椅在图像中的所指与筌蹄不同，其使用者通常拥有更高的社会地位。例如在克孜尔第38窟菱格本生中的图像，婆罗门使用座墩，王者坐在靠座上。靠座可能是木制的，因此看上去比座墩要笨重和华丽得多。《魏书·西域传》中有关于龟兹王“坐金师子床”的记载。“床”在今天普遍理解为睡卧之具，在古代是指坐具，如《说文》所云“安身之坐者”。

方形座椅比圆形座墩更高大，这一特征也和其使用者的身份相匹配。佛传壁画中，佛陀和听法者的落差十分明显。佛陀宝座由四个雕刻精美的座足支撑。华丽的毯子一端压在软垫下方，另外一端垂到地面。有时候，垂下来的毯子完全遮盖住座椅下部，有时候则露出椅子的座足。

按照《广雅》的观点，汉唐之际传入汉地的坐床有两种。一种是汉代传入的胡床，可以垂足而坐，这种坐姿和汉人习惯的跽坐完全不同。胡床没有靠背，类似今天的凳子。到了唐代，带有靠背的坐床开始流行，也就是今天所说的椅子，可倚背而垂足，当时叫作绳床。绳床据说是由印度传入的。龟兹壁画表明，在南北朝时期，靠背已经是方形座椅的普遍特征了。靠背由织毯铺盖着，其特征可见于座椅人物两侧露出的折叠的挂毯边缘。但如果坐着的人是佛陀，因为要画佛陀身光，座椅靠背就不再绘制。

勒柯克指出，一些国王的宝座还在靠背的两边配有折向座椅两侧的扶手。此外，他还在龟兹壁画中辨别出由这种宝座演变出的一种双人座。“在早期的绘画风格中，王后通常在国王的旁边设座，而我们现在却看到国王和王后同坐在一个座位上。座位的形状就像一个宽宽的长凳状的宝座支架一样。与单人宝座一样，它上面也铺有常见的那种带有花边和穗子的毯子，放置有靠枕。有时，国王还有另一个高出于座位的靠枕。作为国王尊贵象征的，还有座椅上一个齐肩高的靠背和前倾的扶手，上边铺有毯子。”[1]

鸠摩罗什在龟兹说法时，很可能坐在华丽的高座之上。《高僧传》载：“龟兹王为鸠摩罗什造金师子座。以大秦锦褥铺之。令鸠摩罗什升而说法。”“升”的动作，表明说法者的座位较高，且带有强烈的仪式性。克孜尔佛传壁画中，人物位置普遍遵循了这种高低原则。壁画中的说法宝座，座位前配备足踏（图5-3-25），方便说法者登上座位。此

图 5-3-25　克孜尔第 206 窟佛传局部

1 〔德〕阿尔伯特·冯·勒柯克、恩斯特·瓦尔德施密特著，管平、巫新华译《新疆佛教艺术（下）》，乌鲁木齐：新疆教育出版社，2006年，第452页。

图 5-3-26　涅槃荼毗，克孜尔第 171 窟，德国藏

图 5-3-27　库木吐喇第 16 窟壁画

外，由于龟兹人在日常生活中习惯使用较矮的座具，坐椅太高而双腿悬垂可能让人感觉不适。这样，足踏可以为坐着的人提供一个垂足休息的支点。

佛陀涅槃图提供了许多卧榻的图像。榻板由四个雕刻了立柱图案的榻脚支撑，上面垫着数层榻垫。和靠椅一样，榻垫与榻板中间压着的织毯垂至地面。但有时候垂下来的部分会表现为三角垂幔和垂条穗子间隔的样式。佛陀头部下方的枕头样式古怪。枕头的一端是两个方形，另一端是个弯曲的回折（图5-3-26）。有的学者推测其为一种形制独特的木制枕头。在笔者看来，画家可能是想表达一个长条形的软枕头，两头弯过来叠在一起。这样的话，可以增加枕头的厚度。在后来库木吐喇的汉风壁画中，这种枕头被一种短而圆厚的软枕替换了（图5-3-27）。

三、龟兹舞乐

玄奘在《大唐西域记》卷一中，特意强调龟兹国“管弦伎乐，特善诸国”。然而其他史料，多述龟兹舞乐传入汉地的形态，直接描述龟兹本地舞乐者甚少。唐段成式《酉阳

图 5-3-28　舞乐，克孜尔第 76 窟

杂俎·镜异》记载龟兹国的节日，顺便提及节日歌舞之状，云“龟兹国……婆罗遮，并服狗头猴面，男女无昼夜歌舞。八月十五日，行像及透索为戏”。文中提到的婆罗遮，是一种头戴面具的歌舞，类似傩戏，具有驱鬼辟邪之意。唐慧琳《一切经音义》称之为苏莫遮：“苏莫遮，西戎胡语也（按：《续一切经音义》谓其本云讽么遮）……此戏本出西龟兹国，至今犹有此曲。此国《浑脱》、《大面》、《拨头》之类也，或作兽面，或象鬼神，假作种种面具形状，或以泥水沾洒行人，或持罥索搭钩，捉人为戏。每年七月初公行此戏，七日乃停。土俗相传云，常以此法禳厌驱趁罗刹恶鬼食啖人民之灾也。”据此可知，苏莫遮是头戴面具、装扮鬼兽、捉人为戏，既有仪式性，也有娱乐效果。日本大谷光瑞探险队1903年在库车苏巴什佛寺遗址发现的一只舍利盒上绘制有苏莫遮舞蹈和演奏者的游行行列。

龟兹男女每年七月初歌舞七日，不分昼夜，除表演和观赏苏莫遮外，必然有日常自娱的歌舞形式。宋朝沈辽《龟兹舞》一诗对传入汉地的龟兹舞进行了生动的描述：

> 龟兹舞，龟兹舞，始自汉时入乐府。世上虽传此乐名，不知此乐犹传否？黄扉朱邸昼无事，美人亲寻教坊谱。衣冠尽得画图看，乐器多因西域取。红绿裀结坐后部，长笛短箫形制古。鸡娄楷鼓旧所识，饶贝流苏分白羽。玉颜二女高髻花，孔雀罗衫金画缕。红靴玉带踏筵出，初惊翔鸾下玄圃。中有一人奏羯鼓，头如山兮手如雨。其间曲调杂晋楚，歌词至今传晋语。须臾曲罢立前庑，叹息平生未尝睹。清都阆苑昔有梦，寂寞如今在何所。我家家住沧海涯，上国乐事殊未知。玉颜邀我索题诗，他时有梦与谁期？

诗歌描述了龟兹舞表演者红靴玉带、孔雀罗衫的服装，长笛短箫伴以击鼓的伴奏。《旧唐书·音乐志》写到龟兹乐时，说“舞者四人，红抹额，绯袄，白裤帑，乌皮靴”。

除了华丽的服装，强烈而有特色的节奏是龟兹舞的重要特征。唐代杜佑《通典》谈到：“龟兹伎人弹指为歌舞之节。”一边舞蹈，一边弹响指，龟兹人把节拍融入到了舞蹈动作之中（图5-3-28）。

沈辽诗歌提及龟兹舞汉时传入乐府、后来夹杂晋文化因素的发展史。西汉时期，龟兹王长住汉地京师，龟兹歌舞音乐大概也在此时传入。后来，吕光灭龟兹，用了二万多匹骆驼将龟兹的“奇伎异戏”连同外国珍宝一起带回凉州，开始了第二波龟兹音乐影响汉地的高潮。

《隋书·音乐志》载：

> 《西凉》者，起苻氏之末，吕光、沮渠蒙逊等，据有凉州，变龟兹声为之，号为秦汉

伎。魏太武既平河西得之，谓之《西凉乐》。至魏、周之际，遂谓之《国伎》。今曲项琵琶、竖头箜篌之徒，并出自西域，非华夏旧器。

凉州借助龟兹音乐，发展了自己的音乐形式，称为“秦汉伎”。北魏平河西，得到这套音乐，称为“西凉乐”，北周称其为“国伎”。与北周同时，龟兹乐在北齐也很流行。《通典》卷一四二载：“自宣武以后，始爱胡声，洎于迁都，屈茨琵琶、五弦、箜篌、胡鼓、铜钹、打沙锣、胡舞、铿锵镗镗、洪心骇耳。”宣武，指北齐开国君主宣武帝高洋。史料记载，高洋甚至亲自击打胡鼓，以和龟兹琵琶高手孙妙达的演奏。北齐龟兹乐承自北魏，曲风热闹激荡，大概既有北魏平定凉州的收获，也有汉晋龟兹乐在洛阳邺城一带的遗传。

周武帝宇文邕一生以消灭北齐为己任。他为了获得突厥的帮助，保定五年（565年）迎娶了突厥公主阿史那氏，立为皇后。突厥可汗以康国、龟兹等国音乐作为陪嫁。如此，龟兹乐第三次传入汉地。

《旧唐书·音乐志》描述了这段历史，云：“后魏有曹婆罗门，受龟兹琵琶于商人，世传其业。至孙妙达，尤为北齐高洋所重，常自击胡鼓以和之。周武帝聘虏女为后，西域诸国来媵，于是龟兹、疏勒、安国、康国之乐，大聚长安。胡儿令羯人白智通教习，颇杂以新声。”

由于龟兹音乐在不同历史时期传入汉地，并产生了不同的类型。故而《隋书·音乐志》说：“龟兹者，起自吕光灭龟兹，因得其声。吕氏亡，其乐分散，后魏平中原，复获之。其声后多变易。至隋有《西国龟兹》、《齐朝龟兹》、《土龟兹》等，凡三部。”据此可以推测，就龟兹乐传入汉地的先后而言，《西国龟兹》最新，是由突厥公主带入北周的龟兹乐；《齐朝龟兹》和《土龟兹》是旧的龟兹乐在汉地发展出的两个分支。《齐朝龟兹》是北齐继承自北魏的龟兹乐，在洛阳和邺城一带流行，其中可能既包括汉晋音乐中的龟兹因素，也包括北魏征服凉州后获得的“龟兹乐”、“西凉乐”成分。《土龟兹》应该是吕光征讨龟兹，带回凉州（也许后来在长安有所发展），而被北周继承的龟兹乐。

据《隋书·音乐志》，随突厥公主进入北周的西域音乐家中，龟兹人苏祇婆擅长琵琶，对中国音乐产生了巨大影响。苏祇婆自幼在龟兹学琴，“代相传习，调有七种”。隋文帝杨坚重新制定礼乐之制，命令音乐家郑译参定音乐。郑译一直困惑于七声音乐的乐理。他听到苏祇婆弹奏的琵琶，一均之中间有七声，向他求教。以其七调，勘校七声，冥若合符。七声者，“一曰‘娑陀力’，华言平声，即宫声也。二曰‘鸡识’，华言长声，即商声也。三曰‘沙识’，华言质直声，即角声也。四曰‘沙侯加滥’，华言应声，即变徵声也。五曰‘沙腊’，华言应和声，即徵声也。六曰‘般赡’，华言五声，即羽声也。七曰‘俟利’，华言斛牛声，即变宫声也。”郑译习而弹之，始得七声之正。他最后就此七调，推演出七调十二律，合八十四调。

开皇初年（581年），隋文帝令置七部乐：一曰国伎，二曰清商伎，三曰高丽伎，四曰天竺伎，五曰安国伎，六曰龟兹伎，七曰文康伎。又杂有疏勒、扶南、康国、百济、突厥、新罗、倭国等伎。隋文帝提倡雅乐，以龟兹乐为代表的俗乐却大肆流行。作为北周的继承者，隋朝开皇年间在龟兹乐领域内涌现了一大批演奏名家。其中以曹妙达、王长通、李士衡、郭金乐、安进贵等人最富盛名。他们不仅琴艺高超，还通晓乐理，喜欢改旧创新。

龟兹乐丰富的旋律和表现手段，加上音乐家杰出的音乐才能，引领了一种新的文化潮流。隋朝王公贵族们争相慕尚那些著名乐师。隋文帝杨坚见此，极为光火，对群臣说：“闻公等皆好新变，所奏无复正声，此不祥之大也。自家形国，化成人风，勿谓天下方然，公家家自有风俗矣。存亡善恶，莫不系之。乐感人深，事资和雅，公等对亲宾宴饮，宜奏正声，声不正，何可使儿女闻也！”

龟兹乐深入人心，杨坚无力禁止。隋炀帝杨广原本不解音律，继位之初对之无甚关心，后来却沉迷其中，大制艳篇，辞极淫绮。他令乐正白明达造新声，创《万岁乐》、《藏钩乐》、《七夕相逢乐》、《投壶乐》、《舞席同心髻》、《玉女行觞》、《神仙留客》、《掷砖续命》、《斗鸡子》、《斗百草》、《泛龙舟》、《还旧宫》、《长乐花》及《十二时》等曲。一些曲子掩抑摧藏，哀音断绝，曲风上和北齐的铿锵之音颇有不同。杨广十分喜欢，封赏白明达，云："齐氏偏隅，曹妙达犹自封王。我今天下大同，欲贵汝，宜自修谨。"又对大臣们说："多弹曲者，如人多读书。读书多则能撰书，弹曲多即能造曲。此理之然也。"

除了以龟兹乐风格创作的新曲，《隋书·音乐志》也记录了一些原汁原味的龟兹曲名，"其歌曲有《善善摩尼》，解曲有《婆伽兒》，舞曲有《小天》，又有《疏勒盐》"。可见龟兹乐有歌曲、解曲、舞曲的分别。所谓解曲，宋陈旸《乐书》说："凡乐，以声徐者为本声，疾者为解。自古奏乐，曲终更无他变。隋炀帝以法曲淡雅，每曲终多有解曲。"元代学者吴莱也谈到："解者何？乐之将彻，声必疾，犹今所谓阙也。"学界据此认为，解曲是来自西域的一种节奏快、音乐风格强烈奔放的曲子。隋唐时期常把这种曲子用作他曲的结尾。

隋大业中，炀帝改隋初七部乐为九部。唐高祖李渊登基后，享宴因隋旧制，用九部之乐，其后分为立、坐二部。总的来说，立部比坐部地位低，主要因为立部常常在鼓笛喧闹的伴奏下，表演一些舞剑、舞狮、跳丸、掉杆之类的杂耍，让人感觉难登大雅之堂。坐部伎有《宴乐》、《长寿乐》、《天授乐》、《鸟歌万寿乐》、《龙池乐》、《破阵乐》，凡六部。此六部，包括乐曲和舞蹈，都经过了重新编排。过去不同曲风由此也被整合。《旧唐书·音乐志》载："自《长寿乐》已下皆用龟兹乐，舞人皆著靴。惟《龙池》备用雅乐，而无钟磬，舞人蹑履。"也就是说，坐部伎六部中有四部用龟兹乐进行演奏。舞人皆着靴，也是来自龟兹的舞蹈传统。由此，龟兹乐覆盖了其他西域地区传入的音乐和舞蹈，发展成为一种主流的音乐演奏和舞蹈伴奏方式。故而《旧唐书·音乐志》写道："自长安已后，朝廷不重古曲……自周、隋已来，管弦杂曲将数百曲，多用西凉乐，鼓舞曲多用龟兹乐，其曲度皆时俗所知也。惟弹琴家犹传楚、汉旧声。"西凉乐本来就融入了龟兹乐因素，可知大唐音乐实为龟兹音乐之天下。《酉阳杂俎·语资篇》载："玄宗常伺察诸王，宁王常夏中挥汗鞔鼓，所读书乃龟兹乐谱也。上知之，喜曰：天子兄弟，当极醉乐耳。"盛唐时期，龟兹乐对上层社会的影响可见一斑。

隋朝龟兹伎二十人为一部。《隋书·音乐志》列举了一个龟兹乐队所配置的乐器，"其乐器有竖箜篌、琵琶、五弦、笙、笛、箫、筚篥、毛员鼓、都昙鼓、答腊鼓、腰鼓、羯鼓、鸡娄鼓、铜拔、贝等十五种"。

《旧唐书·音乐志》对龟兹乐的专门描述，似是针对隋朝流传的龟兹伎部而言。其乐器十五种，连排列的顺序都与《隋书》记载完全相合，加上舞者四人，共二十一人。曰：

> 龟兹乐，工人皂丝布头巾，绯丝布袍，锦袖，绯布裤。舞者四人，红抹额，绯袄，白裤帑，乌皮靴。乐用竖箜篌一，琵琶一，五弦琵琶一，笙一，横笛一，箫一，筚篥一，毛员鼓一，都昙鼓一，答腊鼓一，腰鼓一，羯鼓一，鸡娄鼓一，铜拔一，贝一。毛员鼓今亡。

汉地旧有乐器名箜篌，史传汉武帝使乐人所造，以祠太一。后来胡乐中类似竖抱乐器传入，故称为竖箜篌。因其夹在腋下弹奏，又称擘箜篌。竖箜篌琴体以凤纹装饰者，又被称为凤首箜篌。从图像判断，一般龟兹竖箜篌以皮囊为底（图5-3-29）。凤首箜篌的共鸣器结构与之有较大差异。《旧唐书·音乐志》谓"竖箜篌，胡乐也，汉灵帝好之。体曲而长，二十有二弦，竖抱于怀，用两手齐奏，俗谓之擘箜篌。凤首箜篌，有项如轸"。

杜甫诗云："千载琵琶作胡语，分明怨恨曲中论。"琵琶在汉代已经传入汉地。故汉《释名·释乐器》谓："批把（琵琶）本出于胡中，马上所鼓也。推手前曰批，引手却曰把。象其鼓时，因以为名也。"琵琶为四弦，下方呈梨形，上端或直，或有曲颈（图5-3-30，并参见图1-3-3）。南北朝人习惯横抱琵琶，用拨子弹奏。五弦琵琶外形和琵琶类似，它比琵琶多一弦，且体积更小。《新唐书·礼乐志》载："五弦，如琵琶而小，北国所出。旧以木拨弹，乐工裴神符初以手弹，太宗悦甚，后人习为扫琵琶。"又据《旧唐书》，弹琵琶、五弦及歌舞之伎，公元六世纪中叶开始大盛于北齐。

图 5-3-29　箜篌，克孜尔第 171 窟

笙、笛（图5-3-31）、箫（图5-3-32）、筚篥（参见图5-3-30），属于吹管乐器，来源不一。《诗经》中有"鼓瑟吹笙"、"笙磬同音"之谓。可见笙在先秦时代已经在汉地产生。箫（篇）也是古老的中国乐器。《风俗通》云："舜作箫，其形参差，以象凤翼。"《通典·乐器》引《世本》："箫，舜所造。其形参差，象凤翼，十管，长二尺。"参差，是描述排箫的管子长度不一，排成一排之后，其外端像凤翼边缘一样倾斜。据此可知，早期中国文献中所谓"箫"者实指"排箫"，和后来的单管箫（又谓洞箫、长笛、尺八）不同。笛（横笛）的起源比较复杂，汉文文献有"羌笛"之说。一些学者认为横笛可能来自三孔羌笛，后经中原改造为七孔。然《史记》载"黄帝使伶伦伐竹于昆谿，斩而作笛，吹作凤鸣"，可与考古相合。河南舞阳县新石器遗址中出土过十余支竖吹骨笛，多数七孔。竹制六孔篪，在湖北随县曾侯乙战国墓和湖南长沙马王堆三号汉墓中也有出土。足见汉地篪、笛历史久远。笙和排箫，可能是汉代传入龟兹的。横笛，由羌人或汉地传入。这三种乐器在龟兹经过了一些改造，成为龟兹乐重要的组成部分。壁画显示，部分龟兹排箫外观变得方正整齐。

图 5-3-30　琵琶和筚篥，克孜尔第 38 窟

图 5-3-31　答腊鼓和横笛，克孜尔第 38 窟

图 5-3-32　铜钹与排箫，克孜尔第 38 窟

筚篥，又名管子，是一种龟兹原创吹管乐器。唐段安节《乐府杂录》云："筚篥者，本龟兹国乐也。亦名悲篥，有类于笳。"《乐书》描述略细："筚篥，一名悲篥，一名笳管，龟兹之乐也。以竹为管，以苇为首，状类胡笳，九窍。"筚篥竖吹，八孔或九孔。它和箫笛最大的不同是配备了有簧吹嘴，音色婉转，时而妩媚，时而凄凉。故而《通典》谓其"出于胡中，其声悲"。对此，唐代诗人李颀在《听安万善吹筚篥歌》中无限感慨地予以了描述："南山截竹为筚篥，此乐本自龟兹出。流传汉地曲转奇，凉州胡人为我吹。傍邻闻者多叹息，远客思乡皆泪垂。世人解听不解赏，长飚风中自来往。枯桑老柏寒飕遛，九雏鸣凤乱啾啾。龙吟虎啸一时发，万籁百泉相与秋。忽然更作渔阳掺，黄云萧条白日暗。变调如闻杨柳春，上林繁花照眼新。岁夜高堂列明烛，美酒一杯声一曲。"

一个龟兹乐部配置十五种乐器，鼓（毛员鼓、都昙鼓、答腊鼓、腰鼓、羯鼓、鸡娄鼓）居其六，可见鼓乐在龟兹乐中极为重要。

《旧唐书·音乐志》介绍了鼓的不同种类，其中写道：

> 腰鼓，大者瓦，小者木，皆广首而纤腹，本胡鼓也……羯鼓，正如漆桶，两手具击，以其出羯中，故号羯鼓，亦谓之两杖鼓。都昙鼓，似腰鼓而小，以槌击之。毛员鼓，似都昙鼓而稍大。答腊鼓，制广羯鼓而短，以指揩之，其声甚震，俗谓之揩鼓。鸡娄鼓，正圆，两手所击之处，平可数寸。

都昙鼓是小型鼓，挂在腰上，用槌敲击。毛员鼓略大于都昙鼓。腰鼓和都昙鼓也很类似，但比都昙鼓和毛员鼓大。这三种鼓或都为两头大、中间细的形制（参见图3-3-21）。羯鼓则为桶状，双手敲击。答腊鼓类似短的羯鼓，用手指叩击可以发出响亮的声音（参见图5-3-31）。需要指出的是，羯鼓所谓"两手具击"指的是两手握槌敲击。《太平广记》卷第二百五引唐代《羯鼓录》云：

> 羯鼓出外夷乐。以戎羯之鼓，故曰羯鼓。其音主太簇一均。龟兹部、高昌部、疏勒部、天竺部皆用之……围如漆桶，山桑木为之。下以牙床承之。击用两杖。其声焦杀鸣烈，尤宜促曲急破，作戟杖连碎之。又宜高楼玩景，明月清风，凌空透远，极异众乐。杖用黄檀狗骨花椒等木……卷用刚铁，铁当精钻，卷当至匀。若不刚，即应絛高下，抽捩不停。不匀，即鼓面缓急，若琴徽之妣病矣。

鸡娄鼓大概是一种鼓面较小、鼓腹粗的鼓（图5-3-33，并参见图5-3-28）。元《文献通考》谓之："其形如瓮，腰有环，以绶带系之腋下。"又据《乐书》，鸡娄鼓夹在左腋，右手击打，同时左手持"播鼗"（一种手柄式拨浪鼓）晃响。

铜钹（参见图5-3-32）无疑丰富了龟兹乐部的打击乐效果。《旧唐书·音乐志》云"铜拔，亦谓之铜盘，出西戎及南蛮，其圆数寸，隐起若浮沤，贯之以韦皮，相击以和乐也。"贝，应指海螺。它可能是作为佛教乐器

图 5-3-33　播鼗与鸡娄鼓，克孜尔第 8 窟

从印度传入龟兹的。《旧唐书·音乐志》载："贝，蠡也，容可数升，并吹之以节乐，亦出南蛮。"

鉴于龟兹音乐在中国音乐史上的重要地位，相关论文较多。在龟兹学领域，龟兹音乐研究独领风骚，成为一个独立的小学科。向达的《龟兹苏扺婆琵琶七调考原》（1926年）、《唐代长安与西域文明》（1933年），谷苞的《古代"龟兹乐"的巨大贡献及其深远影响》（1979年）、《古代新疆的音乐舞蹈与古代社会》（1986年），霍旭初的《龟兹壁画中的乐舞形象》（1982年）、《龟兹舍利盒〈乐舞图〉》（1985年）、《浅论克孜尔石窟伎乐壁画》（1986年），周菁葆的《丝绸之路的音乐文化》（1987年）都是比较重要的论文和著作。相关研究，除了引经据典，也大量参考了龟兹壁画中存在的舞乐图像。音乐演奏是龟兹壁画最常表现的内容。例如克孜尔第38窟，这个中心柱窟主室侧壁上端绘制了14组两两成对的天宫乐伎，有的手持乐器，有的舞蹈、散花。乐器包括箜篌、五弦、阮咸、排箫、筚篥、横笛、答腊鼓、铜钹，仿佛一支交响乐团（参见图1-3-4）。德国探险家发现这个洞窟后，特命名为"乐师洞"[1]。克孜尔中心柱窟和大像窟后室，也常常在涅槃图像上空描绘天人奏乐的形象。克孜尔第77窟在这方面尤为特别。第77窟是一个带有大型后室的大像窟。后室宽8.56米，进深4.28米，高5.12米，顶部为龟兹罕见的盝顶结构。盝顶中间及南披三列共30个方形条幅，每个条幅内绘一伎乐天人，极为壮观（参见图1-3-16）[2]。此外，伎乐形象还常常出现在方格佛传说法图的上部，又或本生佛传壁画涉及音乐供养的人物中。

霍旭初《浅论克孜尔石窟伎乐壁画》（1986年）一文对克孜尔石窟伎乐壁画的内容和布局进行了总体考察，梳理了克孜尔壁画中的18种乐器，并讨论了龟兹舞乐文化、佛教文化，及其与汉地文化经由译经活动的互动[3]。周菁葆《新疆石窟壁画中的乐器考辨》（1988年）一文将龟兹及吐鲁番壁画中的乐器与相关文献进行了比对。论文归纳出新疆古代乐器共有26种，提出五弦、阮咸、羯鼓、腰鼓是中亚、龟兹固有乐器，以及大鼓属于羯鼓系统、产生于龟兹等观点[4]。毫不夸张地说，龟兹壁画中的舞乐图像有效填补了中国音乐史和文化史研究的许多空白。

四、服装与供养人

公元前一世纪龟兹王绛宾在位时，倡导全面汉化改革。他仰慕汉地文化，迎娶了汉族血统的乌孙公主弟史。公元前65年，绛宾携夫人在京师居住一年。汉宣帝诏告弟史为大汉公主，赐予二人印绶，以及车骑旗鼓，歌吹数十人，绮绣、杂缯、琦珍凡数千万。用超大规模的排场，确认龟兹王为汉室驸马。绛宾王在此期间，全面了解了汉地风俗文化和生活方式。他们不仅此后多次来朝，还在龟兹效仿汉朝，制定衣冠、宫室及相关礼仪。"出入传呼，撞钟鼓，如汉家仪。"全面汉化的龟兹王，在西域诸胡中显得特立独行，乃至引起讥议。绛宾之子丞德继承龟兹王位，继续推行汉化。他自谓汉外孙，多次来到京师，和汉成帝、汉哀帝建立了亲密的关系。王莽时期，许多西域小国加入了匈奴的阵营。

1 〔德〕A.格伦威德尔著，赵崇民、巫新华译《新疆古佛寺（1905—1907年考古成果）》，北京：中国人民大学出版社，2007年，第114页。

2 新疆龟兹石窟研究所编《克孜尔石窟内容总录》，乌鲁木齐：新疆美术摄影出版社，2000年，第91页。

3 霍旭初《浅论克孜尔石窟伎乐壁画》，《新疆文物》1986年第2期；后收入《龟兹文化研究（三）》，乌鲁木齐：新疆人民出版社，2006年，第460—480页。

4 周菁葆《新疆石窟壁画中的乐器考辨》，《新疆文物》1988年第1—2期；后收入《龟兹文化研究（四）》，乌鲁木齐：新疆人民出版社，2006年，第313—314页。

但龟兹依旧坚定地和中央政权保持一致，可见西汉时期龟兹的汉化政策在其身份认同上产生了重大影响。

东汉初，龟兹先是被莎车兼并，后来又先后和莎车、于阗敌对。莎车、于阗得到汉廷支持，龟兹无奈倒向匈奴。在此期间，早期龟兹汉化改制的影响逐渐消失。《晋书·四夷传》记载："龟兹国……男女皆翦发垂项。"《大唐西域记》亦云其"断发巾帽"。可知龟兹人习惯把头发剪短，头发垂至脖子为止。到初唐时依旧如此。然而依据新旧唐书，龟兹国王的发型是其例外。《旧唐书·龟兹传》载："龟兹国……男女皆翦发，垂与项齐，唯王不翦发。"

图 5-3-34　供养人像，克孜尔第 199 窟德国揭取部分

克孜尔石窟供养人画像直观地再现了龟兹人民的服饰特征。男供养人额头上的头发略带中分，脑后的头发在耳垂下方露出发梢，并顺着脸庞微微翘起。平民、大臣和国王的发型基本一致。多数情况下国王画像并未表现出发型上的特殊（克孜尔第69窟国王也许是个例外，但壁画残损无法辨识发髻）。这或许因为龟兹国王不剪发的习俗只存于某个特殊时期，又或许是因为背后的发型差异无法在正面形象中体现。

国王与普通龟兹供养人外观区别明显。所有的龟兹王族供养人，国王（包括先王和王储）和王后，均在画像中配制了头光。这一象征性手法，使得画中人物身份一目了然。除此以外，王室成员华丽的着装也和一般民众较为朴素的服装形成对比。以克孜尔第199窟（魔鬼窟）壁画为例，供养人壁画被德国人剥取，人物面部有所残损，但服装部分保存尚好（图5-3-34）[1]。站在最前面的供养人有头光，是一位龟兹国王。几位没有头光的男子站在他的身后。他们衣着华丽，应该是龟兹大臣。平民作为供养人，与国王并列的可能性比较小。三个人的发型差不多，脖子旁边露出剪短的发梢。在他们的右肩上露出飘带一角。《魏书·西域传》载："龟兹国……其王姓白，即后凉吕光所立白震之后。其王头系彩带，垂之于后。"壁画似乎表明，其他贵族官宦也可能有头系彩带之装饰。三人均穿有下摆遮住膝盖的大衣，腕部窄袖。中间对襟在胸口分开一对三角形翻领是这种外套的共同特征。他们的共同着装特征还包括：1. 使用了一条金属环构造的腰带将蓬松的大衣束紧。2. 左胯外露出十字形剑柄，暗示长剑悬挂在左后腰的位置（在一些供养人图像中，背后的长剑会在两足边露出剑鞘的头部）。3. 一把短剑或匕首，张扬地悬

1 〔德〕阿尔伯特·冯·勒柯克、恩斯特·瓦尔德施密特著，管平、巫新华译《新疆佛教艺术（下）》，乌鲁木齐：新疆教育出版社，2006年，第649页。

挂在腰带左前方。4. 右前腰悬挂一个中间有鼻的细长杆（可能是另一把狭窄的匕首[1]）和一个打结的华丽布巾（可能是装东西的袋子）。5. 貌似裤脚有蹬带的窄口长裤，是否为一种特殊的靴筒有待斟酌。法国吉美博物馆藏的一块壁画碎片清楚地呈现了有系绳的足部（图5-3-35）。靴子套好以后，用绳子把足弓部扎紧。6. 两脚叉开，足尖点地站立。在笔者看来，这个姿态象征着供养人对佛陀的谦恭礼敬，以及因此获得的精神升华。第205窟引导僧人没有使用这种踮脚的姿态，这使他看上去比供养人要矮一些。回鹘人到达龟兹后，这种踮脚的图式就消失了。

图 5-3-35　壁画残片中的靴子，法国吉美博物馆藏

克孜尔第199窟供养人像中，王者与随从之间也存在明显区别：1. 王者双肩上配有护肩，大臣没有。2. 王者在大衣外还套有一件半袖外袍。外袍下摆略高于里面的大衣，且外袍在大腿两侧开有高至胯部的开衩。外袍上身为对襟，下摆衣边没有画出中间线（内袍也是如此），似乎是套头的。我们当然可以怀疑这也许是画家处理纹样时忽略了衣服形制，但新疆地区也出土过套头长衣[2]。3. 王者左腰佩戴的短剑明显比大臣同一位置的佩戴物宽大许多，至少对于剑鞘来说这种差别十分明显。它应该是国王的御用之物。克孜尔第67窟、第69窟、库木吐喇第GK17窟中的国王身上也佩戴了形态类似的宽鞘短剑。

图像展示的龟兹人服装，可以在文献中得到印证。玄奘说龟兹人"服饰锦褐，断发巾帽"。《旧唐书·龟兹列传》云龟兹国王"以锦蒙项，著锦袍金宝带"。总的说来，作为龟兹男子理想外观的设定，壁画男性供养人的基本特征是短发齐项，对襟大衣。女性供养人则是对襟短袄，曳地长裙。

对开的三角形大翻领是龟兹外套的重要特征。但也有另外两种样式，有时对襟外套的衣领只有右襟配有翻领，左襟无翻领；有时候两边都没有翻领，只配置直而宽的镶边。克孜尔第8窟供养人在右边单翻领的领角垂下一条长长的条带（图5-3-36）[3]。

国王的服装总是比大臣要显得华丽。但如何展现这种华丽，除了头光必不可少，不同画像并无统一规定。也既是说，国王的服装充满了华丽的多样性，王后服装同样如此。克孜尔第205窟国王在脑后垂着发带，王后头上为一圆形帽子或头巾（参见图2-1-2），同窟另一位士族供养人头戴一顶前部略高的半锥形帽子。而第69窟国王则戴着一

1　〔德〕阿尔伯特·冯·勒柯克、恩斯特·瓦尔德施密特著，管平、巫新华译《新疆佛教艺术（下）》，乌鲁木齐：新疆教育出版社，2006年，第601页。

2　包铭新主编《西域异服：丝绸之路出土古代服饰复原研究》，上海：东华大学出版社，2007年，第136页。

3　关于克孜尔第8窟供养人服装的特殊性，井上豪（2007年）进行了专门研究。见〔日〕井上豪《キジル第8窟寄進者像の服飾に関する諸問題》，《秋田公立美术工艺短期大学纪要》vol.12，2007，pp.33—47.

图 5-3-36　供养人像，克孜尔第 8 窟

图 5-3-37　比丘和供养人，克孜尔第 175 窟

个顶部有毛的烟囱形帽子，王后头顶是一个有植物和龙头纹样装饰的大盖帽，给人感觉花枝招展（参见图5-2-1）。克孜尔第175窟穿着圆领大衣的男性王族供养人没有排在队列之首，他们前面同一朝向站立着带有侍童的男女天人（图5-3-37）。可能是将龟兹国

图 5-3-38　供养人，克孜尔尕哈第 14 窟

王（或为去世先王）与其转世进入天宫的理想结合了起来[1]。克孜尔尕哈石窟也有供养人的特殊表现，出现了被地神托举双脚的形式（图5-3-38）[2]。这种样式既烘托了供养人的高贵身份，也满足了供养人的期待——其虔诚之心将会获得永久证明。

国王缺席状态下的供养人行列，也会出现首位供养人比身后供养人衣着华丽的现象。例如库木吐喇第23窟，男性供养人没有头光，但被比丘引领的第一位男子也身穿类似克孜尔第171窟国王那样的内外大套装。可见这种穿着并非专属于国王，而是借用服装来突出石窟的主要供养人或赞助人。供养人行列中，也有第二和第三供养人穿着这种服装的情况，例如库木吐喇第23窟。这时如何突出第一供养人呢？我们看见站在他们前面的第一供养人（头光表明是一位国王）服饰又有所不同。在他的胸部横贯一条博带，

1　任平山《论克孜尔石窟中的帝释天》，《敦煌研究》2009年第5期，第64页。
2　彭杰《库车克孜尔尕哈石窟壁画中的地神》，《西域研究》2007年第3期，第64页。

图 5-3-39 供养人，克孜尔新 1 窟

图 5-3-40 供养人，克孜尔第 189 窟

可能在右侧打结，画面中可以看到博带一角在右肋边飘动。类似穿着亦可以见于克孜尔第205窟王者。

龟兹壁画中也有一些供养人，如克孜尔新1窟和第189窟，服饰较为朴素，亦不佩长剑，可能属于非统治阶级的供养者（图5-3-39、图5-3-40）。一般而言，供养人会呈现为一种理想的体面状态。但龟兹人劳动生活中，可能穿戴更为实用的服装。克孜尔第14窟券顶菱格本生中，站在龙背上的两个商人，对襟翻领外套的下摆只到胯部。这种便装和男供养人的大衣式外套很不相同，生活气息很浓。但其发型，以及头顶上前部略高的圆锥帽，又是典型的龟兹特征。克孜尔第175窟五趣轮回图中的农民，赤身着短裤，头上也戴着一顶这样的帽子。他代表了龟兹底层劳动者的形象。

范丽萍（2002年）按照人物着装特征，将龟兹供养人分为三类：国王与王后；王公贵族；一般贵族和武士、商人或平民。她将供养人与石窟分期问题综合考量，对石窟发展脉络进行了梳理。结论认为：公元四世纪时，龟兹供养人画像开始在石窟中出现，但紧贴壁脚，呈跪姿，形象矮小，衣着简朴，身份较低；公元五六世纪时，供养人的位置仍多在主室前壁下方，但姿势逐渐从跪式改为立式，人物比例逐渐放大，供养人社会构成复杂，有平民、商人、一般贵族，乃至国王；公元六七世纪时，供养人画像的主要位置移到左右甬道两侧壁，服饰华丽，形象高大，数量众多，按等级排列。对于这一发展脉络，她的解释是，石窟开凿时还不能吸引社会上层人物，后来随着国王的大力扶持，开窟高大宽敞，供养人的画像也随之变得讲究排场。画像逐渐被放大，且移动到了石窟内相对醒目的位置[1]。范丽萍的研究思路与中川原育子不谋而合，后者《关于龟兹供养人的考察》一文于1999年在日本发表，2009年被译成中文。两文未能互相参考，但结论颇为近似，例如都注意到供养人的身份，以及供养人画像由主室前壁到甬道的位置变化。

由于对石窟分期的态度不同，两位学者对于供养人发展脉络有不同理解。中川原育子认为早期石窟的世俗人物像具有了后来供养人像的特征（如克孜尔207窟画家像），但形式还未确立。比丘引导的国王供养人像在第二期壁画初期出现在故事画中（如第69窟），后来独立表现在前壁，再后来出现在甬道（此时也出现不含王室的世俗供养人行列），最后供养比丘和非贵族的世俗供养人在甬道组合在一起，而王侯供养人逐渐消失[2]。

除了两位学者整理的供养人像，库木吐喇第46窟、第43窟均在主室前壁半圆端的佛传图像中绘制了在佛座前持灯旋身的女性（参见图1-3-18）。手持灯具通常是首席供养人的特征，且她们的服装都带有鲜明的现实主义特征，和通常佛传中的古典女性不同。在笔者看来，这两例图像或许也能放入供养人的范畴予以考虑，其独特的身姿可能代表了女性舞乐供养的特殊方式。前壁上方半圆端的供养人像介入到佛传故事当中，同类图像构成可见于克孜尔第69窟。

吕明明《龟兹尼寺初探》（2007年）一文考察了龟兹比丘尼的僧伽样式，并分别在克孜尔第13窟、第104窟、第114窟、第188窟、第176窟、第205窟、第227窟，以及库木吐喇第50窟、森木塞姆第26窟、第48窟中识别出比丘尼画像（图5-3-41）。除了穿着和比丘类似的袒右袈裟，她们还在长衣内加穿一件覆右肩衣，深红色、圆领、散口袖[3]。在图像

图5-3-41 比丘尼像，克孜尔第13窟甬道

1 范丽萍《古代龟兹佛教石窟中的供养人画像》，北京大学考古文博学院硕士学位论文，2002年，第24、30页。

2 〔日〕中川原育子撰，彭杰译《关于龟兹供养人像的考察（上）》，《新疆师范大学学报》2009年第1期，第101—107页；〔日〕中川原育子撰，彭杰译《关于龟兹供养人像的考察（下）——以克孜尔供养人像为中心展开》，《新疆师范大学学报》2009年第4期，第113—121页。

3 吕明明《龟兹尼寺初探》，《敦煌研究》2007年第1期，第55—60页。

中通过袈裟的不同样式来区别比丘和比丘尼，这一推测不乏合理性，但要排除此类袈裟作为比丘冬装的可能，尚无论证。克孜尔第205窟荼毗图像中，释迦的脚边数位出家人身穿此类覆右肩袈裟，此类图像一般都是绘制佛陀男弟子的。

按照原始佛教的规定，僧衣主要有三件，即大衣（僧伽梨）、上衣（郁多罗僧）、内衣或中衣（安陀会）。此外，还有不剪裁的缦衣。比丘尼依制当加穿“僧祇支”。但“僧祇支”主要目的是为了遮掩胸腋的，仍然袒右肩而覆左肩。且“僧祇支”原来为比丘尼所穿，后来比丘也有穿着。无论如何，克孜尔壁画中绝大多数比丘以袒右肩的形象被绘制，引导比丘也是如此。他们和供养人的衣着都很少体现季节性的特点，以至于形成强烈的反差。我们很难想象在龟兹寒冷的冬天，供养人已经穿上了厚重的锦袍，而僧人仍然袒露着他们的右肩。唯一的解释是，正如供养人喜欢以一种体面的状态被绘制一样，比丘喜欢将自己的形象设定为一种符合印度比丘衣制的状态。

佛陀对于僧衣的剪裁、染色、穿着，有一些原则性的规定。部派分裂之后，部派间为相互区别，形成各具特色的着装特点。义净《南海寄归内法传》中描述了说一切有部的僧衣，云“然四部之殊。以着裙表异。一切有部则两边向外双褶。大众部则右裾蹙在左边。向内插之不令其堕……上座正量制亦同斯，但以向外直翻傍插为异”。霍旭初研读相关文献后指出：说一切有部衣裙的显著特征是两边向外展开有双褶，这里的褶不是竖褶，而是夹的意思，即双层。此外，有部关于僧装的规定还包括“下摆要在脚踝上部四指”，不允许“下摆高至过膝”、“系带在脐下”、“裙一角下垂像象鼻”、“两角下垂像多罗叶”及使用乾陀色等要求。与其他派别的僧衣比较，可以确认克孜尔石窟壁画中的比丘（包括供养比丘和佛传故事中的比丘形象）衣制带有小乘有部的特征[1]。

随着安西都护府的建立，汉地移民把中原地区的佛教带到了龟兹，也把他们的形象留在了石窟之中。库木吐喇第46窟附1窟残存4身女供养人像，像前有“赵什四”、“宝妹梁宝妹”汉字题记。其特征为发顶盘髻，发髻前插着一把梳子。身穿交领短上衣和高腰长裙。这种襦裙是唐朝女性的普遍穿着。库木吐喇第16窟还有男供养人的画像遗存，可惜胸部以上残损，汉字榜题也模糊不清了。他可能是龟兹安西都护府的重要官员。此外，在此窟“十六观”等典型的汉风故事画中也可瞥见汉族人的服饰。

回鹘人起初对摩尼教感兴趣，后来热衷于佛教。他们占据龟兹后，资助开凿了最晚的一批龟兹石窟。库木吐喇第79窟中保存了较为完整的回鹘人行列，分为跪姿和立姿两种。跪像行列位于此穹窿顶方形窟的前壁，面朝窟门，共五人（参见图2-1-3）。最前为一双手合十，回首张望之童子，红袍戴冠。像前有两行汉文题记，写作“圹日陈/□以可□”。其后为一男子，前有汉文和回鹘文题记，过于模糊，无法辨识。第三位为双手持莲之女子，汉文榜题写作“颉里思力公主”，汉文题记旁边有一行回鹘文。第四位为双手合十之男子，头戴桃形冠，前有两行汉文题记“同生阿兄弥/著鹘帝嘞”，旁边有回鹘文题记一行。第五位为双手持莲花之女子，前有汉文题记“新妇颉里/公主”，“公主”二字之下有回鹘文字。

排在最后的新妇颉里公主，头上盘起发髻，发髻前横插一把梳子，身穿披帛襦裙，为汉族女性之装扮。颉里思力公主与之完全不同，头上以红色织物包卷住向前高高撅起的发髻，长长的丝巾垂于脑后。此特征完全符合《新五代史》卷七十四对回鹘妇女的描述，“妇人总发为髻，高五六寸，以红绢囊之；既嫁，则加毡帽”。她身穿交领长袍，对开的半圆形翻领，布满花纹，十分醒目。两位公主均戴耳环。

两位公主中间的男供养人壁画保存较好。男子留络腮胡，长发中分，披于后背。头顶

1 霍旭初《龟兹石窟壁画僧衣考》，《敦煌研究》2011年第1期，第1—7页。

图 5-3-42　回鹘供养人立像，库木吐喇第 79 窟

用绢布扎起高冠——仿似一片花瓣托住前面的桃形发结。高冠用帽带固定。帽带沿两腮系于颌下。他身穿红色圆领长袍，腰带左前方挂着一些小物件。

库木吐喇第79窟中间是一个像台，像台下方正面绘有七位供养人（图5-3-42）。他们左右分为两列，相向站立。一侧是三位供养比丘，另一侧是一位比丘引导的两位男女。两列立像中间是一男童跪地合掌礼拜。画面实际是表现供养人分列左右，礼拜像台上佛像。

男童汉文榜题写作“童子搜阿/迦”，他头戴白色小帽，额前有刘海，长发垂至背部。身穿红色圆领窄袖长衫。三位站在一排的比丘也分别有汉文榜题。最后一位比丘，榜题写作“颉里阿其布施城中/识知俱罗和上”。中间一位比丘，榜题写作“法行律师”。前面比丘，榜题写作“圣寺府座律师/旁信一心供养”。男童背后的引导比丘，汉字榜题模糊不清。其后男子榜题为“受过慈父悟/老翁神生净土”，旁边复有回鹘文题记。其后女子汉字榜题模糊不清，旁边复有回鹘文题记。

这位像台下方的女供养人，头部残损，身穿汉式襦裙，脚穿黑色鞋子。她前面的男供养人络腮胡，头冠残损，但可以看见冠带系于颌下。他长发披肩，身穿有团花纹样的圆领长袍。腰带左前方挂有小物件。长袍开衩至腰际，露出里面高至膝盖的长筒靴。总体而言，此男供养人与同窟前壁男供养人形象类似，唯额上有剪平的刘海。

回鹘供养人的服饰无疑与传统的龟兹供养人差异巨大，其引导比丘的服装也与龟兹僧人不同。克孜尔第205窟的引导僧人身穿袒右袈裟，脚穿黑色靴子，靴筒上沿朝前的位置有开口。库木吐喇第79窟的比丘，以法行律师为例，内穿领口宽松的交领右衽长袍。外披袒右袈裟。脚穿低帮鞋，鞋尖向上翘起，服装更多地体现为汉地僧装的特点。

需要特别指出的是，库木吐喇第79窟中可能也绘制了龟兹国王、王后及民众。但这一次，他们并没有出现在供养人的行列中，而是以集体捆绑的方式，出现在了地狱受审、等待酷刑的队列中（参见1-3-25）。壁画保存状况不佳，除了代表王族的头光，受审者的龟兹式发梢依稀可辨。王后服装与克孜尔第69窟王后相仿。但国王被剥夺了身穿华服的荣光。因此在笔者看来，壁画中诅咒的意图大过于善意的超度。

自西汉以来，因外敌入侵，龟兹王下台或死亡者不乏其人，但龟兹总能恢复元气。历史上汉朝、唐朝建立西域都护府，又或匈奴、突厥设立相关官职，主要是控制龟兹，确保龟兹成为己方的属国或盟国。回鹘不同，他们拿下龟兹后数十年，便已取而代之，成为龟兹的主人。这个过程何时开始，不甚明确。

李树辉（2012年）考定第79窟前壁“新妇颉里公主”为贞元四年（788年）十月出嫁给回鹘天亲可汗的咸安公主。她旁边的回鹘男子即公元795—805年在位的怀信可汗骨咄禄。他于贞元十一年（795年）四月即位后尚咸安公主。同窟像台下方写有“受过慈父悟/老翁神生净土”的男女夫妇亦此二人。童子供养人为咸安公主和天亲可汗之子[1]。

前文提到过，旅行僧人悟空大约公元785—788年期间在龟兹居住了一年。依据他的笔记，当时四镇节度使安西副大都护郭昕仍然和龟兹王白环坚守安西。李树辉认为库木吐喇第79窟开凿于795年或稍后不久。如果是说成立，则地狱中的王者可能影射白环或其继任者。在地狱中绘制王者的原因很难推测。当时局势因为吐蕃的介入，错综复杂。无论如何，白环是我们所知最后一位龟兹血统的龟兹王名字。郭昕此时应已不在。他们的故事也许永远成为历史的不解之迷。

小乘有部僧人，失去了龟兹王族的供养。解决困境的办法之一，是用他们掌握的知识服务于新的统治者。大概公元九至十世纪，有部学者圣月参与了对《弥勒会见记》的翻译，他被尊称为“精通（阿毗达摩）《顺正理论》和（其他）经论的圣月菩萨大师”。然而，他本人，以及其他有部僧人如何看待这项工作，不得而知。

库木吐喇第79窟壁画中，“法行律师”等比丘的身高和回鹘供养人相当，没有像克孜尔壁画那样将比丘处理成比踮脚的龟兹供养人略矮的样式。僧人和供养人相向展开的队列表明，他们不仅主持，也直接参与了祈祷仪式。作为事件的受益者，僧团不仅把回鹘贵族从摩尼教手中争取了过来，还让那些异端——小乘佛教无可挽回地失去了优势。在这个意义上，库木吐喇第79窟，坐落山顶，俯瞰渭干河谷，可以理解为回鹘人和大乘佛教统治龟兹的“纪功碑”。

1 李树辉《库木吐喇75、79窟壁画绘制年代和功德主身份研究》，《敦煌研究》2000年第4期，第30—40页。

主要参考文献

一、古籍文献

〔南朝梁〕慧皎撰，汤用彤校注《高僧传》，北京：中华书局，1992年。

〔南朝梁〕僧佑撰，苏晋仁、萧链子点校《出三藏记集》，北京：中华书局，2003年。

〔北魏〕郦道元《水经注》，杭州：浙江古籍出版社，2001年。

〔唐〕玄奘、辩机著，季羡林等校注《大唐西域记校注》，北京：中华书局，2000年。

〔唐〕释道世著，周叔迦、苏晋仁校注《法苑珠林校注》，北京：中华书局，2003年。

〔唐〕慧超著，张毅笺释《往五天竺国传笺释》，北京：中华书局，2000年。

〔唐〕慧立、彦悰著，孙毓棠、谢方点校《大唐大慈恩寺三藏法师传》，北京：中华书局，2000年。

〔唐〕义净著，王邦维校注《南海寄归内法传校注》，北京：中华书局，1995年。

〔清〕徐松著，朱玉麒整理《西域水道记（外二种）》，北京：中华书局，2005年。

〔清〕俞浩撰《西域考古录十八卷》（清道光二十七年刻海月堂杂著本），《四库未收书辑刊》史部第9辑第7册，北京：北京出版社，2000年。

林世田、申国美编《敦煌密宗文献集成》，北京：中华全国图书馆文献缩微复制中心，2000年。

国家文物局古文献研究室编《吐鲁番出土文书（一）》，北京：文物出版社，1981年。

〔古阿拉伯〕马苏第著，耿昇译《黄金草原》，西宁：青海人民出版社，1998年。

二、文集与图集

中国壁画全集编辑委员会编《中国壁画全集·8·克孜尔·1》，天津：天津人民美术出版社、乌鲁木齐：新疆美术摄影出版社，1992年。

中国壁画全集编辑委员会编《中国新疆壁画全集·克孜尔·2》，天津：天津人民美术出版社、乌鲁木齐：新疆美术摄影出版社，1995年。

中国壁画全集编辑委员会编《中国新疆壁画全集·克孜尔·3》，天津：天津人民美术出版社、乌鲁木齐：新疆美术摄影出版社，1995年。

中国壁画全集编辑委员会编《中国新疆壁画全集·库木吐拉》，乌鲁木齐：新疆美术摄影出版社、沈阳：辽宁美术出版社，1995年。

中国壁画全集编辑委员会编《中国新疆壁画全集·森木赛姆、克孜尔尕哈》，沈阳：辽宁美术出版社、乌鲁木齐：新疆美术摄影出版社，1995年。

中国壁画全集编辑委员会编《中国壁画全集·新疆·6·吐鲁番》，沈阳：辽宁美术出版社、乌鲁木齐：新疆人民出版社，1990年。

新疆维吾尔自治区文物管理委员会、拜城县克孜尔千佛洞文物保管所、北京大学考古系编《中国石窟·克孜尔石窟·一》，北京：文物出版社、日本东京：平凡社，1989年。

新疆维吾尔自治区文物管理委员会、拜城县克孜尔千佛洞文物保管所、北京大学考古系编《中国石窟·克孜尔石窟·二》，北京：文物出版社、日本东京：平凡社，1996年。

新疆维吾尔自治区文物管理委员会、拜城县克孜尔千佛洞文物保管所、北京大学考古系编《中国石窟·克孜尔石窟·三》，北京：文物出版社、日本东京：平凡社，1997年。

新疆维吾尔自治区文物管理委员会、库车县文物保管所、北京大学考古系编《中国石窟·库木吐喇石窟》，北京：文物出版社，1992年。

中国新疆壁画艺术编辑委员会编《中国新疆壁画艺术》1—6册，乌鲁木齐：新疆美术摄影出版社，2009年。

中国美术全集编辑委员会编《中国美术全集·绘画编·16·新疆石窟壁画》，北京：文物出版社，1989年。

新疆龟兹学会编《龟兹文化研究》第一辑，香港：天马出版有限公司，2005年。

新疆龟兹学会编《龟兹学研究》第一辑，乌鲁木齐：新疆大学出版社，2006年。

新疆龟兹学会编《龟兹学研究》第二辑，乌鲁木齐：新疆大学出版社，2007年。

新疆龟兹学会编《龟兹学研究》第三辑，乌鲁木齐：新疆大学出版社，2008年。

新疆龟兹学会编《龟兹学研究》第四辑，乌鲁木齐：新疆人民出版社，2012年。

新疆龟兹学会编《龟兹学研究》第五辑，乌鲁木齐：新疆大学出版社，2012年。

新疆龟兹石窟研究所编《龟兹佛教文化论集》，乌鲁木齐：新疆美术摄影出版社，1993年。

新疆吐鲁番学研究院编《吐鲁番学研究：第二届吐鲁番学国际学术研讨会论文集），上海：上海辞书出版社，2006年。

新疆吐鲁番学研究院编《吐鲁番学研究：第三届吐鲁番学暨欧亚游牧民族的起源与迁徙国际学术研讨会论文集》，上海：上海古籍出版社，2010年。

李鹏海主编《沙雅与龟兹——“塔河文明与龟兹文化”论文集》，北京：中国文化出版社，2011年。

巫鸿主编《汉唐之间的宗教艺术与考古》，北京：文物出版社，2000年。

张国领、裴孝曾主编《龟兹文化研究（一）》，乌鲁木齐：新疆人民出版社，2006年。

张国领、裴孝曾主编《龟兹文化研究（二）》，乌鲁木齐：新疆人民出版社，2006年。

张国领、裴孝曾主编《龟兹文化研究（三）》，乌鲁木齐：新疆人民出版社，2006年。

张国领、裴孝曾主编《龟兹文化研究（四）》，乌鲁木齐：新疆人民出版社，2006年。

〔德〕阿尔伯特·冯·勒柯克、恩斯特·瓦尔德施密特著，管平、巫新华译《新疆佛教艺术》，乌鲁木齐：新疆教育出版社，2006年。

〔俄〕B.A.李特文斯基主编《中亚文明史》第三卷，北京：中国对外翻译出版公司，2003年。

〔日〕大谷光瑞等著，傅莹译《丝路探险记》，乌鲁木齐：新疆人民出版社，1998年。

〔印度〕查娅·帕塔卡娅等著，许建英译《中亚艺术》，许建英、何汉民编译《中亚佛教艺术》，乌鲁木齐：新疆美术摄影出版社，1992年。

三、研究论著

包铭新主编《西域异服：丝绸之路出土古代服饰复原研究》，上海：东华大学出版社，2007年。

范丽萍《古代龟兹佛教石窟中的供养人画像》，北京：北京大学考古文博学院硕士学位论文，2002年。

耿世民《回鹘文哈密本〈弥勒会见记〉研究》，北京：中央民族大学出版社，2008年。

郭良鋆、黄宝生译《佛本生故事选》，北京：人民文学出版社，1985年。

何石彬《〈阿毗达磨俱舍论〉研究——以缘起、有情与解脱为中心》，北京：宗教文化出版社，2009年。

黄文弼《西北史地论丛》，上海：上海人民出版社，1981年。

黄文弼《黄文弼蒙新考察日记（1927—1930）》，北京：文物出版社，1990年。

黄文弼《新疆考古发掘报告（1957—1958）》，北京：文物出版社，1983年。

韩翔、朱英荣《龟兹石窟》，乌鲁木齐：新疆大学出版社，1990年。

霍旭初《考证与辩析——西域佛教文化论稿》，乌鲁木齐：新疆美术摄影出版社，2002年。

霍旭初《龟兹石窟佛学研究》，北京：宗教文化出版社，2013年。

贾应逸《新疆佛教壁画的历史学研究》，北京：中国人民大学出版社，2010年。

贾应逸 、祁小山《印度到中国新疆的佛教艺术》，兰州：甘肃教育出版社，2002年。

赖鹏举《丝路佛教的图像与禅法》，中坜：圆光佛学研究所，2002年。

李崇峰《中印佛教石窟寺比较研究——以塔庙窟为中心》，北京：北京大学出版社，2003年。

廖旸《克孜尔石窟壁画分期与年代问题研究》，中央美术学院博士学位论文，2001年。

刘锡淦、陈良伟《龟兹古国史》，乌鲁木齐：新疆大学出版社，1992年。

史晓明《克孜尔石窟艺术论集》，乌鲁木齐：新疆美术摄影出版社，2008年。

史晓明、王建林《克孜尔岩画研究》，乌鲁木齐：新疆美术摄影出版社，2008年。

史晓明、张爱红《克孜尔壁画装饰图案》，成都：四川美术出版社，1996年。

宿白《中国石窟寺研究》，北京：文物出版社，1996年。

苏北海《丝绸之路与龟兹历史文化》，乌鲁木齐：新疆人民出版社，1996年。

〔意〕魏正中《区段与组合——龟兹石窟寺遗址的考古学探索》，上海：上海古籍出版社，2013年。

杨福学《西域敦煌宗教论稿》，兰州：甘肃文化出版社，1998年。

姚士宏《克孜尔石窟探秘》，乌鲁木齐：新疆美术摄影出版社，1996年。

印顺《说一切有部为主的论书与论师之研究》，北京：中华书局，2011年。

谢晓钟《新疆游记》，兰州：甘肃人民出版社，2003年。

新疆龟兹石窟研究所编《克孜尔石窟内容总录》，乌鲁木齐：新疆美术摄影出版社，2000年。

新疆龟兹石窟研究所编《森木塞姆石窟内容总录》，北京：文物出版社，2008年。

新疆龟兹石窟研究所编《克孜尔尕哈石窟内容总录》，北京：文物出版社，2009年。

新疆龟兹石窟研究所编《库木吐喇石窟内容总录》，北京：文物出版社，2008年。

新疆维吾尔自治区文物局编《新疆维吾尔自治区第三次全国文物普查成果集成·阿克苏地区卷》，北京：科学出版社，2011年。

邢义田《画为心声：画像石、画像砖与壁画》，北京：中华书局，2012年。

薛宗正《中亚内陆大唐帝国》，乌鲁木齐：新疆人民出版社，2005年。

Dieter Schilingloff, AJANTA-Handbook of the Paintings (Vol.Ⅰ), New Delhi, 2013.

Albert Grünwedel, Altbuddhistische kultst ätten in Chinesisch-Turkistan, BERLIN, 1912.

〔德〕A.格伦威德尔著，赵崇民、巫新华译《新疆古佛寺（1905—1907年考古成果）》，北京：中国人民大学出版社，2007年。

〔德〕阿尔伯特·冯·勒克科著，赵崇民、巫新华译《中亚艺术与文化史图鉴》，北京：中国人民大学出版社，2005年。

〔德〕勒柯克著，陈海涛译《新疆的地下文化宝藏》，乌鲁木齐：新疆人民出版社，1999年。

〔德〕勒柯克著，齐树仁译《中国新疆的土地和人民》，北京：中华书局，2008年。

〔德〕勒柯克著，郑宝善译《新疆文化之宝库》，魏长洪、何汉民编《外国探险家西域游记》，乌鲁木齐：新疆美术摄影出版社，1994年。

〔俄〕C.M.杜丁著，何文津、方久忠译《中国新疆的建筑遗址》，北京：中华书局，2006年。

〔法〕伯希和等著，耿昇译《伯希和西域探险记》，昆明：云南人民出版社，2001年。

〔法〕伯希和、列维等著，冯承钧译《中国西部考古记、吐火罗语考》，北京：中华书局，2004年。

〔荷〕许理和《佛教征服中国》，南京：江苏人民出版社，2003年。

〔日〕宫治昭著，李萍、张清涛译《涅槃和弥勒的图像学》，北京：文物出版社，2009年。

〔日〕吉村怜著，赵琼译《天人诞生图研究》，北京：中国文联出版社，2002年。

〔日〕橘瑞超著，柳洪亮译《中亚探险》，乌鲁木齐：新疆人民出版社，1993年。

〔日〕松本文三郎著，张元林译《弥勒净土论》，北京：宗教文化出版社，2004年。

〔日〕羽溪了谛著，贺昌群译《西域之佛教》，北京：商务印书馆，1999年。

〔英〕奥里尔·斯坦因著，伏霄汉、巫新华译《斯坦因中国探险手记》，沈阳：春风文艺出版社，2004年。

〔英〕奥雷尔·斯坦因著，巫新华等译《亚洲腹地考古图记》，桂林：广西师范大学出版社，2004年。

〔英〕渥德尔著，王世安译《印度佛教史》，北京：商务印书馆，2000年。

四、研究论文

丁明夷《克孜尔第110窟的佛传壁画》，《敦煌研究》创刊号（总第三期），兰州：甘肃人民出版社，1983年。

高健《〈西域闻见录〉异名及版本考述》，《中国边疆史地研究》2007年第1期。

郜林涛《〈根本说一切有部毗奈耶破僧事〉本生故事研究》，《忻州师范学院学报》2003年第4期。

霍旭初《克孜尔石窟〈降魔图〉考》，《敦煌研究》1993年第1期。

霍旭初《从龟兹壁画看说一切有部佛陀生身“有漏”思想》，《西域研究》2009年第4期。

霍旭初《龟兹石窟“佛受九罪报”壁画及相关问题研究》，《敦煌研究》2006年第6期。

霍旭初《龟兹石窟壁画佛学思想研究二题——说一切有部菩萨观、佛陀观探微》，《吐鲁番学研究》2011年第2期。

霍旭初《龟兹石窟壁画僧衣考》，《敦煌研究》2011年第1期。

霍旭初《佛教传入龟兹时间考》，《新疆师范大学学报》2010年第1期。

霍旭初《唐代龟兹僧勿提提犀鱼汉译〈十力经〉及相关问题》，《敦煌研究》2001年第3期。

霍旭初《克孜尔石窟年代研究和碳十四测定数据的应用》，《西域研究》2006年第4期。

霍旭初《阿艾石窟题记考识》，《西域研究》2004年第2期。

霍旭初《龟兹乾闼婆故事壁画研究》，《敦煌研究》1990年第2期。
霍旭初《鸠摩罗什大乘思想的发展及其对龟兹石窟的影响》，《敦煌研究》1997年第3期。
贾应逸《克孜尔第114窟探析》，《新疆师范大学学报》2006年第4期。
李丽《克孜尔第69窟年代试析》，《唐研究》第九卷，北京：北京大学出版社，2003年。
李瑞哲《龟兹弥勒说法图及其相关问题》，《敦煌研究》2006年第4期。
李瑞哲《克孜尔石窟第17、123窟中出现的化佛现象——兼谈小乘佛教的法身问题》，《敦煌研究》2009年第2期。
李瑞哲、李海波《克孜尔中心柱石窟分期的再研究》，《西北大学学报》2006年第2期。
李树辉《库木吐喇75、79窟壁画绘制年代和功德主身份研究》，《敦煌研究》2008年第4期。
吕明明《龟兹尼寺初探》，《敦煌研究》2007年第1期。
梁子、文军《乾陵六十一番王考述》，《文博》2003年第6期。
刘松柏《库车古代佛教的观世音菩萨》，《敦煌研究》1993年第3期。
陆离《敦煌、新疆等地吐蕃时期石窟中着虎皮衣饰神祇、武士图像及雕塑研究》，《敦煌学辑刊》2005年第3期。
彭杰《库车克孜尔尕哈石窟壁画中的地神》，《西域研究》2007年第3期。
庆昭蓉《从吐火罗B语词汇看龟兹畜牧业》，《文物》2013年第3期。
庆昭蓉《唐代“税抄”在龟兹的发行》，《北京大学学报（哲社科版）》2012年第4期。
龟兹石窟研究院《新疆拜城亦狭克沟石窟调查简报》，《文物》2013年第12期。
任平山《克孜尔第118窟的三幅壁画》，《敦煌学辑刊》2012年第3期。
任平山《牛踏比丘——克孜尔佛传壁画补遗》，《西域研究》2009年第4期。
任平山《兔本生——兼谈西藏大昭寺、夏鲁寺和新疆石窟中的相关作品》，《敦煌研究》2012年第2期。
任平山《论克孜尔石窟中的帝释天》，《敦煌研究》2009年第5期。
史晓明《克孜尔石窟第69窟的龙图像》，《敦煌研究》2012年第4期。
王冀青《霍恩勒与中亚考古学》，《敦煌学辑刊》2011年第3期。
新疆维吾尔自治区博物馆《吐鲁番阿斯塔那——哈拉和卓古墓群清理简报》，《文物》1972年第1期。
新疆龟兹研究院、北京大学中国古代史研究中心、中国人民大学国学院西域历史语言研究所《新疆龟兹研究院藏木简调查研究简报》，《文物》2003年第3期。
阎文儒《新疆天山以南的石窟》，《文物》1962年第7、8期合刊。
杨波《晚期克孜尔石窟大乘佛教探析》，《昌吉学院学报》2010年第1期。
杨淑红《克孜尔石窟壁画中的佛塔》，《新疆师范大学学报》2006年第2期。
姚律《关于唐代“西蕃”一词是指称吐蕃还是回鹘的再讨论》，《敦煌研究》2011年第1期。
姚律《库木吐喇石窟五联洞修建年代刍议》，《新疆艺术学院学报》2012年第2期。
姚律《克孜尔石窟69窟：一个反映小乘有部“逢事诸佛”的中心柱窟》，《新疆艺术学院学报》2010年第2期。
姚律《对克孜尔石窟83窟仙道王故事画宗教含义的再认识》，《新疆艺术学院学报》2010年第4期。
姚士宏《关于新疆龟兹石窟的吐蕃窟问题》，《文物》1999年第9期。
姚士宏《克孜尔新1窟发现的前前后后》，《新疆日报（汉）》2010年11月30日。
于志勇、吴勇、傅方明《新疆库车县发现晋十六国时期汉式砖室墓》，《西域研究》2008年第1期。
张丽香《从印度到克孜尔与敦煌——佛传中降魔的图像细节研究》，《西域研究》2010年第1期。

赵莉《克孜尔石窟分期年代研究综述》，《敦煌学辑刊》2002年第1期。

赵莉《克孜尔石窟降伏六师外道壁画考析》，《敦煌研究》1995年第1期。

周轩《谢济世考察龟兹石窟说辩误》，《西域研究》2014年第1期。

朱玉麒《清代西域流人与早期敦煌研究——以徐松与〈西域水道记〉为中心》，《敦煌研究》2010年第5期。

Arcangela Santoro, Gandhara and Kizil: The Buddha's Life in the Stairs Cave, Rivista degli Studi Orientali, 77. 2003.

Arcangela Santoro, On the so-called Puppharatta-Jataka, Kizil, Schatzhohle B, Silk Road Art and Archaeologh (Kamakura), Ⅳ.1995/96.

Emmanuelle Lesbre, An Attempt to Identify and Classify Scenes with a Central Buddha Depicted on Ceilings of the Kyzil Caves (Former Kingdom of Kutcha, Central Asia), Artibus Asiae. Vol.61, No.2(2001).

Jarl Charpentier, Remarks on the Identification of Some Jataka Pictures, Bulletin of the School of Oriental Studies, University of London, Vol.4, No.3, 1927.

Monika Zin, The Unknown Ajanta Painting of the Angulimala Story, South Asian Archaeology, paris, 2001.

Monika Zin, The Identification of Kizil Paintings Ⅰ, Indo-Asiatische Zeitschrift, 9. 2005.

Monika Zin, The Identification of Kizil Paintings Ⅱ, Indo-Asiatische Zeitschrift, 11. 2007.

Monika Zin, The Identification of Kizil Paintings Ⅲ, Indo-Asiatische Zeitschrift, 12. 2008.

Monika Zin, The Identification of Kizil Paintings Ⅳ, Indo-Asiatische Zeitschrift, 14. 2010.

Monika Zin, The Identification of Kizil Paintings Ⅴ, Indo-Asiatische Zeitshcrift, 15. 2011.

Monika Zin, The Identification of Kizil Paintings Ⅵ, Indo-Asiatische Zeitschrift, 17. 2013.

Robert Arlt & Satomi Hiyama, Fruits of Research on the History of Central Asian Art in Berlin: The Identification of Two Sermon Scenes from Kizil Cave 206, Indo-Asiatische Zeitschrift, 17. 2013.

〔德〕史密特撰，彭杰译《克孜尔110窟佛传故事画中龟兹文题记的解读》，《新疆文物》2004年第1期。

〔苏〕榜迦德·列文、沃罗巴耶娃·吉斯雅托夫斯卡雅著，王新青、杨富学译《新疆发现的梵文佛典》，《吐鲁番学研究》2008年第2期 。

〔日〕大原嘉豐著，丁淑君译《法界佛像考察研究》，敦煌研究院信息资料中心编印《信息与参考》，2010年。

〔日〕宫治昭著，贺小萍译《宇宙主释迦佛——从印度到中亚、中国》，《敦煌研究》2003年第1期。

〔日〕宮治昭《キヅル第一様式のヴォールト天井窟壁画（上）——禅定僧·山岳構図·弥勒の図像構成》，《佛教藝術》vol.180，毎日新聞社，1988。

〔日〕宮治昭《キヅル第一様式のヴォールト天井窟壁画（下）——禅定僧·山岳構図·弥勒の図像構成》，《佛教藝術》vol.183，毎日新聞社，1989 。

〔日〕檜山智美《キジル石窟第一一八窟（海馬窟）の壁画主題——マーンダートリ王説話を手掛かりに》，《美術史》vol.168，2010。

〔日〕井上豪《キジル石窟仏伝図壁画における女人供養図の主題》，《佛教藝術》vol.333，3.2014。

〔日〕井上豪《キジル第8窟寄進者像の服飾に関する諸問題》，《秋田公立美术工艺短期大学纪要》vol.12，2007。

〔日〕入泽崇撰，苗利辉译《禅定僧：近来日本学者对克孜尔图像的研究》，《新疆师范大学学报》2005年第2期。

〔日〕中川原育子撰，彭杰译《关于龟兹供养人像的考察（上）》，《新疆师范大学学报》2009年第1期。

〔日〕中川原育子撰，彭杰译《关于龟兹供养人像的考察（下）——以克孜尔供养人像为中心展开》，《新疆师范大学学报》2009年第4期。

〔日〕中川原育子《キジル第 81 窟のスダーナ太子本生壁画について》，《名古屋大学文学部研究論集》No.57, 2011。

〔日〕中川原育子《キジル第110窟（阶段窟）の仏伝図について》，《名古屋大学文学部研究论集》No.13, 1997。

后记

以龟兹为题的书籍，近三十年硕果累累。出版物约为两类：或重讲议，洋洋洒洒，阐述龟兹文史；或重图像，精选细编，介绍龟兹美术。二者各有所长，亦各有所阙。故今受命，系统地合文字、图像于一书，可谓美事。

本书选图270余幅，以丰富而精彩的石窟壁画为核心，较全面地介绍了西域龟兹的艺术、历史、宗教和风俗。鉴于读者对背景知识的不同掌握，壁画介绍方式有所不同。一些壁画内容，如佛传故事——释迦摩尼成长和传教，读者并不陌生，只作简要陈述。另一些壁画，如本生因缘——佛陀前世种种事迹，大众不甚了解。其中更有许多壁画为龟兹独有，内容存在争议。对于这类主题，本书摘呈了佛经相关文字，以期一般读者能较为详细地了解故事原貌，专业读者亦能方便地检索和研究。佛经浩瀚，文图核对颇费苦心，兼顾了学界分歧、笔者个人见解，以及丰富索引之意图。

笔者才疏学浅，加之合约撰写时间仅一年，仓促间必有疏漏。其中又以未能遍解欧日相关研究最为遗憾，希望将来能够弥补。然若此刻，读者能以一书在手，动心于龟兹艺术的前因后果，则不枉笔者前世之愿，今生之时光也。

感谢莫妮卡·茨茵女士、中川原育子女士、森田美树女士、桧山智美女士和罗伯特·阿尔特先生惠寄给我海外学界的最新论文。感谢开明出版社编辑程锦女士，她细致地清理了初稿中的错误，同时也为图片编排尽心尽力。最后，还要特别感谢我的导师——中央美术学院罗世平先生对本书的指导和关心。

任平山
2014 年 12 月

图书在版编目（CIP）数据

中国古代物质文化史．绘画．石窟寺壁画．龟兹 / 任平山编著．
-- 北京：开明出版社，2014.10
ISBN 978-7-5131-1755-5
Ⅰ．①中… Ⅱ．①任… Ⅲ．①物质文化-文化史-中国-古代
②龟兹-石窟-壁画 Ⅳ．① K220.3 ② K879.41

中国版本图书馆 CIP 数据核字（2014）第 190532 号

出 版 人：陈滨滨

责任编辑：卓　玥　　魏红岩　　温尔虹　　程　锦
美术编辑：周怡君
装帧设计：羽人·高伟

出　版：开明出版社（北京市海淀区西三环北路 25 号青政大厦 6 层）
印　制：北京华联印刷有限公司
开　本：889×1194　1/16
印　张：22
字　数：330 千
版　次：2015 年 1 月北京第 1 版
印　次：2015 年 1 月北京第 1 次印刷
定　价：150.00 元

印刷、装订质量问题，出版社负责调换货。联系电话：（010）88817647

ISBN 978-7-5131-1755-5
9 787513 117555 >